秦國史大帝全

中 战国时期

唐封叶 著

重慶出版集團 重慶出版社

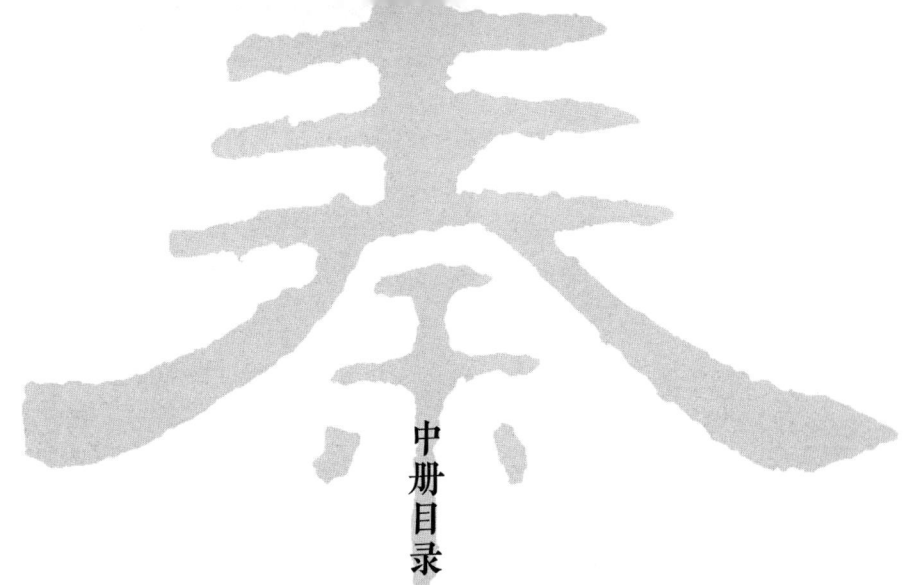

中册目录

第七章 战国初期的挫折与探索 /343

春秋战国大蜕变 /344

厉共公的武功 /348

魏斯变法 秦失河西 /352

有限的革新与不屈的反攻 /363

秦献公改革 /369

太史儋的神秘预言 /374

石门之战与献公称霸 /379

第八章 脱胎换骨——商鞅变法 /383

秦孝公的求贤令 /384

公叔痤：要么用，要么杀 /389

帝道、王道、霸道 /392

初次变法 /399

徙木为信 /413

趁火『劫』魏 /417

二次变法 /426

把魏惠王架在火上烤 /437

商君之死 /446

第九章 大秦第一王——秦惠文王 /459

『徐州相王』 /460

收复河西 /469

张仪相秦 /475

惠文称王与『五国相王』 /481

第一次『五国伐秦』 /493

闷声发财——秦并巴蜀 /499

中原争锋——秦得魏韩、齐失燕 /509

张仪欺楚 /513

楚怀王的怒火——丹阳、蓝田之战 /519

一段君臣佳话的终结 /525

第十章 『三驾马车』的时代 /533

武王其实很有谋 /534

举鼎的意外悲剧 /540

宣太后临朝称制 /546

联楚联出个『白眼狼』 /554

秦楚的不解之仇——楚怀王之死 /560

孟尝君的『相秦梦』 /567

第二次『五国伐秦』 /573

主父饿死沙丘　秦齐言归于好 /578

伊阙之战——白起的成名之作 /582

秦齐称帝与第三次『五国伐秦』 /588

大反转——五国合纵谋齐 /595

济西之战与乐毅入齐 /600

淖齿杀闵王　田单复齐国 /605

第十一章 远交近攻——秦昭王的风采 /613

失败的灭魏尝试 /614

黔中争夺战与渑池会 /623

白起破楚　屈原哀郢 /630

巴蜀变『天府』——李冰治蜀 /639

再战中原——华阳之战 /646

意外的顿挫——阏与之战 /652

范雎的谋略 /660

一代新人换旧人——应侯执政 /669

冯亭的嫁祸之计 /677

长平大战——决胜在战场之外 /684

邯郸围城与白起之死 /698

平原君使楚搬兵　信陵君窃符救赵 /705

周朝的灭亡与应侯之死 /714

第七章

战国初期的挫折与探索

春秋战国大蜕变

公元前477年秦悼公薨逝后，其子厉共公继位。厉共公在位时期，中国进入了战国时代，厉共公于是成为秦国在战国时代的第一位君主。接下来我们首先看一看这时的天下大势。

首先还是要说气候。春秋中后期气温下降，但春秋末期气温回升，战国二百五十年大部分时间较为温暖，有利于人类生存、繁衍和发展；等气温再次变动要到秦朝末年了，变得比现代寒冷，这个寒冷期一直延续到西汉初年。

再说人世。春秋战国之交，是中国古代社会发生激烈变革的时期。

经济方面：随着牛耕、铁器的逐步推广应用，生产力缓慢提升，社会经济进一步发展，个体工商业更加繁荣，中原发达国家和地区的井田制相继瓦解，以前以家族为主的生产单元逐渐转化为以个体家庭为主的生产单元，各国也纷纷改革行政、土地、税收制度，普遍建立户籍制，实行按户授田、按亩收税的政策。

政治方面：贵族等级制和宗法关系动摇，君主专制不断强化，各国普遍在新得的领土上设置君主直辖的行政区——县，以及军区性质的郡，世袭的封建贵族逐渐没落，被可由君主随意任免、仅领取俸禄的官吏取代，也即"世官制"变为"官僚制"；大国不再满足于做"号令诸侯"的霸主，而是以"兼并"即夺取更多的土地、人口、资源为主要目的，因此普遍废除国野制度，建立全民征兵制、组建常备军，并用各种手段来奖励军功，导致战争规模越来越大，战争时间越来越长，战争方式越来越残酷。最终的结果就是幸存的国家数量越来越少，有记载的诸侯国数量从春秋前期的近一百五十个下降到战国前期的三四十个，"邑制国家"逐渐变为"领土国家"，在生存的重压下各国不得不想尽办法进行改变。

司法方面：随着宗族、家族的瓦解以及直属于国君的县级行政单位的普及，各国政权不同程度绕过族逐渐控制到一家一户的小农家庭甚至个人。春秋以前家族内成员纠纷由族长处置、两个家族纠纷才由官府处置的做法已经跟不上形势，各国纷纷改变旧时刑法密不示人的老传统。秦哀公元年（公元前536年），郑国执政子产首开先河，把《刑书》铸在大鼎上并公之于众；秦哀公二十四年（公元前513年），晋国也铸造了刑鼎。随后各诸侯国纷纷制定和颁布新法，用以规范新的社会秩序，加强对臣民的控制，服务专制王权。

文化观念方面：周礼进一步失去规范社会的作用，"神权""天命"意识急剧衰落，尊卑观念和血缘关系日渐淡漠，"重民"意识进一步加强，个体意识逐渐觉醒；文化逐渐下移到原本的士（最初为武士）的阶层，功利主义抬头，诸子百家纷纷登上历史舞台。他们互相辩驳、互相影响，出现了中国历史上少有的"百家争鸣"的活泼局面，使学术文化空前繁荣。

当时的主要大国，内部变动更是剧烈。

春秋末年至战国初年，晋国的智氏、赵氏、魏氏、韩氏四家经过三十多年内战，灭掉了中行氏和范氏，并于秦厉共公十九年（公元前458年）瓜分了中行氏和范氏的土地。五年后即秦厉共公二十四年（公元前453年），赵、魏、韩三家又结盟灭掉了晋国势力最强大的智氏，三分其地。这样，"三家分晋"的格局基本形成，三家族长成了没有诸侯头衔的诸侯，可怜的晋侯被剥夺得只剩下几座城池，势力连个普通大夫都不如。

晋国六卿内斗初期，念念不忘恢复昔日齐国荣光的齐景公又跳出来，拉上郑国、卫国、鲁国等国支持中行氏和范氏，挑战晋国的霸主地位，一时取得了一些小胜。不过齐国国内的祸患更大。秦悼公二年（公元前490年）齐景公病逝后，齐桓公时投奔齐国的原陈国贵族田（陈）

氏用大斗往外借粮、小斗往里收粮等策略收买齐国民心,先后弑杀晏孺子(齐景公小儿子)、齐悼公(齐景公之子)、齐简公(齐悼公之子)三位齐君,逐步铲除了齐国所有异己的世家贵族,基本掌控了齐国政权。齐国在战国初年的国君齐平公和晋国晋出公一样,都成了权臣手中的傀儡。

至于楚国,自在秦国的帮助下驱逐走吴军复国后,楚昭王和他的儿子楚惠王一直致力于改革与恢复国力,楚惠王初年又平定了太子建之子白公胜发动的叛乱,所以楚国除了灭掉陈国,没有太大的动作。

因为晋、齐、楚等国自顾不暇,当时天下的争霸焦点,已经转移到东南方向的吴、越两国间。

柏举之战十年后(秦惠公五年即公元前496年),吴王阖闾在与越王勾践的檇(zuì)李之战(檇李在今浙江嘉兴)中因脚趾受伤而死(那时可没有抗菌药物)。两年后他的儿子夫差为父报仇,在夫椒之战中大败越军,俘虏了勾践君臣。吴国接连破楚克越,夫差不禁志得意满,不顾伍子胥灭掉越国、稳固后方的建议,反而挖掘联通江淮的邗沟北上争霸。

秦悼公七年(公元前484年),吴军大败齐军于艾陵(在今山东莱芜东),俘虏了以齐国主帅国书为首的七位齐将,阵斩齐国精锐甲士三千,缴获战车八百乘,战果之大为春秋之最,这就是著名的艾陵之战。

夫差伐齐回来更加膨胀,听信伯嚭的谗言,逼死了忠心耿耿的伍子胥。两年后,他又不顾连年战争、百姓疲敝,开凿了联通泗水与济水的人工运河荷水,倾全国之师北上黄池(在今河南封丘南)争霸,终于在黄池之会中压倒内部纷争不断的晋国,当上了中原盟主。不过黄池之会还没开始,"生聚""教训"多年的勾践就趁着吴国后方空虚大举伐吴,俘虏了夫差之子太子友,捣毁了吴国行宫、著名的姑苏台。经此打击,吴国一蹶不振,在此后与越国、楚国的战争中节节败退,

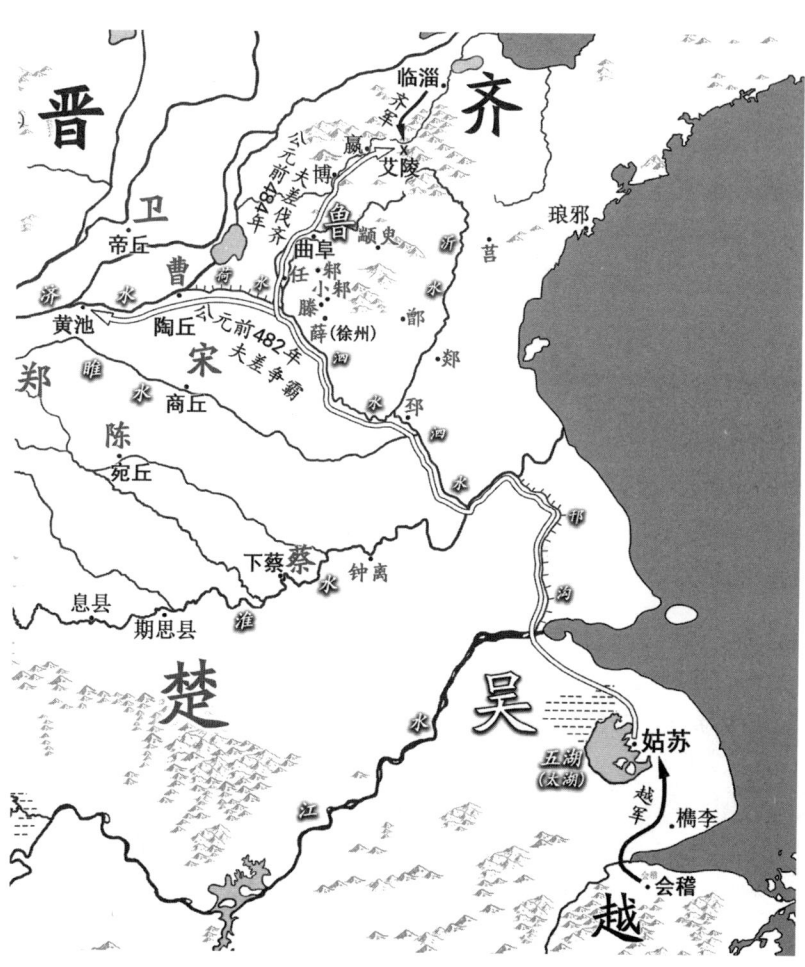

吴齐艾陵之战与夫差黄池争霸示意图

最终于秦厉共公四年（公元前473年）被勾践灭掉，感觉无颜面对祖先的夫差把头发盖在脸上自杀而死。吴国就像春秋时期的一颗流星，在发出耀眼光芒之后迅速灰飞烟灭。

灭吴之后，越王勾践北上徐州（在今山东滕州南），与晋国、齐国等国会盟，当时的东周天子周元王（周敬王之子）派人赏赐祭肉给勾践，正式册封他为伯，越国于是成为春秋时期最后一个、战国时期第一个霸主。为了加强对北方的统治和威慑，收取泗水流域国家的贡赋，勾践还于秦厉共公九年（公元前468年）把都城从会稽（在今浙江绍兴）北迁到琅邪（在今山东省青岛市黄岛区琅琊镇琅琊山）。

二百多年的战国大戏，就这样徐徐拉开序幕。

厉共公的武功

> **蜀地古国**
>
> 文献记载，先秦时期古蜀国共有蚕丛、柏灌、鱼凫、杜宇、开明五位名王。现代学者认为五王其实代表五个政权，前两王政权可能处在部族邦国时期，后三王政权已经进入王朝时代。
>
> 鱼凫王朝大约与中原商朝同时，多数学者认为三星堆遗址即是鱼凫王朝的文化遗存；杜宇王朝约从商末开始，到春秋前期被开明王朝取代。

战国初年，天下纷纷扰扰，西方的秦国却因置身事外、相对稳定和平而颇被诸侯看重。秦厉共公二年（公元前475年），位于秦国西南方、以今天四川盆地为主要疆土的古蜀国开明王朝派使者向秦国进贡。接下来十几年间，楚国、义渠戎等诸国，也先后遣使来与秦国通好并赠送财宝。

在这样的有利环境下，厉共公于是像祖先秦穆公一样，致力于在周边进行巩固开拓。他首先进行的就是打击戎人的战争。

在春秋末期秦晋休兵的那段和平岁月里，原先居住于今天晋东南地区的一些戎人部落，辗转西渡黄河，抢占了王城（在今陕西大荔县朝邑镇以东）并以之为都，在当地建立起一个戎人国家，这就是"大荔戎国"。

大荔戎国在秦晋两不管地带扎根兴起，并修筑了很多城池逐渐发展壮大，自然成为秦国东部的一个隐患，秦厉共公坐不住了。厉共公十六年（公元前461年），他先是派人到黄河西岸附近挖掘壕沟围堵，继而发兵两万攻打大荔戎国。大荔戎虽然具有较强的实力，但是面对秦国大军还是无力抵抗，很快就城破国亡，只有少数族人冲出包围圈，逃到今天陕北地区。

为加强对秦国东土的统治，灭大荔戎国的当年秦人以大荔戎国故地设置了临晋县，又修补了繁庞城（在今陕西韩城东南）和戏城（在今陕西西安临潼区东北）的城防。五年后也就是厉共公二十一年（公元前456年），秦国还在今天陕西富平县东北设置了频阳县，因为那里是渭河平原和陕北高原的分界点。

秦厉共公二十年，厉共公又统兵挺进陇山以西，亲自讨伐盘踞在今天甘肃天水一带的绵诸戎。

秦厉共公后期，一百六七十年前被秦穆公打服的义渠戎也获得较大发展，占据了陕北北洛水到生水之间的广大地区。北洛水我们以前多次提到过，那生水在哪儿呢？原来它是流经今天陕北米脂、绥德、清涧等地的一条河流，也就是后来唐诗"可怜无定河边骨，犹是春闺梦里人"中的无定河。

义渠戎壮大，自然非秦国之福。秦厉共公三十三年（公元前444年），厉共公发兵攻打义渠戎，俘虏了义渠王，取得了辉煌胜利。当然义渠戎虽然遭受重大打击，但仗着游牧部族善于迁徙躲避的顽强生存能力，它并没有在这次战争中覆亡，以后本书还会再次提到秦国与这支戎人的故事。

厉共公在打击秦国东方北方戎族的同时，还把目光投向了位于秦国南方的汉中盆地。当时的汉中盆地是古蜀国开明王朝的地盘，虽然古蜀国在厉共公即位初期就来送礼朝贡，但是"卧榻之侧，岂容他人鼾睡？"何况据东晋史书《华阳国志》记载，古蜀国开明王朝第二任国君卢帝（开明帝鳖灵之子），曾于春秋前中期，大约在秦穆公的大哥秦宣公、二哥秦成公在位时期，派兵北上翻越秦岭攻打过秦国，一度逼近了当时秦国新迁的都城雍城。所以厉共公当政期间，萌发了攻占汉中的念头。

秦厉共公二十六年（公元前451年），厉共公命令秦国左庶长率军出大散关（今陕西宝鸡市南郊秦岭北麓），通过故道（又称"陈仓道"）进入汉中，击败了当地蜀军。随后秦军在南郑（在今陕西汉中市南郑区）修筑城池，建立了防御体系。这是有史料记载以来秦国势力首次深入汉中盆地。

众所周知，秦晋是对老冤家，所以厉共公在位时期，秦国和晋国之间也免不了有一些小插曲。

首先是史书记载，在秦厉共公十年（公元前467年）时，秦国曾出兵攻占了晋国的魏县。秦厉共公二十一年（公元前456年），晋国又对秦国发动反攻，夺取了秦地武城（在今陕西渭南市华州区东北）。接下来的几年里，失败的晋国智氏家族成员智开、智宽陆续带着族人来投奔秦国，秦国都加以收留并予以保护。秦国敢这样做，说明当时它并不怕赵、魏、韩三家。

厉共公时期还有一些事值得一提。在秦厉共公二十八年（公元前449年），新兴霸主越国与秦国建立姻亲关系，派人来秦国迎娶新娘。秦厉共公三十二年（公元前445年），楚国灭掉了夏朝之后杞国，并派人来与秦国结盟。可见当时秦国的大国外交搞得还不错。

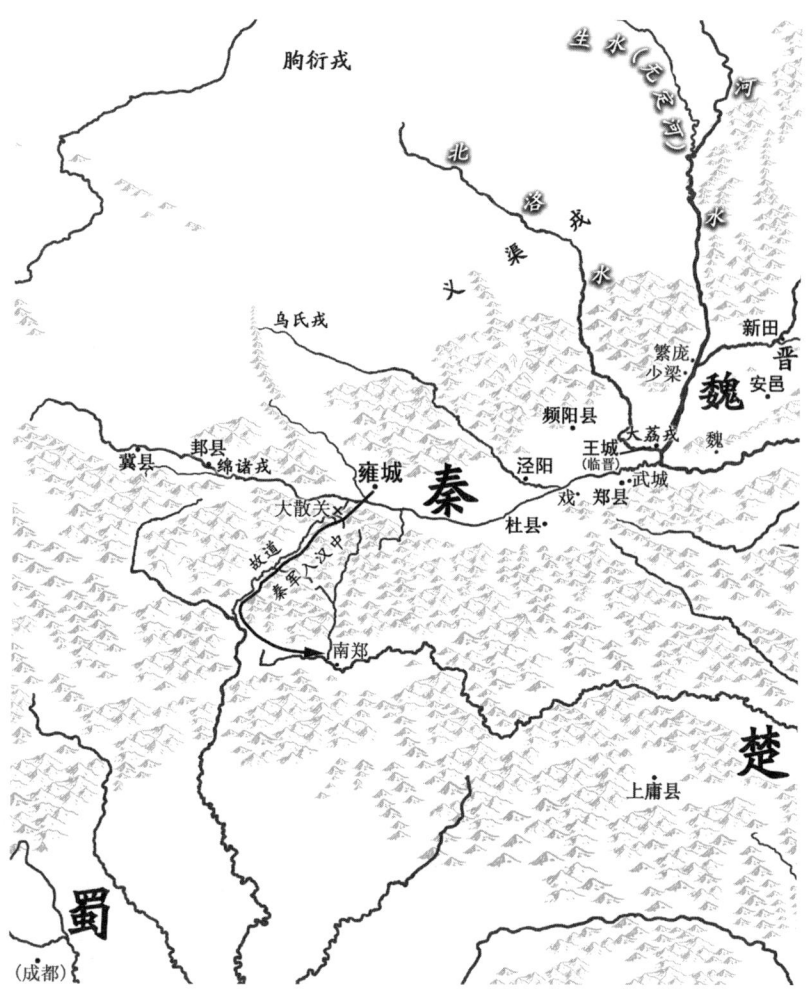

秦厉共公时期西部地区形势图

秦厉共公三十四年（公元前443年），秦国碰到了一次日食现象，大白天漆黑如夜，满天星斗。三代时期人们认为太阳象征人君，日食预示国亡、君死（疾）或战争等灾害。巧合的是就在这一年，厉共公薨逝。俗话说"盖棺论定"，最后我们自然要评一评厉共公的一生。

我们知道，谥号其实就是古人对一位君王或贵族最简约的评价。不过厉共公的谥号在《史记·秦始皇本纪》篇末介绍秦国国君世系的那段文字里还有一种写法，那就是"剌龚公"。

东汉蔡邕解释说，"暴虐无亲曰厉"。"厉"这个谥字显然很糟糕。那"剌"呢？《谥法》云："不思忘爱曰剌，愎佷（bì hěn，固执反常）逐过曰剌。"所以"剌"也不是啥好意思。那么"共"或"龚"怎么解呢？原来它们在当谥字时都通"恭"，《谥法》云："既过能改曰恭。"所以综合起来看，谥号"厉共"或"剌龚"算是褒贬参半，以贬为主，意思是这个君主比较残暴、刚愎自用，但最后总算能改正一些。因为史书对厉共公的记载很简略，我们没法多评价其人的德行，但看他在位时期的战事与外交，他还算能撑起秦国的场子。不过秦国接下来的君主们，就一蟹不如一蟹了，因为他们已经连场子都撑不住了。为什么这么说呢？

魏斯变法　秦失河西

秦厉共公去世后，他的长子继位，这就是秦躁公。《谥法》云："好变动民曰躁。"显然秦躁公这谥号很不好。

秦躁公元年（公元前442年），天现彗星。"彗"字的意思就是扫把，所以民间又称彗星为扫把星。古人认为，彗星是不吉利的

"妖星"，它出现意味着将有兵革、灾害等祸事发生。说来也巧，第二年，秦国刚占领十年的南郑之地反叛了，脱离了秦人的控制独立。南郑的所谓反叛，恐怕是因为秦人统治暴虐，再加上有古蜀国背后支持，所以才发生的。南郑独立，标志着秦国第一次南下拓土的行动失败了。

秦躁公八年（公元前435年），秦国又一连发生了几件怪事——这年秦地先后出现日食和月食，六月居然天降雨雪。前面说过，古人认为太阳象征人君，那么月亮则象征后妃或大臣。既然日食代表人君有灾，那么月食就寓意后宫乱政或大臣侵主。至于六月飞雪，当然也是阴阳严重失序的表现。这些异象，在古人看来全都是大大的凶兆。

五年后的秦躁公十三年（公元前430年），之前被秦厉共公猛削过一顿的义渠戎又死灰复燃，发动对秦人的攻势，一直从陕北高原打到渭河南岸。被戎族小国打成这样，这是自秦穆公称霸西戎以来极为罕见的事情，秦国丢人丢大发了。

紧接着第二年，秦躁公薨逝。因躁公没有子嗣，所以他去世后秦国众大臣经过一番商议，前往晋国迎回了躁公的弟弟并把他扶上秦君宝座，这就是秦怀公。

秦怀公回国做了国君之后，自然也想有一番作为，以振兴秦国。可能因为他在晋国生活很久，亲眼看见晋国三家变法图强的效果，所以回国后也准备在秦国搞改革。但他的这些念头和举动，不可避免地侵犯了秦国旧贵族的利益。而秦怀公又缺乏足够的能力掌控局面，并把各方矛盾控制在一定程度内，这就埋下了巨大的隐患。

秦怀公四年（公元前425年），掌握秦国军政大权的公室贵族庶长晁联合一批大臣发动政变，包围了秦怀公居住的宫殿，秦怀公被迫自杀。《谥法》云："慈仁短折曰怀。"这就是他谥号为"怀公"的原因。

据现有史料可知，秦国上一个明确被大臣弑杀的国君是春秋前期的秦出子，所以秦怀公成为自那以后秦国二百八十余年来第一个死于臣下之手的国君。由此可见两点：一是当时秦国内部新旧势力斗争极为激烈，想实现变法改革是多么不易；二是如春秋中后期的很多中原国家一样，秦国也出现了同姓贵族专权的局面。

因为秦怀公的太子昭子早死，所以怀公自杀后，以庶长晁为首的秦国大臣拥立昭子的儿子也即怀公的孙子做了秦君，这就是秦灵公。秦灵公刚继位时还是个少年，大权全被一帮守旧权臣掌握。灵公不但被架空，而且稍有不慎就有可能步祖父的后尘，只能先保命要紧，慢慢再寻找机会夺回权力。

《史记》记载，秦灵公三年（公元前422年），秦国在吴阳（在今陕西陇县西南）又修筑了上畤、下畤两座畤祭场所，上畤祭祀黄帝，下畤祭祀炎帝。灵公这样做，无外乎是想要巩固自己的地位：一是通过彰显祭天权力来向众贵族强调自己是秦国之主，众所周知"国之大事，在祀与戎"嘛；二是通过祭祀秦国普通民众的神来讨好他们，因为我们知道秦国建国后新得的民众以周人和戎人为主，而黄帝本是周人的天神，炎帝本是姜姓之戎的天神。

就在秦国因僻处西方、跟不上中原诸国变革脚步而日趋衰落，甚至出现国君被逼死的严重内讧的时候，在东方与秦国接壤的魏国，却出现了一位著名的贤君，他就是魏斯，死后谥号魏文侯的那位。秦灵公元年（公元前424年），正好也是魏文侯元年。要特别说明一下的是，魏斯其实早在秦躁公三十一年（公元前445年）就接替父亲魏桓子做了晋国魏氏的族长，只是因为他在掌握魏氏大权二十二年后自封为侯，"魏文侯元年"才晚到公元前424年。

话说赵、魏、韩三家灭智氏分晋后，魏氏主要得到了今天晋西南和豫北两块土地，虽然这些土地是三家中最肥沃的，其中还包括大量战略要地，但两块地却被韩氏地盘东西隔开连接不上，而且地狭人稠（赵氏分得的地盘面积最大但土地比较贫瘠）。因此作为一个乱世君主，

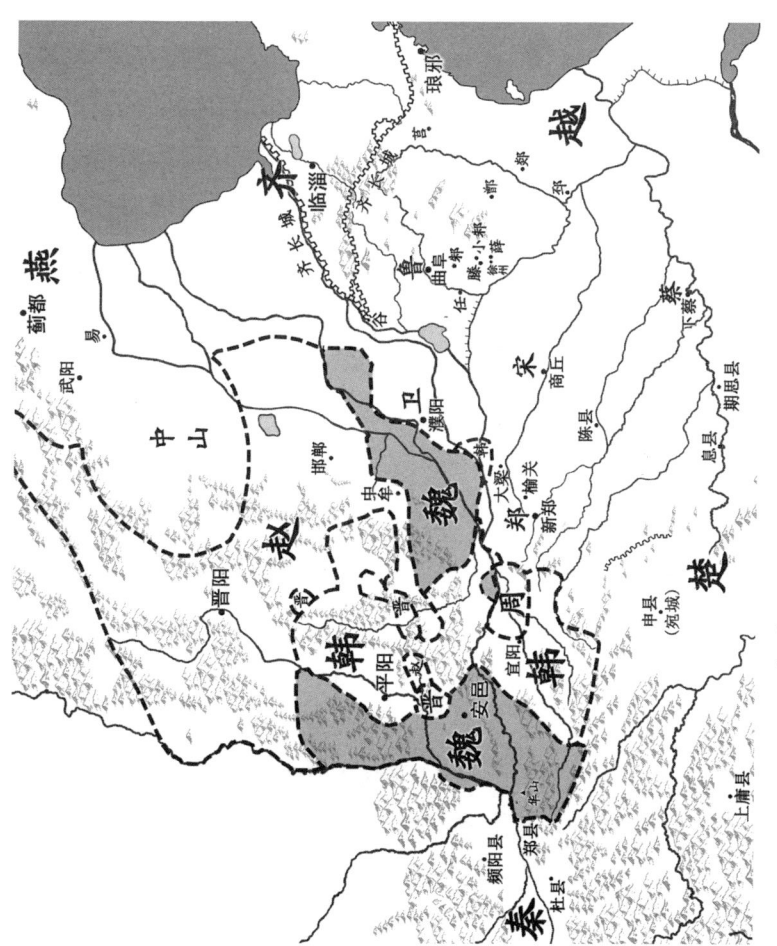

三家灭智氏后的大致疆域及齐长城走向示意图

魏斯有很大的危机感——他既要在诸侯混战中保住既有的领土，更要防止内部有军功大族权力膨胀，威胁自己的君位。第二点大家非常容易理解，就如同后世赵宋靠陈桥兵变夺得后周皇位所以最防范武将一样，作为与韩、赵一起瓜分了晋国的原晋国卿大夫，他也最怕有臣子有样学样。所以魏斯十分虚心好学，并注重革新政治。

魏斯成为魏氏族长的早年，曾拜孔子的著名弟子、战国初年在卫国西河（黄河济水间）聚徒讲学的子夏为师，又谦恭地向隐居不仕的子夏弟子段干木请教治国之道，还聘请子贡的弟子田子方为客卿，因此礼贤下士的名声被各国传颂。

当然魏斯并不是独尊儒术，而是儒、法并用。他执政中后期，为内固君权、外建霸业，起用法家鼻祖李悝（kuī）为相，开启了战国列国变法的序幕。当时魏国变法内容主要有以下四方面：

一是政治上废除世卿世禄制度，按个人功劳和能力选拔官吏。李悝指斥"其父有功而禄、其子无功而食"者为"淫民"，主张"夺淫民之禄，以来四方之士"，"食有劳而禄有功"。李悝的这个主张是划时代的，因为在此之前列国都以贵族世官制为主，虽然偶尔有君主如齐桓公、秦穆公等人任用一些寒士为高官，但不过是补充而已，是个别现象。废除世卿世禄制，首先君主被世卿架空、篡权的现象就被从根子上遏制了，"三家分晋"这样的事情再也不会在魏国重演了；其次一些贵族子弟因为没有功劳失去父辈爵禄，大大减轻了魏国的负担。另一方面，世卿和其他世官空出的位子总要有人补，活总要有人干，所以要选贤举能。这又有两条途径：一条途径是从国外或"体制"外招新人，在魏斯的积极延揽下，军事家、卫人吴起来到魏国，原本身份低微的魏人乐羊、西门豹等也被提拔重任；另一条途径是从本国旧贵族中进行选拔，这样他们的身份也转化为由国君随意任免的官僚，融入了新体系。而为了查看选拔出来的官僚合不合格，好进行升黜奖惩，同时摸清家底，又衍生出上计等考核制度，官僚制度逐渐形成并完善。

二是司法上编订系统的成文法典并公开，力行"法治"。李悝参考各国刑典编制出一部《法经》,包括《盗法》《贼法》《囚法》《捕法》《杂法》《具法》六篇。《法经》原书早已经失传，

> 上计制度，即官吏把地方的财政、经济等各方面数字（如户口、田亩、物价、税赋收支等）上报朝廷。

明末清初的学者董说在其著作《七国考》里面引了古籍中的一些《法经》条目，内容包括对杀人抢盗、窥视王宫、偷盗符玺、议论国事、丈夫多妻、妇女不贞、赌博聚众、翻越城墙、官员受贿等罪行的处罚规定，也有对未成年人和老人犯罪的减免规定，可谓十分庞杂细密。总的来说，李悝制定的刑罚是比较残酷苛刻的，属于严刑峻法。但它为魏国建立绝对君权、强化对臣民的统治、维护社会秩序立下了巨大功劳，因为《法经》里明确记载，魏君自己是不受法律约束的（实际上君主还有修改法律、特赦的权力），也就是说法家的"法治"其实就是只属于国君一人的"人治"。作为中国从封建社会向专制帝国转型过程中的第一部系统法典，勾勒了基本轮廓的《法经》也对后世产生重大影响，比如秦国的《秦律》就是在它基础上产生的。

三是经济上实行重农、惠农政策。李悝在魏国早已实施的授田制（每户百亩）基础上，又要求农民"尽地力"即因地制宜、精耕细作；并实行丰年时由政府平价买入百姓余粮、荒年时再平价卖给灾民的"平籴法"，以保护农民的生产积极性。

四是军事上建立"武卒"制度。魏斯用吴起为将，在不分国野的全面征兵制的基础上精选士卒严格训练，为魏国建立起一支强大的"特种部队"——魏武卒。据《荀子·议兵》介绍，要成为魏武卒，必须穿上三层甲衣，能开拉力为十二石（120斤为一石，魏国1斤约250克）的硬弩，携带五十支弩箭和一支戈、一把剑，背上三天的干粮，半日内武装越野一百里，才算合格。不过一旦能入选魏武卒，他全家就可

以免除赋税徭役,还可在每户百亩基础上分到更多的田地和宅地。此后魏国军队作战,就是以精选的武卒作为矛头、以征发的普通兵源为基本力量的。

经过以上这一番改革,魏国逐渐凌驾于越国之上,成为当时最强大的国家。后来各国看到魏国变法的巨大成效,也纷纷效仿,因而形成了一股变法图强的时代浪潮,当然这都是后话了。

再说魏文侯通过变法巩固了君权、增强了国力后,不可避免要开疆拓土,建立霸业了。当时魏国的都城在河东的安邑(在今山西夏县西北),魏文侯又采取了和睦赵、韩的政策,所以他决定首先向西方拓土稳固都城后方。这样一来,魏国自然就是要与秦国争夺河西之地了。

说到这,我们抽空来回顾一下河西之地归属的历史。这河西之地,也即黄河以西、北洛水以东的广大地区,在春秋前中期即秦穆公以前,本有一些小国在当地立国,如梁国、芮国等;除此之外,河西剩下的土地主要被晋国占领。到韩原之战秦国取胜后,晋惠公被迫兑现诺言献上河外五城,秦穆公又灭掉了梁国和芮国,河西之地基本上为秦国所有。不过秦穆公死后秦国有所衰落,当时继续晋文公霸业的晋国又夺取河西部分城邑。因此在春秋末年、战国初年,河西之地本是由秦、晋两国共有。现在继勾践之后的战国新雄主魏文侯要来争河西,秦国那边遭遇了巨大的挑战。

秦灵公六年、魏文侯六年(公元前419年),魏文侯首先巩固河西己方地盘,增筑少梁(旧梁国都城,在今陕西韩城西南)的城防,作为西向攻秦的一个前进基地。因为少梁是黄河西岸一个水路交通的要塞之地,古代黄河上的重要渡口少梁渡就在少梁城东边。秦人不是白痴,当然看出了魏人的意图,立即发兵攻打少梁,企图阻止魏人的筑城行动。这次少梁城之战持续了两三年之久,最终以魏人成功筑城告终。

见阻止不了魏人加固少梁城，秦人不得不在黄河边挖堑壕，预防魏人从黄河其他河段入侵。俗话说"病急乱投医"，秦灵公为了祈求黄河之神河伯的保佑，还玩起了给河伯娶亲的把戏，也即把美貌姑娘沉入黄河来讨河神的欢心。秦灵公十年（公元前415年），秦人又增筑少梁以北的秦国城邑繁庞的城防，并在繁庞北面的籍姑（在今陕西韩城市东北）新筑城池，试图将魏军困死在少梁城里。

在秦魏倾力争夺河西之地的时候，秦国都城雍城位于整个渭河平原西端、对河西之地鞭长莫及的弊端就充分显现出来。为了方便指挥东部战事，同时也为了摆脱雍城旧贵族的控制，灵公做出了一个重大决定——将都城从雍城（在今陕西凤翔南）东迁到直线距离三百余里外、位于整个渭河平原中端的泾阳（今陕西泾阳）。这泾阳我们前面也多次提到过，秦桓公、秦景公时晋国两次攻入秦国（即麻隧之战和迁延之役），都从泾阳渡过泾河西进，可见其军事地位之重要。

不过也就在秦灵公十年，正值壮年的秦灵公突然薨逝。更为异常的是，秦国一帮子大臣没有拥护灵公十岁的太子公子连继位，而是从晋国接回了灵公的小叔、秦怀公的小儿子悼子并立他为君，悼子也就是秦简公。我们知道，秦国的君位继承法则是子承父业和兄终弟及并存，但从来没有侄子死了由叔父继位的先例，因此秦简公的上台极不正常。虽然史料残缺，但我们依旧可以断定，在灵公末期秦国发生了宫廷政变。没能继位的灵公之子公子连，为躲避杀身之祸只得被迫逃亡三晋。

秦简公上台后，把秦国都城又迁回了雍城。此后，秦魏对河西的争夺更加激烈。但内部变乱不断又脱离时代的秦国，早已经不是经过变法日趋强大的魏国的对手。

秦简公二年（魏文侯十二年即公元前413年），秦军与魏军在郑县（在今陕西渭南市华州区）附近大战，惨遭败绩。第二年，魏国打造少梁城作为前进基地的作用发挥了出来。魏国太子击（即后来的魏武侯）率魏军出少梁城北上，攻占了河西秦邑繁庞，将其人口全部驱赶回秦国，而用魏人重新充实。

秦简公六年、魏文侯十六年（公元前409年），魏国以名将吴起为统帅，出动大军大举伐秦。

要注意的是，春秋后期、战国初年，随着井田制瓦解、世官制的没落以及战争规模的扩大、战争形势的复杂化，中原国家文官、武职逐渐分途，开始有了专职的武将。吴起在魏国就主要担任武职，尽管他也有优异的政治才能。

吴起在治兵时，强调思想教育和军事技能训练为先，同时坚持严肃纪律、赏罚分明，还注重训练精锐部队如武卒等来执行特种任务；在用兵上，主张"料敌"为先，注重使用间谍摸清敌情，再根据双方形势灵活运用各种战术。吴起尤其能做到与士卒同甘共苦，他行军时不乘车马而是步行，干粮行囊自己背，吃穿跟最下等的小兵一个标准，宿营不睡席子只往稻草上一卧，仿佛普通一老兵。打仗时士兵受了伤，吴起不但亲自给伤兵包扎伤口，甚至用嘴吸吮创口的脓水。

在吴起这样能力超群、爱兵如子的将领的领导下，魏国士兵无不拼死效命。而制度守旧的秦国，面对这位战国初年的盖世名将，哪里是对手？

吴起伐秦的当年，魏军就攻占了秦厉共公时灭大荔戎国所设的临晋县以及临晋县北方的元里邑（即春秋时的邧邑，在今陕西澄城南）。次年（秦简公七年），吴起再次西向攻秦，一直打到秦国的郑县才撤兵。多说一句，士会留在秦国的儿子刘轼（士雃）的后代就是在此时被魏军俘虏回魏国的。随后魏国又在占领的雒阴（在今陕西大荔县西南）和合阳（在今陕西合阳县南）修筑城池，巩固对当地的统治。至此，河西大部分区域被魏国占领，魏文侯特地设立了军区性质的西河郡（治所在临晋县），并任命吴起为西河守加以镇守。随后魏国认为秦国不足为虑，于是不再西顾，而是把扩张的目标对准了更加先进、富庶中原。

吴起攻占河西之地的这一年，腾出手的魏文侯以乐羊为将攻打鲜虞人所建的中山国，于三年后即秦简公九年将其灭掉（中山国几十年后又复国）。秦简公十一年（公元前404年），魏、韩、赵三国奉天子周威烈王之命联合攻打齐国执政的田氏，一直打到齐长城之内；次年，

> **郡的由来和演变**
>
> 郡源自西周，从"君"从"邑"（阝），意思为君主直辖的公邑。春秋时晋国也设郡，但是是比县小的单位。春秋时各国边地的县原本承担军事防御功能，但进入战国后，战争规模日益扩大，受兵力、物力限制，县已经不足以抵抗敌国大规模攻击，于是三晋就将边地的若干县组成郡，由郡统筹一个地区的军事防御事宜，长官称作"守"。因为最初的郡不掌握下属县的人事、财政、司法（指民法）等权力，所以性质为军区而非县以上的一级行政区。到秦朝建立前后，因中央无法直辖上千县，郡的权力逐渐扩大，才演变为县以上的行政区。

齐康公带着魏斯、韩虔、赵籍去朝见东周天子威烈王，并替三人向威烈王讨封号，威烈王最终封魏、韩、赵三家族长为"侯"，三国正式被天子承认。魏、韩、赵三家本是篡权的晋国权臣，把原主人晋侯剥得只剩下都城新田和宗庙所在地曲沃等几座城，这样欺君悖主的行为，作为周礼制定者和维护者的周天子没实力惩治倒也罢了，现在居然公开承认他们的篡逆行为合法，这对于周礼无疑是一个毁灭性的打击。因此后来北宋司马光编写《资治通鉴》时，愤而将周威烈王封三家为侯的那一年（周威烈王二十三年即公元前403年）当作该书的开始之年，后世很长时间内学者也都把该年当作战国的起始年。

回过头来说秦国。丧失了对河西的控制权后，富有血性的秦人自然咽不下这口气，总想实施反攻收复失地。可是有人劝阻秦简公说："魏君极为礼遇贤士，国人都称赞他的仁德。魏国上下和睦，同心勠力，难以取胜啊。"

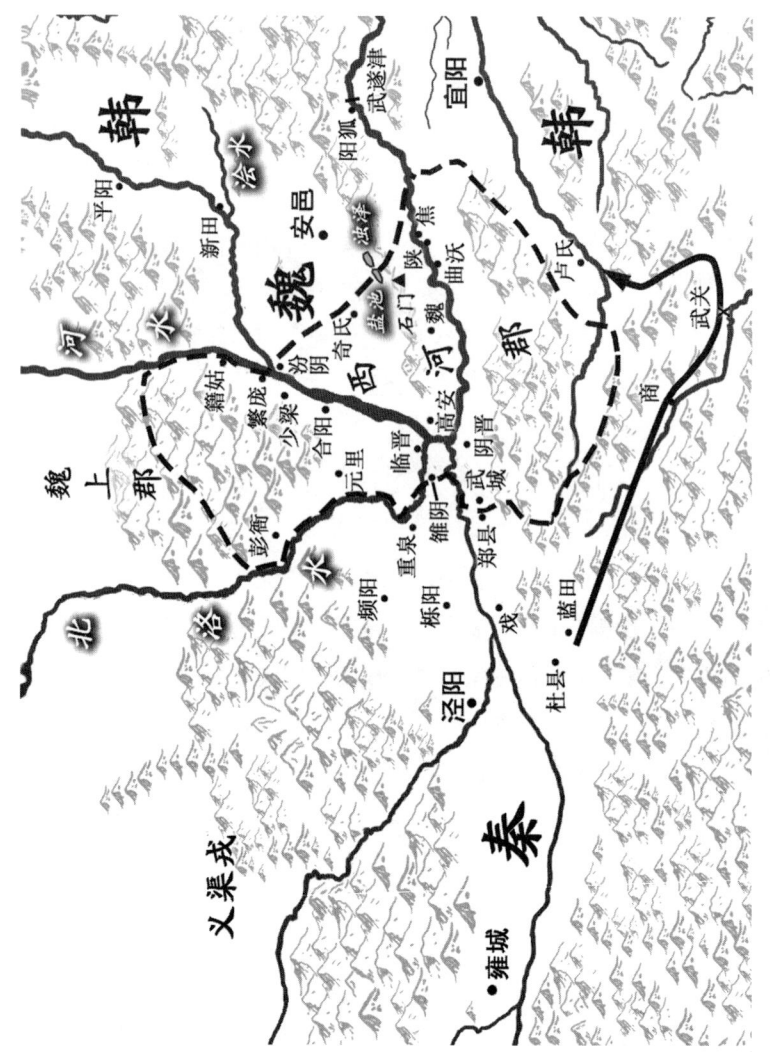

魏国西河郡大致范围及秦军绕过西河郡的可能路线示意图

面对现实，知道无力对抗魏国的秦人也不得不无奈地采取守势。秦简公被迫下令"堑洛"，即沿着北洛水西岸大规模挖壕沟、筑防线、修烽燧要塞，并在重泉（在今陕西蒲城县东南）修筑城池。这些行为，一方面说明秦人在魏人的进攻面前极为被动，另一方面也说明此时秦人的国防意识已经起了重大变化，领土观念加强，并沿当时的边境线全面设防，不再允许敌军像春秋麻隧之战和迁延之役时期那样随意进入国土，秦国逐渐由"邑制国家"进化为了"领土国家"。

有限的革新与不屈的反攻

在与魏国争夺河西的战争中屡战屡败，秦人备感窝囊和耻辱，终于连最保守的秦人贵族也明白，秦国再不做一些改变真的没法在这个世界上混了。

据《史记·六国年表》记载，在秦简公六年（公元前409年），也就是魏国吴起攻占临晋、元里的那一年，简公下令让官吏佩带宝剑，史称"初带剑"。《史记·秦始皇本纪》也引《秦记》称，秦简公七年"百姓初带剑"。当时是战国初年，"百姓"一词多数情况下还不是像后世一样指平民，而是指贵族百官，因为战国之前有姓氏的都是有身份地位的人。所以这两条记载虽然差了一年，但意思是一样的。这

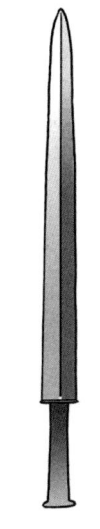

战国秦窄格剑
注：长42.5厘米，柄长8.7厘米。1978年西安市长安县杜曲废品收购站上交。

项革新看起来平淡无奇，实际上包含两层重大意义。

首先，"初带剑"是一次军事装备普及和改革行动。

众所周知，腰佩精美华丽的宝剑，在春秋时期是属于中原贵族的专利，代表着高等贵族的身份和荣誉。本书第三章曾提到精美的秦式短剑，一些剑甚至是铁身金柄，其实所有这些剑，不论是全铜还是复合金属，都出自于高等贵族墓。但大贵族毕竟人数较少，为了打赢魏人，需要更多秦人熟练掌握击剑的军事技能。所以允许各级官吏带剑，秦国可以合法拥有剑的人数必然几何式增长，他们佩了剑以后自然也会练剑使剑，战时秦军就能迅速动员补充大批善于近身格斗的基层军官（秦人实行"民兵制"，战时平民在军队中充任普通士兵，小吏充任基层军官，贵族充任中高级将领）。另一方面，根据考古发现，自战国初期以后，春秋时期秦国盛行的秦式短剑就销声匿迹，秦人的佩剑全改为东方常见样式。这种军事装备的突变应该也是秦简公在允许官吏带剑时下达的命令，表现了他积极向中原靠拢的决心。要知道春秋时期的秦式短剑一般只有 30～40 厘米长短，而春秋后期，首先是吴越等不宜车战、盛行步战的地区的剑已经逐渐发展到 50 厘米上下，中原地区也迅速跟进。"一寸长一寸强"，如果秦国再不改变，手持 30 多厘米秦式短剑的秦国武士与手持 50 多厘米中原样式长剑的魏国武士对阵，结果不言而喻。（秦人最早大规模接触青铜长剑，很可能就是在秦哀公救楚时。）

其次，"初带剑"更是一场政治改革。

前面说过，佩剑在春秋时期本是高等贵族的特权。但随着冶炼业尤其是经济的发展，战国时期的贵族，甚至稍有点钱和地位的人，都能买得起、挂得起一口宝剑了。可秦国的贵族老爷们，依旧把佩剑当做自己的特权，不允许进入仕途的新兴阶层跟自己一样打扮，这必然激起后者的不满。现在秦简公允许官吏都带剑，显然是顺应时代潮流，是从服饰制度方面提高新兴阶层的政治地位，这无疑会激发他们的干事热情、爱国激情。

秦简公七年，也就是秦人在北洛水西岸挖壕沟、修筑重泉城的那一年，秦简公再次发布了一项革新命令，它的意义比"初带剑"更加重大，这就是"初租禾"。"初租禾"是什么意思呢？它其实就和秦桓公十年（公元前 594 年）鲁国实施的"初税亩"一样，都是按照田地的实有亩数来征收田税。

我们知道，西周各国和春秋大部分诸侯国，原来的土地制度都是井田制，也即土地归国家所有，一部分土地划为"公田"公用，一部分土地划为"私田"分给农民耕种，农民在"私田"上的产出归自己，但要在"公田"上无偿劳动即支付劳役地租，"公田"收入归国家和各级贵族。前面也提到，齐桓公用管仲改革，"相地而衰征"，齐国成为东周时期第一个废除了井田制的诸侯国；秦穆公十五年（公元前 645 年），晋国执政吕甥为了营救韩原之战中被秦国俘虏的晋惠公，把晋侯的公田给分了，按田亩收实物地租，于东周时期第二个废除井田制，并实行"爰田制"。五十多年后，鲁国"初税亩"也跟"相地而衰征"差不多，按字面意思都能看出来，是改为按亩纳税，因为当时私人开垦的荒地也多了，很多新垦的土地都没有纳入征税范围。"初税亩"之后又一百八十多年，秦国终于"初租禾"，按字面意思就是用"禾"（甲骨文像谷穗饱满得下垂的庄稼）来交租，也即不再实行劳役地租制了。"初租禾"后，秦人不用再在公田里浪费宝贵的农时（播种、收获就只在那几天时间），新垦的荒地也等于被官府承认，生产积极性自然提高了。但要注意的是，秦国的土地变革，比齐国晚了二百七十多年，比晋国晚了二百三十多年，比鲁国晚了一百八十多年，显然落后东方国家太久。

不过迟到的改革，总比不改革要好得多。秦简公实行有限改革后，秦国的活力也在一定程度上被调动起来。

秦简公十四年（公元前 401 年），国力有所提升的秦国趁魏国把注意力集中到东方的时机，向东发动攻势，居然打到了魏国都城安邑以东一百多里的阳狐（在今山西垣曲县东南）。因为史书缺载，这场战争的详情我们已经不知道了，秦军的进军路线有可能是经武关道（春秋时的商於古道）到商邑，再向东北方挺进，即从魏国西河郡的南部绕过（参见本章第三节末的示意图）。但有一点我们能确定，这是自秦厉共公十年（公元前467年）秦军攻占晋国魏县后，六十多年来秦军首次反攻到黄河以东的魏国腹地。

不过改革刚见一点成效，秦简公却在第二年病死了。秦简公死后，他的儿子继位，谥号也为秦惠公，跟自己的五世祖（秦哀公的儿子）一样。所以我们讲到秦史的时候一定要注意，秦国有两个秦惠公，一个在春秋后期，一个在战国早期。为了加以区别，一些历史书上就把战国早期的这个秦惠公称作"秦后惠公"。

秦后惠公上台后，没有对父亲的政策做多大改动，基本是"父规子随"。又过几年，当初秦简公改革的成效更加显现，秦国的国力也上升了一个小台阶。

与此同时，三晋那边也没闲着——它们联合打败齐国后，又和老对头、南方大国楚国杠上了。这时三晋和楚国全力争夺中原郑国、宋国，而与春秋时代争霸战争仅仅要求臣服、纳贡不同，这时四国开始以抢占郑国、宋国的土地城邑为主，战争更加残酷，小国也更为悲哀，连磕头服软都不行了，只能眼睁睁看着自己的血肉被抢割。

开头几年，三晋和楚国互有胜负。但是在秦后惠公九年（公元前391年），三晋联军大败楚军于大梁（在今河南开封西北）、榆关（在今河南中牟县南），最终魏国占领了楚国刚从郑国手中抢来没几年的大梁。当时楚国在位的是楚惠王曾孙楚悼王，他迫于三晋的压力，不得不又使出了"联秦"的老招数，命人带着大批珍宝紧急出使秦国求援。秦后惠公也想对付当时的三晋盟主魏国、伺机收复河西，于是有着共同敌人的秦楚两国一拍即合，再次确立了同盟关系。

不过具体要怎样支持盟友呢？当时名将吴起正替魏国镇守西河郡，秦人想从他那儿讨便宜可不是件容易的事情。想来想去，秦后惠公决定拿韩国开刀：一方面韩国在三晋中力量最弱小，柿子自然要拣软的捏；另一方面韩国的主要国土在中原一带，进攻它能更直接地支援楚国。于是这一年秦军长途奔袭韩国重镇宜阳（在今河南宜阳县西北），夺取了它附近的六座小城邑。秦军的进军路线应该也是可以绕开魏国西河郡的武关道。

宜阳受到来自秦国的攻击，三晋尤其是韩国颇为震惊。说起来宜阳其实是韩国的旧都，因为与秦灵公、秦简公同时的韩武子曾把韩氏都城从平阳（在今山西临汾市西南）迁到宜阳。当然韩国以宜阳做都城的时间并不长，仅仅有一二十年。韩武子死后，也就是秦简公后期，韩景侯又把都城迁到原郑国城邑阳翟，也就是当年的夏启之都、今天的河南禹州。

三晋的盟主魏国听说韩国受到秦国攻击，想为小弟韩国出头，于是在第二年也就是秦后惠公十年（公元前390年）攻打秦国，双方在武城（在今陕西渭南市华州区东北）附近展开大战。这次武城之战的胜负情况史书中没有记载，但据《史记》记载，随后秦国夺取了魏国的陕邑（今河南三门峡市陕州区），并在那里设立了陕县，所以武城之战很可能是秦军占了上风。

因为取得了一连串的胜利，秦后惠公不由得有点膨胀，觉得三晋不过如此。所以在秦后惠公十一年（公元前389年）时，他出动大军猛攻魏国西河郡的阴晋城（在今陕西华阴东）。

据战国时成书的《吴子兵法》一书记载，吴起在西河郡担任郡守期间，一直注重严明赏罚，大力鼓励将士杀敌立功。当时魏文侯已经死去，太子击继位，是为魏武侯。魏武侯也听从吴起的建议，在太庙内设宴招待魏国众大夫的时候，按照功劳把席次、器皿、菜肴分成三等；在太庙外奖赏普通百姓，也按功劳大小排序。几年下来，魏国养成了人人以立功为荣、个个以落后为耻的风尚。

这时魏国西河郡人听说秦军来袭，长官们还没下动员令，上万当地老百姓已经嗷嗷叫地主动穿盔戴甲拿起刀枪，要打仗立功。最后吴起率领兵车五百乘、骑兵三千名，就大破秦军五十万人。

《吴子兵法》称秦国攻打魏国西河郡动用的兵力达五十万人，这当然是太夸张了。要知道一百六十多年后秦始皇征发全国兵力伐楚，不过才出动六十万人，而那时的秦国要比这时大几倍。在战国初年，秦国和其他国家出兵，一般最多也就是十万上下，秦后惠公此次攻魏也不可能多过这个数。但《吴子兵法》有一点没错，那就是这次秦国伐魏最终以大败告终。可见秦人虽然进行了些许小改革，取得一些小成效，但总体上仍不是魏国的对手。

就在这同一年，中国历史上还发生了一件大事，即齐国执政田和在浊泽（在今河南长葛市西北）和魏武侯会面，请求魏武侯向周天子陈情，封自己为诸侯，魏武侯答应并照做了。当时的东周天子周安王也像父王周威烈王承认赵、魏、韩三家一样，承认田和为侯。至此，田氏历经二百八十多年的努力，终于取代了姜姓成为齐国的主人，史称"田氏代齐"。

再说秦国，它伐魏虽然大败，但是多年改革不是白改的，也并非不堪一击。两年后，也就是秦后惠公十三年（公元前387年），魏国伐秦，双方又在武城大战，秦军虽然折损了一名叫识的将领，但最终击败了魏军。

这一年秦国在西南也一度有捷报。该年秦后惠公继曾祖父厉共公之后再次出兵讨伐南郑，收复了这块"旧土"。不过蜀人本来把南郑当作秦蜀两国之间的缓冲区，现在秦国居然把这缓冲区占为己有，蜀国也坐不住了。蜀军突然北上，打败在南郑立足未稳的秦军，将南郑重新置于蜀国的管辖之下。

不知道是否因为这次争夺南郑失利刺激了秦后惠公，不久他就与世长辞。随后他的儿子继位，谥号出子。可能有读者还记得，春秋前期秦国也有个秦出子，是秦宪公第三子，所以大家要注意，秦出子在历史上也有两个。

秦献公改革

据《史记·秦本纪》记载，秦出子是在秦后惠公十二年（公元前388年）才出生的，所以继位时仅一岁多，是个走路都走不稳的小屁孩，只能由他的母亲小主夫人抱着坐朝，秦国大权也落到小主夫人手中。女人当权倒也没有什么，比如秦国后来的秦宣太后（电视剧里的芈月）以及唐朝的武则天、宋朝的刘娥刘太后（辅佐宋仁宗），都把国家治理得不错。但《吕氏春秋》称，这个小主夫人却是个昏庸的女人，凡事不能一碗水端平，只信任身边的宦官，不信任朝中大臣。这样一来朝臣心中都感到愤愤不平，觉着跟着这样的主子干出力也不讨好，于是或是辞职或是怠工，最终连秦国老百姓也怨声载道。

秦国女主当权、人心离散的消息传出后，有个流亡在三晋的秦国贵族暗暗高兴，他就是当年被秦简公逼走的秦灵公之子公子连。公子连当然不甘心君位被夺走，流亡在外的这三十年来一直在密切关注秦国局势。他认为此时是自己重登秦君宝座的千载难逢机会，于是秘密与国内联络，封官许愿，拉拢到以庶长菌改为首的一批朝臣；同时他又暗中向魏国许诺好处，也取得了魏国的支持。

准备充足后，公子连于秦出子二年（公元前385年）先西渡黄河来到魏国的西河郡，然后从魏国西部边境的南端出关，准备从秦国的郑县附近入秦。不过这时候，一个小人物差点把公子连的好事给坏了——郑县边境上一个叫右主然的秦国守塞小官吏，拒不让公子连从自己守卫的塞口通过。任公子连软磨硬泡，人家右主然就一句话："我是个有道义的人，忠臣不事二主，您还是请回吧！"

大关节都基本打通了，剩下个小喽啰不识好歹，公子连气不打一处来，但也没有办法。他不得不灰溜溜退回魏国去，然后沿着魏国西部边境内侧一直北上，再西行通过戎族控制的今陕北地区，来到秦国西北边境的一个名叫焉氏塞（在今宁夏固原市东南）的要塞前。这时秦国主持军政事务的庶长菌改已经暗中赶到焉氏塞，他打开塞门把公子连和他的一众亲信放入了秦国。

从公子连回国的故事可以看出，当时秦国与魏国之间的边境线已经全面设置了边防哨卡，而且还有常备军驻守了，春秋时期那种普通人甚至军队在两国间随意进出的景象再也不见了，秦国、魏国都已经变成了"领土国家"。

再说秦都雍城中的小主夫人，她听说百官之首的庶长菌改叛变，公子连已经进入秦国境内并往雍城进发，不由得十分害怕，连忙遣将发兵加以阻止。她怕将士不服，就诓他们说有敌军犯边，让他们去驱除贼寇。将士们走到半道，自然知道了真相，顿时哗变，不但不打公子连和庶长菌改，反而向他们投降。就这样，公子连、庶长菌改率领大军浩浩荡荡进入雍城，包围了小主夫人和出子所住的宫殿。小主夫人见众叛亲离，无计可施，绝望之下只好自杀。那不满三岁的出子也被庶长菌改杀死。公子连命令把小主夫人和出子的尸体扔到水潭中，随后登上秦君宝座，并改名为师隰（xí），这就是后世所说的秦献公。

秦献公一登基，头一件事就是要重赏迎立他的菌改，同时想严惩不让自己通过其辖区的守塞小官吏右主然。

秦国大夫监突听说了，赶紧劝谏说："国君不可！秦国公子流落在外的有很多，您这样做，各地官吏还不争相放他们回秦国？这样国君您的位子能坐稳吗？"

秦献公一想，确实是这么回事。于是他把迎立自己的菌改从庶长降为官大夫；至于右主然，秦献公不但免了他的罪，还赐给他和他的属下每人二十石米，以作为他们尽忠职守的奖赏。

众大臣见秦献公在赏罚时能够不以个人情绪和好恶，做到顾全大局，无不心悦诚服，认为得到了一个"明君"。秦献公的政权也因此初步稳定下来。

秦献公既然是个拎得清的人，他自然知道作为一个秦人君主上台

> 石，在古代既是重量单位又是容量单位。作为重量单位，秦汉一石等于120斤，秦汉一斤约等于今250克，一石即约合今30公斤；作为容量单位，秦汉一石等于十斗，约合今20000立方厘米（毫升）。
> 在叙述粮食数量时的石为容量单位，因不同粮食的比重不同，重量有所差异。经现代学者实测，秦汉一石粟米的重量约为今27市斤。

后应该干些什么正事。他在三晋待了三十年，对三晋的变法内情了解得更深。而登基时他刚好是四十岁的不惑之年，在那会儿算是快步入老年人行列了，因此在他心中有一种"时不我待"的紧迫感。所以秦献公刚把位子坐稳，就像同样是从晋国返回秦国的曾祖父秦怀公一样，开始着手在秦国进行改革。当然他也吸取了曾祖父秦怀公失败的教训，一方面逐渐把大权牢牢抓在自己手中，一方面缓慢推进各项措施，以防止旧贵族的反弹甚至作乱。

秦献公元年（公元前384年），上台伊始的献公就宣布了一项重大命令——"止从死"，即废除了秦国实施近四百年的野蛮人殉制度。以人殉葬，既是摧残生命，也是严重浪费劳动力，而且深受其害的不但有奴隶、平民，还有各级贵族，因为小贵族要为大贵族殉葬、大贵族要为秦君殉葬。秦献公的这条命令，赢得了秦国上上下下的普遍欢迎。考古证实，在栎（yuè）阳城（在今陕西西安市阎良区武屯镇）附近的秦国墓葬中确实未发现有殉葬者，说明这一制度得到了实施。

当然了，我们也不能因为秦献公下了"止从死"的命令，就认为整个秦国自此再无人殉的惨剧了，因为长久的风俗习惯不可能因为一纸文书就被彻底扭转。

第一把火烧得不错，次年秦献公又烧了第二把火——他下令在"北却戎翟，东通三晋"的东方战略要地栎阳修筑城墙，并把秦都从雍城东迁到那里。据2015年考古勘探，秦汉栎阳城遗址的面积大约有36.51平方公里[①]。栎阳距离魏国的西河郡非常近，仅仅有百余里的路程。秦献公把都城迁到"前线"，显然是要显示从魏国手中收复河西失地的决心和壮志。而且通过迁都，秦献公还可以躲开旧贵族势力盘踞的旧都雍城，进一步抓牢权力，顺利推进改革。

紧接着，秦献公还烧起了第三把火——推广县制。我们知道，秦国的县最早由秦武公设立，县的长官非世袭，而由国君任免。秦献公六年（公元前379年）开始，他先后下令在蒲地、蓝田、单明氏、栎阳等边境地区设县，进一步加强君主对国土的直接控制力度。

秦献公的第四把火，是经济方面的。秦献公七年（公元前378年），他下令"初行为市"。"初行为市"是什么意思呢？就是在栎阳设立由官府管理的贸易市场。官市虽然限制了交易时间和地点，

> 宋代之前，"市坊分离"，也就是商业区与居民区是分开的，城中有官府专门设置的市场。官方市场一般由围墙围起，里面有一排排的露天摊位，每天早上开市晚上闭市，有专门的市场管理人员进行管理，类似现在的小商品市场或菜市场。市场是当时城中人流量较大的地方。考古工作者已发现秦都雍城的市场，在城北，东西约200米，南北约160米，由夯土墙围起，四面各有一门。秦都栎阳的市场虽尚未发现，但考古工作者曾在栎阳城遗址一带找到带有"栎市"铭文的陶器和砖。

[①] 刘瑞、李毓芳、王自力，等：《西安秦汉栎阳城考古新进展》，《中国文物报》，2015年9月11日第8版。

但毕竟给商贾提供了一个大型、稳定的交易场所。栎阳本来就是交通枢纽，商贾繁茂，这样一来，天下富商巨贾更是纷纷入秦，带来了四方货物，也带来了关东诸国的文化和经贸信息，改变了秦国闭关自守的落后状况。而对于秦国官府来说，官市的设立有利于管控贸易，也方便收取市租、增加财政收入。秦献公的这一举措可谓是"多赢"。

　　秦献公的第五把火也即最后一把火，是建立户籍制度。秦献公十年（公元前375年），他下令"为户籍相伍"，也就是打破过去的国野之分、族群之别，把全国人口按照五家为一"伍"编制起来。我们知道，秦国的国人主要是指西迁来的嬴姓族人和较早被纳入统治集团的上层周人、戎人贵族，野人主要是指被统治的下层周人、戎人等人。以前秦国国人、野人的政治地位和待遇都是不一样的，如国人对国家大事有评议权、能当兵，野人不被当作自己人不能服兵役当正规军、只能服劳役或在急需时以附庸族军形式出战，更不能参政议政。但一个国家立国几百年了，国人与国君的血缘关系早已经淡漠了，野人也早已经认同并融入国家，还这样区分身份，显然不利于团结，尤其不利于开发野人的人力资源，发挥广大野人的积极性；且以前秦国统治百姓，不是直接管理，而是通过这些百姓家族、部族的族长进行间接管理。现在把全国家庭按"伍"划分，等于承认国人、野人地位平等（实质是国人地位下降），并绕过血缘共同体把老百姓变成政府的直接"编户齐民"，大大加强了国家对基层的控制，方便官府征发赋税和徭役兵役。破除国野限制、吸纳野人当兵，鲁国在秦桓公十五年（公元前590年）就开始做了（"作丘甲"）；实施户籍政策，先进国家如齐国、卫国、楚国等国在春秋末期、战国初期就普遍在做了（书社是其萌芽）。秦国在迟了一二百年后，终于在这方面赶了上来。户籍制度可以说是中央集权制国家在基层基本的、不可或缺的配备，这样秦国的县也有了行政根基，向郡县制下的县演进。秦献公时代县的广设和户籍制度的建立，标志着秦国向中央集权制国家迈进了一大步，意义极其重大，也为后来秦国的进一步改革奠定了坚实的基础。

太史儋的神秘预言

秦献公执政后锐意进取、连番改革，闹得动静不小，以至于连东周朝廷都听说了。

秦献公十一年、周烈王二年（公元前374年），刚上台不久的周烈王派遣太史儋（dān）出使秦国。

要说明的是，这个太史儋，古时候不少人认为他就是"老子"，他们相信"老子"是神仙，能活二百多岁。司马迁在《史记·老子韩非列传》中虽认为老子是老聃，但出于"存异"的初衷，也记载了"或曰儋即老子"这种不同的说法。当然我们现代人是不会相信人能这么长寿的，太史儋绝非老子，因为历史上的老子是比孔子还要大一辈的人，不可能在孔子死了一百多年后还出使秦国。

秦献公接见太史儋后，宾主双方免不了寒暄客套一番。聊着聊着，太史儋突然对秦献公做了一番神秘预言："周与秦原来是合为一体的，后来两者分别，分别五百年又要重新会合，会合十七年后会有霸主和王者出世。"

周朝太史儋为什么做出这样的预言？他又为什么选择这样的时机和场合说出呢？我有必要分析一番、说道说道。

太史儋说周与秦原为一体，自然是说自西周初年以来，秦人开始归附周人，成为周的一分子，即周朝直接管理下的族群；所谓两者分别，自然是指周孝王分封非子，秦人建立了一个相对独立的小政权。

上面都还好理解，但太史儋说五百年后周秦又会合，并说会合十七年后会有霸主和王者出世，这是什么意思呢？这就得从当时东周朝廷的处境说起了。

众所周知当时东周王室十分衰微，凭自己实力在乱世中维持已经无望。而它曾先后依靠过的郑国、西虢国、晋国等姬姓国，也都陆续亡了国：郑国刚好在上一年也就是秦献公十年（公元前375年）被韩国给灭了，西虢国早在秦穆公五年（公元前655年）就被晋献公做掉，而晋国在大约八十年前就被赵、魏、韩三家瓜分，晋侯被剥得只剩下几座城池，反要去朝拜自己原先的臣子即三家之主。中原剩下的一些姬姓国如卫国、鲁国，都是二三流国家，自身难保。这几十年来，周烈王的祖父周威烈王被迫封赵、魏、韩三家大夫为诸侯，周烈王的父亲周安王又被迫承认齐国大夫田和为齐侯，如今环绕东周王畿的中原大国，等于全是一帮子"乱臣贼子"。这帮"乱臣贼子"连本国君主都能威逼、欺凌，又怎么会忠于天子呢？东周王室要继续生存下去，当然要再拉拢一些大国为己所用。而当年春秋初年的秦、晋、齐(姜姓)、楚四大国，只剩秦、楚两国，楚国又早已经称王，那周王室自然只有多拉拢秦国了。太史儋说周秦将合，霸（伯）王将出，无疑是希望秦国能力挺周朝，做维护周天子的诸侯之长。

史官是古代最博学的一群人，先秦古书中保存不少史官的预言故事，如本书前面提到过的周幽王太史伯阳父因"三川竭"而预言西周将亡，晋太史董因通过观察天象而预言重耳必霸。我们现代人可能觉得这些预言或者是凑巧，或者是后人附会，但古时的人对这些"神秘之事"往往是深信不疑的。至于秦献公，我们不知道他内心是不是真的相信预言，但他肯定明白太史儋的这番话传扬开来对秦国十分有利，于是他命令秦国史官把这件事郑重地记录在秦国史书《秦记》中。

太史儋走后，深受鼓舞的秦献公决定东越黄河对三晋开战。

秦献公十四年（公元前371年），秦军果然突破了魏国西部防线，一直攻打到黄河东岸的高安（大约在今山西永济市西南）。魏军一时抵挡不住，邀请赵军前来助战，这才击退秦军。秦军最后虽然失败，但是正面反攻打进河东的战绩，也足以令秦献公的信心大增。

高安之战的第二年（秦献公十五年），魏国雄主魏武侯又恰逢其时地死了，死前还没有预立太子，他的两个庶子公子缓和子䓨争位，各占领东西半壁国土大打出手。

秦献公十六年，魏国东部的公子缓为了取胜，引狼入室，邀请赵国赵成侯、韩国韩懿侯攻打哥哥子䓨。赵、韩也都想趁机削弱魏国，于是两国组成联军浩浩荡荡西进伐魏，在浊泽（在今山西运城附近）大败子䓨军，并进兵包围了子䓨居住的魏都安邑（在今山西夏县西北）。眼看子䓨就要玩完，这时事情却发生了戏剧性的变化——赵、韩两国还没打下安邑，就为战后如何处置魏国一事产生严重分歧，韩懿侯知道自己实力弱小肯定拗不过赵成侯，一气之下连夜带兵回国。剩下的赵成侯独木难支，退军途中被子䓨军截击而溃败，公子缓也被杀死。随后子䓨正式继承魏国君位，这就是后世所称的魏惠王。当然要多说一句的是，最初登基时子䓨只是自称魏侯，并没有称王，他称王是二十多年后的事情了。到时候我们还会提到，因为他是中原诸侯（不算楚国和吴越等边地国家）中第一个僭越称王的。

魏、韩、赵这一番大战，互有胜负，三方都折损了不少兵力。秦献公隔岸观火，心情自然是大好。不过他也只能饱饱眼福，因为三晋大战的这一年秦国正好遇上了瘟疫，所以无法出兵去插上一杠子。

接下来一年也就是秦献公十七年，中原依旧战事不断，先是赵国攻打田齐，后来是田齐攻打魏国，不过对历史影响最大的，还是赵、韩两国干涉天下共主东周王朝的内乱，把本来就狭小局促的东周王畿又一分为二、分裂为"东西二周"这件事。

东周王畿分裂一事，还得从七十多年前说起。

那是秦躁公二年、周贞定王二十八年（公元前441年），周贞定

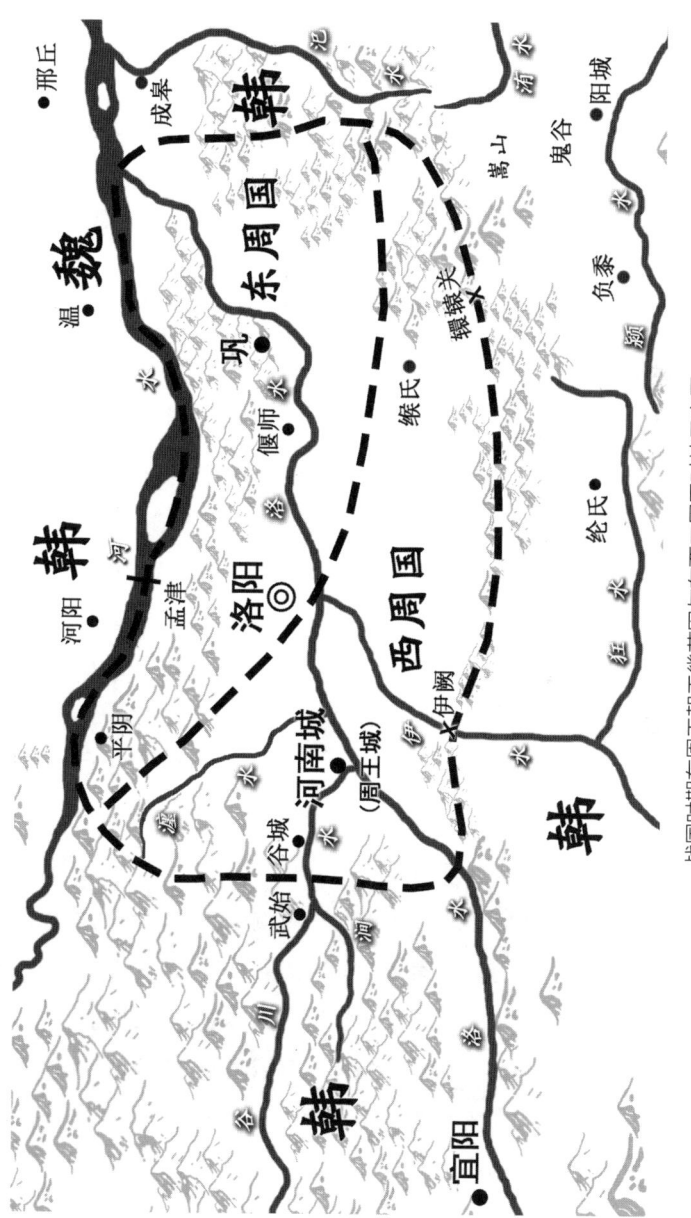

战国时期东周王朝王畿范围与东西二周国对峙示意图

王驾崩，他的长子去疾继位才三个月，就被自己的二弟叔杀死。不过螳螂捕蝉、黄雀在后，叔还没把王位焐热，又在五个月后被弟弟嵬干掉。这个嵬，就是周考王。

周王室一年中有两王被弑杀，周考王做贼心虚，他怕自己最小的弟弟揭也有样学样，就把河南之地即包括周王城在内的王畿西部地区分封给揭，建立了一个新的畿内小国西周公国，并让揭接替原来周公旦家族的职务，世代为王朝卿士。揭就是西周公国的首任国君西周桓公。

西周桓公死后，他的儿子西周威公继承了西周公国国君之位，同时也继承了东周王朝卿士的职务。史书记载西周威公是个博学多闻、礼贤下士的人，但可惜的是他却在家务事上拎不清：他已经立大儿子朝为太子，但还偏爱宠溺小儿子公子根，为身后埋下隐患。

西周威公死后，太子朝继位，就是西周惠公。这时被父亲宠惯了的公子根不服气，就发动叛乱，与哥哥争夺西周公之位和王朝卿士之职。秦献公十七年、周显王元年（公元前368年），赵成侯和韩懿侯插手东周王畿的内乱，发兵支持公子根。第二年，公子根在赵、韩两国军队支持下占领了东周王畿的东部，并以巩（在今河南巩县西）为都城，建立了东周公国，与哥哥西周惠公的西周公国对峙。公子根后来的谥号也叫惠公，史称东周惠公。

东西二周国分立对东周王朝有什么影响呢？这影响大了去了。以前周天子再不济，也还算拥有东周王畿的几百里土地，实际势力能比得上一个中小诸侯。而东周公国建立后，东周王畿内的城邑几乎被东西两个周公国瓜分殆尽，周天子只剩下都城洛阳一座城了，沦为一个可怜兮兮的城主！周王室至此算是衰落到极点，连吃穿用度都要靠两个周公国供给，除了虚妄的天子名头外基本是一无所有！

石门之战与献公称霸

就在东周王畿被东西两个周公国瓜分、周天子沦为城主之际，秦国却得到吉兆，仿佛预示着天命已经从周转移到秦！

秦献公十八年（公元前367年）四到八月，秦国新都栎阳连续下了多场"金雨"。这"金雨"是怎么回事呢？用现代科学解释，就是下了含有金、铜等金属物的陨石雨。古人迷信，自然不会明白这些，只会用鬼神之事来解释，那就是认为这是天神上帝在赐予秦国"金瑞"。因为按照战国时期产生的用"五行"配五方的说法，白色的西方正属"金"。秦献公在七年前刚得了周朝太史儋"周秦将合、霸王将出"的预言，现在又见上天赐予自己"金瑞"，不由得心花怒放，深信这是祖宗显灵所致，于是在栎阳又修建了一座畦畤，用来祭祀白帝也即祖先少昊氏。

第二年即秦献公十九年（公元前366年），魏惠王和韩懿侯在两国边境的宅阳（在今河南郑州市北）会面，随后魏国增筑西河郡秦魏边境上的武城（在今陕西渭南市华州区东北）城防。这时自信满满的秦献公决定阻止魏国的行动，发兵东进攻魏，大破魏韩联军，一直打到雒阴（在今陕西大荔县西南、古北洛水南岸）才收兵。

有人会问，当年的魏国西河守、战国名将吴起哪里去了呢？原来吴起早在上一次秦魏阴晋之战后不久，即大约在秦后惠公末年至秦献公初年这一时间段，就因为遭到魏武侯亲信王错排挤，被迫离开魏国，前往楚国。吴起到楚国后获得楚悼王信任，在其支持下又大搞改革：他打破宗法血缘贵族统治，规定封君三代之后就要收回爵禄，又强行收回部分旧贵族的封地并迁徙他们去充实边疆，这一来削弱了他们在政治、经济上的影响，强化了楚国君权，二来促进了边疆地区的开发；

同时他还整顿吏治、秉公执法、奖励耕战、移风易俗。他这一番折腾，把楚国也治理得国富兵强。

但吴起干的这些事，自然被楚国守旧势力恨得牙根痒痒。所以秦献公四年楚悼王一死，楚国旧贵族在楚悼王灵堂上就迫不及待地要杀吴起。不过吴起也是超级牛人，大难临头时他急中生智趴在楚悼王尸体上，导致旧贵族的箭矢、戈矛在伤他的同时也伤到了王尸。因此楚悼王之子楚肃王继位后，族诛了伤害父亲遗体的旧贵族七十多家。吴起虽死，却能自我报仇！

回过头来说秦国。雒阴之战后，秦军好似开了挂一样，锐不可当。

秦献公二十一年，也即魏惠王六年（公元前364年），魏惠王鉴于都城安邑（在今山西夏县西北）过于偏西，不利于经营中原，而大梁（在今河南开封西北）不但接近天下之中的位置、水陆交通发达，当时一些人还认为它即大禹所都的阳城（现代考古一般认为大禹都城阳城在登封告成镇），所以憧憬实现统一九州梦想的梁惠王从安邑迁都大梁。从此以后魏国也常被当时人称作梁国，魏惠王也被叫作梁惠王。读过《孟子》一书的人都知道，该书中都是梁惠王长、梁惠王短地叫的。

魏国迁都，不仅是魏惠王和大臣们前往大梁，自然还要带走大批仆役、百工和士兵，比如魏军从秦国俘虏来的刘轼的后人就是此时跟着东迁的，魏人在河东的力量不免也有所削减。秦献公看准机会，立即派遣秦将章蟜（jiǎo）东渡黄河，进攻魏国石门（在今山西运城西南）。这一仗，秦军取得了空前的战果，斩魏军首级达六万颗。要知道在春秋时期，像城濮之战之类的大战一方不过出动两三万人，伤亡更少，因为一般分出胜负就停战了。而战国时期由于军队规模扩大，主力由讲礼数的贵族变成野外农民，又都有军功激励，自然再不讲什么"君子不重伤，不擒二毛"（君子不杀伤已受伤的敌人，不俘虏头发斑白的老兵），而是都想拿对方的脑袋求自己的富贵，于是战场上的厮杀越来越血腥。眼见魏国西部告急，赵成侯出于大局考虑捐弃前嫌，紧急发兵援助魏国，秦兵这才班师。

这次石门之战震动了天下，让各路诸侯对秦国刮目相看。已经沦为城主的周显王听说后，也立即派使者送来了黼黻（fǔ fú）做贺礼。这"黼黻"是啥玩意呢？原来"黼"是指礼服、礼器上黑白相间的斧形花纹，"黻"是指礼服上黑青相间的双弓形花纹。古代帝王、高官礼服上绣的十二种花纹即"十二章"中，就有"黼""黻"这两种花纹。所以在此处，"黼黻"就是代指绣有斧形花纹、双弓形花纹的高级、华美礼服。虽然这时候周天子的赏赐已经越来越滥，常常是谁打胜仗就送谁贺礼，但秦献公还是借此机会拉大旗作虎皮，自我称"伯"（霸）。

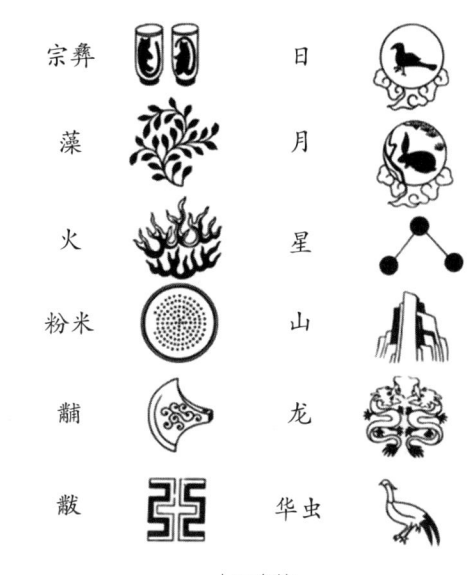

十二章纹

石门之战第二年（公元前363年），秦献公趁热打铁，挥军再次攻打河西的重镇少梁（在今陕西韩城西南）。不过魏军顽强防守，赵国方面也派出军队协防少梁，秦军一时没能得手。秦献公大怒，命令庶长国率秦军主力大举增援。魏惠王得报，也派太子领魏军迎击。秦献公二十三年（公元前362年），双方在少梁一带大战，魏国太子兵败被俘，秦军收复了少梁北方的繁庞城。此时距离繁庞失陷于魏，已经过了五十余年了。

俗话说"墙倒众人推"，眼见魏国败给秦国，韩国和赵国也结伙攻打魏国。魏惠王恨他们趁火打劫，派相国公叔座迎战，大败韩赵联军于浍水（今山西翼城县南），俘虏赵将乐祚，并乘胜攻占了赵国在浍水流域的飞地，化解了魏国的一场危机。

再说秦国方面。就在秦军连战连捷之时，秦献公的阳寿却已经尽了，他在少梁之战后薨逝，时年六十三岁。秦人给他上谥号为"献"，给予他高度肯定。因为《谥法》云："聪明叡哲曰献，知质有圣曰献。"秦献公也是当之无愧的。

秦献公一生坎坷，十岁时就死了父亲（秦灵公），为保命不得不流亡魏国。他在外寄居达三十载，到不惑之年才得以回国继位。正是他青壮年时期所受的磨难和在魏国的所见所闻，促成了他继位后的一系列改革。他的这些改革，使秦国在政治、经济、军事、文化等各方面都前进了一大步。在他上台之初，秦国整整被魏国压制了四十多年；而他离世时，秦国已经粗略具备了与魏国一较高下的实力。尤其值得一提的是，秦献公废除了在秦国流行近四百年的野蛮人殉制度，尽管这也是种种主客观因素促成，但秦献公的宽仁仍然值得赞颂。不过说起来，秦献公对秦国的贡献还不止以上几点，他最厉害之处是生了一个具有雄韬伟略的儿子，把他的改革推向更高层次，奠定了秦国统一天下的基业。

第八章

脱胎换骨——商鞅变法

秦孝公的求贤令

秦献公二十三年（公元前362年）献公薨逝后，他的儿子渠梁继位，这就是历史上鼎鼎大名的秦孝公。秦孝公生于秦献公四年（公元前381年），登基时本为十九周岁，不过古时都算虚岁，所以史书上说他当时已经二十一岁了。

秦孝公上台时，秦国的国力虽因献公的改革有了大幅增长，但这是纵向自我对比来说的，人家其他国家也并没有停滞不前，所以如果横向和东方各国比，秦国的形势仍不容乐观。

先说秦国的老对头魏国。虽然秦国在献公末期连赢魏国三仗，但多是趁着魏国投身中原、无暇西顾捡了便宜。魏国自魏文侯率先变法改革，魏武侯守成，魏惠王继承祖、父基业，至此已经发展了七十多年。所以要论整体国力，魏国仍是当时天下首屈一指的强国。

再说赵国。赵国在三家分晋时占得的地盘最大，而且赵烈侯（大约与秦简公、秦后惠公同时）紧随魏国也任用相国公仲连改革，内容涉及选举、任官、财政和考核监督等各方面，使得赵国国力大增。虽然其后赵国一度陷入争位的内乱，导致三晋联盟破裂后，赵国在与魏国的战争中败多胜少，但它在跟齐国、中山国（一度被魏灭亡后又复国）、卫国等国的交锋中仍能一直占据主动，因此赵国也不失为战国前期的一个强国。

三说韩国。韩国在三家分晋后虽最为弱小，但它于秦献公中期趁魏楚相争之机灭掉中原郑国（魏国盟友），实力大增。值得一提的是，韩国的冶铸业十分发达，享誉当时。《战国策·韩策一》云："天下之强弓劲弩皆自韩出。"又云："韩卒之剑戟……皆陆断马牛，水击鹄雁，当敌即斩坚。"这里再说几句后话，那就是韩国大约十年后也开始任用法家代表人物、以用"术"著称的申不害进行变法，一定程度上实现"国治兵强"。

四说田齐。田氏代齐后，他们对历史的总结和三晋大相径庭——他们认为姜姓丢掉齐国江山的根源是"公室太弱"。故而为巩固田氏地位，田氏齐侯违背历史潮流，大封田氏贵族。因为两姓更替间的混乱和田齐只信用同姓的政策，使得齐国在三晋面前一度被动挨打，连燕国、鲁国这样的二三流国家都敢来入侵。但齐国毕竟疆域广大，家底雄厚。秦献公中期田齐桓公午继位后，他在临淄西南门稷门外建立了著名的稷下学宫，广纳天下贤士，允许他们自由发表学术见解，尤其是可以议论国事，为统治者提供各种意见建议，功能仿佛今天的社科院＋智库。稷下学宫成立后，几乎聚集了战国各家各派的学者在那儿讲学，成为战国中后期学术重镇，在中国思想学术史上留下浓厚的一笔。从政治上说，稷下学宫为齐国朝廷提供了很多善言良策，因此齐国虽然没有改变只重用田氏亲贵的政治格局，但也因采纳了许多正确主张而重新恢复强大，表现就是周边小诸侯在威慑之下纷纷向齐国进贡。现在中国国家博物馆和华南师范大学各藏有一件陈侯午敦，台北故宫博物院也藏有一件陈侯午簋，就是田齐桓公午（即陈侯午）用诸侯们献上的青铜铸造的。

以上四国都是战国新锐，下面我们再说说三个历史悠久的"旧邦"。

一个"旧邦"是楚国。楚国始祖鬻熊，传说曾做过周文王的老师，楚国自春秋以来就是南方霸主。春秋中后期，楚王为了遏制世家大族力量，起用公子执政，最初加强了王室力量，但不久又造成"大臣太重、封君太众"的新的严重局面，导致国家力量无法集中，面对三晋的侵逼难以招架。因此在内忧外患下，战国前期楚悼王（大约与秦后惠公、秦出子同时）任用吴起变法，北上与赵国联合大破强魏，南下向百越拓土取得洞庭湖和苍梧地区（今湖南全省及广西北部地区）。虽然楚悼王死后吴起被守旧贵族杀死，变法整体失败，但是吴起的政策也有部分保留了下来，如封君的权力被压缩、功臣的爵禄只能传几世就要收回等。楚悼王之子楚宣王在位时期（与秦孝公同时但略早），楚国号称"地方五千里，带甲百万"，是当时土地最广、兵力最多的国家。

另一个"旧邦"是北方燕国。北燕国作为西周初年重臣召公奭名下的封国（实际就封的是他的儿子克），最初也被朝廷委以重任，受命统辖东北方向的诸侯小邦。但因为上古华北平原多是沼泽地带，孤悬一隅的北燕国与中原交通只能走太行山东麓的狭窄"走廊"，很难获得后方支援，所以在戎狄环伺之下它的生存非常艰难，以至于在西周中后期至春秋早期和中原断了联系，在史书上几乎没有存在感。到姜齐桓公时尊王攘夷，帮助其击败山戎后，没了劲敌的北燕国才得以逐步发展，到战国前期它占据了今天河北北部、北京市和山西东北部等地区，也号称"带甲数十万"，已经能和田齐过上几招。

第三个"旧邦"是东南的越国。越国自勾践灭吴、迁都琅邪（今山东省青岛市黄岛区琅琊镇琅琊山），先后攻伐鲁、齐、莒等国，灭掉滕、郯、鄅诸国（后来滕、郯两国又复国），在淮水、泗水间横行百余年，令中原国家谈"越"色变。不过随着魏国的崛起和田氏代齐，都城孤悬北方的越国感受到压力，于是到秦献公六年（公元前379年）时，勾践的玄孙越王翳（yì）又把都城迁回原吴国的吴城（在今江苏苏州）。越国回到南方后，接连几代都发生宫廷政变，国势因此衰落。不过到秦献公末年，越王无颛继位，他不贪恋权位，爱护百姓，越国政局逐渐平稳下来，经济也进一步发展。多往下说一段，那就是无颛死后（秦孝公八年即公元前354年），他的侄子无强继位，竭力整顿内部，发展军力，越国的国势重新恢复，再度起了争霸之心。

以上七个国家，除去越国，就是大家熟悉的"东方六国"。越国之所以不被世人注意，主要是它本身也属于"蛮夷"，语言、民俗与中原差距较大，后来败落得又相对较早，自己没有史书传世，别国也不大记它的历史。七国中比较有文化的那六国除了瞧不起越国，也都

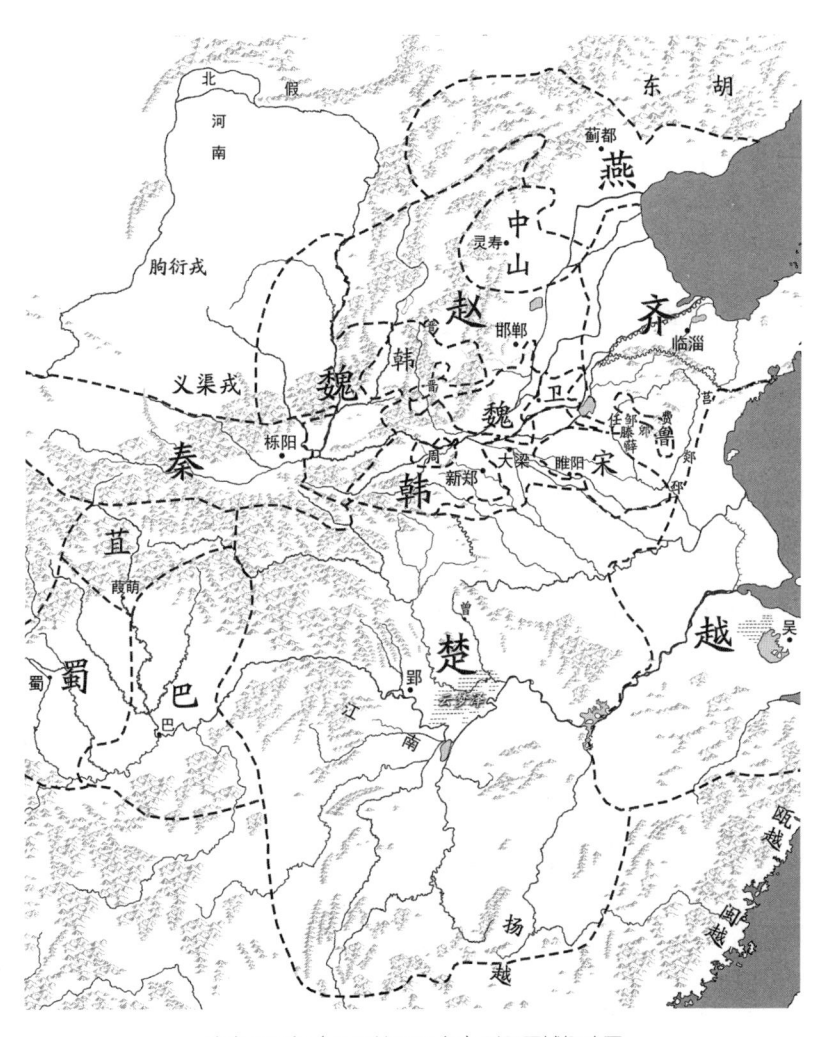

秦孝公元年（公元前 361 年）列国疆域概略图

瞧不起秦国，因为秦国僻处西方，不参加中原盟会。被人当作夷狄看待，这是时刻不忘祖先荣光、自尊心极强的秦孝公所不能容忍的。于是他即位之初就力图振兴大秦：他广施恩惠、救济孤寡，来争取民心；招募战士、扩充军队，来加强武备；制定细则、严明赏罚，来激发斗志。

做了上面这些后，秦孝公还是感到远远不够，他心里清楚得很：秦国作为一个文化相对落后的国家，与东方六国相比，最缺的不是别的，而是富国强兵最重要的资源——人才！想当年，他的祖先秦穆公是靠着从国外引进的百里奚、蹇叔、由余等贤才，才得以称霸西戎；现如今，魏国壮大靠的是李悝、吴起等俊杰，赵国变强靠的是公仲连和他举荐的牛畜、荀欣、徐越等良臣，田齐扭转颓势是因为建立了"稷下智库"招引来大批智士，楚国捡了一个从魏国出走的吴起都立即雄起。再看眼下，堂堂秦国朝堂之上却没有可用之人，秦孝公怎么能吃得香睡得着？

经过一番思索，秦孝公最终决定下一份求贤令，广招天下贤士。这份求贤令是这样写的：

> 当年我祖穆公在岐山、雍城之间时，勤修德政、振奋武功，向东戡平晋国内乱，国土直抵大河，向西又称霸戎狄，拓地千里。天子赐予霸主称号，诸侯无不朝贺，为后世儿孙开基立业，极其光辉荣耀。可是后来厉共公、躁公、简公、出子等几世动荡不安，国有内忧，无力外顾，三晋趁机攻占我先君所开辟的河西之地，诸侯都小视秦国，没有比这更耻辱之事。先考献公继位后，镇抚边境，迁都栎阳，积极准备东进，企图复穆公旧土，修穆公旧政。寡人每每想起先君遗志，常常痛彻心扉。外国宾客和国内群臣谁能出奇谋妙计强大秦国，寡人一定授予他高官显爵，并裂土分封。

这篇求贤令情真意切，一经发布，首先在秦国国内引发强烈反响，一时之间士子自荐、官吏上书，人人都争当"点子王"。秦孝公听从一些人的意见建议，向东围攻秦后惠公时期短暂设县但很快被魏国夺回的陕县（在今河南三门峡市西），向西攻打西戎獂（huán）部（在今甘肃陇西县东南）并杀其戎王，在短期内取得不小成就。为此在秦孝公二年，周显王又赏赐秦国祭肉以示庆贺。

不久，秦孝公的求贤令还穿越国界，逐渐传到东方国家。各国士人听说秦孝公求贤用贤，也纷纷风尘仆仆赶往秦国，企图一展才华并求取富贵。值得一提的是，这赴秦的人群中有一个从魏国来的年轻人，他即将改变自己的命运，后来还改变了秦国的国运，甚至最终影响了整个中国的历史进程。他是谁呢？很多人其实已经猜到。

公叔痤：要么用，要么杀

公孙鞅，本是卫国公室的一个庶支公子，因此姓姬，氏公孙（诸侯之孙称公孙）。他的生年不详，一些现代史书或百科词条说他生于公元前390年或公元前385年，其实都是推测的而已。

按说作为一名诸侯后裔，公孙鞅的生活应该是养尊处优、无忧无虑的。但可惜西周时期煊赫一时的卫国，早在春秋末期就沦为晋国的附属国。到公孙鞅童年时（秦献公初年），赵国赵敬侯（赵成侯之父）还发兵企图侵吞卫国，打得卫人连出都城濮阳东门打柴都不敢。幸亏魏武侯出于战略平衡考虑出兵干预，卫国才免于灭亡，但从那时起卫国又成为魏国的附属国。也许是因为目睹了这些变故，公孙鞅自幼勤奋好学，据《史记》记载，公孙鞅少年时就喜欢"刑名之学"，也就是探究规则、法律体系及其设立依据的学问。卫国虽然弱小，但作为周初周文王之子、周武王九弟康叔封的封国，又曾肩负统治中原殷商遗民的重任，因此文化积淀极为深厚，史称"卫多君子"，所以公孙鞅学习的文化环境还是极为优越的。

年纪稍长后，公孙鞅明白衰弱的祖国已经不可能复兴，立志干出一番事业的他为寻求足够大的政治舞台，于是西行来到了卫国的邻国和宗主国魏国，并投在魏国相国公叔座的门下做了一名"中庶子"。这"中庶子"是什么意思呢？用现在的话来说，大约就相当于贴身生活秘书。因为公孙鞅来自卫国，魏国人都按当时的习惯称呼他为"卫鞅"。

卫鞅原本读了一肚子理论知识，现在到了魏国的行政中枢相府，随侍相国左右耳濡目染，并不时帮助处理一些政事，实践能力也得到极大锻炼。

另一边，魏相公叔座经过一段时间观察，很快发现卫鞅是个有想法也有办法的年轻人。只不过不知道是因为他确实政务繁忙，还是嫉贤妒能留一手，总之他并没有及时向魏惠王举荐卫鞅。

转眼到了秦献公二十三年（公元前362年），公叔座率领魏军大败韩赵联军于浍水，可能是在军中积劳成疾，凯旋后他就一病不起。

魏惠王对公叔座很倚重，听说他得了重病，连忙登门探视。

在病榻前，魏惠王眼见公叔座气息奄奄，不由得拉着他的手问道："万一爱卿有个好歹，大魏的江山社稷该怎么办呀？"魏惠王这样说，显然是希望公叔座能举荐一个接班人，日后好担起相国的重任。

有道是"人之将死，其言也善"。公叔座之前可能是怕危及自己的地位才没有及早推荐卫鞅，但这时他已经来日无多，人不在了权力地位又带不走，于是他决定为魏国做点最后的贡献。

只见公叔座强撑起身子，郑重地对魏惠王说道："我有个中庶子叫卫鞅，虽然年纪很轻，但是腹有奇才，希望君上能重用他，委以国家大事。"

魏惠王的脑子转了半天,才把卫鞅这名字与人对上号:哦,他不就是相府里那个嘴上毛都还没几根的年轻门客吗?魏惠王内心很失望,表现就是不吭声。

公叔座见了魏惠王的神情,明白他不愿用卫鞅,也就很识趣地没说第二遍。

叫人家举荐人才,自己又不想答应,为免尴尬,魏惠王只得转换话题。

闲聊了一会,魏惠王起身准备回宫,公叔座突然要求让其他人都暂时回避。魏惠王明白他可能要讲些机密之事,就挥了挥手。

房间中只剩下公叔座和魏惠王两人后,前者抓住后者的手说:"如果君上不愿用卫鞅,那一定要杀了他,千万不能让他出境为他国所用!"

魏惠王没想到公叔座神神秘秘的居然是要讲这个,心里觉得实在有点小题大做,但刚才已经驳了他的面子,这时只有连连点头说好。

等魏惠王走了,公叔座又让人把卫鞅叫来,一脸歉意地对他说:"今天君上问我谁能接替我做相国,我举荐了你。但是看君上的神色,他好像并不赞同。我作为君上的臣子,必须先公后私,于是我向他建议,如果不用你就杀掉你,免得你为他国所用,君上已经答应我了。于公我已经无愧,现在出于私人关系,我不得不告诉你这些。你赶紧跑吧,晚了就要被抓起来了。"

卫鞅却没有惊慌,对公叔座说:"君上没听您的话用我,又怎么会听您的话杀我呢?"因此他并没有逃跑,而是一直侍奉在公叔座的病床前。

果然魏惠王出了相府之后就对身边的侍从说:"公叔座病得真不轻,好可怜,他居然让我把国家大政交给一个叫卫鞅的小年轻,这不是病糊涂了吗?"所以正如卫鞅所料,他根本也没把公叔座杀卫鞅的建议当回事。

话说公叔痤不久就病逝了，卫鞅也失去了主人。这时候正好秦孝公登基，想要有所作为，因此广发求贤令，征召国内外的贤士。在魏国得不到重用的卫鞅听说后，觉得这是个出人头地的好机会，于是带上法家鼻祖李悝所写的《法经》，踏上了西行的大道。

卫鞅离开魏国的时候，魏惠王恐怕都不知道，几十年后他才会明白自己犯了一个多大的错误。有些人可能会为魏惠王辩解，说当时魏国也算人才济济，谁会贸然重用一个年纪轻轻、之前一直都没立过什么显著功劳的外国人？说起来，让魏惠王一下子把资历很浅的卫鞅提拔到相国的位置，这确实有点不现实；但既然老相国公叔痤在病榻上特地推荐卫鞅，说明他肯定有极为过人之处。如果魏惠王真的爱才惜才，至少该对其考察一番，量才录用，以观后效，但可惜魏惠王啥也没做。正是因为魏惠王不能像祖父魏文侯一样尊重人才、知人善任，导致一个个像卫鞅这样的人物都离开了魏国，最终为魏国的衰败埋下了祸根。

帝道、王道、霸道

话说卫鞅离开魏都晓行夜宿，不久来到了秦国新都栎阳城。不过看见求贤令涌来栎阳的秦国本国和外国士人众多，秦孝公自然不是卫鞅想见就立马能见到的。但卫鞅到底是贵族出身，又在魏国高层混过，懂得"走上层路线"才是捷径。所以他通过某些手段（可能是砸钱，也可能是投文章），结识了秦孝公驾前的红人景监。

关于这个景监的身份，历来说法不一，有人认为他是宦官也即明清以后所说的太监，也有人认为他只是秦孝公的宠臣。其实景监带不带把儿并不重要，大家只要明白他跟秦孝公十分亲近，能在秦孝公面前说得上话就可以了。这景监的能量也确实大得很，果然经过他引荐，秦孝公很快就答应见当时还默默无闻的卫鞅一面。

还是据《史记》记载，卫鞅第一次见秦孝公，噼里啪啦大讲了一番"帝道"。

有人会不解，这"帝道"到底是什么理论呢？其实这"帝道"就是指"黄帝之道"。黄帝在春秋时期的书籍中，还只不过是传说中上古众多帝王之一。但大约到战国中期以后，他的身份逐渐崇高起来，成为传说中古帝王的中心人物。那黄帝的"道"又是什么呢？大家想必听说过"黄老之术"这个词，既然黄帝和老子并列，那"黄帝之道"其实就是道家的政治主张，也就是要求君主遵循天地运行法则来治理国家，如以阴阳、四时来配论刑德等（《黄帝四经》），其核心即"无为而治"。

年轻的秦孝公急于富国强兵以收复失地、称霸诸侯，自然是希望立竿见影、尽快见效。他听卫鞅在那唠叨"玄之又玄"的"帝道"，不禁大失所望，又不好发作，坏了自己礼贤的名声，只好强忍着听下去，没多久不禁打起了瞌睡来。

好容易等到会见结束，感觉自己宝贵时间被白白浪费的秦孝公生了一肚子气，立即把景监叫来骂道："你举荐的客人就是个无知胡言的家伙，怎么能任用？"

景监挨了秦孝公骂，回去自然要把自己受的气再撒到卫鞅头上。

卫鞅却既不害怕也不恼怒，等景监骂完了，悠悠说道："我给秦伯讲的可是最高端的'帝道'，他自己不能领悟罢了。要不下次我换个容易懂的道理，您再给我争取一次机会呗！"

景监当然明白，如果举荐的人能得孝公重用，对自己也有莫大的好处。所以他虽然训了卫鞅一顿，五天后还是豁出脸请求秦孝公再见卫鞅一次。秦孝公可能也是没找到中意的人才，所以同意了。

卫鞅第二次见秦孝公，改在他面前大谈"王道"。这"王道"，即"三王之道"，是儒家的政治主张，核心内容自然是崇尚德政、施行仁义。

这次秦孝公总算没打瞌睡，跟卫鞅交流了一番，但最终他还是不满意。谈完后他又把景监训了一顿，景监自然还要找卫鞅出气。卫鞅却表示自己快摸到秦孝公的好恶了，请求景监再给自己一次机会。景监半信半疑，但还是答应了。

在景监的一再推荐下，秦孝公第三次召见了卫鞅。这次卫鞅开始在秦孝公面前大谈"霸道"。

所谓"霸道"即"伯道"，也就是"五霸（伯）之道"，是法家的政治主张，指君主凭借威势，利用权术、刑赏进行统治的方式，其核心为"取利"（富国）、"尚力"（强兵）。

秦孝公听了卫鞅的论述后，不时点头称赞，但也没有立刻采纳卫鞅的主张。不过这次见面后，秦孝公对景监说话的态度变得好起来，他面露笑容说："你的那个客人还挺不错的嘛，能跟他谈一谈了。"

景监回去，把秦孝公的话学给卫鞅听，卫鞅变得胸有成竹："我这次是用'五霸之道'来游说秦伯，看来他准备采纳了。下次要是再召见我，我知道该怎么说了。"

果然，秦孝公很快第四次召见卫鞅，而且态度热情地请他详细讲讲"五霸之道"。卫鞅也不再卖关子，而是侃侃而谈起来。秦孝公越听越高兴，身子不知不觉就往卫鞅那儿凑去。我们知道唐朝之前的古人都是席地跪坐的，所以最后秦孝公的膝盖都快出了自己坐的那块小席子。秦孝公跟卫鞅促膝长谈一天还意犹未尽，索性把他留在宫中，跟他一连谈了好几天。

卫鞅回去后，景监感到很惊奇："你用什么办法说动了我家君上？他现在高兴得不得了！"

卫鞅叹气说："我开始时献上五帝三王之道，劝他效法三代，可秦伯却说：'这要见效得等多久？我等不了了！何况贤能的君主，都希望能在生前就天下闻名，哪能闷声等几十几百年后才成就帝王之业？'所以我拿富国强兵的方法游说他，秦伯才很高兴。不过这种速成法，最终得到的结果远不能和商朝、周朝的道德功业相比。"

秦孝公为什么会选霸道，卫鞅又为什么会说秦国不可能比得上商、周呢？要说这个，我还得再来详细说说道家帝道、儒家王道和法家霸道的具体内容，让读者看看它们的优点劣处。

首先说道家帝道。

从帝道附会在黄帝头上，一些人可能会误以为帝道出现的时间最早，其实大错特错。帝道实际上根植于老子思想，是道家为了超越儒家王道和法家霸道而鼓捣出来的，在三个道里出现得最晚，到战国中期才形成！但所谓"后来者居上"，帝道主张以天地运行法则治理国家，从哲学上讲反而是三道中站得最高的。有句话说得好，"大道自然"。不过一切顺应天地、阴阳、四时，帝王无为而治，那具体管理的活儿该谁干呢？道家提出的解决办法就是君王要选出圣人并把他当作老师来对待，行政的活儿都交给他去办。

对于秦孝公来说，不喜欢帝道是可以想见的：其一，顺应"天地之道"怎么个顺法，这好像很玄。其二，要他无为而治，把行政权交给所谓的"圣哲"，还得把这个"圣哲"当老师供着，这不是要把自己给架空？其三，当时是"天下大争"之世，想"有为"恐怕还来不及，若"无为"岂不是等着被人宰割？

其次说儒家王道。

儒家讲君主要发挥自身道德的表率作用，然后选择贤能的人出来做大臣治理政事，并像朋友一样对待他。显然相比道家帝道，在儒家的王道理论中，虽然君主一样是不管具体政务的，但好歹还有点事干干（做道德榜样）。

儒家施政是重德政、施仁义、重教化，以民为本、藏富于民，比卫鞅略晚的孟子甚至提出了"民贵君轻"的口号,这些都是历史的进步。要着重指出的是,儒家王道主张礼义教化为先,刑罚惩治在后,反对"不教而诛",反对严刑峻法,主张立法从宽。儒家希望通过教化让人们发自内心地遵守秩序,这比犯法后再施以外力惩罚确实要高明得多。儒家的这种教化为本的思路,至今都有极为积极的意义。但是儒家的秩序,却又是建立在"君臣父子""士农工商"各安其位的基础上的,为了稳定而牺牲了活力(尽管孔子、孟子都不提倡"愚忠")。

对于秦孝公来讲,不喜欢王道也是可以想见的:其一,施仁义、重教化,虽然很好,能收买人心,但是这得要多久才能见效?其二,要他只做"道德表率",这不还是变成"虚君"了?其三,当时的天下是"大争之世",我讲仁义别人不讲,不积极扩充财源、不大力发展武力,怎么在列国征战中存活?

第三说法家霸道。

法家霸道主张君主凭借威势,利用权术、刑赏进行统治。法家也选贤举能,但是总揽一切的是君主,贤能之士在君主面前不过是"臣"的地位,远不能与道家帝道的"师"与儒家王道的"友"相比。

法家霸道要达到的目的,其高度也远逊道家帝道和儒家王道。后两者是追求一种长远的社会效果,是从"治本"着眼的;而法家霸道根本不讲什么长远的事情,只顾解决眼前现实问题(如"富国强兵"),仅是从"治标"出发。

> 马基雅维利(1469—1527年)是意大利政治家和历史学家,主张建立强有力的君主专制制度,宣扬为达目的可以不择手段,因此马基雅维利主义成为权术和谋略的代名词。

法家的手段,更是非常"马基雅维利主义",因为它讲究的是所谓"法""势""术"。

"法"就是行"法治",这是卫鞅的主要主张,该点也最令现代的法家粉们推崇。制定成文法律并公开、严格依法治国,确实要比统治者凭心情好坏随意定罪的"人治"要强得多,我们要承认它是历史的巨大进步。但要注意的是,法家的"法治"和近现代的"法治",名字虽一样,可实质却大大不同:前者的"法"很明显都是君主的意志,维护的是君主的权利,君主高于法,法限制不了君主(如李悝《法经》明确指出法是用于魏侯以下的人的),官吏、百姓只有义务而没什么权力,完全是君主压榨役使的对象;近现代的"法"则是民主的产物,维护的是多数人的权利,法律面前人人平等,政府要依法行政。说白了,法家"法治"本质上是"君权在法上"的人治。没有"天地之道""仁义道德"等制约的法家"法治"越完善,君主对官吏、百姓的控制、压榨和役使就越严厉。

至于"势",这是比卫鞅略晚的先秦法家另一位代表人物、长期在齐国稷下学宫讲学的慎到提出来的。"势"的意思相对简单,就是说君主要号令群臣和天下,必须有"威势""权势",即建立君主集权制度,把君主"非人化",变成高高在上的、接受世人膜拜的神像,从至高的地位立法,通过法来统治。

最后说"术",那是与卫鞅同时期的先秦法家代表人物、韩国相国申不害提出的。"术"说白了就是"领导艺术",就是教君主怎么驾驭群臣的。如果说法家的"法"还是公开的、规范的,那么法家的"术"则是神秘莫测的,它既包括一些上得了台面的东西,如分割臣下权力、选拔人才的做法等,也包括一些不可言明的"权术",也就是要心机、玩阴谋,等等,比如故意让群臣摸不透君上的习惯好恶让他们时刻战战兢兢,用这些来让群臣惧怕、驯服。

所以我们可以做如下评价:法家不像道家、儒家那样"师古",企图从五帝、三王那里找"药方",而是"不走老路向前看",主张"变革",用新思路解决新问题,这是有巨大进步意义的;但法家霸道的追求完全是现实功利性的,法家的很多手段更令人不齿,法家造就了无法遏制的绝对君权,这些也是必须清楚的。

至此，法家治国理政的思想之所以为秦孝公和其他战国君主所普遍采纳，大家应该也明晰了：一是道家帝道讲"天地之道"、儒家王道讲"德政"，其实都是用来限制君主权力的，只有法家霸道才最强调君主的主导作用，最鼓吹建立君主集权制度；二是法家霸道的"法""势""术"可操作性更强（当然卫鞅在秦孝公面前讲的主要是"法治"），更能让君主"唯我独尊""为所欲为"；三是法家霸道为达目的不择手段，能更快实现"富国强兵"，让君主们达到图存、称霸的目的，这一点是有底线、知敬畏的帝道和王道思想所无法比拟的。

最后我们来讲讲，卫鞅为什么会说霸道治理下的秦国，将比不上商周之治呢？其实虽然《史记·商君列传》中记载了这样的话，但历史上卫鞅有没有真的说过，那只有天知道。按《商君列传》的故事描述，好像卫鞅并不是真的喜欢法家学说，反而他也认为从长治久安来讲，帝道、王道要高于霸道，只不过因为秦孝公不接受帝道、王道，他才被迫兜售霸道。但这种描述，显然与卫鞅一贯的"法治"主张相矛盾，更与卫鞅后来的一系列积极的变法作为相矛盾。如果一个人自称不喜欢某理论却一辈子践行，那只能说这就是他的真爱。《商君列传》中卫鞅游说秦孝公先说帝道、王道再说霸道的桥段即使是真实的历史，那也应该是卫鞅在试探秦孝公的心意而已，不能说明卫鞅倾向帝道、王道。

所以笔者认为，历史上的卫鞅应该是笃信法家学说的，绝不会自己贬低自己的主张，那句"用法家学说后秦国将不能比德商周"的话，史料的真实性应该存疑。太史公司马迁之所以采纳并写进《商君列传》一篇，目的是让读史者明白法家学说不是什么好东西，你看卫鞅自己都承认用法家学说从长远看是不行的。

初次变法

秦孝公自打开始赏识卫鞅，就把他纳入自己的人才库，时常与他共同探讨如何改革政事，做改革的"法理准备"。当然他们暗中也少不了组建自己的小团队，进行改革的"人事准备"。

转眼到了秦孝公三年（公元前359年），卫鞅感觉时机已经成熟，劝说秦孝公立即实行变法，并建议从修整刑罚、致力耕种和奖励战士开始。

秦孝公听了很心动，但是又有点畏首畏尾。他的心情也很好理解，变法必定会触及方方面面的利益，一个不慎，不但会造成人心浮动，甚至自己还可能落得像高祖（爷爷的爷爷）秦怀公那样的下场——被守旧势力逼死，所以秦孝公不敢掉以轻心。

这天，秦孝公和包括卫鞅在内的一些大臣、宾客聚集在一座宫殿内商议强国之法。

君臣一番讨论后，秦孝公说："我既然继位为君，就应该以国家为重，这是做君主的本分；推行法制务必显出君主的权威，这是做臣子的行事原则。现在我想变法，更改统治方式，教化百姓，但又怕遭天下人非议。大家怎么看？"

您看，秦孝公不动声色之间就给大臣们圈定了发言范围，那就是在凸显君主权威的前提下，什么都可以谈嘛！

卫鞅听了，率先发言："行动犹豫不决，就难有成就；办事疑神疑鬼，就难以成功。况且有非凡作为的人，本来就容易遭到世俗的非难；有独到见识的人，往往遭到世人嘲笑。俗话说，愚蠢的人对已经做成的事情都不明白为什么那样做，聪明人对还没萌芽的事情都能先期预料。因此不应该跟老百姓谋划创新大事，只要事后让他们分享成果就行了。

晋文公的大臣郭偃说：'讨论高深道理的人不迎合世俗，成大事的人不谋于众。'法度是用来爱护民众的，礼制是为了方便办事的。所以圣人认为只要能强国，就用不着沿袭旧法；只要能对民众有利，就用不着遵循旧礼。"

在这里，卫鞅首先是鼓励秦孝公当机立断，要他不必在意世人的浅见，然后再次阐述了法家的一贯主张，即"不师古""因时而变"。我们一再说，卫鞅的上述思想是有进步性的。但与此同时一些细心的读者可能也会看出，他的话里同样有着严重的自以为是和轻视百姓的倾向。

秦孝公听了，不禁点头称是，因为他骨子里早就希望推进变法，搞这些讨论不过是想坚定自己决心并说服众大臣罢了。

这时秦国大夫甘龙出声反驳卫鞅说："这话不对！我听说，圣人不改变百姓的旧俗去实施教化，智者不改变法制就能使国家大治。顺着老百姓的习俗去教导他们，事半功倍；用既成之法来治理国家，官吏熟悉，百姓也不受折腾。现在要是变法，不按秦国的老规矩来，而是改变礼制去教化百姓，我恐怕天下人都会非议君上，还请您三思！"

这里插一句，在一些历史小说中，甘龙被描写为秦献公后期、秦孝公初年的秦国执政大臣，书中他的戏份还颇多。但小说家精心塑造的血肉丰满的甘龙形象不过是虚构的文学形象：一方面甘龙在史书上仅仅就出场了一次，就是在跟卫鞅辩论的时候，此外史书再无对他的任何记载；另一方面我们知道秦国的执政大臣必带有大庶长或庶长的头衔，何况《史记》明言秦献公后期的庶长叫国，而甘龙在史书上仅被称为大夫，他地位较低、不是执政大臣是很明显的事情。

卫鞅听了甘龙的话也不客气，怼道："您说的话，不过是俗人的浅见！寻常人都是因循守旧，读死书的人则被他的见闻所桎梏。这两种人，让他们当官依照着成法办事还行，但要跟他们讲成法之外的创新变革，他们就不成了。夏、商、周三代礼制不同，他们却都统治了天下；春秋五霸做法不一，他们也都称霸诸侯。所以智者能创制法度，愚者只能受法度约束；贤人能更改礼制，庸人被则被礼制桎梏。被礼制桎梏的人，不能跟他谈做事；被法度约束的人，不能跟他谈变革。国君千万不要犹疑不决！"

卫鞅讲完后，又有一个叫杜挚的大夫出来反对。他高声说道："我听说，'利不百不变法，功不十不易器'（不产生百倍的利益不能改变旧法度，没有十倍的功效不更换旧器物）。大家都说，跟着古法做没有错，遵循礼制不会走上邪路。君上您再考虑一下！"

对杜挚的说法，卫鞅嗤之以鼻："以前各朝各代的政教都不同，你师法哪朝哪代的政教？各位帝王的礼制也不同，你遵循哪位帝王的礼制？古代历朝历代的帝王们，也都是顺应当时的时势、根据具体情况来制定法度和礼制的。所以臣以为，'治世不一道，便国不法古'！像成汤和周武王，不恪守古制却兴起，最终称王天下；而夏末和商末，帝王们不知道更改礼制而最终亡国。所以说，不师法古人，未必是错的；遵循旧礼，未必是对的。君上您不必怀疑！"

卫鞅的这番论说，让甘龙、杜挚等人听了气鼓鼓的，但也无力辩驳。《三国演义》上有诸葛亮舌战群儒的桥段，其实卫鞅舌战群大夫的故事更早也更精彩。

"说得好！"秦孝公一语定音，最终下定了变法的决心。

这场著名的辩论后，秦孝公随即与卫鞅商定了第一批变法法令。这批法令借鉴了魏国等东方国家的变法经验，又根据秦国实际情况有所变化和创新，主要包括以下四大块内容：

一、废除世卿世禄制度，以军功来确定爵位俸禄

以前秦国的爵位以世袭为主，说白了就看一个人"投胎"的技术。但新法令规定，打从现在起，哪怕你是秦国公室后裔，只要没军功，就不能列入公室的谱牒，即不承认你是公室成员；而且一个人的土地

多寡、住宅等级、奴仆数量、衣服形制等都跟爵位挂钩。没军功的人哪怕你做生意有钱，也不能穿好衣服、住大宅子。

秦朝社会等级身份体系

等级	身份名称	阶层		备注
20	彻侯	侯		卫鞅变法时无此两级
19	关内侯			
18	大庶长	卿	有爵者	
17	驷车庶长			
16	大上造（大良造）			
15	少上造			
14	右更			
13	中更			
12	左更			
11	右庶长			
10	左庶长			
9	五大夫	大夫		
8	公乘			
7	公大夫			
6	官大夫			
5	大夫			
4	不更	士	有爵者	指不再服每年按月更替的徭役兵役（但战时征发要去）
3	簪袅（走马）			
2	上造			
1	公士			

续表

等级	身份名称	阶层		备注
0	公卒、士伍、庶人	平民	无爵者	
-1	司寇、隐官	罪人	刑徒	司寇指管理囚犯的轻刑犯；原有残疾或因犯法受刑致残的刑徒，又被赦免或平反的，居住于隐官中，称隐官
-2	隶臣妾			指隶属官府的男奴（臣）、女奴（妾）
-2.5	鬼薪白粲			鬼薪原指为宗庙伐薪的男刑徒，白粲原指为祭祀选米的女刑徒
-3	城旦舂			城旦指被罚修城墙的男刑徒，舂指被罚舂米的女刑徒

注：表中加上了刑徒的等级，将除秦君外的人群全部覆盖。刑徒等级按日本学者鹰取祐司的研究拟订。

说到军功拜爵，很多读者立马想到著名的秦汉二十级军功爵制（见上表）。但卫鞅变法时秦国国君自己都还只是诸侯级别，卫鞅自然不会在秦国军功爵制中弄出十九级关内侯和二十级彻侯，关内侯、彻侯等爵位无疑是秦国国君称王之后才加上的。仔细看《商君书·境内》（原文附本节后），里面只提到十五个爵位等级，很可能卫鞅最初制定的就是十五级军功爵制，后来慢慢增加完善，到战国末期、秦朝建立后，最终形成大家熟知的二十级军功爵制。《商君书·境内》提到的十五级爵位，其中不少名称在本书的前面都出现过，比如"不更""大庶长"等，

> 《商君书》旧题商鞅即卫鞅所作，近现代学者多认为书中部分篇章为卫鞅所作，部分篇章是卫鞅弟子和认同其思想的某些法家学者编著。

说明卫鞅制定这些爵名也参考了秦国原有的爵名或官名。

《商君书·境内》提到的爵位等级

级别	爵名	阶层
15	大良造	卿
14	右更	卿
13	中更	卿
12	左更	卿
11	大庶长	卿
10	正卿（右庶长）	卿
9	客卿（左庶长）	卿
8	五大夫	大夫
7	公乘	大夫
6	公大夫	大夫
5	大夫	大夫
4	不更	士
3	簪袅	士
2	上造	士
1	公士	士

有人会问，这些爵位具体如何获得，又到底有啥好处？

据《商君书·境内》记载，卫鞅规定一个平民入伍，只要斩了一个"爵首"（有爵位的人的脑袋），立马升一级爵位，并在官府原本分配给平民的耕地一顷、宅基地九亩的基础上增加耕地一顷、宅基地九亩，并可以向官府申请一名无爵位的平民给自己当仆人，称作"庶子"。这个庶子每月要为主人无偿服务六天，打仗时还要跟着主人一起上战场。《韩非子·定法》补充说，如果这个获得爵位的人想当官，可以申请当俸禄为五十石的小官。同理，要是斩"爵首"两颗，那就能增加耕地两顷、宅基地十八亩，获得庶子两人，申请当一百石的官。不过要说明，《商君书·境内》原文和学者对岳麓书院藏秦简的研究显示，第四级不更（士的最高一级）是平民斩首拜爵的上限[①]，再斩首就只赏钱不升爵了。那秦国平民只能升到不更吗？倒也不是，上面韩非子就指出了，理论上他可以申请当小官（军官或行政官吏），然后按官吏升迁的规定升迁。也就是说与很多人想象的、很多书介绍的不同，秦国平民并不能直接靠斩首拜爵实现从士阶层到大夫以上阶层的跨越，只能先靠斩首取得士阶层的身份，再做小官凭政绩慢慢往上爬。这样的规定也是有其合理性的：一个杀人技能强的士兵，未必能胜任得了管理工作。

上面说的是平民的斩首拜爵规定，接下来《商君书·境内》又主要讲述了原本有爵者

> 能捕以城邑反及智（知）而舍者一人，拜爵二级，赐钱五万；诇吏，吏捕得之，购钱五万。诸已反及与吏卒战而……（缺简）受爵者毋过大夫，所□虽多□□□□□□□□□□及不欲受爵，予购级万钱，当赐者，有（又）行其赐。
>
> ——《岳麓书院藏秦简（伍）》第二组廷卒乙令
>
> 解读：历史学者杨振红研究上述秦简内容及张家山汉简《二年律令》（"二年"指吕后纪年）后认为，秦统一前后至西汉初年，民爵的上限即庶民立功可得的最高爵位为第五级大夫爵，超过大夫爵即只赐钱；而该规定并非卫鞅变法时的原貌，而是由于百余年间赐爵过多、爵位贬值后的结果，卫鞅变法时庶民得爵上限为第四级不更爵。

> 秦法规定"故大夫斩首者，迁"（《睡虎地秦简·秦律杂抄》）。即拥有大夫爵位的将领在临阵时如果亲自去砍敌军脑袋，要处以流放之刑。

也即战时在军队里担任各级军官的人的升爵方法。为确保军官专心指

[①] 杨振红：《从新出简牍看二十等爵制的起源、分层发展及其原理——中国古代官僚政治社会构造研究之三》，《史学月刊》，2021年第1期。

挥,卫鞅规定他们不许像士兵一样去抢脑袋,只能拿"团队绩效"。比如百人部队能斩敌首三十三颗,领头的百将和手下的屯长(五十人之长[1])都能晋爵。卫鞅变法时屯长的职务正与士爵的最高一级即不更对应,这也就是上一段所说的士阶层跨越到大夫阶层的方法之一,军官所辖部队的团队斩首量正是一项显著政绩,当然前提是你得先成为军官。除此还有"集体奖",如果大军出征,野战斩敌首两千以上,或攻城围邑斩敌首八千以上,包括后勤系统在内的全体军官(不包括士兵)均可获得奖赏,其中参战军官均可晋爵一级,大将和为大将驾车的驭手、护卫大将的车右,三人均可连升三级。等到你的爵位到了公大夫和公乘,就可以享有食邑三百家,也就是收取三百家缴纳的赋税供自己享受;到了第八级(按最初为十五级爵位计算)五大夫,就可以享有食邑六百家,同时还能招收门客了。而再往上就属于"卿"了,即高等贵族。

  有人会疑惑,既然在卫鞅制定的新军功爵制中秦国平民不能直接靠斩首得到大夫以上爵位,那最初大夫以上爵位什么人才能得到呢?其实这是卫鞅专门给秦国的旧贵族和像自己这样来秦国谋求发展的客卿留着的:秦国旧贵族里原来拥有大夫身份的人,就可以在新爵制中以第五级大夫爵为起点,靠军功接着往上晋升,直至该阶层中最高的五大夫爵(但《商君书·境内》未记载五大夫爵如何靠斩首升卿爵,显然升卿爵与军功无必然关系,只与国君赏识擢拔有关);同理,原来拥有卿身份的人可以从最低级的卿爵靠军功晋级。卫鞅以及后来到秦国的游士,只要获得国君赏识,都有一个较高的起点。所以说卫鞅在制定新军功爵的时候对秦国旧贵族还是予以相当照顾的,并没有让他们从零开始,只是通过增加大夫阶层的级别和卿阶层的级别,来变

---

[1]《商君书·境内》原作"五人一屯长",但与百将(百人之长)之间差距太大,中国台湾省历史学者杜正胜考证认为应是"五十人一屯长",原篇脱漏"十"字,见杜正胜著《编户齐民》。

相降低他们的身份，不过同时也给了他们融入新军功爵、转化身份的机会，而且升级要比平民更容易。正是因为越往上面升级越容易（大将和驭手、车右一次能升三级），所以对比一下卫鞅十五级军功爵和后来最终的二十级军功爵，大家就能发现秦国的卿爵等级越增越多，要不然高级将领和他身边的亲信打两三次胜仗差不多就升到顶了，最终导致整个爵位分布严重头重脚轻。

弄清楚卫鞅新军功爵的真正升级规则，接下来我们再补充讲讲拥有新军功爵在获得田宅、奴仆、食邑、封地之外的好处。出土秦简显示，秦人在军营中，连吃的饭都是按待遇规定来的，爵位越高吃得越好；有爵位的人自己或亲人犯了法，能拿爵位抵罪；有爵位的人在战时或官府营建工程时，可以减免兵役徭役，因为官府一般都是先让刑徒奴隶上，不够再征发无爵或低爵者，还不够才逐渐征发爵位较高的人。活着如此，如果有士、大夫爵位的人死了，墓边能按爵位等级种上不同数量的树，作为"丰碑"昭示乡里；如果有爵位的人是战死在战场上，爵位还能传给家中子孙。……显然，卫鞅的设计十分仔细，把获得爵位后的好处体现在方方面面。

总之，卫鞅设计的这套可进可退的新军功爵制，主要目的有两方面：首先是为了实现相对温和的"夺权"，在秦国实现君主集权，其次是为了激发调动秦国下层民众的外战积极性。新军功爵一旦实施意义极大，它将打破封建制下基本死水一潭的、以出生时的身份决定人一生的社会地位的旧制度，打开以军功来换取向上流动机会的崭新局面，因为理论上一个平民可以先靠斩首军功升到士阶层再当官按官员的升迁标准继续往上走。

前面说过，进入战国时期以后三晋之一的魏国首先明确废除了世卿世禄制度，时间在公元前 420 年前后，此后各国也纷纷跟进，只不过实行的程度不同罢了；至于军功爵，一般认为其雏形是春秋后期齐国齐后庄公设的"勇爵"，后来东方国家也普遍实行，但各国具体的等级和升级规则因为后来秦始皇焚烧各国史书,我们现在已经难以知晓了。现在秦国在落后几十年、百余年后,终于在废除世卿世禄和建立规范的军功爵制方面追赶上来了。尤其

> 通过研究楚汉相争时刘邦集团重要人物的爵位称号,学者认为属于旧楚爵的有以下一些:国大夫、列大夫、上闻、七大夫、五大夫、卿、执帛、执圭、封、重封、侯。

是卫鞅的新军功爵制是在综合东方国家军功爵制的基础上建立的,要论升级规则的规范细致以及爵位对人生影响范围之宽泛(从生到死的方方面面利益),卫鞅制定的军功爵制要算首屈一指,因此之后的效果自然也是最突出的——本就尚武的秦人开始对斩首拜爵趋之若鹜。

与军功爵制配套,为了让秦人把勇气都用在对外上,卫鞅还规定严禁私斗,一经发现,立即按情节轻重加以处罚。因此上述变法内容有利于在秦国树立"勇于公斗、怯于私斗"的风气。

二、重农抑商,发展生产

《商君书》云:"国之所以兴者,农战也。"所以卫鞅对农业极其重视,将之视为"本业",认为有了粮食国家才能稳定,对外征战才有物质保障;与之相对,他又把工商业视为"末业",认为如果让商人、手艺人赚大钱,人们看了眼红都不会好好种地了,因此对工商业要大加抑制。他在法令中规定,凡是努力干农活本业、收获的粮食和纺织的布帛达到一定数额的人,就可以免除自身徭役;同时,对经商、做买卖的人课以重税,对牟取暴利的奸商和因为懒惰而贫困的人,全家都要抓起来罚作奴婢,甚至提出将山林川泽收归国有("壹山泽")、取缔粮食交易("使商无得籴,民无得粜")、禁止娱乐演出和奇装异服("声服无通于县")、不准雇用佣工("无得取庸")、取消私营旅店("废逆旅")等极端措施。

针对当时秦国国内很多大家族聚族而居的状况,卫鞅颁布的法令

规定，一家之中如果有两个以上成年男丁还不分家，一人就要缴纳双倍的赋税，即通过税收导向把秦国社会变成小家庭模式。这个政策可谓"一石多鸟"：一是可以把躲在大家族里"滥竽充数"不事生产的"闲汉"挖出来，逼着他们从事耕种，为国家增加税收，避免逃避徭役、兵役现象出现；二是能够拆分大家族，使底层百姓原子化、散沙化，方便有组织的官府控制无组织的民众；三是有利于改变秦国受戎狄文化影响而出现的"男女同室""长幼无别"的落后习俗。

三、严密基层组织，实行连坐、告奸等制度

之前在秦孝公父亲秦献公执政时期，秦国曾实施了"户籍相伍"的制度，也就是打破早就没有意义的国野之分，把老百姓按照"五家为伍"编制起来，让高高在上的国君能够绕过贵族和族长直接统治国内最底层的每一个老百姓。卫鞅为严密秦国的基层组织，又更进一步，在"伍"之上设置了"什"这样一个单位，具体说就是以十"伍"即五十家为一"什"（也称作"里"）

据《史记》记载，卫鞅还破天荒做出了一个千百年来为人诟病的规定，那就是立法让什、伍之内的家庭互相监督，有事必须要向官府检举，称为"告奸"。告奸的人可以获得战场上杀敌一样的奖赏；否则一家出事若干家连坐，知情不报的人可以处以腰斩的刑罚，窝藏奸人的人与战场上投降敌人同等论罪。什、伍之外也有类似规定，如秦军内部也实行连坐。

按《史记》中表述，卫鞅赏起来、罚起来都非常狠，但实际上这些应该都是极端情况下的赏罚规格，因为根据1975年出土于湖北省云梦县睡虎地秦墓的云梦睡虎地秦简中的法律条文，秦法的规定非常细密，具体什么罪行连坐到哪些人、哪些家，受连坐者会得什么刑罚，如果诬告怎么办，都根据罪行大小、故意犯罪还是过失犯罪等具体情节有明确的规定，并不是你检举邻居偷别人几文钱也会得到战场上杀

> 隐匿少年的年龄（秦律规定男孩十五岁以上、十七岁以下虽不服兵役但要服一些徭役），以及在认定残疾方面审核不仔细，里的负责人里典和里老都要处以赎耐的惩罚。百姓没到免老的年龄却谎称已到（目前问世的秦简中尚未发现秦人免老年龄的相关规定），以及该到免老时不申请，胆敢作伪证的，当事人罚交两副铠甲；里典和里老不告发上述作伪行为，罚交一副铠甲；同伍的住户，不检举揭发，每户罚交一面盾牌，全部流放。
>
> ——睡虎地秦简《秦律杂抄·傅律》
>
> 注：赎耐，一种赎刑。耐刑指剔除须髯眉毛并服终身劳役，用财物抵销耐刑需缴纳7680钱。
> 一副铠甲=1344钱=自带伙食服务官府168天。
> 一面盾牌=384钱=自带伙食服务官府48天。

敌一般的奖赏，也并不是你知道邻居偷只鸡摸条狗不告发也会被腰斩。事实上连坐者和知情不报者所受的惩罚，不会超过犯罪正主应得的刑罚。尽管如此，卫鞅的什伍连坐制、告奸制也是一种残酷的制度，因为它毕竟是一种殃及无辜的法律，同时违反人道。

中国人口管理方式演变

夏商周时期一般只管理到族，官府通过族长征发人力、物力

↓

公元前788年，因"千亩之战"战败，周宣王"料民于太原"，首开人口统计先河

↓

春秋前期，齐国管仲在聚族而居的基础上规定"五家为一轨、十轨为一里、四里为一连、十连为一乡"

↓

春秋中期，随着生产力发展，以个体家庭为生产单元的小农

经济出现，齐、卫、楚等国诞生由非血缘家庭组成的地方组织"书社"（非聚族而居）

↓

春秋末期、战国初期，东方先进国家纷纷建立户籍制度

↓

秦献公时期，原本落后的秦国开始建立户籍制，并下令"户籍相伍"

↓

秦孝公时期，秦国在"伍"上设"什"，抑制大家庭，实行"连坐""告奸"制

四、燔烧儒家典籍钳制思想，禁止游宦之民

鉴于甘龙、杜挚等人以"师法古人"为由反对新法，卫鞅提出燔烧《诗》《书》等儒家典籍的举措，来打击儒家的复古思想，防止人们再引用儒家典籍抨击新法；同时，也有防止老百姓热衷学习文化而不务农业的意图。卫鞅在《商君书·垦令》中说，"愚农不知，不好学问，则务疾农"（愚笨的农民缺乏才智，不热衷学习文化，就能一心务农了）。他又在《商君书·靳令》中把儒家的"礼乐""诗书""修善孝悌""诚信贞廉""仁义""非兵羞战"等经典和思想贬称为"六虱"，说国家有"六虱"必衰，君主用"六虱"必亡。同时他还主张

> 游士居留没有凭证，所在县要罚一副铠甲；游士在某地居住一年，要加以训斥责问。有帮助老秦人离开秦国的，或非法替老秦人注销户口的（户籍是服役、纳税的凭证），上造以上爵位的要被罚作鬼薪（原意是为宗庙伐薪的刑徒，也做土工），公士以下爵位的要被罚作城旦（修筑城墙的刑徒）。
>
> ——睡虎地秦简《游士律》

禁止秦国臣子走后门私下请托的行为，以纠正官场的不良风气，同时杜绝不事生产、到处游说求官的活动。

总的来说，卫鞅制定的一系列新法的意图很明确，就是削弱贵族力量从他们手中夺权，破坏老百姓的宗族组织、深挖人力资源，大力实施愚民政策，从思想、组织到行动上把臣民都严密控制起来，让他们变成国家机器上的螺丝钉，除了耕、战再无其他出人头地的渠道（文言文叫"利出一孔"），以实现农业增产增收、军队战斗力快速提高，从而达到强化君主集权以及"富国强兵"的根本目的。

附：《商君书·境内》关于斩首拜爵的部分内容原文

其战，百将、屯长不得斩首；得三十三首以上盈论，百将屯长赐爵一级。……

能攻城围邑，斩首八千已上，则盈论；野战，斩首二千则盈[论]。吏自操及校以上大将尽赏。行间之吏也，故爵公士也，就为上造也。故爵上造就为簪袅，就为不更。故爵为大夫，爵吏而为县尉，则赐虏六，加五千六百。爵大夫而为国治，就为大夫。故爵大夫，就为公大夫，就为公乘，就为五大夫。则税邑三百家。故爵五大夫，皆有赐邑三百家，有赐税三百家。爵五大夫有税邑六百家者，受客。大将、御、参皆赐爵三级。故客卿相，论盈，就正卿，就为大庶长。故大庶长就为左更，故四更也。就为大良造。

解读：《商君书·境内》原文没有讲不更爵如何升为大夫爵，也没有讲五大夫爵如何升为卿爵。

徙木为信

法令商定了，但发布前，秦孝公又担心国人不信、不服、不遵从。卫鞅在魏国待过很久，对魏国变法的过程和历史非常熟悉，他立即想起吴起在魏国的一个故事。据《吕氏春秋·慎小》记载，这个故事的内容大致如下：

> 吴起当年在魏国当西河郡守的时候，为取信于民，让人在南门外埋了一根长木桩，还公开宣称，谁能把这根木桩弄倒，就封谁为长大夫。人们议论纷纷，觉得这官位来得也太容易了，如天上掉馅饼一般，郡守这话十有八九是逗傻子玩的。一群人议论半天，有个汉子说，就算弄倒木桩不封官也没啥损失，不如试试，就大着胆子把这根木桩给扳倒了。吴起见了，立马兑现诺言封他为长大夫。这下子西河百姓欢声雷动，在吴起又埋木桩后都争着想去扳倒。当然这次吴起使了点小诈，把木桩埋得更深了，所以没人再能扳动。尽管如此，从那时开始西河人对吴起发布的命令和宣布的赏罚都深信不疑。

卫鞅把这个故事讲给秦孝公听后，孝公也觉得可以效法。于是第二天，卫鞅就在栎阳市场南门立了一根三丈高的圆木，说谁能把这圆木扛到北门，就赏他十金——吴起只是让扳倒木头，卫鞅稍加变化，改为搬运到某地。

战国时期秦国一尺大约等于现在23.1厘米，一丈（十尺）就是2.31米，三丈就是6.93米。扛一根约7米长的木头穿越都城市场虽然不轻松,但对于壮男来说也算不得难事。但要说这样扛一次就给十金,那就让当时的秦民吃惊了。因为秦国当时的"一金"指一镒黄金也即二十两黄金,一秦两约15.8克。据《商君书·去强》记载,一两黄金能换十二石粮食。秦国一石约为20000毫升,能盛大约27市斤粟米,那么一金就能换二百四十石(6480市斤)粮食,十金即能换二千四百石(64800市斤)粮食。所以围观的人虽然很多,但没一个下场试试,因为大家都觉得这根本不可能!

眼看半天没人动,卫鞅狠狠地提高了价码,让人大喊:"能把木头搬到北门的,赏五十金!"

五十金,秦国一个五口之家吃两辈子也吃不完啊!俗话说"重赏之下必有勇夫"。这时人群里一位壮男站了出来,把木头往肩上一扛,晃悠悠就往北门走去。看热闹的人们也没有散开,而是说笑着一路跟着他。到了北门口,壮男把木头往地上一放,只见一位官吏立即指挥仆役把重达千两(合15.8千克)的金子抬到他面前,众人不由得沸腾起来——原来说给五十金真给五十金啊!

卫鞅"徙木为信",就是要让老百姓们都相信,甭管一件事听起来、看起来多么不可思议、多么荒谬绝伦,只要是官府下的令,就一定会实施或兑现,而老百姓只要服从也一定会有莫大好处。就这样,卫鞅玩的这次"行为艺术"一下子树立起了秦国官府"令行禁止"的公信力,让秦民深切感受到官府的法令绝不是说着玩的。借着这个时机,卫鞅以秦孝公的名义隆重推出了改革法令。

当然卫鞅明白,要想让官吏、百姓迅速熟悉新法令的详细内容以便严格遵守,也要有具体的措施。

首先,卫鞅奏请秦孝公选拔了一批朴素可靠的人充当司法方面的官吏,划定他们的各自区域,让他们深入基层大力宣讲普及新法条文。卫鞅规定,如果他们在宣讲解读新法时胆敢增、删一个字,就要治他们的死罪,决不赦免。其次,当其他官吏和普通百姓不明白某些新法内容时，可以向这些司法官吏询问，司法官吏必须明确答复，而且答复时要做两份记录，记下答复的时间和内容，一份在官府留档，一份交给咨询人。

按卫鞅的这些规定，新法令的内容很快普及到秦国的每个角落，达到众所周知的程度。

> 有人偷采别人的桑树叶，赃物价值不满一个铜钱，怎么处理？应罚服徭役三十天。
>
> ——睡虎地秦简《法律答问》

不过尽管卫鞅做足了准备，新法实施之初秦国上下仍然是怨声一片。首先，贵族们是很生气的，以前爵位能躺着世袭，现在要立有军功才能保住，而且新军功爵里大夫爵和卿爵级别增多了，等于基本档次的大夫爵、卿爵严重贬值了；其次，小官吏是有怨言的，立了那么多法，既要普法，又要执法，工作量大大增加，不能像以前那样过清闲日子了；再次，普通民众也极不满意，那么多法要学，不知道哪天忘了哪条就会违犯，聚居的大家族不高兴亲人被分开，商人、手工业者则诉苦买卖做不成了。尤其是将山林川泽收归国有、取缔粮食交易、禁止娱乐演出和奇装异服、不准雇用佣工、取消私营旅店等规定确实是"左"得厉害，给上下各阶层都带来严重不便。所以一年之内，到秦国首都栎阳"上访"投诉新法繁复、扰民的人士数以千计。对此秦孝公和卫鞅不予理会，坚持用国家力量强制推行新法。好在卫鞅的新法虽然"轻罪重罚"十分严酷，但在执法的时候能做到"公平无私，罚不讳强大，赏不私亲近"（《战国策·秦策一》）。既然抗不过，而且大家都一样，秦民也只有皱眉忍受了。

就这样，一晃三年过去了，高压之下的秦民逐渐适应了新法，很多人还体会到了新法的一些好处：贵族只要参加战争担任各级军官，仗打赢了并斩够规定的首级总数，个个都升级晋爵，对变法的抵触心理减小了；农民为免徭役致力耕种，最终家给人足；邻里之间互相监督，社会治安确实有所好转；父子及时分家，部分落后地区混居的戎狄习俗被扭转；更有少部分平民因为从军砍到了敌人脑袋，真的跻身士阶层，甚至做了小官吏，感到有了盼头，并引得其他人羡慕。因此致力"耕战"的风向标在秦国被初步树立起来。

新法小有成效，秦孝公非常高兴，于是在秦孝公六年（公元前356年）把主持变法有功的卫鞅升为左庶长，即新制定的军功爵第九级。卫鞅自此迈入秦国"卿"级干部的行列。

这时候有些当初"上访"说新法不好的人，或是因为尝到了一点新法的甜头，或是出于恭维讨好秦孝公和变法主持人卫鞅的心思，转过来又到都城来夸赞新法。没承想卫鞅根本不领情，反而一脸厌恶地说："这些都是扰乱教化的刁民，朝廷法度好也好、坏也罢，是他们能议论的吗？"随后他让官吏把这些人抓起来统统流放边疆。秦国民众听说后直吐舌头，再也不敢公开议论新法了。

以上这事说明，卫鞅的新法虽然在客观上有不少有利于普通百姓的地方，但正如他在那场著名的宫廷辩论中流露出来的思想倾向，在主观上他从来没把民众放在眼里。《商君书·弱民》云："民弱国强，民强国弱，故有道之国，务在弱民。"这句话充分显现出卫鞅学派漠视、敌视民众的内心。这也说明，卫鞅追求的所谓"富强"完全是国家的"富强"、君主的"富强"，在他眼中老百姓不过是达成此目的的一种工具而已，根本没有独立思考和插嘴政事的资格，不但不能对朝廷说个"坏"字，连"好"也不准叫一声。什么"民本"思想，在卫鞅这里是压根没有的，他的脑袋里只有"君本"。一些小说或影视作品把卫鞅描绘成"忧民爱民""心系苍生"的人，实在是荒诞得很。对比一下比卫鞅年纪略小的孟子喊出的"民为贵，社稷次之，君为轻"的豪言壮语，不禁让人感叹唏嘘，基本算是同一时代的人，思想却有天差地别！这可能也跟"屁股决定脑袋"有关吧，毕竟孟子出身贫寒，而卫鞅是公子王孙。至于此时秦国人民的地位，下降到连西周、春秋时期都不如，因为在以上时期，至少各国的"国人"还是有参政议政的权利的。当下有些人动辄赞美卫鞅，可极具讽刺意味的是，如果他们穿越到卫鞅那个时代并歌颂他的话，一定会被发配边疆。

趁火"劫"魏

对于秦孝公来讲，变法图强只是手段，其最终目的是重振秦国声威进而称霸天下，这一点他从未忘记。所以在推动变法的同时，秦国也在积极东进。

秦孝公四年（公元前358年），即新法推行一年时，秦国出武关道北上攻打韩国，在西山（今河南宜阳附近）大败韩军。

秦孝公五年，秦楚两国再次恢复联姻关系，楚国派一名叫黑的右尹（令尹的助手）到秦国来迎娶了嬴姓新娘回国。

当然当时秦国的劲敌是魏国，所以秦国的双眼时时刻刻紧紧盯着它，盯着以魏国为中心的中原局势。

秦孝公四年（魏惠王十二年），魏惠王命令大将龙贾在魏国西河郡与秦国的交界处大规模修建长城，这就是魏国西长城。魏国这时修筑防御秦国的工事，显然与四年前（秦献公二十三年即公元前362年）魏国惨败少梁以及当下秦国的高调变法有关。此时秦国重新崛起，魏国则已经迁都大梁，主要精力在经营中原，兼顾不了东西两头，所以不得不在西部采取守势。

再说中原局势。那会儿魏国在中原的主要竞争对手是赵国。秦献公末年，赵国被魏国击败，并丢失不少城邑，赵成侯不得不寻求与魏国妥协。秦孝公二年（赵成侯十五年），魏国攻打齐国，赵成侯出

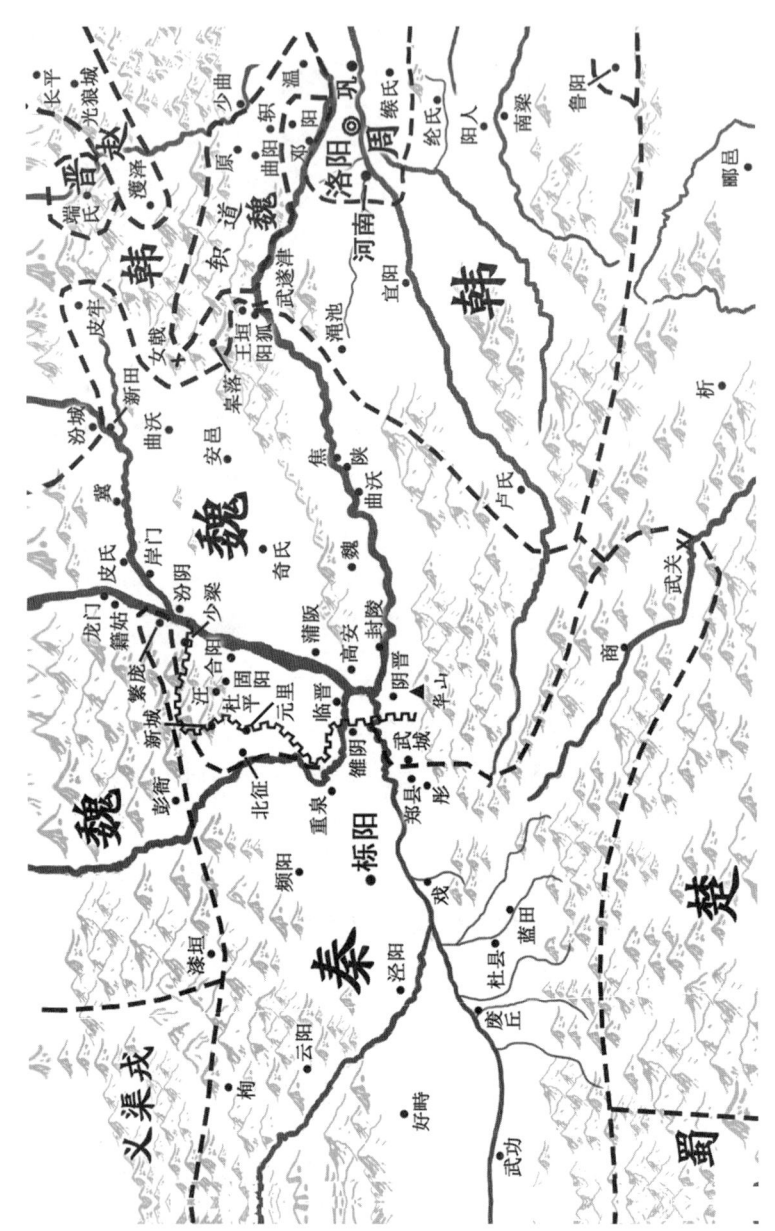

魏国西长城位置示意图

兵助魏向魏惠王示好。因此在秦孝公五年和六年，魏惠王与赵成侯先后两次会面盟好。秦孝公七年，中原的鲁国、卫国、宋国、韩国等国也一起到大梁朝拜魏惠王，等于是做了魏国的小弟。同年，魏惠王又和秦孝公在杜平（在今陕西澄县东）会面。要知道，自秦景公二十七年（公元前550年）秦景公和晋平公会盟以后，近二百年来史书上都没有中原国君与秦君会盟的记载，所以这次会面体现了秦国影响力的恢复。

不过那边赵国虽然表面上与魏国修好，但骨子里一直没有放弃扩张的野心。秦孝公六年（赵成侯十九年），赵成侯先与燕文公在阿地（在今河北高阳北）会盟，又与齐威王、宋桓侯在平陆（在今山东汶上）会盟，建立自己的盟友圈。秦孝公八年（赵成侯二十一年），赵成侯再次攻打中原卫国，先后攻占了漆、富邱两地，并筑城防守。卫国因此投降了赵国。

我们知道，卫国是魏国的附属国，二十九年前赵成侯的父亲赵敬侯攻打卫国，就招致魏国强力反击；十八年前，也就是秦献公十三年（赵成侯三年），赵国攻占卫国七十三座乡邑，魏国又出兵大败赵军于蔺（在今山西吕梁市离石区西）。这次赵国攻打并收服卫国，魏国显然不会坐视不理。魏惠王迅速任命庞涓为大将，率八万人的魏军在三梁（在今河北邯郸市永年区）大破赵军；随后庞涓指挥魏军乘胜一举包围了赵国都城邯郸。魏军打造各种攻城器具猛攻邯郸不停，邯郸城大白天都像笼罩在黑夜之中，城内房倒屋塌、死尸遍地，宛如人间地狱一般，史书上称之为"邯郸之难"。

眼见魏国军力完全投入了中原战场，秦孝公顿时感觉机会来了：这时秦国已经变法五年，秦国的府库愈加充盈，军功爵制也基本人人知悉，是在魏国身上试一试秦军兵锋的时候了。至于上年跟魏惠王盟会修好之事嘛，大争之世谁还能被这个给限制住？于是秦孝公下令以卫鞅为将，出兵进攻魏国西河郡的元里邑（在今陕西澄城南）。

赵国会盟、伐卫及魏国伐赵示意图

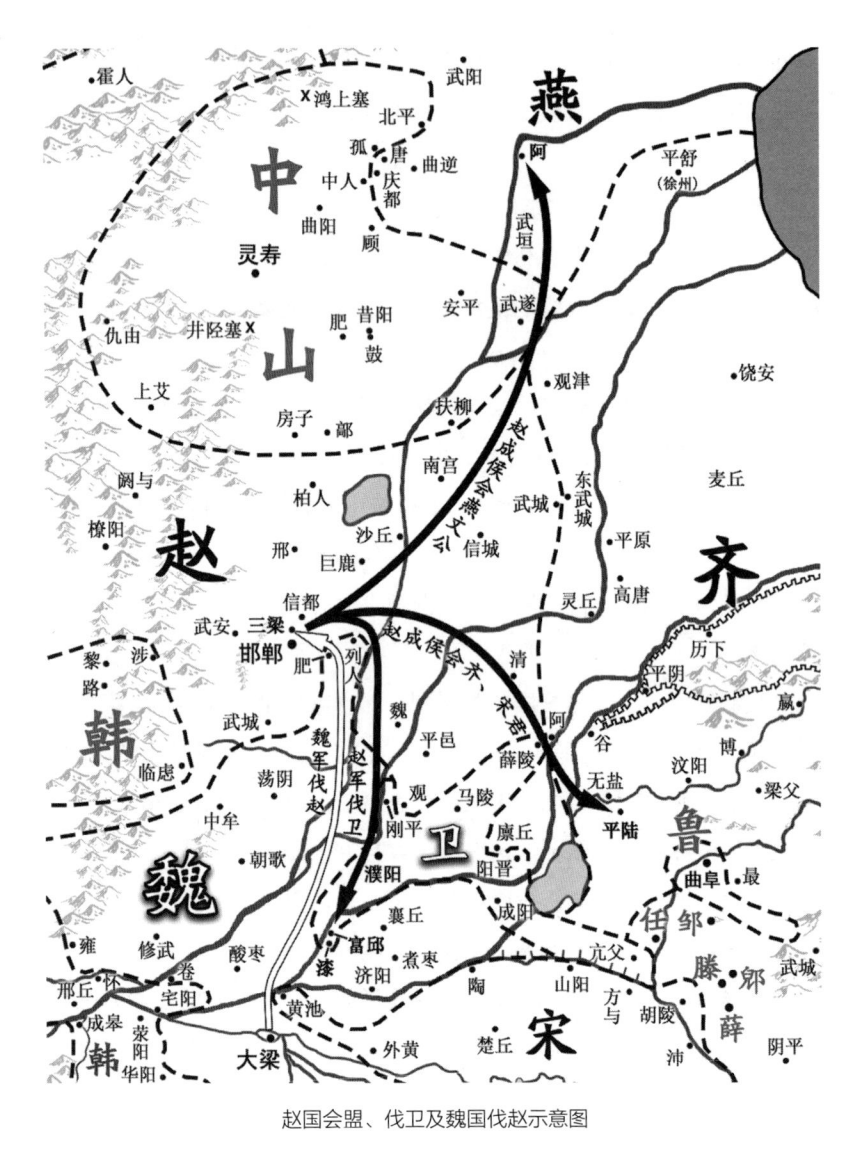

秦军出征之日，秦人父亲送子，兄长送弟，妻子送夫，都说："没得到敌军的脑袋，就别回来了！"

秦军士卒也都明白，不是亲人心狠，而是军中和社会上都实行连坐制，战时逃避兵役或到了军中再逃跑都是要受严惩的。秦律对战时逃避兵役的惩处规定目前暂未发现,但出土张家山汉简《奏谳(yàn)书》(司法案例汇编)中有西汉初年的相关案例,那就是腰斩[1]。汉初的法律基本是沿袭秦律稍有更改,所以秦国对战时逃兵的惩处应该不会比这轻到哪里去。至于从军以后,卫鞅规定,军中一伍中有一人逃跑,其他四人皆斩,除非他们每人能斩获敌首一颗才能豁免(《商君书·境内》)。要知道秦军是按地域编组的,你一个人逃就等于把同伍的乡邻、发小全害死了;就算你不管不顾同伍伙伴的死活侥幸从部队逃出,一来家是绝对回不了的(邻居会揭发),二来家人也必会因你当逃兵而受牵连遭殃。何况你能逃得一时,恐怕逃不了一辈子。

既然自己和家人的后路都被断绝,上阵的秦军就只剩下一往无前这一条路了。等他们来到魏国西河见了敌人后,不由得像《商君书·画策》所说,"如饿狼之见肉",因为在他们的眼里魏军士卒脖子上的已经不是脑袋,而是爵位、官职,是田产、宅第、仆人,是自己和家人一生的富贵。卫鞅借鉴东方国家设计的以"威胁"(连坐)和"利诱"(军功爵)双管齐下的手段驱使秦人在战场上"建功立业"的制度开始发挥明显效用。

不过兵强了,将庸也不行。卫鞅虽然以变法闻名,但鲜为人知的是,他还是一个对兵法很有研究的人。传世的《商君书》中有《战法》《立本》《兵守》三篇是讲军事的,多数研究者认为它们都是卫鞅所作。所以在堪称"兵家"的统帅卫鞅的指挥下,化身虎狼的秦军迅速击败元里的魏军地方部队,一仗砍下七千颗魏军首级,并乘胜攻取了魏国在西河的重要支撑点少梁城(在今陕西韩城西南)。

这次少梁之战,是秦国变法以后取得的第一次重大胜利。魏国修筑的西长城,显然没有起到预想的作用。事实证明,消极、被动的防御是无济于事的。

---

[1] 张家山二四七号汉墓竹简整理小组:《张家山汉墓竹简(二四七号墓)》(释文修订版),北京:文物出版社,2006年版,第91页。

接下来，秦孝公又以公室成员公孙壮为大将，领兵出武关道，围攻韩国焦城（在今河南中牟西南）。虽然公孙壮最终没能拿下焦城，但也显示了秦军纵马中原的实力。

西河惨败的消息很快传到了魏国首都大梁，魏惠王虽然把秦孝公的祖先都问候了一遍，但是此时魏军主力正在全力攻打邯郸城，他也只有忍气吞声，置西部边境的警报于不顾。秦孝公君臣自然抓紧时机继续扩大战果，又北上攻入魏国的上郡，占领了定阳（在今陕西延安东南）等城邑。

却说邯郸被围后，赵成侯急忙派使者向楚国和田齐求救。楚宣王听从大臣景舍的建议，准备看魏赵鹬蚌相争，自己好坐收渔人之利，因此只派景舍带少量楚军去援助赵国。另一边继位才三年的齐威王因齐（田齐桓公之子）召集大臣商议对策，先派少量齐军联合宋军、卫军攻打魏国东南部的城邑襄陵以牵制魏军，但却不起作用。最终齐威王任命田忌为主将、孙膑为军师，准备出动齐军主力伐魏救赵。多说一句，其实齐威王当时还是自称齐侯的，尚未称王。

秦孝公九年（公元前353年）十月，已经坚持一年、千疮百孔的邯郸城终于被魏军攻下，不过赵国君臣逃出城去继续抗战。据1972年于山东省临沂市银雀山汉墓出土的《孙膑兵法·擒庞涓》记载，庞涓乘胜率军扫荡赵国东南部的残余赵军，一直打到了赵齐边境上的城邑茌丘（在今山东聊城市茌平区），继而又南下进攻已经投赵的卫国。眼见庞涓已经对齐国造成威胁，早就屯兵在齐国西部边境的田忌按照孙膑的计策，先是率军挺进到卫国、宋国之间的区域，然后装作不会打仗的样子，孤军深入魏国境内攻打坚城平陵（即平丘，在今河南封丘县东南），并故意战败，企图引诱庞涓舍弃卫国来围歼自己。但庞涓也不是等闲之辈，对"诱饵"视而不见，闷头继续攻打卫国。孙膑见一计不成，又生一计——他派出轻车部队向平陵西南方向疾进，做出将奔袭魏都大梁的态势。因为自平陵至大梁路程不到百里，庞涓终

齐魏桂陵之战示意图

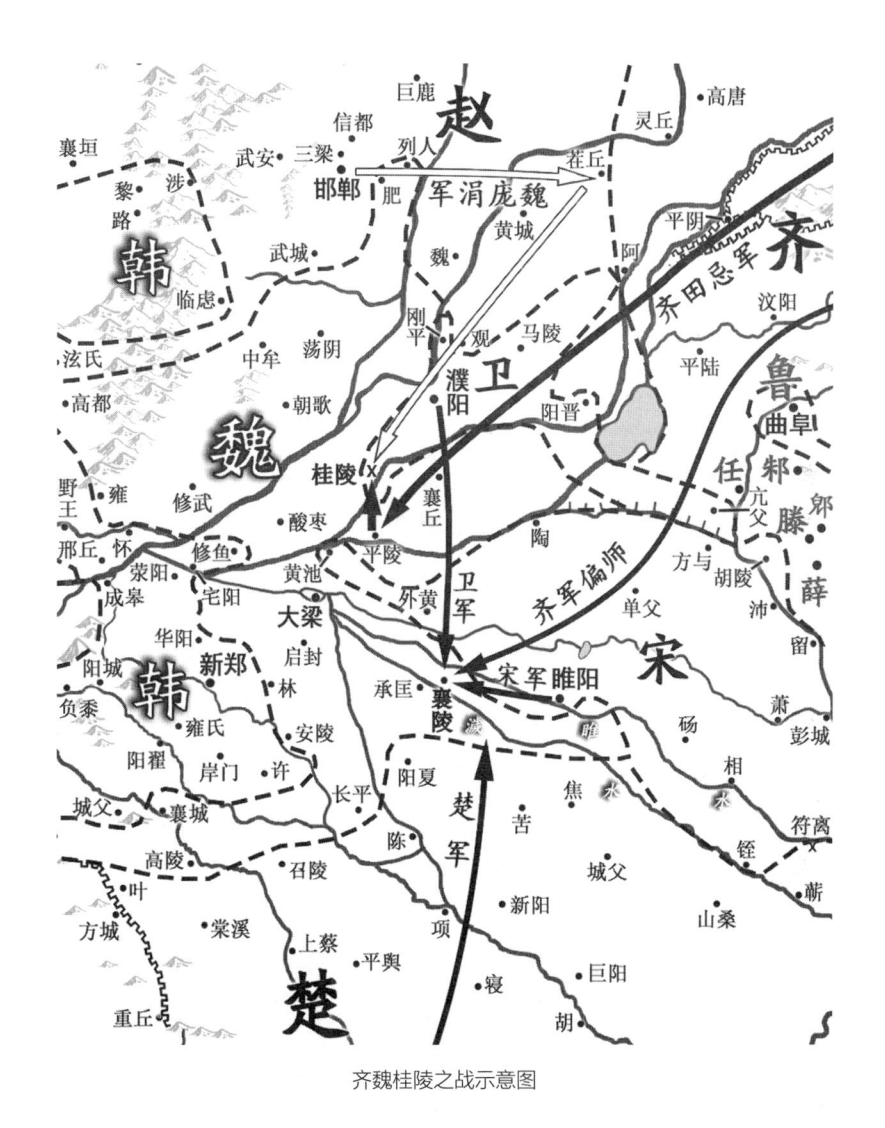

于沉不住气,不得不立即抛掉辎重日夜兼程回军救援。后面的结果众所周知:齐军北上埋伏在桂陵(在今河南长垣西北),以逸待劳痛击长途跋涉的魏军,魏军大败,庞涓被俘。此即"桂陵之战",又称"围魏救赵"。

桂陵之战的胜利,不但是齐国的胜利,也是孙膑个人的胜利。因

> 《荀子·议兵》云："齐人隆技击。"技击，本指杀敌搏斗的技巧，又引申为善于技击的武士。据《六韬》《孙膑兵法》等书记载，田齐重视对军队进行徒手搏击、角抵、射技、驭术、剑术、游水等训练，以此为基础选拔出一批精锐之士，组成"齐之技击"。所以齐军主力有较强的单兵战斗力。齐国法律还规定，"得一首者则赐赎锱金（指罪犯为赎罪缴纳的罚金）"，对齐军也起到了一定的激励作用。不过齐国奖赏军功仅为赏金，与秦国的一整套提高有功战士经济社会地位的措施有较大差距，而且"唯首级论"，不问战争整体成败和本方伤亡程度，不注重团队配合，所以又有不小的局限性。

为据《史记》记载，孙膑和庞涓本是同学[1]，庞涓在魏国得到重用后，害怕孙膑抢了自己的风头，先以举荐孙膑为名把他诓来，随后又设计陷害孙膑，在他脸上刺字，并残忍地把他的膝盖骨给剜掉了，好让孙膑永无出头之日。"孙膑"这称呼其实就是因他受膑刑而来的。孙膑装疯卖傻逃到齐国，成为田忌的门客，并教他"以下驷对上驷，以上驷对中驷，以中驷对下驷"的办法，帮他在赛马会上"三局两胜"取胜，这就是"田忌赛马"的故事。也是靠着这个妙招，孙膑得到了齐威王的赏识，最终被任命为军师，得报大仇。此后孙膑更得齐威王的重用，为齐国训练士卒，进一步增强了齐军的战斗力，因此战国时期"齐国技击"一度与"魏国武卒""秦国锐士"齐名。

得知魏军在桂陵大败，南面的楚国也来了劲。楚将景舍加紧进攻魏国的东南边境，占领了睢水和濊（huì）水之间的一片区域，即今天河南宁陵、柘城一带。

眼见诸侯们组团打魏国，秦国君臣觉得如果不再趁火打劫一番，

---

[1] 但《史记》并未记载孙膑和庞涓曾师从鬼谷子。孙膑和庞涓是鬼谷子徒弟的说法出现很晚，最早见明代后期大学士李廷机所著的《鉴略妥注》，其中称"孙膑与庞涓，同受鬼谷诀"。明末演义小说《孙庞演义》也采用了这种说法。

简直对不起老天爷。秦孝公十年（公元前 352 年），也就是魏国惨败桂陵后的第二年，秦孝公因卫鞅在元里、少梁、定阳等战役的战功，晋升其为大良造（又称大上造，当时爵官不分、亦爵亦官），也即秦军功爵第十五级、当时的最高等级，然后命令他领兵伐魏。

大良造卫鞅率领秦军从少梁东渡黄河，直扑魏人百年旧都、魏国西部的政治文化中心安邑，将其团团包围。魏惠王焦头烂额之际，自然没法出兵解安邑之围。安邑守军坚持了一阵后，绝望地向秦军投降，全部被秦人罚为隶臣即男奴隶（《睡虎地秦墓竹简》："寇降，以为隶臣。"）。卫鞅不依不饶，继续进军。秦孝公十一年（公元前 351 年），卫鞅又包围了魏国西长城内的重要城邑固阳城（在今陕西合阳），固阳守军最后也被迫向秦军投降。

回过头再说魏国。当时魏国虽然三面受敌、损失惨重，但它到底是战国前期第一强国，不但苦撑了下来没有倒下，还集中剩余军力发起绝地反击。秦孝公十一年（公元前 351 年），魏国联合韩国在襄陵一举打败了齐、宋、卫三国联军，终于初步扭转了被动挨打的局面。

年轻的齐威王见魏国"瘦死的骆驼比马大"，不由得暗暗有些心惊，决定就此收手，于是联络楚将景舍，请他作为中间人向魏国请和。魏惠王为争取喘息的时间，也接受了谋臣的建议，答应与各国停战。

秦孝公十二年（公元前 350 年），魏国将占领的赵都邯郸交还赵国，并和赵国在漳水上签订和平条约。齐国也释放了桂陵之战中俘虏的魏将庞涓，与魏国和解。就这样，长达四年多的魏赵战争戏剧般结束，两国都遭受重创，却什么也没有得到，白白便宜了秦、齐、楚等周边各国。

二次变法

魏赵战争结束后,对秦国趁火打劫的行径极为恼怒的魏惠王,终于可以腾出手来实施报复。他集中魏国东部的军事力量,西行借道韩国的南阳地区和轵道来到河东,向秦军发起猛烈反攻。此时秦国毕竟变法时日尚短,国力还没有实现质的飞跃,秦军虽然有新军功爵制的激励,但人家魏武卒也同样有田宅激励,所以秦军仍抵挡不住充满复仇之心的魏军主力,不得不退出了之前占领的安邑、少梁等地。接着魏军挥师北上上郡,在定阳包围歼灭了大批秦军。就这样,秦国在中原混战期间夺得的魏国西部土地几乎又全部吐了出去。

秦孝公十三年(公元前349年),秦孝公被迫低下头与魏惠王在秦国彤邑(今陕西渭南市华州区西南)相会,双方重新签订了和平条约。

这时期秦国对魏战争的失利,证明在正面较量中秦国还不是老牌强国魏国的对手,也说明秦国的变法还有待继续加强和深入。因此从秦孝公十二年开始,在秦孝公支持下卫鞅又陆续颁布一系列新法令,这就是卫鞅主持的第二阶段变法。这阶段变法主要包括以下四大块内容:

一、迁都咸阳

我们知道,秦人进入陇东以后,最初先后定都于汧邑(在今陕西陇县东南)、汧渭之会和平阳(今宝鸡市陈仓区东部)三地。秦德公元年(公元前677年),秦德公迁都雍城(在今陕西凤翔南),秦人在那里经营达250多年。到秦灵公时期,他为了与魏国争夺河西,并摆脱旧贵族势力,自雍城迁都泾阳。但灵公之后,秦简公又将都城迁回雍城。秦献公上台后,基于和父亲秦灵公一样的原因,他将都城再

第八章 脱胎换骨——商鞅变法

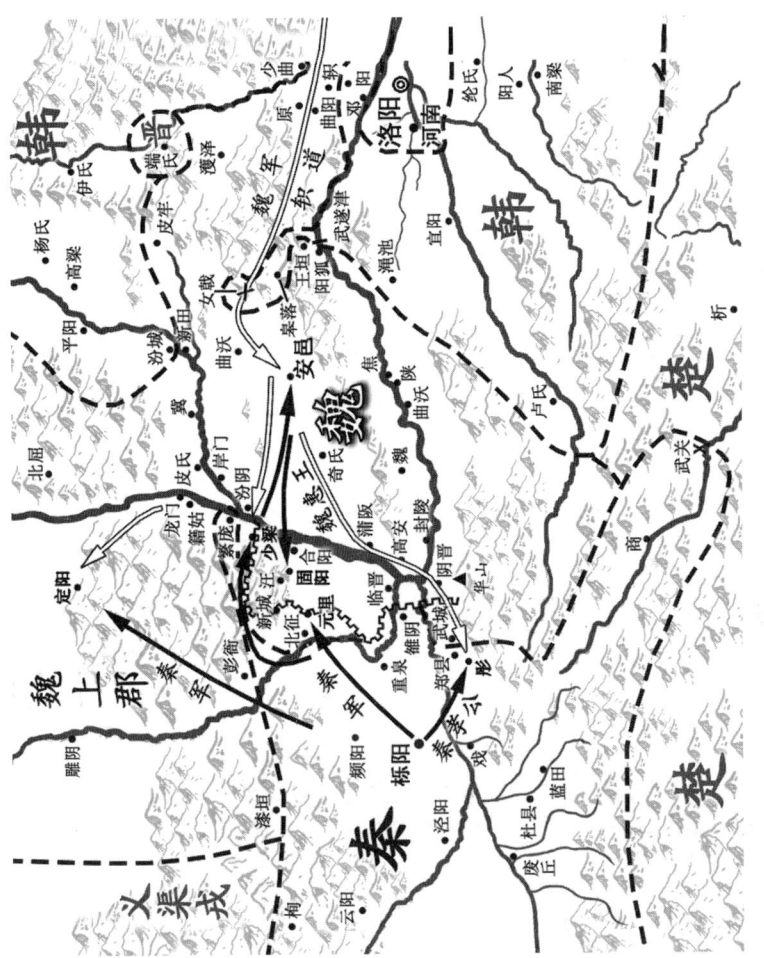

秦魏河西、河东争夺战及秦孝公、魏惠王彤邑之会示意图

次由雍城东迁到栎阳（在今陕西西安市阎良区武屯镇）。

不过栎阳虽然更靠近河西前线，便于指挥河西争夺战，但是随着秦国的不断发展，它作为一国都城的弊端却显现出来：位置过于偏向东北方向，地方局促不利于进一步发展。此外，栎阳作为都城三十多年，这里又积聚了大批守旧势力。因此为进一步摆脱束缚、推进下一阶段改革，并为秦国寻找一个更具发展前景的都城，秦孝公十二年卫鞅奉孝公之命在泾阳正南方、渭水北岸边的咸阳修筑宫阙，并于次年正式迁都到那里。后来咸阳的城区不断扩大，到秦孝公的孙子秦昭王时期逐渐拓展到渭水的南岸。

相比偏居东北一隅的栎阳，咸阳几乎在整个关中平原的中心位置，而且因为靠近渭水，交通更为便利，尤其是方便秦国东出崤函古道争夺中原，说明秦国君臣已经有了更大的抱负和视野。从经济角度看，咸阳位于泾水和渭水交汇点以西的三角地带，土地肥美，因而农业发

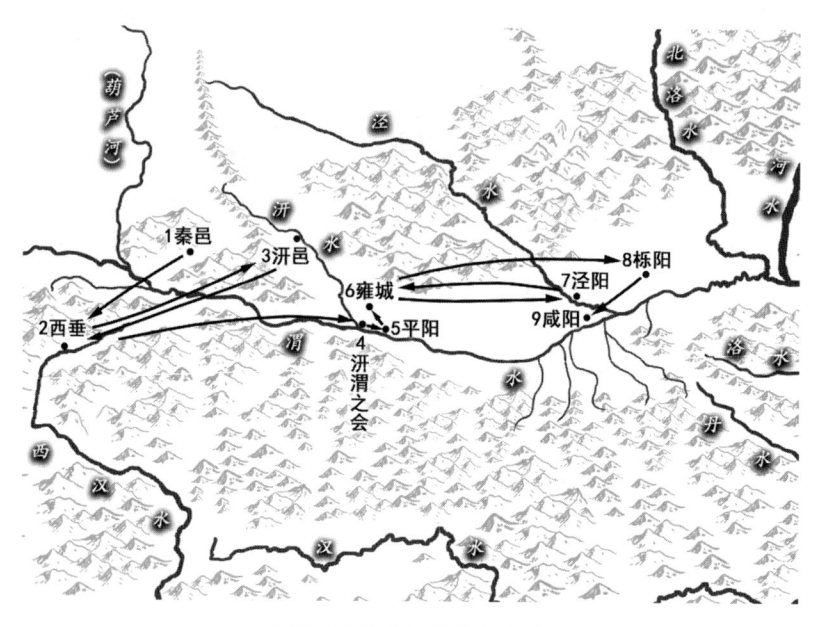

周代秦政权建立后迁都示意图

达，人口众多；从历史角度看，咸阳距离西周的丰镐二京非常近，文化积淀深厚，"王气"十足。所以自秦孝公迁都咸阳直到秦朝灭亡，一百四十多年间秦人再未更换都城。

尤其值得一提的是，考古学者至今没有在咸阳地区的考古活动中挖掘出秦代咸阳城的外郭城墙，显示它与雍城、泾阳、栎阳等秦国旧都和东方各国的都城不同，应是一个没有外郭的开放型城市，就像现代城市一样。秦人自东越陇山以后，在汧渭之会和平阳都只有宫城，不曾给都城修筑外郭城墙，迁都雍城以后也是过了一百九十多年才修筑了雍城的外郭城墙。那时秦人这样做，一方面是国力所限，更重要的是秦人一直都有积极开拓进取的精神，不愿被束缚被局限。待到这时，经秦孝公变法秦国国力蒸蒸日上，一个时刻想东进拓土的民族，自然不需要再给自己的都城加盖一圈防御性的城墙了。

二、全面推广新县制

前面介绍过秦献公改革时曾在边地推广县制，这时卫鞅学习魏国，下令把秦国内地的乡、邑和小都即小贵族的封邑规整合并起来，组成新的县级行政区划，当时整个秦国总共被划为四十一个县（一说三十一个县）。

新县制，主要就新在不再由一个出自旧贵族系统的县大夫来主管县里事务，而是设置了相互牵制的行政班子：县级主官有三种职务，分别是县令（编制一人）、县丞（编制一人）和县尉（普通县一人、大县两人或更多），均为国君任免，有相应的官阶，用秩来表示高低。其中县令总揽一县的民政、司法、经济、军事等大权；县丞全面辅佐县令的工作，也独立处置县仓、刑狱等事务；县尉主要负责一县中的

> 贵族封邑之所以又称"都"，是因为封邑内有先君的宗庙。《左传·庄公二十八年》云："凡邑有宗庙先君之主曰都。"

> 秩，即俸禄。春秋以前都是贵族世官，贵族有自己的封地，他们的俸禄就是自己封地的产出。春秋中期以来，世官制松动，一些国君任命寒士担任官职，不再给其封地，而是像对待周代小吏一样，只是每年（按月发放）给予一定粮食作为俸禄。战国以后各国都不同程度废除世官制，就以年俸多少来划分官吏等级。《商君书·境内》提到，卫鞅变法时秦国县令的年俸为一千石到六百石之间，而秦律规定六百石以上就算"显大夫"，即中高级官员。秦国县丞、县尉的年俸不详，西汉时规定县丞、县尉为四百石到二百石之间。

军事、治安和人事（官吏任命、爵位授予）等工作。县尉虽然要受县令、县丞领导，但有一定的独立性：首先县尉有单独的衙门，叫尉舍，而尉舍与县令、县丞所在的县廷（秦人对县衙的称呼）往往并不驻在同一个乡；其次，县尉可以与秦国朝廷里管理军事、治安的邦尉（汉代因避刘邦讳改写为"国尉"）往来文书，等于是在一定程度上接受双重领导。在这样的制度设计下，一方面县廷和尉舍互相牵制（县尉虽然有兵有人，但是钱粮和武器库等都掌握在县令、县丞手中），另一方面县廷中县丞对县令也有监督、牵制作用，地方割据造反的可能性就大大降低了。

在县级以下，卫鞅还设置了行政机构乡、里以及治安机构亭。其中乡的长官叫乡啬夫，里的负责人叫里正（后来避秦始皇的名讳改名为里典）；亭则是双首长制，有县廷委派的校长和尉舍委派的士吏两个负责人。乡、里主要负责户籍登记、田租征收和平时的徭役兵役派发等，亭主要负责治安捕盗、民众军训、战时征发和官方文书邮递等。

县级和县级以下的机构完善后，秦国朝廷就能通过县廷、尉舍一直管理到里之下的每家、每人，于是秦县完成了由边镇性质的行政区到普遍、常设行政区的转变。这样一来，秦国国内行政更加统一，法令可以得到更好贯彻，一切人力物力都逃不脱秦君的掌控了。

当然可能一些细心的读者会注意到，上面只说把"小都"整合进县，是不是大中贵族的较大封邑还保留着呢？没错，因为大中贵族的抵制，在这次改革中他们的封邑即较大的"都"卫鞅没能动得了，甚至后来卫鞅自己还被封为封君，所以自此以后秦国国内还是朝廷直属的"县"和大中贵族拥有的"都"以及少数民族聚居的"道"三种行政区划并存。以后一百多年中，秦国一直在致力于加强对贵族封邑"都"的控制，最终从贵族手中夺回了对"都"的实际控制权，贵族只能从"都"内收取租赋而已（这时"都"对贵族来讲已经不是封邑而变成了食邑）。到秦始皇统一天下后，"都"这一级单位都改成"县"，最终消失在历史长河中。

三、改革土地制度和赋税制度

这次改革，具体说就是"废井田，开阡陌封疆"和"初为赋"。这些内容是卫鞅第二阶段变法的重中之重。

卫鞅二次变法前半个多世纪，具体说在秦简公七年（公元前408年），秦国开始"初租禾"，即改劳役地租制为缴纳粮食谷物的实物地租制，井田制等于被废除，但秦国当时并没有明确下达废除法令，以至于井田制还有一些残余，这时候卫鞅终于以法令的形式正式结束了它。

如果说"废井田"好理解的话，那对于"开阡陌封疆"的解释自古以来就五花八门了。按包括现行中学历史课本在内的很多历史书的解释，"开阡陌封疆"就是废除奴隶制下的田野疆界，承认土地私有和自由买卖。如东汉班固所撰的《汉书·食货志》云："（卫鞅）除井田，民得买卖。"可是自20世纪70年代以来，中国各地陆续有很多秦代简牍出世，除前面提到的云梦睡虎地秦简，还有云梦龙岗秦简、王家台秦简、里耶秦简、岳麓秦简等，这些秦简的内容几乎包罗万象，有法律文书和各种买卖、借贷、雇佣、租借契约，但却偏偏从未发现秦人买卖土地的相关律法和契约。

> 云梦龙岗秦简，1989年出土于湖北云梦县的龙岗秦墓，共计290多枚竹简及1件木牍，抄写时间略晚于同县的睡虎地秦简，大约在秦始皇二十七年至秦二世三年之间。内容为律令条文及司法文书。
>
> 王家台秦简，1993年3月出土于湖北江陵荆州镇邱北村王家台15号秦墓，共计813枚。简文内容有《归藏》《效律》《政事之常》《日书》《灾异占》，时代为战国后期（白起拔郢至秦朝建立）。
>
> 里耶秦简，2002年4—6月出土于湖南龙山县里耶镇里耶战国—秦代古城遗址中的一口古井中，共计37000余枚。这批简牍是秦朝洞庭郡迁陵县政府的档案，内容包括政令、各级政府之间的往来文书、司法文书、吏员簿、物资登记和转运、里程书等，为秦始皇和秦二世时期遗物。
>
> 岳麓秦简，2007年12月由湖南大学岳麓书院从香港购买收藏，共计2098枚，内容包括律令、数学、占梦书、质日等，时代下限为秦始皇三十五年。

那卫鞅的"开阡陌封疆"到底是什么意思呢？原来综合历史文献和出土秦简内容，卫鞅实际上是在秦国实行土地国有制下的"授田制"：秦国官府把手中掌握的大量土地（秦国本就地多人少，再把小贵族和富人超过其军功爵部分的土地收回），严格根据军功爵等级，以户为单位分给农民耕种——户主无爵的秦人每户可分上等田地1顷即100亩（或中等田地200亩或下等田地300亩），病残人士在此基础上削减，获得军功爵的按相应规定逐级增加，当然与此同时每户的宅地也是严格按军功爵等差授予的。获得土地者要按拥有的土地数量向国家缴纳相应的秸秆刍草，要按实际耕种的面积向国家缴纳相应的粮食，从而达到《史记》所说的"赋税平"。史学界一般把卫鞅创制、一直延续到汉代的这种按军功爵位授田的制度称为"名田制"。因为要收回小贵族和富人超标的土地并重新分配给百姓，所以要打破旧的土地"封疆"（标志田界的土堆）而设置新"封疆"。至于"开阡陌"（"阡"

指南北走向的田埂,"陌"指东西走向的田埂),则是因为按《商君书》推算,卫鞅曾把宽1步、长100步的秦国旧亩制改为宽1步、长180步的较大亩制,所以要把田地里的旧田埂按新亩制改造。另据1980年出土于四川青川县的青川秦简记载,到秦孝公的孙子秦武王在位时期,秦国又将180步的亩制改为更大的240步的亩制。亩制变大,等于分配给每户农民的土地数量变多(因为每户授田亩数的标准不变),有利于提高对秦国国土的利用率。为了确保"人尽其力",卫鞅还再次下令禁止民间父子兄弟同居一室,也即严申并贯彻"分户令",因为多分出一户,官府就可以多授出一份田地,多收入一份赋税。

为什么说户多收的赋税就多呢?这就要说到"初为赋",它就是指按户收取军赋,等于现在说的"战争税"。因为古代"税"主要指农业税("税"字为禾木旁),用于祭祀和行政开支;而"赋"指军赋("赋"字从"武"),专门用于战争开支。当然这种按户缴纳等额赋的做法,显然不利于穷人而有利于富人。为什么要收军赋呢?我们知道,西周、春秋是民兵制下的局部征兵制(只征国人),甲胄武器由官府提供,战时国人出人和粮秣等一些军需物资,平时是没有大规模常备军也不征军赋的。现在战争规模扩大,有了大量常备军,官府原有税赋收入负担不起庞大军队的装备和粮秣,所以就把这些费用平摊给所有家庭,变成日常固定赋税。当然,秦国也学习当年的管仲,用"以罚代刑"的措施来补充装备,秦国的法律

> 岳麓书院藏秦简和里耶秦简显示,战国后期和秦朝时期秦人家庭自大庶长以下,每户每年要在五月和十月缴纳两次户赋,每次16钱,一年共32钱,也可缴纳等价的蚕茧、布匹、刍草。

> 发给士卒兵器,质量不好,县丞、管理武库的啬夫和吏都要罚交两副铠甲(折合2688钱或自带伙食为官府服劳役336天),并撤职永不录用。
>
> ——睡虎地秦简《秦律杂抄》

中经常看到某某罪罚多少铠甲、罚多少盾牌的规定。

不过由于当时秦国人口相对稀薄,秦国官府在大力推行"分户"并按户为农民授田后,手中仍掌握大批田地、牧场等。再加上卫鞅变法后法律繁密、执法严苛,大量秦民沦为刑徒,战俘罚为官方奴隶的传统做法也被以法律形式加以确认,而秦国原有的官、私奴婢因为"什伍连坐""告奸"等制度也很难再逃亡了。所以为"人尽其力""物尽其用",卫鞅将日益壮大的上述群体充实到官营农业、畜牧业和工商业中,秦国因此形成了以刑徒、官奴婢为主要劳动力的庞大官营经济。这样做一方面固然能直接为秦国官府创造大量、稳定的财富,另一方面也提升了秦国社会中的奴隶制成分,使其成为七国中奴隶制色彩最浓厚的一国。

卫鞅"废井田,开阡陌封疆",严重打击了旧贵族的势力,使无地或少地的农民获得土地,使得秦国劳动大军进一步扩大,从而促进了秦国农业发展,提高了官府的赋税收入。当然这个政策也最受旧贵族和富人的痛恨和抵制,以至于惹出一桩大事,我们后面会提到。

四、统一度量衡

在卫鞅时代,不但各国的度量衡不同,就是秦国一国之内度量衡也不统一,这自然不利于征收赋税、发放俸禄,也不利于交易换算。为此卫鞅按照法家先驱管子统一度量衡的理论,制造各种标准器,实现了秦国国内度量衡的统一。如上海博物馆藏有一件卫鞅方升,方升左边刻着"十八年,齐率卿大夫众来聘,冬十二月乙酉大良造鞅爰积十六尊(寸)五分尊(寸)壹为升",说明这个方升是秦孝公十八年由时任大良造的卫鞅督造的。据测算,卫鞅方升容积约合202.15立方厘米。方升

> 衡石一称,斗斛一量,丈尺一绋制,戈兵一度,书同名,车同轨,此至正也。
>
> ——《管子·君臣》

的下面还有秦始皇统一天下后刻上的文字，显示该方升曾被秦朝作为标准器向天下推广使用，可见卫鞅统一度量衡的影响之大，他制定的标准不但在秦国沿用一百四十多年，后来秦国统一天下后还被推广到东方六国。

根据方升的尺寸和铭文的标注，我们又可以推知秦国1尺约等于23.1厘米。当然前面提到的将西周旧亩制100步为1亩改为180步为1亩，也是卫鞅统一度量衡的一部分。

卫鞅的第二阶段改革，对小民来说是利大于弊的——虽然受的管束更严了但也分到地了，但对旧贵族的影响和打击就太大了——推广县制将旧贵族（主要是小贵族）的一些封邑、领地纳入朝廷直接管理。名田制把旧贵族的部分田地分配给了农民，是动真刀子在他们身上活生生剜肉，旧贵族们哪能咽得下这种气？愤恨不已的他们不出所料地或明或暗阻挡新法实施。卫鞅有秦孝公罩着，当然从不客气，本着其一以贯之的"轻罪重罚"精神，用铁血手段对违法者一律严惩。据汉代刘向《新序》记载，卫鞅曾一次就在渭水边杀掉七百多名违反新法者，渭水为之变赤，号哭之声震动天地。

说句公道话，面对旧贵族的强力反抗，卫鞅不杀一人也确实无法将改革推进下去。但如此大加屠戮，显然是一种极端的恐怖行径。对此卫鞅宣扬说，"王者刑九赏一，强国刑九赏三，削国刑五赏五"（《商君书·去强》），大力吹捧"以刑治国"。尤其可笑的是，卫鞅还把他这种严刑峻法的做法"升华"到"理论高度"。他在《商君书·靳令》中写道："重刑少赏，上爱民，民死赏；重赏轻刑，上不爱民，民不死赏。"翻译成白话文意思是：加重刑罚减少奖赏，这是君主爱护民众的表现，民众会拼死争夺奖赏从而实现效忠君主；加重奖赏减少刑罚，这是君主不爱民众的表现，民众就不会为争夺奖赏而出死力。简短的语句，却极尽颠倒黑白之能事，把自己的"恐怖手段"包装成"爱民"的举动。后世太史公司马迁评价他"刻薄寡恩"，那真是一针见血。

第二阶段新法推行四年后,也就是在秦孝公十六年(公元前346年),秦国的太子驷正巧也违犯了卫鞅之法。太子驷是秦孝公的嫡长子,出生于秦孝公六年(公元前356年),当时不过十一虚岁。因为史书简略,他违法是因为耍孩子脾气,还是受旧贵族挑唆,我们今天已经不得而知了。总归当时秦国上上下下都盯着卫鞅看,准备瞧他的笑话——你不是执法严酷的嘛,有本事办太子去啊!

那边卫鞅得知太子犯法的消息后,没有流露出一丝胆怯,依旧用冰冷的表情说:"新法不能实行,就是因为有上面的人带头违法!"随后他摆出一副准备依法惩处太子驷的姿态。这时他手底下的人赶紧拦着,说太子是储君可不能用刑。其实卫鞅对此也心知肚明,于是他就借坡下驴,宣布太子年少,犯法都是师傅管教不严所致,转而把刑罚加在太子驷的老师头上:他对太子太傅公子虔施以劓(yì)刑,即把他的鼻子给割掉;他对太子太师公孙贾施以黥刑,即在他脸上刺上字。

这里我们有必要说一下公子虔的身份。因为一些小说、影视剧的影响,很多人都以为公子虔是秦献公的庶长子。其实在各种早期史书里,从来没有提到公子虔是哪位秦君的儿子,也从来没有记载他的年纪比秦孝公大还是小,更没有记载他有什么其他事迹。所谓公子虔是秦献公庶长子的说法不过是小说家虚构的罢了,小说、影视剧里描写的他的赫赫军功自然也都是子虚乌有的。

回过头来说卫鞅对太子驷犯法一事的处理,虽然他放过太子驷,并没有真正做到"法律面前人人平等",但在两千多年前那个时代,能惩处太子驷的师傅也算是惊天之举了,而且从名称就可以看出来,公子虔、公孙贾都是秦国公室成员、妥妥的大贵族。秦国各界一看卫鞅连太子老师、公室成员都敢动,再也不敢违抗新法,新法因此得以真正贯彻下去。

把魏惠王架在火上烤

就在秦国继续变法的同时，中原魏国的魏惠王依然自我感觉良好，做着称霸天下的美梦。说起来魏惠王也确实有自信的资本，因为当年魏赵之战时魏国虽然败于桂陵，但它接连击败赵、齐、宋、卫、秦等国，显示了强大的国力。战后经过几年的休养生息，魏惠王觉得又可以抖一抖威风了。

秦孝公十八年（魏惠王二十六年即公元前344年），魏惠王仿效"齐桓晋文"之事，以朝见天子的名义在逢泽（在今河南开封南）召集诸侯盟会，赵、鲁、宋、卫、邹（邾）、陈、蔡①等国慑于魏国的声威均来参会，秦孝公也不得不派公子少官率团前往。尽管齐、楚、燕、韩等大国没来捧场，但最终与会的诸侯国也有十二国。魏惠王趾高气扬，以盟主的身份带着十二家诸侯或代表朝见了东周天子周显王。这次逢泽之会，标志着魏国霸业发展到顶点。

据《战国策·齐策五》记载，眼见魏国如日中天，秦孝公感到忧心忡忡。这时卫鞅宽慰他说："臣有妙计，如果能出使见到魏君，一定能让魏国破败！"秦孝公将信将疑，于是就派卫鞅使魏。

时隔近二十年，魏惠王在魏国朝堂上又见到卫鞅，不知道此时他心里会想些什么，有没有记起公叔座当年对他说的"要么用、要么杀"的话来。

宾主寒暄后，卫鞅恭维魏惠王说："魏侯功劳盛大，命令已经可以通行天下。不过这次前来会盟的国家，大多都是宋、卫、鲁、邹、陈、蔡这样的小国，还不足以称王天下。您不如北联燕国，东伐齐国，

---

① 陈、蔡于春秋末年、战国初年被楚国灭亡，不久在楚国允许下又复国，但被楚人迁到西部大山中（具体位置不详），沦为楚国附属国。因这次陈、蔡国君参加逢泽之会朝拜魏国惹恼了楚人，不久陈、蔡被楚国彻底灭掉，再未复国。

则赵国必定服从；再西联秦国，南伐楚国，则韩国必定服从。魏侯有讨伐齐、楚之心，即顺应了天下人之意，王业就指日可待了。您不如先准备帝王的服制，然后再图谋齐国、楚国。"

看过《三国演义》的人应该记得类似的桥段：建安二十四年（219年）关羽围攻樊城的时候，孙权曾经上书曹操劝其称帝。曹操见书大笑，说："这小子是想把我放火上烤啊！"

其实五百多年前卫鞅劝魏惠王称王是跟孙权一样的心思，他就是想让魏惠王忘乎所以，将魏国凌驾在各诸侯国之上，激起大家的公愤。但魏惠王不是曹操，他内心早就有称王的野心，现在被卫鞅一捧，更加飘飘然。

送走卫鞅后，魏惠王亲自指挥手下人依照天子规格扩建宫殿，制作天子服饰，竖起有九条飘带的青龙大旗，还准备了天子进兵时所打的朱雀七星旗。随后魏惠王公开自称夏王，并乘坐夏车。因为魏国旧都安邑是夏朝陪都，时人又认为大禹的都城阳城即在大梁，他梦想像大禹一样统一九州。最值得强调的是，魏惠王是周天子东迁以来第一位称王的中原诸侯（不算楚国、吴国、越国等边远诸侯），可以说开了战国中原诸侯称王的先河。魏惠王的"王"号，最早也始于此，之前的魏惠王实际上只是称魏侯而已，我们是为了表述方便才提前叫他"魏惠王"。

魏惠王称王后，真的以天子自居，愈加骄横。逢泽之会哪些国家来参会了他记得清，哪些国家没来参会他记得更清。不过齐、楚、燕等国来不来他原本也没抱多大指望，毕竟齐、楚都曾做过霸主，燕国则偏远；但三晋之一的韩国居然没来捧自己的场，是他万万没预料到的，这简直是不把自己放在眼里！恼怒之下魏惠王决定杀鸡给众猴看看，于是以穰疵、庞涓等人为将，发兵攻打韩国的马陵（在今河南新郑东）、南梁（在今河南汝州西）等地。

韩国在三晋中最弱，虽然此时韩昭侯已经任用申不害为相变法数年，但依然抵挡不住凶猛的魏武卒，不得不紧急向齐国求援。

当时实际上还自称齐侯的齐威王像上次救赵时一样，先嘴上答应出兵，鼓舞起韩国的斗志跟魏国死磕，实际则在等韩、魏都筋疲力尽，好坐收渔人之利。

正如齐威王所期望，韩国仗着有齐国做后援，跟魏国大战五场，虽然韩军每场都打输了，但也让魏军付出了很大代价。见时机已到，秦孝公十九年（魏惠王二十七年即公元前343年）十二月，齐威王任命田忌、田盼（fén）为将，又以孙膑为军师，发兵进逼魏都大梁以救援韩国。

魏惠王听说齐军故伎重演，正想报桂陵之战的仇恨，于是任命太子申为上将军、庞涓为将军，领兵十万迎击齐军。不想太子申、庞涓率魏军东进到外黄（在今河南民权西北）时，却发现齐军已经先期经过。太子申和庞涓大惊，不得不改堵截为追击。

谁知齐军没有进攻大梁，而是西进南下往韩国都城新郑方向而去。为了麻痹魏军，孙膑还天才般地使出了"减灶"之计，让庞涓误以为深入魏境的齐军已经大批逃亡。

庞涓果然中计，为报桂陵之仇，他抛弃主力率轻兵日夜兼程猛追齐军。秦孝公二十年（魏惠王二十八年即公元前342年）年初，孙膑估算魏军的行军速度，在韩国都城新郑东南的马陵[①]设下埋伏，射杀庞涓，随后乘胜全歼庞涓身后的十万魏军主力，俘虏了魏国太子申。

马陵之战是战国时期的一次具有转折意义的战役，经此一战，魏国丧失大批精锐部队，元气大伤，从端坐了近百年的"战国第一强国"

[①] 关于齐魏马陵之战中马陵的具体位置，自古以来众说纷纭，但细读《史记·孙吴列传》，其原文为："魏与赵攻韩，韩告急于齐。齐使田忌将而往，直走大梁。魏将庞涓闻之，去韩而归，齐军既已过而西矣。"其中"齐军既已过而西矣"的语句，证明该马陵应在魏都大梁（今河南开封）以西，也即韩国都城新郑东南方的马陵。（详见高友谦：《马陵之战史料新识》，《孙子研究》，2017年第5期。）

齐魏马陵之战示意图

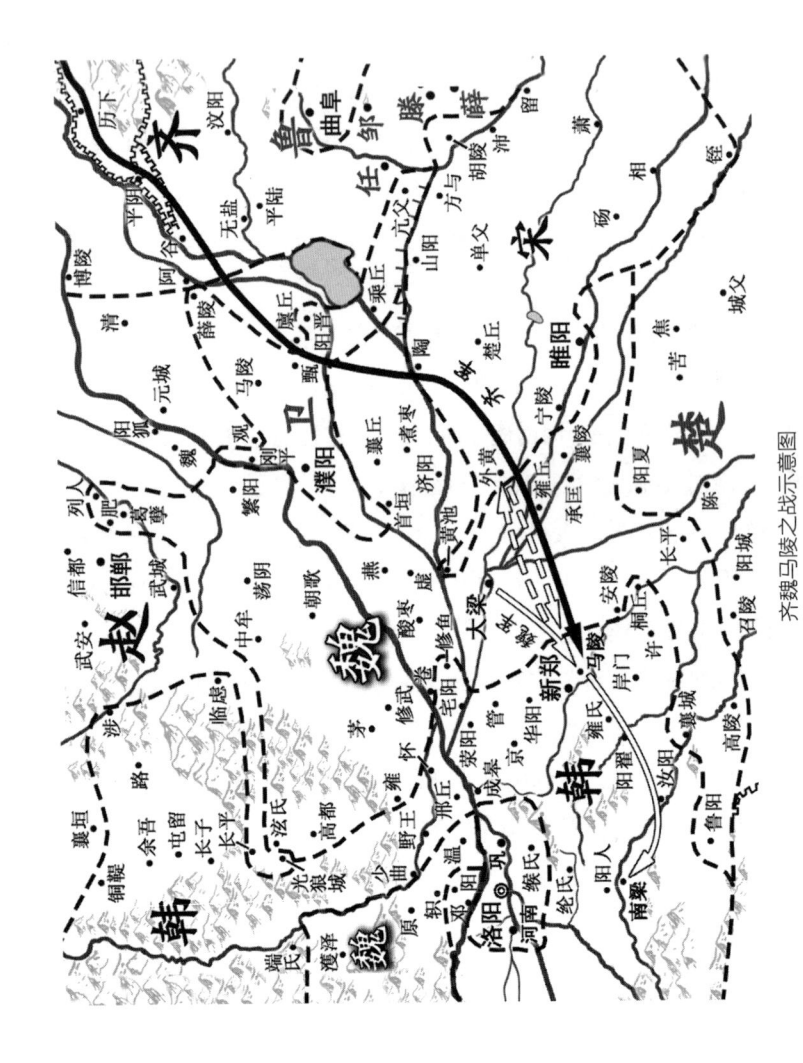

注：白色实线表示第一阶段魏军攻韩，白色虚线表示第二阶段魏太子申、魏将庞涓引外黄截击齐军未果又调头西进追击齐军。

的宝座上跌落。田齐则扬眉吐气，一跃成为当时的一流强国，齐国"技击之士"又一次扬名天下。

俗话说"墙倒众人推"。见率先称王、趾高气昂的魏国大败，众诸侯心中乐开花，一些国家还赶紧上去捡便宜：赵国发兵攻打魏国的北部边境，连二流的宋国也壮起胆跟着齐国一起攻打魏国的东部边境。

中原如此热闹，秦国方面没动作吗？当然不可能。其实就在马陵之战前，周显王突然遣使册封秦孝公为伯，很多诸侯听说后都派人来祝贺。周显王这是唱的哪一出呢？原来他见魏惠王自称夏王，唯恐周王室地位不保，于是就拉拢眼见有上升势头的秦国来牵制魏国，这是周朝硬实力不在以后唯一能做的事情了。

唐代学者张守节说，这次周显王封秦孝公为伯，就应了当年周朝太史儋所说的"始周与秦国合而别，别五百载复合，合十七岁而霸王者出焉"的预言。因为他认为周秦复合的标志就是秦孝公二年周显王赐秦孝公祭肉，而从那时起到秦孝公十九年周显王封秦孝公为伯，正好相隔十七年；至于王，后面章节会讲到，秦孝公的儿子太子驷又成为秦国第一位称王的君主，这是后话。

再说秦孝公，他明白这时的空头周天子还是有很大利用价值的，于是派十五岁的太子驷率领九十二个戎狄首领去洛阳朝拜周显王谢恩，此举果然也提振了秦国的声威。

等到马陵之战魏国惨败、诸侯纷纷伐魏的消息传到咸阳，卫鞅赶紧入宫面见秦孝公，分析当前形势说："秦国与魏国势不两立，不是魏国吞掉秦国，就是秦国吞掉魏国。为什么呢？魏国处在险峻山岭的西部，和秦国以北洛水为界，还独自拥有崤山以东的土地物产之利。形势对它好，它就向西侵犯秦国；形势对它不好，它就向东扩张。现在因为国君您的贤能圣明，国家得以强盛。而魏国去年大败给齐国，原来亲附它的诸侯全都背叛，咱们正可趁此良机伐魏！魏国抵挡不住咱们的进攻，一定会向东迁移。这样一来，秦国就拥有了黄河崤山的险要地势，以此向东控制中原诸侯，这正是帝王的伟业啊！"

称霸中原，是历代秦君的志向，更是秦孝公的志向，他当然欣然应允。于是秦孝公二十一年（公元前341年）九月，秦国大良造卫鞅下令进行军事动员，然后率兵大举进攻魏国西河郡。

不过卫鞅完成变法后秦国军队的组成情况是怎么样的呢？在这里我们有必要了解一下。

卫鞅规定，秦人一出生就要把姓名登记在版籍上，男子到十七岁要傅籍，即正式进入役簿；因当时不像现在有出生证，对年龄较难掌握，官府实际主要看身高，六尺五寸（1.5015米）以上就视为应傅籍。这个身高标准相当于是《周礼》里面国人服兵役、野人服杂役身高的中和（《周礼》规定国人身高满七尺服兵役、野人身高满六尺服杂役）。

傅籍时间在当年年底，次年即男子十八岁开始服兵役和全部徭役（十五至十七岁之间要服部分较轻徭役）。秦时的徭役兵役并无严格区分，当时人都视为出力的劳役。

平时常态化的徭役叫"徭戍"，实行按月计时的"月更"制，傅籍者每年按朝廷长期规划，由县通过乡、里调派，自备旅费和衣食，轮流自行到本地、外地或都城服役若干月，主要从事城门、烽火台、要塞等军事方面的日常戍守工作，当然如果当地有修补城墙、疏通河道之类的活儿一样得干。

非常态的徭役叫"兴徭"或"发徭"，就是遇到君主突然要兴修一座宫殿、朝廷或地方临时决定修筑道路或桥梁、打仗了要运输军粮之类的不在计划内的事情，发动民众去劳动。当然秦律规定地方不许随便"兴徭"耽误生产，遇事第一时间要调发官府下辖的刑徒奴隶去顶上，不够才可向百姓"兴徭"。

除了"徭戍"中有军事内容，秦国更大的军事征发行动叫"发屯"或"军兴"，就是在敌军来犯或边境、都城需要防守时，傅籍者要随时接受征调，以县为单位集中集体从军，"发屯"后的屯军或直接开赴战场作战、战后解散，或戍守都城、边地若干时日。集体从军者的衣食就由官府提供而无须自备了，从军的时间还可抵扣平时固定的"徭戍"役期。

那秦人多大岁数才可以不服兵役呢？岳麓秦简记载："有赀赎债貣当成新地，其年过六十岁者，勿遣。"意思是百姓因轻微违法被判罚金赎金的，以及欠官府债款贷款的，允许用前往新征服地戍守的方式来抵债，但超过六十岁就不要派了。这显示了秦的兵役应在六十岁结束。此外，其他秦简还补充说，自备衣食为官府服额外的劳役一天可抵8钱债（但法定期限内的兵役徭役是义务的，不可抵债）。所以历史上真实的秦军，绝不是电视里演的那样都是青壮年，而是老中青三代同堂。

这种由业余老百姓组成的军队，战斗力总体来说当然是不高的了。于是卫鞅又学魏国选拔武卒做前锋的做法，也为秦军打造了一支矛头部队，这就是"中卒"。

秦国的中卒具体是由轻车、趋（chě）张、引强三部分组成的。

轻车，顾名思义，就是轻型战车，引申为驾驶轻型战车的人，也即驭手。在西周、春秋时期，车战一直是主要的作战形式；进入战国后，虽然因野人参军入伍、步兵大量增加以及战车对地形的要求较高等客观因素，导致车战走向衰落，但因战车具有强大的冲击力，而骑兵尚未发明马镫难以发挥全部威力，直到西汉时战车部队仍是军队的重要组成部分。当然要熟练驾驶当时那种轮子大、车厢短、车辕长的四马战车可不是件容易的事情。卫鞅的做法是让每县都挑选有点资质的人学习驾车，学员可以免服四年徭役。学会了的人，就拥有了"轻车"的称号，终身免服徭役，还有升迁为小吏的机会，只要每年农闲时参加驾驶训练，并在战时出征或参加戍守京师的屯军即可。后来西汉的开国功臣、刘邦的太仆（掌管皇帝的舆马和马政）夏侯婴，在秦朝时就曾是沛县的一名轻车。

至于赿张和引强，"赿"指以脚踏弩，"引"意思为拉弓，所以前者就是使用脚踏弩的弩手，后者就是能拉硬弓的弓箭手。他们和轻车一样，学员都是从县里傅籍壮丁中精选出来的，每年要参加相应的军事训练，合格的得到"赿张"和"引强"的称号，可以免徭役、有升迁为小吏的机会（亭内的亭卒即由他们担任），但要在战时出征或参加戍守京师的屯军。在战国末期的秦国和秦朝时期，赿张和引强还有一个合称叫"材士"，西汉以后改叫"材官"，秦汉简牍中常称之"发弩"。西汉开国功臣周勃在秦朝时就是沛县的一名引强。

轻车、赿张和引强作为精锐力量，大多拥有士阶层的爵位。他们为什么又叫"中卒"，可能有读者也看出来了，那就是他们一生中都要在戍守京师的屯军里待上一段时间，京师即"中"（一国之中）。中卒制度建立后，秦国每次在战时"发屯"出征时，在京师屯守的中卒大部队和地方上零散的中卒都要从征，并在战斗中担任主力，发挥"矛头"作用。

听说卫鞅又来趁火打劫，魏惠王恼怒异常，不顾正被几方攻击，拼凑出一支大军交由公子卬（áng）统领，让他紧急奔赴西部边境抵御秦军。

卫鞅正指挥秦军围攻西河魏国城邑，突然探马来报，说魏国集结了大军来援西河。虽然这在意料之中，但他仍不由得一脸凝重。要知道魏武卒的威力天下闻名，上次魏赵之战时秦军虽然趁机占了不少便宜，但魏赵之战结束后魏军集中力量向西反扑，秦军还是抵挡不住，不得不吐出了已经占领的安邑、少梁、定阳等地。这次魏国尽管新败于马陵，可刚刚按新县制组织动员起来的秦军能不能一举战胜魏军主力，卫鞅也没有绝对把握。

"此番魏国的统兵将领是谁？"卫鞅又问道。

"是公子卬。"探马回答。

卫鞅听罢，拍手大笑。原来卫鞅二十多年前在魏国相国公叔座手下当中庶子时，就与公子卬相识，当时两个人因为年纪相仿，关系非常不错。所以对于公子卬的脾气秉性，卫鞅十分熟悉。于是他略一思索，一条计策就闪现出来。

话说那边公子卬率领魏军风尘仆仆来到西河郡，刚在秦军大营不远处扎下营寨，手下人就来报告，说有秦军使者送来卫鞅手书一封。

公子卬展开竹简，只见上面写道："当年我与公子意气相投，情谊深厚。现在秦国派我攻魏，魏国又派公子领兵拒秦，但我二人怎能忍心刀兵相见、互相攻杀？不如公子向魏主请示，我向秦公请示，各自罢兵回朝，岂不美哉？"

公子卬见信将信将疑，魏国诸将也都说卫鞅的话绝不能信。哪知几日后，魏军探马又报，说秦军已经拔起营寨，撤军西归了。众人不由得一脸惊愕。

确定消息后，公子卬喜形于色，真打起来他也没有十足把握，现在不费一刀一枪，秦军就自动退兵，自己等于白白捡了一项大功。

这时候突然手下报告，卫鞅又派人送来一封书信。公子卬拆开封泥一看，上面写道："此次一别，不知何时再能与公子相遇。鞅已经备下酒菜，愿与公子见面话别。"

卫鞅退兵的举动，已经让公子卬对卫鞅重生好感，当年两人交往的画面也不断在他脑海中浮现。于是他让人回复秦使，自己会如期赴约。公子卬的属下听说后都赶紧劝阻，说恐怕其中有诈，但公子卬不以为然。

公子卬简单准备一番后，带领少数随从来到两军之间的一处帐篷前，卫鞅已经站在帐外等候。双方见面，好像又回到青年时代，两人亲切地互致问候，然后携手走进帐中。

公子卬和卫鞅边喝酒边聊起旧日友情，哪料到一杯酒还没喝完，一群秦国甲士忽然冒了出来。公子卬一愣，这才明白着了卫鞅的道。

却说卫鞅使诈生擒了公子卬以后，立即命令秦军掉头攻打魏军。

魏军得知主将被俘的消息后，因群龙无首，顿时乱作一团，哪里还能组织起有效抵抗？不多时，魏惠王好不容易拼凑起的这支大军就被秦军消灭。

不过在这里我们不得不说，虽然自春秋后期中国就有了"兵不厌诈"的思想，但在谈判或盟会时偷袭敌人的代表，无论古今中外都视之为卑鄙无耻行径，所以说卫鞅诈擒公子卬一事完全可以用"下作"一词来形容。从卫鞅能使出这种阴招也可以看出，他确实是那种为达目的可以不择手段、不计毁誉之人。

商君之死

卫鞅生擒公子卬、全歼其所率魏军的消息传到咸阳后，秦孝公非常高兴，下令将秦国东南部以商邑（原称於商，在今陕西丹凤县西）为主的十五个城邑分封给卫鞅，实现了他当年在《求贤令》中做出的"裂土分封"的承诺。而卫鞅自此开始有了"商君"的称号，后世也因此称呼他为"商鞅"。此时的商鞅，呼风唤雨，已经达到人生的顶点。

回过头来再说秦魏战事。公子卬被擒、他所率的魏军被歼灭后，屡遭失败的魏国一时再也组织不起有效力量与秦国进行正面决战，不得不割让西河郡部分土地向秦国求和。魏惠王终于发出"悔不用公叔痤之言"的哀叹。两年后，也就是秦孝公二十三年（公元前339年），斗志高昂的秦军又打过黄河，在魏邑岸门（在今山西河津市南）再次击败魏军，并俘虏了魏将魏错。魏国的节节败退，证明魏、秦力量对比终于发生质的变化，魏国威势一落千丈，而秦国再次进入一流强国之列，与当时的齐国并称东西二强。

说起魏国的衰落，原因很多，这里我们主要从主观方面来讲一讲。

首先，虽然魏文侯"破天荒"起用李悝实施全面变法，使魏国率先实现"富国强兵"，但因为是"第一个吃螃蟹"，相当于是在搞实验，所以限于主客观因素，很多地方变革并不彻底和深入，如并没有建立起严格有效的用人制度。之后的魏武侯虽然也算守成之君，但不能像

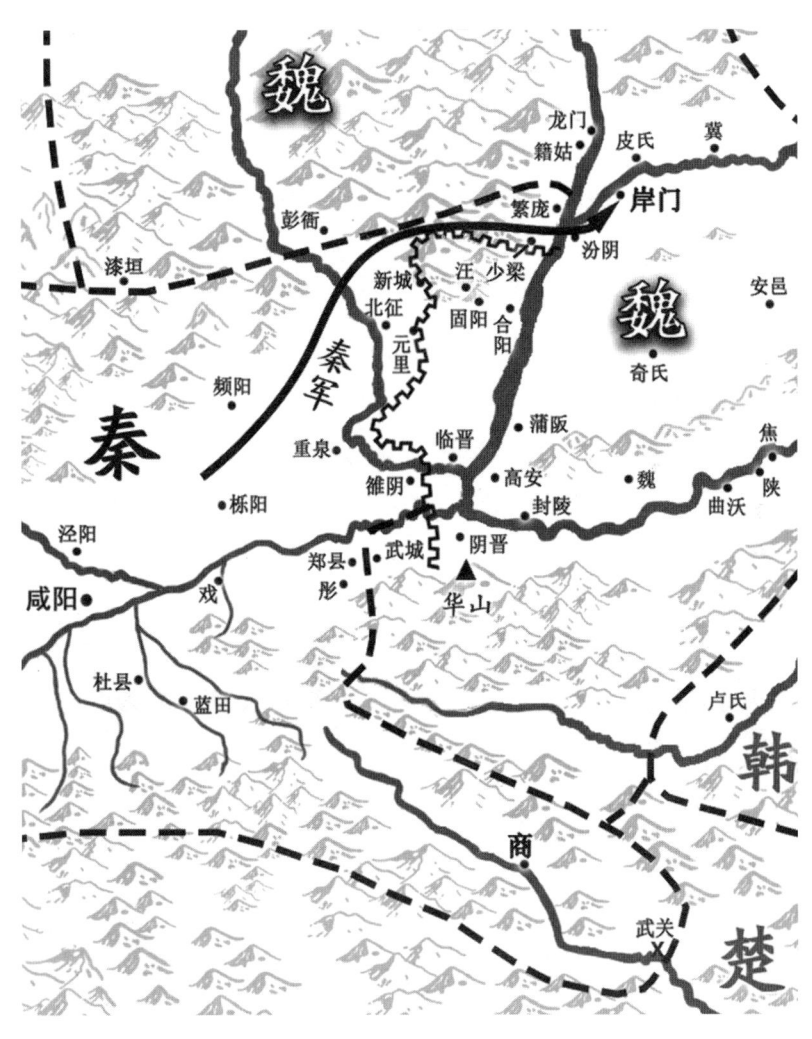

秦攻岸门及卫鞅封地位置示意图

其父那样维持三晋联盟,还心胸狭隘、任人唯亲,致使大量人才流失,如吴起被逼逃亡楚国。而魏惠王继位后,更是不能审时度势,在周边各国陆续变法崛起的情况下,多次发动无谓的战争,并狂妄地率先称王使自己成为众矢之的,让本就处于"四战之地"的魏国真正变得四面受敌,把祖、父的基业几乎败光。

而秦国之所以能实现"富国强兵"并后来居上,原因也是多方面的,我们也主要从主观方面讲一讲。

首先是秦孝公作为君主,大胆起用客卿商鞅并全力支持他改革,其知人善任和坚决的态度是冲破一切旧制度、旧势力的桎梏进而变法成功的保障;其次是商鞅作为变法的主持人,更能够博采东方各国尤其是魏国变法的成功经验,并与秦国的实际情况相结合,制订出适合秦国国情的一整套全面变法方案,并毫不畏惧地强力推行到底。

当然,客观上秦国的地理形势也非常有利,它僻处西方,西、北、南都没有威胁,只需防守东面即可,使得变法可以不受外界干扰。

有些人可能会问,既然秦国变法成效显著,六国为何却不学?其实这话问反了,因为商鞅变法的诸多内容如军功爵制、按户授田制、户籍制度、中央集权制等都是六国率先实施的,六国才是师父,秦国本是徒弟,只是徒弟后来居上、青出于蓝胜于蓝罢了。

那为什么六国作为师父,变法效果比不上徒弟秦国的效果呢?首先从主观上讲,六国少见秦孝公这样知人善任、强力支持变法不动摇的国君,更难找第二个精于设计、执法无畏的商鞅。其次也是更重要的,是六国的客观条件也即"国情"与秦国绝然不同。秦国偏处西方,又是东周初年才受封的新兴国家,宗法制和分封制不严格、不健全,贵族势力较弱,因接近戎狄,经济文化较落后,民众质朴尚武、崇拜强权、寡义趋利,易于管理和诱导。六国则正相反:六国有深厚的贵族政治传统,因此要想在六国完全废除贵族特权、建立以军功为唯一晋身渠道的政治制度,所受的阻力更大;六国文化底蕴较厚、百姓见多识广,想像商鞅在秦国那样大搞禁毁诗书、文化专制的愚民政策，六国民众不可能接受，也很难被忽悠；六国开发较早，如三晋和齐国地狭人稠、土地挖潜空间小，人们大批从事工商业因而工商发达，楚国则气候温暖、地大物博、食物充足，百姓生存压力小，因此军功爵对谋生、致富手段多样化的他们吸引力不大，六国官府也难以抑制工商等业，无法将百姓逼到"耕战"的独木桥上。从某种程度上可以说，秦国是托了"落后"的福。所以最终的结果就是，六国的君主集权不如秦国彻底，六国对本国财力的攫取力度、对本国民众的控制组织力度不如秦国深广，因此战争中能集中并投入的物力、人力不如秦国充足（有研究者估计秦国能成功动员其总人口的8%~20%[1]），在将帅指挥能力、军事科技没有显著差距的情况下，六国自然打不过秦国。

尽管相对六国来说秦国反对变法的阻力较小，但从绝对数量来讲痛恨商鞅的秦人仍不在少数，这里面不单单有被剥夺权力、财富的旧贵族，也有不堪新法繁复的部分普通百姓，甚至还包括一些支持新法但不满商鞅专权独断、行事残酷的新贵（别忘了商鞅曾把最初反对新法、后来又跑到秦都表示拥护的人都发配边疆）。商鞅对此心知肚明，他虽然不怕，但也不得不加强戒备，因此他每次出门都十几辆车子一起出动，车上载着膀大腰圆的甲士不说，车队前后也有拿着长矛大戟的卫队簇拥环绕。当然，随着鼎力支持他变法的秦孝公逐渐迈入中年，商鞅明白光靠这也不行，于是他在行事上也有所收敛，比如也学着摆出一副礼贤下士的样子，企图改变自己在秦人心中的专权、残暴形象。

秦孝公二十四年（公元前338年）年初，有个叫赵良的隐士突然登门拜访商鞅，商鞅很高兴，亲自接见了他。原来商鞅以前早就听说过赵良的名头，曾通过一个叫孟兰皋的人牵线搭桥，表达了自己希望结交的意愿。赵良之前一直没表态，不知怎的今天却自己找上门来了。

---

[1] ［美］弗朗西斯·福山著，毛俊杰译：《政治秩序的起源——从前人类时代到法国大革命》，桂林：广西师范大学出版社，2012年版，第110页。

双方分宾主落座后，商鞅非常客气地说："久仰先生的贤名，一直想跟先生交个朋友，不知能否如愿？"

赵良却婉拒了，说道："在下无才无德，不敢高攀。我听说，占据了不该占的位子叫贪位，享有了不该有的名声叫贪名。如果我答应了您，恐怕要被人说既贪位又贪名了。"

商鞅感觉赵良话中有话，仿佛在讥讽自己贪恋名位一般，忍不住表功道："先生不满我对秦国的治理吗？当初秦国充斥戎狄习俗，是我移风易俗，使其男女有别。我还营筑宫阙，把秦国经营得如同东方文化大国鲁国、卫国一般。您看我治理秦国，比五羖大夫百里奚如何？"

赵良微微一笑："我实话实说，您能不怪罪吗？"

"那当然，良药苦口利于病嘛！"商鞅故作大方地说道。

赵良于是直言不讳地说："五羖大夫是因为贤名而被秦穆公主动重用的。他辅佐穆公六七年，对外东伐郑国，三置晋君，南拒楚国；对内教化万民，巴国前来入贡，戎人无不宾服。他功高劳苦，却累了也不坐车，夏天暑热也不打伞，在都城里来往行走，没有车辆跟随，更没有武士开道。他死的时候，秦国无论男女老幼都痛哭流涕，这就是被他的德行所感召。而大良造您呢？您到秦国来，是走了弄臣景监的后门才得到君上赏识，因此也就谈不上什么名声了。您在秦国执政，不以百姓的利益为重，反而大兴土木，怎么能谈得上功劳？您又对太子老师施以劓刑和黥刑，用严刑峻法残害秦民，您这是自己给自己招怨积祸啊！现在老百姓怕您甚于怕秦公，您不但施行旁门左道以建立威权，还在封地里称孤道寡、自比国君，天天用新法来约束公子王孙。现在您没有保镖卫队前呼后拥连门都不敢出。古书说，'恃德者昌，恃力者亡'。您现在已经危若朝露，更别想延年益寿了。您为什么不归还封地、隐逸田园，天天养养花浇浇菜呢？如果还贪图於商的财富，留恋执政的权力，继续招致百姓的怨恨，一旦秦公有个三长两短了，秦国想要您命的人会少得了吗？"

赵良一开口就像机关枪一样，毫不客气地把商鞅数落了一顿，劝他放弃权力以保全性命。不过令人奇怪的是，赵良跟商鞅并不熟，之前商鞅想结交他他都不理，现在为什么要主动跑来并冒着激怒商鞅的危险跟他说这些话呢？鉴于赵良氏赵，他很可能是正儿八经的"老秦人"即西迁邾圉的飞廉后裔（他们最初跟着造父以赵为氏，非子封秦后多数远支并没有改氏秦）。所以有一些人猜测，赵良很可能是代表旧贵族集团来威胁商鞅赶紧卷铺盖走人的。当然也不排除他真是那种敢豁出命打抱不平的人。

商鞅听了赵良的话后是如何反应，史书没有记载，不过可以想象得到，他肯定是气得够呛，结果当然是没有听从赵良的隐退建议。不过商鞅不隐退，也不能完全以贪恋权力和富贵来解释，因为商鞅得罪的人实在太多，早已经骑虎难下，退无可退了。一旦他从大良造的位子上退下来，没有了亲兵卫队的保护，恐怕随便一个人都能刺杀了他。

商鞅虽然不辞职，但五个月之后赵良说的最坏情况真的出现了：秦孝公二十四年下半年，商鞅的保护神、任用他变法富国强兵、奠定秦国统一的制度基础的秦孝公突然病逝，年仅四十五岁。据《战国策》记载，秦孝公临终前曾有禅位给商鞅的意思，但被商鞅拒绝了。不过众所周知，《战国策》是战国时期游说之士编的书，多有夸大其词的地方。大家可以试想一下，秦孝公努力半生，就是想恢复老嬴家昔日的荣光并称霸天下，他要是让位给一个外国人，到了地下怎么跟列祖列宗交代？何况"尧舜禅让"的故事是墨家、儒家推崇的，而法家大多是不承认"尧舜禅让"的，热衷法家学说的秦孝公怎么会有禅让的念头？所以笔者认为，《战国策》中秦孝公禅让的这个记载很可能是士人编造出来的，当不得真。

秦孝公一死，商鞅自然傻了，他之前怎么也不会料到比自己小十来岁的秦孝公会先自己而去。商鞅明白，他的天塌了。

随后，十九岁的太子驷顺理成章地继位，他后来的谥号即"秦惠文王"。当然刚登基那会儿秦驷还只是自称秦公,他称王并改元是十几年后的事情了。为了加以区别,我们在此先称呼称王前的他为"秦惠文君"。

读者们肯定都还记得商鞅跟秦驷和他师傅们之间的恩怨情仇,那双方当事人又怎么会忘记?秦惠文君刚上台没几天,之前拒不隐退的商鞅终于识趣地递上了辞呈,但是这时已经晚了。因鼻子被割掉、八年羞于出门的公子虔,已经指使手下向官府"告奸",告的自然是商鞅,罪名是谋反。

秦惠文君接到两份报告后,最初还有些犹豫。这时有人凑上来添了把火说:"如果大臣声望过重,可是要危害国家的啊!现在秦国妇孺百姓都只知道商君的法令而不知君上您的法令,仿佛商君才是秦国之主,而您反而是秦国臣子一般。何况商君本是您的仇人,希望君上早做打算!"

秦惠文君即便能放下八年前的旧恨,也不能容忍现在有人凌驾在自己这个国君头上啊!何况杀了商鞅还能平息国内反新法人士积郁多年的怒火,有利于"社会稳定",岂不是"一举两得"?于是他立即派人抓捕商鞅。

商鞅得到消息后,明白"欲加之罪,何患无辞",只有仓皇逃跑。

据《史记》记载,他首先逃到边关,想住店,店主却把手一伸,问道:"按商君的法令,住店要有证件,客官您的证件呢?"

商鞅此时已经是逃犯,哪来的证件啊?他只有灰溜溜地离开,像流浪汉一样风餐露宿。接下来,司马迁在《史记》中安排商鞅说了一句自己讽刺自己的话,那就是:"嗟乎,为法之弊一至此哉!"意思是:哎呀,制定法律的弊端竟然到这种地步!后人把这一桥段总结为一个成语,那就是"作法自毙"。当然,真实的历史上商鞅说没说过这话,只有天晓得了。《史记》中商鞅自叹"作法自毙"的描写,其实和前面提到的商鞅说霸道治理下的秦国将比不上商周之治一样,很可能都是痛恨商鞅的人后来编造的故事,而太史公司马迁将之收录到《史记》中,不能不说是在表达自己的思想倾向。

回过头说商鞅。之后他逃到秦魏边境,想偷偷潜入魏国。魏国守边人发现后,痛恨他使用欺诈的卑劣手段俘虏公子卬,自然不放他入境,还讽刺他说:"你是秦国的逃犯,现在秦国强大,我们怎么敢收留呢?"

商鞅没奈何,最终逃回自己的封地商邑(在今陕西丹凤县西)。但他心里很明白,秦惠文君是不可能放过商邑的,所以他在封邑内纠集了自己的家臣、邑兵,拉起一支人马。商鞅变法时秦国小贵族的封邑"小都"被并入了县这一行政区划,但大中贵族的封邑依然保留,贵族掌握着自己封邑内的行政、军事等实际权力,而不是像食邑的封君那样仅仅能在封邑内收取租赋。

接下来《史记·商君列传》记载,商鞅带着自己的队伍向北攻打"郑"。这个"郑",一般认为是秦国的郑县。但郑县是秦魏边境上秦国一侧的军事重镇,兵力雄厚。商鞅就凭那点家臣、邑兵,抵挡秦军的进攻都不够,他攻打郑县难道是想"早死早投胎"吗?何况就算商鞅能打下郑县又如何,郑县以东就是魏国,魏人已经明确表示不接纳他。所以商鞅攻打郑县之说实在于理不通。

实际上当时的"郑"除了可以指郑县,还可以指韩国,因为那会儿韩国以新郑为都城,故而当时人往往把韩国称为郑国,就像人们常把迁都大梁后的魏国称为梁国一样。商鞅攻打韩国就容易理解了,因为商邑周围的区域分属秦、楚、魏、韩四国,韩国是其中最弱的,柿子当然要拣软的捏,商鞅应该是想在韩国西部打下一块地盘来,以作为自己的栖身之地。韩国西南一带是山地,可能韩军疏于防范,商鞅还真的成功进入韩国的地界,并顺着洛水一路东进北上。这时秦军尾随商鞅进入韩国,终于在渑池(在今河南渑池县西)追上他并将他杀死。秦惠文君还不解恨,命人把商鞅的尸体带回都城咸阳车裂肢解示众,并把商鞅一家满门抄斩。

不过秦惠文君虽然杀了商鞅,但他心里非常清楚商鞅的变法是在为君主集权,也确实能实现"富国强兵",因此尝到了甜头的他,怎么会让制度倒退呢?于是他不但没有废除商鞅的一系列新法,反而继续大力推行并加以完善。所以后来的韩非子说,"商君虽死,秦法未败"。

商鞅死后,千百年来贬多褒少,他一直都是作为一个"刻薄寡恩""为法残民"的负面形象出现的。不过到近现代以后,因为中国人迫切希望变法图强、改造中国的历史大背景,文化界、政治界一些重量级人物如梁启超、章太炎、毛泽东等人,也对中国历史上唯一一次成功变法的主持人商鞅给予了重新评价,商鞅不但被誉为"伟大改革家",甚至还被一些文学作品塑造为"为国为民"的"殉道者",获得前所未有的美誉,拥有数量众多的粉丝。那么对商鞅到底该怎么评价呢?

实事求是地讲,商鞅其人确实有可取之处:他"因时而变"、不墨守成规的思想,至今都有积极意义;他不仅是"理论家"更是"实干家",能将"理想"化为一条条具有可操作性的措施,做到了"知行合一",着实难能可贵;他执法公平、不畏强权的精神,不但值得赞颂,还是改革成功的重要原因之一。

商鞅的变法内容,有一部分也顺应了历史潮流:他师法李悝制定完善律法,推行"法治",严格规范执法,坚持"刑无等级",客观上抑制了官吏对百姓的侵扰盘剥,甚至在一定程度上抑制了君主的胡作非为;他统一度量衡,主观上虽是为了方便税收,客观上更有利于商品交换和流通;他奖励耕织,学习三晋全面推行按户授田制,扩大亩制,促进了农业发展,一定程度上增加了农民收入……当然最重要的一点是,商鞅的变法增加了秦国财政收入、极大地增强了秦军战斗力,举世共识后来秦国是在此基础上实现了统一中国的大业,所谓"商鞅相孝公,为秦开帝业"就是指此。因此在秦国的发展史上,商鞅的

> 国强而不战，毒输于内，礼乐虱官生（礼乐等危害国家民众的事情就会发生），必削；国遂战，毒输于敌，国无礼乐虱官，必强。
> ——《商君书·去强》

作用是不可磨灭的。

但另一方面我们不得不说，商鞅的脑袋中塞满了反人类思想，他的很多举措也为秦国甚至整个中国带来了严重的负面影响。如他极端蔑视、敌视民众，将民众视为国家的对立面，公然叫嚣"民弱国强，民强国弱，故有道之国，务在弱民"，因为他认为"民，辱则贵爵，弱则尊官，贫则重赏"（《商君书·弱民》）；他迷信强权和严刑峻法，主张"刑九赏一"，残暴嗜杀、刻薄寡恩，同时钳制思想，绝对禁止百姓评论法令、政事，让秦民长期生活在高压恐怖统治之中；他大力推行愚民政策，反对"仁义""孝悌"等人类基本道德，严重桎梏了文化发展，更使秦民唯利是图、道德沦丧；他推行"告密"制度，开了一个"恶"的先河，让人们互不信任、互相猜疑，毒化了人际关系；他大力抑制商业、手工业，剥夺个人自由生存空间和技能，逆历史潮流而动；他拆分宗族、大家庭，让秦人失去族的庇护，在严苛法律和自然灾害面前更加弱势，客观上制造出大批典型奴隶，强化了秦国社会中的奴隶制成分；他打击旧贵族势力，让君权一家独大，失去有效制衡……

说到底，主观上商鞅的一切所作所为都是以"加强君主集权"为根本出发点的，他追求和实现的"富国强兵"是国家的富、军队的强，并非民众的富强，相反这种"富国强兵"是以弱民、愚民和阻碍文化、工商业发展为代价的，这种"富国强兵"的目的也是对外扩张。尤其是他建立的这种"君权至上"、毫无制约的高度集权的君主专制政体，随着秦始皇的统一天下而在中国实施两千年，让中国过早地浸淫在这种"早熟"的专制统治中。中国近现代百余年来之所以要"变法图强"，要推翻的不就是商鞅一手打造、因推行两千余年而在中国根深蒂固的这一制度吗？而对上述事实，美化商鞅者或避而不谈，或轻描淡写。

商鞅变法到底是解放了奴隶还是制造出奴隶？

一些书籍说商鞅变法解放了奴隶，但还有一些书籍包括本书认为商鞅变法制造出奴隶，哪一种说法是对的呢？这实际与对"奴隶"的定义不同有关。

按照现在国内一般的说法，中国夏、商、西周三代是奴隶社会，春秋时期是奴隶社会瓦解的过渡阶段。但本书一再说明，三代时期人们聚族而居，当时的压迫与剥削主要是族对族的，即统治族群压迫、剥削被统治族群。因为当时压迫与剥削是以族为单位的，尚不能穿透族直达家庭和个人，而族对族众有一定的保护和兜底作用，所以在三代与春秋前期、中期，中国虽然也有那种古希腊、古罗马式的典型奴隶（即以个人形式出现、人身被完全占有、经济上被剥削到一无所有），但主要是在家内从事服务的家内奴隶而非生产奴隶，人数一直不多，在总人口中所占比例极低，所以一些历史学者如黄现璠、张广志等人认为中国没有经历过奴隶社会。而仍坚持认为三代是奴隶社会的学者，不少人也认同当时占人口绝大多数的部族平民不是典型奴隶，而是"普遍奴隶"，即族众虽然有家庭、财产和一定的自由时间，但统治族群也通过"超经济强制"即建立在军事征服和武力威慑、家族内部的分工、宗教和巫术的力量，对前者进行普遍的残酷压迫和剥削。

因此一些书籍说商鞅变法解放了"奴隶"，指的是解放了"普遍奴隶"（不是完全意义上的奴隶），因为商鞅通过变法拆分了宗族、大家族，解除了"超经济强制"下的、以族为单位的普遍压迫与剥削；而本书说商鞅变法制造出"奴隶"，指的是制造出古希腊、古罗马式的"典型奴隶"，因为很多族众从族中独立出来后失去族的庇护，在商鞅的严刑峻法和无法预测的自然灾害等面前，很快沦为刑徒或破产，成为人身被官府或私人完全占有、劳动成果被完全剥削的真正奴隶。

所以综合来说，商鞅其人和变法内容，虽然有值得赞颂肯定的地方，但站在整个中华民族的长远利益来讲，它的负面影响更大。我们不能因为商鞅变法成功了，也就是达到了秦孝公和商鞅的目的，就"一好百好"，对其负面部分不予批判；而且我们也应当清楚，商鞅变法成功，也有秦国独特的自然、人文环境的因素在其中以及秦简公、秦献公等人的变法做铺垫，不能完全归功于商鞅一人。当年一些名人肯定商鞅，是因为特殊的历史背景，即自清末以来中国积弱急需变革；而现在作为一个21世纪的人，理应回归理性、客观面对历史，不该再对商鞅做过分的美化。分清功过，才是正道。

第九章

大秦第一王——秦惠文王

"徐州相王"

常言道"一朝天子一朝臣"。在商鞅死后，秦惠文君任命自己的亲信樛斿（jiū yóu）担任了大良造一职，总理秦国军政事务。秦惠文君继位的第二年也即公元前337年，秦国正式改元，历史上把这一年称作秦惠文君元年。

为向重新崛起的秦国示好，楚国、韩国、赵国、蜀国等国先后遣使祝贺秦国新君登基。之后几年，东周天子周显王也两次派使者到秦国，并送来祭祀周文王、周武王的胙肉。

虽然当时周王室已经衰落得不成样子，但是影响力仍旧不小，所以刚上台不久的秦惠文君得到周王室赏赐十分高兴。由于新任大良造樛斿在"天子赐胙"一事背后出力颇多，秦惠文君特地学习三晋的做

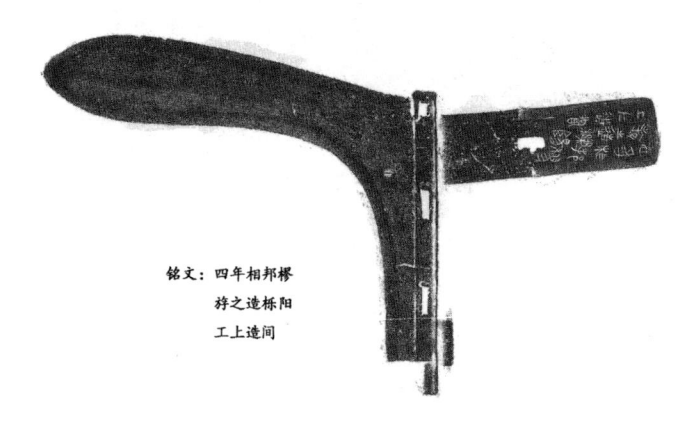

铭文：四年相邦樛
斿之造栎阳
工上造间

相邦樛斿戈（《殷周金文集成》编号11361）

注：该戈上有监造人——相邦樛斿，主造人——栎阳工师、爵位为秦爵第二级上造的间，是目前发现的秦国最早的"物勒工名"兵器。"物勒工名"的做法为齐国首创，后来鲁国、滕国、三晋等国也实行，商鞅变法后将这一做法带入秦国，到秦惠文君时期正式采用并逐渐制度化，有效保证了秦国兵器质量的稳定性。

法在秦国设置了"相邦"一职,并任命樛斿为秦国首任相邦。

有人会不习惯,说我只听说过"相国",还没听说过"相邦"这职务哩!其实考古资料证实,战国时期各国(楚国除外)的"百官之首"普遍都叫"相邦",不叫"相国"。之所以史书上写作"相国",是因为记载战国历史的书籍都是汉代抄写流传下来的,而汉高祖名叫"刘邦",汉人为了避国君名讳,就把先秦文献里的"邦"字都改为近义词"国",所以战国时期的"相邦"一职也被汉人写成了"相国"。

我们知道,在秦孝公之前秦的最高军政长官称大庶长,相当于东方国家的正卿,如秦前出子时期弑杀前出子的大庶长弗忌;此外史书上显示秦国除了大庶长还有庶长,如秦怀公时期弑杀怀公的庶长晁,秦景公时期攻打晋国的庶长鲍和庶长武,不带"大"的庶长可能分左右,相当于东方国家的亚卿。能担任大庶长或庶长的都是秦国公室贵族,说明以前秦国和鲁国等国一样,都是由同姓血亲贵族执政,只有秦穆公时期短暂任用客卿百里奚等人。而自秦孝公上台,他用客卿商鞅执政,再次打破了旧制,秦惠文君的做法显然也是继承了父亲的思想,并把这一做法制度化。以后读完本书大家会发现,秦国和秦朝先后任命了数十位相邦和丞相,能明确是秦公室贵族的只有一人,其他大都是外来客卿。

据历史学者阎步克考证,秦国和秦朝的相邦、丞相都是没有官秩的,也就是说不属于年俸"××石"的官员(秦汉用"××石"来表示官员的官阶);用大家熟悉的魏晋至明清时期的品级(一般为九品)来说,就是没有品级。没有官秩、没有品级,这是什么意思呢?这意味着相邦以及丞相在秦时都是作为国君私人助理或顾问的身份主持或协助主持全国事务的,只从国君小金库里领薪水,所以朝廷的俸禄等级里是没有他们的(丞相有官秩是西汉中期以后的事情了)。设置君主私人雇员性质的相邦作为百官之长,而降低一般由公室贵族担任的庶长的地位,秦惠文君这样做的目的显然是抑制公室贵族膨胀、加强君主集权。

据《史记》记载，秦惠文君二年（公元前336年），秦国还实施了一项重要的经济举措，那就是大规模铸造发行钱币。因为秦国的这种圆形方孔铜钱重半两（秦国1两=24铢≈15.8克），钱币一面也写着篆体"半两"二字，所以被称作"半两钱"。不过当时偷工减料和盗铸钱币的现象时常出现，所以考古出土的九成以上半两钱不足8克，多为4~6克。其实秦国铸造圆形铜钱

> 据岳麓秦简记载，战国末期到秦朝时期，一两（约合今15.8克）黄金能换576个半两钱，即一金（一镒、二十两）能换11520个半两钱。
>
> 另据睡虎地秦简记载，秦人欠官府的债用劳役抵债时，自备饮食情况下，一天的劳动可抵8钱；吃官府的饭，一天的劳动只抵6钱。即官府的一顿饭折合1钱（当时一日两餐）。

就像秦国实施的大多数新法一样，都是跟魏国学的，因为中国最早的圆形带孔铜钱就是战国初年由魏国铸造的，只不过早期的圆钱当中是圆孔而不是方孔，后来为了方便把钱穿在方棍子上修锉边缘才改为方孔（方孔钱不能转动容易受力）。大约在秦后惠公时期和秦献公时期，秦国曾铸造过少量的圆形圆孔铜钱，按钱上文字，有"一珠（铢）重一两十二钱""一珠（铢）重一两十四钱""半睘（huán）钱"等品种。商鞅虽然重农抑商（这也是跟李悝学的），但实际上商品流通是社会必需，而且变法中要求收取的一些"赋"用铜钱来缴纳也更方便，所以他执政期间应该也铸造过一些铜钱。故而秦惠文君初年大规模铸造发行半两钱，可以算是"商鞅变法"的一个余绪。这也说明秦国的商品经济虽然不如六国发达，但到此时也已经发展到相当程度，所以对货币有了更多需求。

接下来在秦惠文君三年（公元前335年），虚岁二十二岁的秦惠文君在秦国旧都雍城举行了盛大的"冠礼"，表示他已经正式成人。我们知道，按周礼规定普通男子"二十而冠"，周天子和很多诸侯为

早日执政往往提前加冠，如史书记载周成王十三岁登上天子之位时就加冠。但史书显示秦君却大都选择在二十二岁时加冠，后面我会提到，鼎鼎大名的秦始皇也是在二十二岁时举行"冠礼"的，这可能是因为秦人认为二十二岁才算真正成年吧。（一些小说和影视剧说秦始皇二十二岁加冠是因受吕不韦和母亲赵太后阻挠而延迟，显然是编造的情节。）

秦惠文君上台前后，中原局势又发生重大变化。这变化还要从魏惠王说起。

话说自魏惠王脑子发热率先称王以后，魏国是祸事不断：先是在与齐国的马陵之战中战败，魏国太子申被俘杀、大将庞涓战死，十万主力覆没；再是在与秦国的西河之战中战败，主将公子卬被俘虏，数万大军覆没；三是在与秦国的岸门之战中战败，主将魏错被俘虏，被迫将部分西河土地割让给秦人。眼见魏国霸业成空、祖宗基业败在自己手中，原本狂傲的魏惠王也不禁悲从中来，极端自责。痛定思痛之下，他也决定求贤，派出使者用最谦恭的礼节、最丰厚的礼品延请当时的四方名士。魏惠王的诚恳感动了很多人，此后一二十年间，齐国的邹衍（阴阳家）和淳于髡（杂家）、邹国的孟子（儒家）、宋国的惠施（名家）等在中国文化史上赫赫有名的人物，都先后来到了魏都大梁。

阴阳家邹衍到了大梁，自然是大谈他的"五德终始说"和"大小九州说"。所谓"五德终始说"，即宣扬自黄帝以来每个朝代都拥有"五行"土、木、金、火、水中的某一"德"，上一个朝代"德衰"后会被代表下一"德"的朝代取代，历史就是这样循环往复；所以各国君主要想得到天下，必须找到即将兴起的"德"并在施政中作出相应举措。而所谓"大小九州说"，即认为

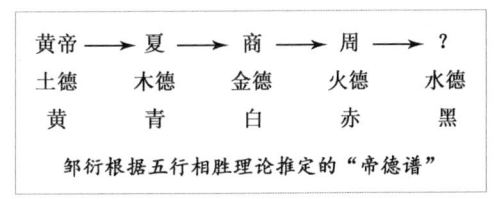

黄帝	→	夏	→	商	→	周	→	？
土德		木德		金德		火德		水德
黄		青		白		赤		黑

邹衍根据五行相胜理论推定的"帝德谱"

中国这"赤县神州"上的九州只是小九州，小九州外有中九州（"赤县神州"为中九州之一），中九州外有大九州；该说打破了周代以河洛为中心的"天下观"，为其他地区的诸侯国"王天下"提供了地理上的理论依据。邹衍的这两套理论乍看起来宏大玄幻，那他搞出这些就只是要探究历史规律和地理形势，为那些诸侯争夺天下服务的吗？这样想就太小瞧邹衍了！原来他原本也是学儒出身，对当时各国君主骄奢淫逸非常不满，但因为有孔子等儒家先贤到处碰壁的前车之鉴，他明白靠单纯的儒家式的语言难以打动这些君主，于是希望用五德相胜的朝代更替之说来诱导他们实行"仁义节俭"。魏惠王像当时的其他人一样，一开始被邹衍唬得一愣一愣的，但最终可能觉得这些理论实用性不大，所以对他礼遇而不任用，邹衍只得离开魏国。

杂家淳于髡身材矮小，以博闻强识、察言观色、急智善辩著称，当时人都把他比作春秋时齐国名臣晏子晏婴，但他头两次见到魏惠王却不说话。魏惠王问引荐的人咋回事，引荐的人又问淳于髡，淳于髡说头一次见面时魏惠王心里边想着打猎的事儿，第二次见面魏惠王心里边想着音乐歌舞，所以自己不想说话。魏惠王见自己的心理活动居然都被说中，大为惊异，视淳于髡为神人，赶紧正心诚意地再次召见他，淳于髡这才出声。淳于髡具体讲了些什么史书上没记载，只是说魏惠王和他谈了三天三夜，非常满意，想任命他为卿相，但淳于髡却谢绝了。最终魏惠王只得备下重礼送淳于髡离去。

儒家孟子见魏惠王的故事，知道的人就比较多了，《孟子》一书中专门有《梁惠王章句》部分。魏惠王一见孟子就问："叟，不远千里而来，亦将有以利吾国乎？"孟子却不以为然地说："王，何必曰利？亦有仁义而已矣！"随后他提醒魏惠王，如果一个国家从上到下各阶层都只知道争夺利益而不讲仁义，那国家就危险了，尤其是那些大夫，岂不是要弑君自立？只有讲仁义，国君才能获得最大的"利"，即安全和秩序。

儒家的仁政理论虽然从长远看很有意义，魏惠王最初也有所触动，不过在战国乱世，一个国君面对的迫切危机主要来自外部而非内部，不争利就没法组织力量对外扩张壮大自身，甚至没法抵御外敌的入侵，所以魏惠王权衡再三没有用孟子。

魏惠王最终起用的是名家惠施，这里的名家是指当时以研究逻辑学为主的学派。惠施家境贫困，但学富五车、长于雄辩、热衷政治。马陵之战魏国战败之初，魏惠王为爱子太子申之死痛哭流涕，一心想出倾国之兵伐齐报仇，已经到大梁的惠施连忙劝魏惠王不要这样做。

惠施说："要称王天下的人，得知道运用法度；而要称霸天下的人，得懂得运用智谋。大王您的想法，既显不出法度也看不出智谋。魏国先是跟赵国结怨，现在又跟齐国鏖战。可魏国新败，自保不暇，哪能去主动攻齐？大王若是真想报齐国之仇，不如低下身段去尊奉齐国，这样楚国一定不服气而火大。大王再派人在齐、楚两国内游说，暗地煽风点火，到时楚国一定会伐齐，而且以逸待劳的楚军必定能战胜疲惫不堪的齐军。"

这里多说一句，大家应该会发现，作为布衣士人的邹衍、孟子、惠施等人在魏惠王这样的君主面前一点儿没有见了大领导的拘谨、自卑的感觉，反而都是架子十足、侃侃而谈，而魏惠王对他们也都是客客气气的，甚至是有些谄媚相。我们以前说过，春秋时代还是封建社会，各国有封地的大夫因为自己有土有民也是一方"小君"，所以往往敢顶撞君王，如韩原之战前大夫庆郑多次跟晋惠公顶牛。那进入战国后的这些布衣游士，面对已经大体废除封建制、建立中央集权制的专制君王，为什么还能这么牛呢？那就是战国时各国专制君主虽然主观上想"唯我独尊"，但由于当时兼并战争激烈，各国都面临生存危机，急需招揽贤士维持江山社稷，等于是君王更有求于贤士，所以他们不敢慢待士人，留下不礼贤下士的恶名；而在这种"卖方市场"下，士人们自然可以端起架子、指点江山。因而战国时期，可以说是游士们的黄金时代。

回过头说魏惠王。他现在已经明白当年商鞅劝自己称王是把自己架在火上烤，自然理解惠施的计谋就是把齐国也架到火上烤。于是他自去王号，不顾一些大臣的反对派人去巴结齐国新任相邦田婴。

说起田婴很多人可能比较陌生，但如果告诉您他就是后来大名鼎鼎的孟尝君田文的父亲，想必大家就会有点概念了。据《史记》记载，这田婴还是齐威王的"少子"也就是小儿子。可此时齐威王本人大约也只有三十多岁的样子，他的小儿子从年龄和经验上讲显然还不足以担任相邦一职，所以《史记》的这个记载恐怕有误。不过田婴是齐国王室近支、身份高贵肯定是无疑的。在田婴的操作下，魏惠王先后两次以臣礼朝见齐威王，并送大臣董庆到齐国当人质，相约与齐国共伐楚国。从魏惠王大力求贤和不惜折节屈身事齐来看，他之前虽然因刚愎自用而令魏国从霸主宝座上跌落，但总算是知错能改。

秦惠文君四年（公元前334年），魏惠王又率领韩昭侯等几个小国之君到徐州（在今山东滕州南）与齐威王会面，并在朝会时力挺齐威王称王。

齐威王见魏惠王极力劝进，不由得心花怒放，因为他一直宣扬自己是黄帝后裔，早就有称王称霸的野心。但齐威王也没到丧失理智的程度，他怕自己再成为出头的椽子，就说要称王咱们两家一起称王，于是也尊奉魏惠王为王。魏惠王假意辞让了一番，最后也接受了。就这样，齐威王和魏惠王在徐州相互承认对方为王，这就是著名的"徐州相王"事件。齐国国君称王即始于此，之前齐威王实际是自称齐侯的。而魏惠王在会后还特意改元，这一年原本是魏惠王"三十六年"，魏惠王又重新改称"元年"，作为自己新的开始。史书上为了与魏惠王登基后的那个"元年"相区别，将后一次"元年"称为"魏惠王后元元年"。

"徐州相王"是战国时期又一个具有重大历史意义的事件。原本在此之前，中原大地上除了魏国魏惠王在逢泽之会后短暂称王，只有一个大王，那就是周天子。到战国中期，虽然从实力上看周天子已经衰落到不值一提的地步，可在名号上依然是唯我独尊（楚国、越国等国虽早已称王但它们都是非中原国家）。而"徐州相王"意味中原两大诸侯都公开自我称王了，周天子却无法制止，连唯一的虚名都保不住了。

> 齐国田（陈）氏来自陈国，是传说中帝舜的后代，而据《史记·五帝本纪》记载帝舜是黄帝的八世孙。齐威王因齐为祭祀父亲田齐桓公午曾铸造一件青铜器，即陈侯因齐敦。该敦铭文称：
>
> 唯正六月癸未，陈侯因齐曰：皇考孝武桓公恭哉！大谟（慕）克成。其唯因齐扬皇考，邵缵高祖黄帝，休嗣桓、文，朝昏诸侯，合扬厥德。诸侯寅荐吉金，用作孝武桓公祭器敦，以蒸以尝，保有齐邦，世万子孙永为典常。
>
> 齐威王宣扬自己黄帝后裔身份，一方面是借用黄帝战胜姜姓炎帝的神话论证田氏取代姜齐的合法性，另一方面更是为齐国争夺天下制造舆论。

"徐州相王"后，齐威王看似是赢家，但魏惠王得到的实惠更多，本已经衰落的魏国不但保有了王号，还成功地拉起了楚国对齐国的仇恨：楚威王见魏国三次朝拜齐国，而且两国居然敢称王与自己并驾齐驱，心下十分恼怒；尤其当他听说齐、魏将联合伐楚后，决定要给齐威王一点颜色看看。

第二年，也就是秦惠文君五年（魏惠王后元二年即公元前333年），楚威王大举出兵北伐，进攻齐魏相王的会盟地徐州，这就是"徐州之役"。齐国赶紧以申纪为大将，出师迎战楚军，同时派使者联络魏国共抗楚国。魏惠王自然是表面答应，实际则并不出力——他本来就是遵从惠施的计策，想唆使楚国攻打齐国来为儿子太子申报仇的啊。

再说齐楚之战。因为齐国大将申纪平时为人狂傲不得军心，魏国又不相助，故而齐军在泗水边被楚军打得大败，申纪本人也被楚军俘虏。楚威王还不依不饶，他尤其讨厌策划了齐魏徐州会面一事的齐相田婴,威逼齐威王罢免田婴的相邦之职,声称齐国如果不照办,楚军将继续进兵。由此可见楚国还真是有老牌霸主的气势,要么不出手,一出手就是泰山压顶、霸气凌人,一点脸面都不给新称王的齐国留。

在楚国攻打徐州的同时,赵国和燕国也看齐国称王不顺眼,共同出兵伐齐。齐威王见齐国已呈三面受敌之势,心里发虚,有了接受楚国无理要求的打算。

田婴听说后,赶紧派人去游说楚威王。齐国说客对楚威王说,楚国在徐州取胜,其实多亏田婴这家伙昏庸,用不招齐人喜欢的申纪为将;如果田婴下台,齐威王恐怕会改用田肦(马陵之战齐军将领之一)为相,这田肦可比田婴难对付多了,恐怕于楚不利啊!楚威王一琢磨是这个理儿,这才没有继续向齐国施压,田婴因此保住了相位。

另一边,齐国也派人到赵国、燕国活动,赵、燕两国看楚国已经罢兵,也各自退兵。就这样,齐国称王后的一场"三国压境"危机被逐步化解了。

田婴被魏惠王摆了一道,当然不肯善罢甘休,就想先杀死魏国人质董庆泄愤,再找魏国算账。这时有人劝阻他说:"楚军虽然在徐州大胜,却没有深入齐境,就是怕魏军断它的后路;如果齐国杀了魏国人质,等于告诉楚国齐魏关系破裂了。到时候魏国发怒再跟楚国联合伐齐,那齐国如何抵挡?不如善待董庆结好魏国,来迷惑楚国。"

田婴仔细想了想,现在的形势下只能如此,于是强压怒火,放过了董庆和魏国。

收复河西

齐国被魏国忽悠称王后遭楚、赵、燕三国猛削一顿，还不敢跟魏国算后账，吃了个大闷亏。魏惠王看在眼里，乐在心里，惠施给他出的"借刀杀人"之计实现了，马陵之战时爱子太子申被齐国俘杀的仇总算是报了一些。不过魏惠王还没偷笑几天，魏国的日子又不好过了——西边的秦人又开始东进了。

话说秦惠文君继位后，继续沿袭祖宗的政策，从东方各国招纳贤士——谁叫秦国自身文化落后缺乏人才呢？这时又有一批东方士人来到秦国，其中就有一位号称"犀首"的公孙衍。

公孙衍是魏国西河郡阴晋（在今陕西华阴东）人，年轻时曾在大梁做官，担任过"犀首"一职，所以有了这个古怪的外号。那这"犀首"到底是什么意思呢？原来它就是"犀甲勇士之首"的简称，跟"冠军"的含义差不多。后来"犀首"公孙衍以魏将的身份立有不少战功，又曾作为魏惠王的随从大臣参加过魏齐会盟活动。但因为魏惠王对他并不言听计从，所以他负气出走秦国。

秦惠文君五年（公元前333年）楚、赵、燕三国伐齐的时候，赵国也在赵魏边境上发起了对齐国名义上的盟友魏国的进攻，只不过没占到什么便宜。公孙衍一看中原又有爆发各国混战的趋势，于是向秦惠文君进言，请求抓住时机发兵攻魏。秦惠文君当然也渴望建功立业，很爽快地答应了，并任命对魏国知根知底的公孙衍为大将领兵出征。

从上面可以看出两方面问题：一是战国时期很多人并没有多少"祖国"观念。魏人公孙衍丝毫没觉着帮着外国打本国有什么羞耻的；而秦惠文君也是用人不疑，敢于放手把军队交给来本国不久的外国人去打他自己的祖国。二是在商鞅变法后的秦国，客卿作为"外来的和尚"

确实是一个独特的存在，他们不需要像普通秦人一样从小兵干起，靠斩首晋爵升官，而是直接就能当官为将。

再说那公孙衍领兵北上，直奔魏国上郡而去。魏国上郡守将听说后立即发兵迎敌，双方在北洛水南岸的雕阴（在今陕西甘泉县南）排开阵势。公孙衍到底是魏国武官出身，对魏军的战略战术十分熟悉，他寻找对方的疏漏，一举大败上郡魏军，斩首无数。凯旋后，秦惠文君十分高兴，感觉得到一个有真才实学之人，立即封其为大良造。不过大家要记得，这时候秦国已经设置了相邦一职并由樛斿担任，所以大良造已经不再如商鞅时代那样是秦国百官之首，而"降级"为武官之首了，大约相当于后世的"国防部长"。文武分途，既是社会分工愈加细化的要求，也是君主集权的故意设置，比如《尉缭子·原官》就说"官分文武，惟君之二术也"，因为那种上马管军、下马管民的宰辅大臣对君权当然更具威胁性。

雕阴惨败的消息很快传到魏都大梁。此时的魏惠王早已经不是当年那个意气风发、张扬狂妄的魏惠王了，多年来连续失败的打击让他变得胆小怕事，尤其是患上了"恐秦症"。惶惶不安之下，魏惠王决定把西河郡重镇阴晋城也即公孙衍的老家割让给秦国，来讨好秦国这位新上任的大良造。送上门的礼物，秦国自然是笑纳。秦惠文君是个喜欢在名头上做文章、讨彩头的人，于是他给阴晋改了个新名字——宁秦。

本来秦人还可以继续东进，不过这时出现了一段"小插曲"——在秦惠文君七年（公元前331年），秦国北方的义渠戎发生内乱，秦国不得不派庶长操前往镇压，将其平定。

第二年，腾出手来的秦国继续把兵锋对准魏国。这次秦惠文君充满雄心壮志，他一方面再次派大良造公孙衍领兵北上攻打魏国上郡，另一方面又授予自己的异母弟樗（chū）里疾（母亲为韩国之女）右更的爵位，命他出崤函古道攻打魏国的焦邑等地，准备一举解决河西问题。

有人会奇怪,秦惠文君的弟弟怎么叫樗里疾呢?原来他居住在咸阳渭河南岸的阴乡樗里,所以当时秦人俗称他为樗里子,史书上常叫他为樗里疾。秦惠文君八年时,秦惠文君的年龄是二十七岁,樗里疾既然是他弟弟,该年顶多二十五六岁。

二十五六岁的年轻人樗里疾就受封商鞅制定的十五级军功爵制的第十四级高爵右更并领兵,又可以看出商鞅变法只是帮秦君从旧贵族手中夺权;至于当朝秦君的至亲,则根本用不着像普通秦人一样从当小兵、砍人头开始晋级,而是直接就可以获得卿爵。有些读者以前可能认为商鞅变法后,秦国平民和贵族在军功爵制面前实现了完全平等,甚至平民就此可以靠军功实现从草根到将军的人生逆袭,显然是过于乐观了。实际上商鞅变法后,秦国依然是个"血统论"十足的国家,一个秦国平民拼死砍几个敌人脑袋获得的地位,也依旧赶不上公室近支贵族一上场的高度,而且平民拜爵有"天花板",贵族拜爵有"快车道"。因此只能说商鞅建立的军功爵制给底层秦民开了一条门槛低、合法且在本阶层内公平的上升渠道罢了,当然这已经足够激发他们的战斗力了,毕竟从来也没有绝对的公平。

至于魏国,此时它已经别无选择,只有跟秦国殊死一搏。

先说北战场。魏国西部边防统帅、之前负责修筑魏国西长城的龙贾,集中西河郡和上郡魏军主力与公孙衍对阵。虽然商鞅变法后秦国国力大增、军力爆表,但有道是"一夫拼命,万夫难敌",何况西河是吴起当年驻守的地方,魏武卒的传统继承得更多。公孙衍率秦军与魏军激战一年多,才最终在雕阴击败并生擒龙贾。此战魏军前后被斩首八万,魏国西河郡、上郡的兵力几乎丧失殆尽,再也组织不起对秦国的防御。

再说东战场。足智多谋、以"智囊"著称的樗里疾不但攻占了焦邑(在今河南三门峡市西)、曲沃(在今河南三门峡市西南),还北渡黄河进入魏国河东地区，先后拿下了汾阴（在今山西万荣西南）、皮氏（在今山西河津市东）等地。不久樗里疾将曲沃城中魏国居民全部赶出，准备迁徙秦人充实。如此一来，魏国在河东地区的统治也受到严重威胁。

就在秦国把魏国按在地上摩擦的时候，楚国又来"趁火打劫"了，当然它的打劫对象也是魏国。秦惠文君九年（公元前329年），楚威王指挥楚军越过楚魏边境，进攻魏国的河南（黄河以南）之地，等于向魏国的"下腹部"猛捅刀子。面对西、南两大强国的同时进攻，魏国已经到了生死存亡之际。因为当时的魏国都城大梁就在河南，所以魏惠王认为楚国对魏国的威胁更直接也更大，于是他"两害相权取其轻"，决定向秦国割让本已经无兵力防守的河西之地，集中兵力保卫河南之地，守住大梁。

很快魏国使者来到秦都咸阳，表示愿意献出河西之地向秦国赔罪求和。

使者下殿后，秦国君臣相视而笑。

有大臣说，雕阴之战后魏国西部主力灰飞烟灭，河西等于已经是秦国的囊中之物，随时都可以取来，哪里还用得着它魏国割让？又有大臣说，自穆公后期以来，秦人就与楚人结好，三百年间两国一直共抗晋国和三晋，这次自然仍要与盟友共同进退。

秦惠文君正准备拒绝魏国的求和，这时又一个从魏国来秦发展的客卿站出来表示有话要说，他就是秦惠文君的新宠、今后二十年将叱咤风云的张仪。

张仪奏道："如果我们与楚国一起攻打魏国，还不同意它的和谈请求，一旦把魏国逼急了，它很可能会投降楚国；而且韩国一向是魏国的跟班，魏国投楚，韩国一定会跟从，那时被孤立的就变成秦国自己了。不如君上答应魏国的求和并给予它帮助，魏王一定感激涕零，还能不费一兵一卒拿下河西之地。"

秦惠文君并没有因为张仪是从魏国来的就质疑他说话的动机，仔细思索后他反而认为张仪的话十分有理——真把魏国逼急了投降楚国，确实对秦国没有一点儿好处。楚人虽然是秦人的三百年老盟友，双方也曾多次互相支援、并肩作战，但那是因为当时晋国和三晋非常强大，两国为生存不得不抱团取暖。可此时魏国已经衰落，而经过变法秦国国力有了大幅提升，能够以一己之力力压三晋了，秦楚联盟的基础自然不复存在了。相反，随着秦国的进一步东扩，未来楚国必将成为秦国的敌人，所以楚国强大定非秦国之福。因此秦惠文君按照张仪的建议，不但接受了魏惠王的求和，更下令在刚从魏人手中夺来的皮氏县征发士卒万人和战车百辆送还魏国，以助其抗楚。果然这世上没有永远的朋友，只有永远的利益。当然，从秦惠文君只是派魏国俘虏回国而不是派秦军援魏也可看出，他当时还不愿公开与楚国撕破脸。

当我们把镜头切换到由魏国皮氏人组成的增援大梁的队伍中，会发现随同这些士卒和战车一起前往东方的还有一个人，那就是原任秦国大良造的公孙衍。公孙衍为什么离开让他施展才华、名闻诸侯的秦国呢？这点史书上没有明确记载。但从后来公孙衍一直跟张仪死磕的情形来看，他很可能是被新来秦国并获得秦惠文君宠信的张仪排挤走的。

魏惠王得知求和成功、秦国还赞助兵马的消息后，激动得简直要跳起来。虽说秦惠文君是在拿佛爷的花献给佛爷（皮氏人原本就是魏人），但对于岌岌可危的魏国来说也算是雪中送炭了。尤其是能文能武的公孙衍重新归来，让魏惠王感觉精神为之一振，不但没有因前几年助秦攻魏的旧事怪罪他，反而立即任命他为大将，要他统帅魏军抵御楚军。

有的时候，运气往往比什么都重要。就在魏惠王铆足劲儿准备跟楚国拼死一搏之际，发动这场战争的楚威王突然病死，前线楚军不禁

秦楚攻魏示意图

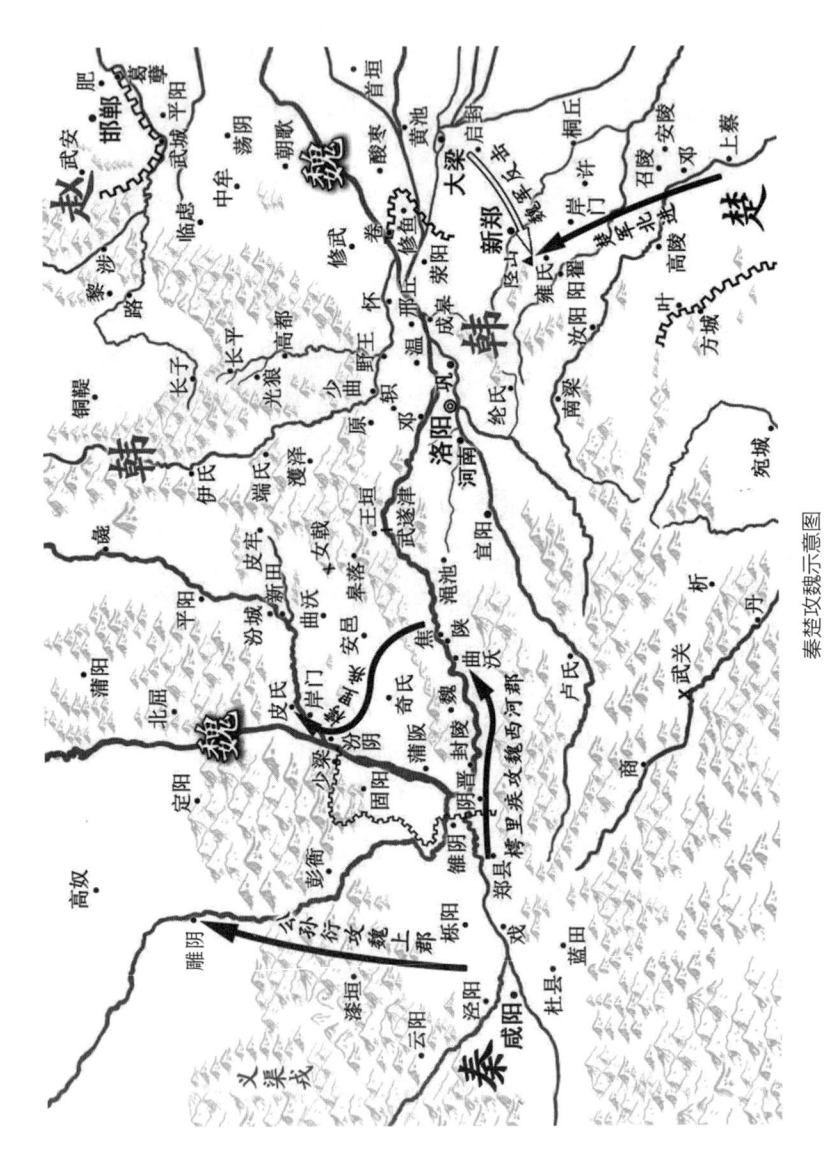

军心动摇。公孙衍抓住时机指挥魏军发动猛烈反攻,终于在陉山(在今河南禹州市东北陉山镇)等地大败楚军。

魏国转危为安后,魏惠王总算是松了一口气。缓过神来,他一想到要把祖宗好不容易打下来的河西之地割让给秦国,不禁感到十分肉疼,就有了赖账的心思。

再说秦国那边,眼看魏楚战争结束了,魏国却迟迟不交割河西之地,也猜到了魏惠王的小九九。秦惠文君于是听从了谋臣管浅的建议,派人去联络楚国新君、楚威王之子楚怀王熊槐,来吓唬魏人。

这一招果然十分奏效,魏惠王惧怕秦、楚两国联合伐魏,不得不立即割让除少梁一座孤城之外的全部河西土地给秦国,并亲自到应邑(在今河南鲁山东)与秦惠文君会面盟好。

河西之地是秦简公七年(公元前408年)被魏国吴起攻占的。到秦惠文君九年(公元前329年),秦惠文君终于把失陷了八十年的旧土重新拿了回来,完成了数代秦君的夙愿。他在祭告祖先的时候,眼中想必噙满了泪花。

张仪相秦

公孙衍离开秦国后,张仪成了秦惠文君面前第一红人。有人会问,这张仪到底什么来头,怎么一来就把有显著战功的公孙衍给气走了呢?下面我们就来说道说道。

按《吕氏春秋·慎大览》记载,张仪是魏国大夫的余子,意思即不是嫡长子的其他嫡子。众所周知魏国王室是姬姓的毕万之后,所以张仪的姓也应该是姬,张则是他的氏。所以张仪是正儿八经的魏国官

> 鬼谷先生又称鬼谷子，是中国历史上一个十分神秘的人物，早期可靠史书中对他的记载十分稀少，《史记》中只提到他是张仪、苏秦的老师，精通合纵连横之术，其他再无介绍。明代《孙庞演义》《东周列国志》等小说把孙膑、庞涓也说成是鬼谷子的徒弟，但《史记》上只载有孙膑、庞涓两人是同学，并未记载他们是跟哪位师父学的艺。至于鬼谷子隐居的"鬼谷"在哪里，自古以来也莫衷一是，有河南登封东南、河南淇县云梦山、河南汝阳云梦山等多种说法。

宦子弟。

记载更多张仪早期故事的则要数《史记·张仪列传》。

据《史记·张仪列传》记载，张仪年轻时曾和苏秦一起师从神秘的鬼谷先生，学习过游说之术，所以辩才了得。他学成下山后，开始"学以致用"，四处游说诸侯以求取富贵。不久他来到当时的南方大国楚国，结识了楚国令尹昭阳君。这昭阳君很受楚威王宠信，家中珍宝无数，连著名的和氏璧都在他府上。

有一次令尹府大摆宴席招待宾客，张仪也在席上。昭阳君喝到半醉后，应众人的请求把和氏璧拿出来给大家开开眼。谁知宾客们传过来传过去，传到最后把价值连城的和氏璧传不见了。

宾客们也都吓坏了。这时有人说："张仪这人很穷，品行也差，肯定是他把和氏璧偷走了！"

令尹府的管家、仆役听说后，就把张仪绑了起来，一连打了数百板子，逼问他和氏璧在哪里。但张仪也很有骨气，不是自己偷的，打死也不承认。俗话说"捉贼捉赃"，令尹府的人搜不出赃物，最后不得不把他放了。

张仪遍体鳞伤回到家里，他的老婆见了又恼怒又心疼，埋怨他说："唉，你要是不读书、不到处游说求官，能遭受这样的侮辱吗？"

张仪却把嘴一张，问老婆道："你看我舌头还在不在？"

"在啊。"他老婆哭笑不得地回答，心说你舌头要不在还能问出话来吗。

张仪用微弱但自信的口气说:"有舌头在,那就够了!"

不过后来张仪又是怎么来到秦国的呢?据《史记》记载,这还是因为与张仪师出同门的苏秦的"激将法"。

太史公描写,苏秦先于张仪发迹。他到各国游历时在燕国得到燕文公赏识,后来又在燕文公的鼎力支持下前往赵国,说服赵肃侯接受了合纵策略,最终担任了赵国相邦。这时恰逢秦国任用公孙衍为大将攻打魏国,在雕阴大败魏军、俘虏魏将龙贾。苏秦担心秦军打到赵国,就想派个人打入咸阳朝廷去影响秦国的政策,暗中配合自己的合纵事业,他第一时间想起了自己师门的张仪。于是他先派人到魏国散布自己担任赵相的消息,引诱张仪来投奔自己;等张仪来到邯郸,他又故意奚落嘲笑张仪无能,把他赶走。受辱后张仪一怒之下前往秦国发展,苏秦则暗中派人资助张仪大笔钱财供其交游,张仪这才得到了秦惠文君的赏识。

太史公讲述的故事很有戏剧性,不过笔者要告诉读者,凡是类似这样戏剧性太强的历史故事,可信度一般都不高。

1973年,湖南长沙马王堆三号汉墓出土了一批帛书,其中有一部书籍的内容类似于《战国策》,所以整理者将它定名为《战国纵横家书》。《战国纵横家书》中记载了苏秦的大量事迹,历史大家唐兰、杨宽等人研究后认定,历史上真实的苏秦是公元前308年(秦武王三年)才登上政治舞台的,要比《史记》中记载的晚二十多年。出土资料有力地推翻了《史记》中苏秦、张仪两人合纵连横斗法的说法,那么苏秦巧施"激将法"促使张仪赴秦的故事自然也不可能是真实的了,甚至苏秦、张仪一同跟鬼谷先生学习的说法很可能也是假的,毕竟按《战国纵横家书》的记载,苏秦比张仪晚出道二十多年,苏秦等于整整比张仪晚一辈,他俩是同学的可能性实在小得很。其实就连张仪在楚国因和氏璧丢失受辱一事也很可能是好事者编的故事,因为张仪游宦时期楚国的令尹并非昭阳君,尤其是张仪早期受冤枉、后来发迹报仇的桥段与日后又一个担任秦国相邦的著名人物范雎很像,因此不少历史学者认为这是同一个传说故事的变种。

有读者会问,既然张仪不是被苏秦激将到秦国去的,那他为什么赴秦呢?其实这也好理解,因为在当时的天下,齐、楚、赵等国的卿相往往由公室成员担任,魏、韩、燕等国则国势不振,只有秦国正处于冉冉上升趋势,而且多次任用外来的布衣客卿,张仪选择到秦国发展就没有什么好奇怪的了。

话说秦惠文君九年(公元前329年)张仪出主意助魏抗楚,不费刀兵为秦国收回了除少梁以外的河西地区,秦惠文君对张仪更加青睐,遇到国家大事就与他商议。张仪也深感知遇之恩,全身心为秦国谋划。不久,张仪又向秦惠文君提出了向东制服三晋进而控制天下的宏大计划,这就是所谓"连横"的雏形。

那么什么是"连横"呢?从字义解释,"连接东西为横"。有些历史学者认为"连横"就是"离山东(崤山以东)之交,使之西向以事秦"(《资治通鉴·周安王十五年》胡三省注)。但这种说法显然狭隘了一些。战国末期的韩非子就说,"横者,事一强以攻众弱也"。历史大家杨宽进一步解释说,韩非子上述表述的意思就是强国迫使弱国帮助其进行兼并战争。说白了,并不是只有秦国拉拢弱国进攻其他强国才叫"连横",当时的齐国、楚国类似的行为也可以叫做"连横"。只不过战国最后一百多年秦国最为强大,使用的"连横"策略最多也最显著,所以后人才误把"连横"与"事秦"画上等号。但要注意的是,秦惠文君时期,秦国尚未取得"一家独大"的地位。

回过来说秦国。战略确定后,张仪还具体提出,当前秦国应采用打拉结合的方式,首先搞定魏国。秦惠文君听后深以为然。

第二年即秦惠文君十年(公元前328年),秦惠文君依照张仪的计策,任命公子华为主将、张仪为副将出兵伐魏。公子华和张仪两人领兵东渡黄河，包围了河东魏邑蒲阳（在今山西隰县）。蒲阳守军被虎狼般的秦军吓怕了，很快打开城门投降。

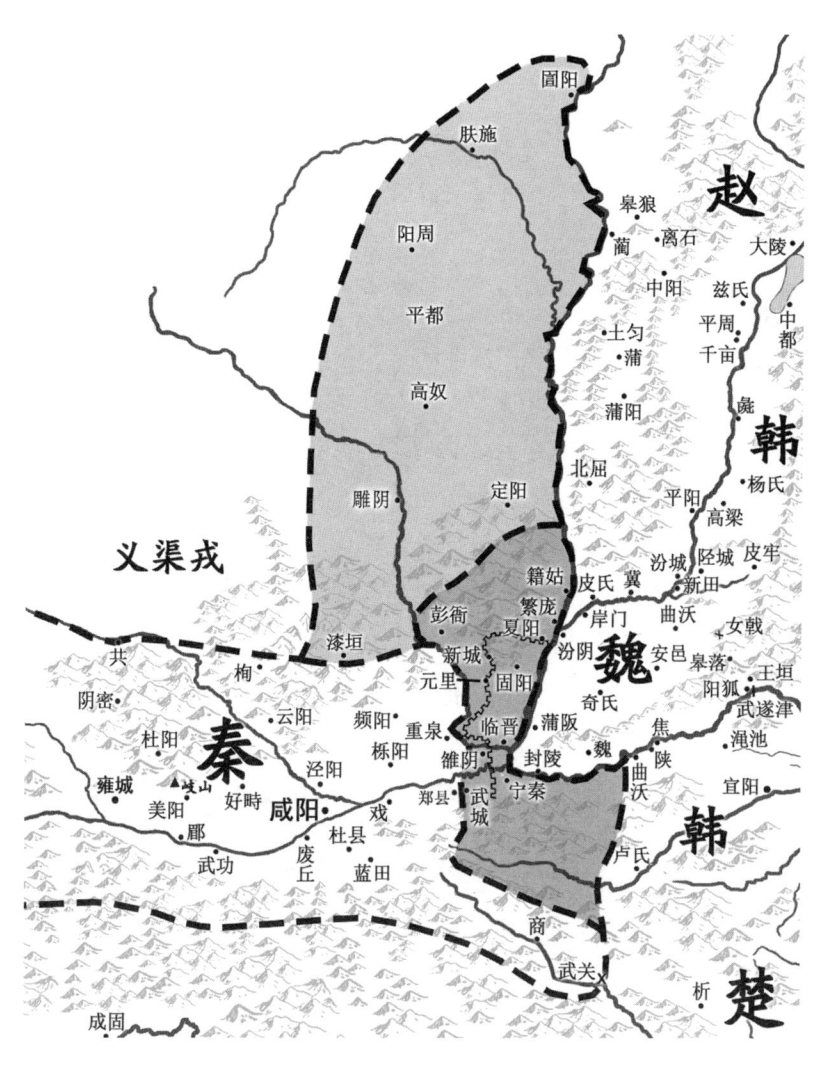

秦惠文君十年（公元前328年）秦国东部疆域示意图

注：阴影部分表示自秦孝公继位以来秦国从魏国夺取的土地（繁庞除外），其中上部分即原魏国上郡，下部分为原魏国西河郡的部分土地（完整的魏国西河郡还包括河东部分土地）。

正在魏国上下震动之际，秦国却突然停止了军事行动。紧接着秦军又自动退出了蒲阳，将其交还给魏国。魏国人惊愕的嘴巴还没有合上，张仪就作为秦国的和平使者来到了魏都大梁，他还主动给魏国带来了一名人质——秦国公子繇（可能是秦惠文君兄弟），以表示秦国跟魏国通好的诚意。

魏惠王先惊后喜，完全被秦国的一套组合拳给折腾蒙了，连忙接过张仪递来的橄榄枝，不敢说一个"不"字。

这时张仪又开口了，他说："秦公对魏国这么宽厚仁爱，魏国可不能不有所表示啊！"随后他暗示魏国必须把上郡割让给秦国，秦国也会退出所占领的一些魏国城邑作为交换。

两年前魏将龙贾战败被俘、八万西部魏军被秦军斩首后，魏国上郡的部分地区已经落入秦国之手，剩下的城邑也兵微将寡，无力防守。魏惠王权衡利弊，觉着还是保住河东的基本地盘最为要紧，最终答应将上郡十五县和河西少梁孤城献给秦国。

张仪带着魏国上郡和河西少梁的版籍即登记户口、土地的账簿回到秦国，秦惠文君兴奋至极，因为魏上郡和河西魏地被纳入秦人版图后，秦国的战略态势就极大优化：此时它的西、北两面已经基本没有敌人（只有义渠时服时叛），南面则有秦岭隔绝巴、蜀与楚国，东面可以依靠黄河和崤函的天险防御中原之敌，秦国真的变成了"四塞之国"，进可攻、退可守。

为了奖赏张仪的大功，秦惠文君于是让张仪取代樛斿成为秦国的第二任相邦，总揽全国政务。当年那个四处碰壁受辱的游宦之民，终于凭着自己的舌头，一跃成为秦国一人之下、万人之上的实权人物。

接收上郡和少梁的第二年，"改名狂人"秦惠文君把少梁更名为夏阳。有人会觉得夏阳这个地名有点眼熟，没错，著名的太史公司马迁就是汉代夏阳人。当然秦国也信守诺言，把此前占领的焦邑、曲沃、皮氏等城邑还给了魏国，两国基本上以黄河为界。为进一步巩固自己的后方，秦国又出兵讨伐北部的义渠戎，迫使其首领再一次向秦国称臣。

值得一提的是，原魏国上郡和河西之地（相当于大半个西河郡）归秦后，秦惠文君感觉魏国这种设置郡来统筹若干县的军事防务的做法很不错，于是奉行"拿来主义"的他也在秦国边疆地区设置军区性质的郡，从此秦国同样有了郡的单位，为后来秦始皇将郡转化为行政区、建立以郡统县的郡县制打下了基础。

惠文称王与"五国相王"

秦惠文君十二年（公元前326年）冬十二月（当时秦国使用夏正），秦国有史以来第一次举行了腊祭活动。

秦惠文君首先在都城咸阳杀牛宰羊，祭祀日月星辰、历代先公和门神、户神、井神、灶神、宅地神五神；随后他起驾来到黄河西岸边、秦国境内的龙门山（在今陕西韩城东北，东岸魏国境内也有龙门山），大摆酒席，与民同乐。一时间，龙门山下、黄河岸边人山人海，男女老少载歌载舞、尽情狂欢。

龙门是黄河上游的神圣之地，传说大禹就在此开山导河，因此秦惠文君搞的这次"龙门联欢"活动意味深长。要知道秦国刚从魏国手中取得河西和上郡不久，土地易得、人心难附，秦惠文君就是希望用这种亲民的方式来收拢黄河上游的各族人心。六年之后，秦惠文君又再次亲临上郡，并一路北上来到"北河"，也即黄河"几"字湾头上的东西流向那段，招抚当地的戎人部族，显示了他"攻心为上"的良苦用心。

同年，赵国的赵肃侯去世，可能是为了向赵国示威，据《史记》记载，秦、楚、燕、齐、魏五国每国都出动了万人的大军到邯郸参加葬礼。随后赵肃侯的儿子赵雍继位。说起赵雍这名字大家可能有点陌生，但他死后的谥号肯定会让你眼前一亮，那就是"赵武灵王"。不过赵武灵王上台时年仅十五岁，还没有称王只是自称赵侯，大权也都掌握在赵国相邦阳文君赵豹的手中。

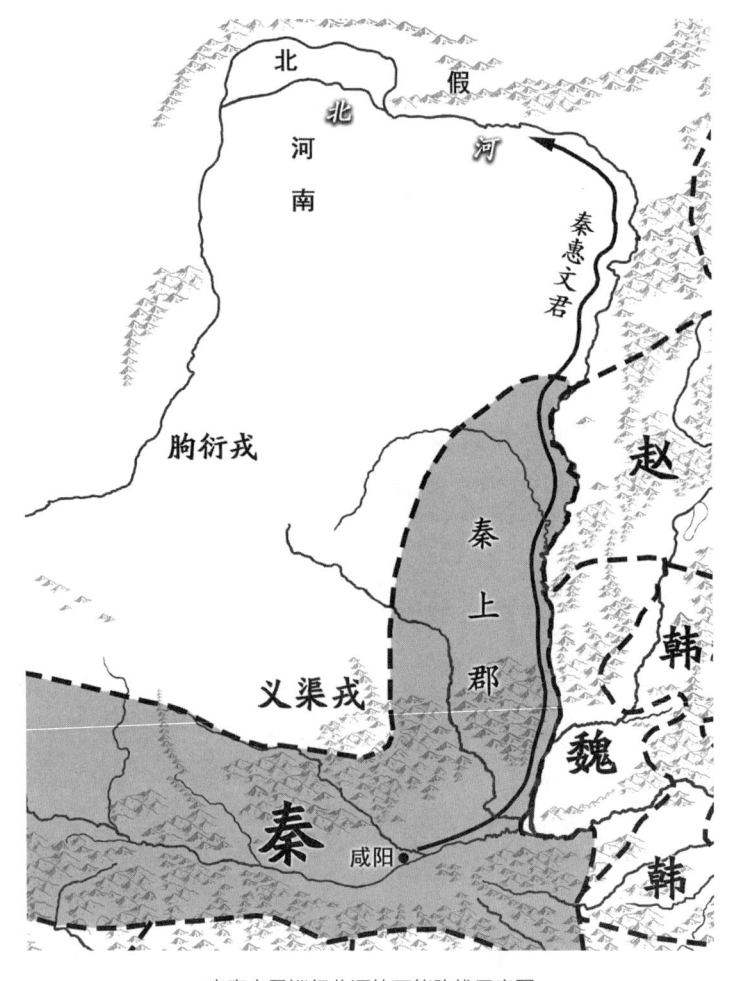

秦惠文君巡行北河的可能路线示意图

自收复上郡、河西以后，刚过而立之年的秦惠文君意气风发、雄心勃勃，自信历代先祖称霸中原的宏愿将在自己手中实现。不过正如孔子所说，"名不正则言不顺，言不顺则事不成"。在当时楚、魏、齐等国都已经称王的情形之下，秦国要想称雄天下，君主再称君或称公已经太小了点，秦惠文君也以称号低于上述国家为耻。

　　秦国相邦张仪是何等的聪明人，他一眼就看穿了主子的心意。为此他先是大造舆论，说早在大约十年前也即秦惠文君二年时，秦国就曾有一个新生婴儿在啼哭时突然说出了"秦且王"的预言；随后他又率领百官极力劝进，拥戴秦惠文君称王。

　　秦惠文君见此情形自然是心中大喜，他表面谦让了一下，也就接受了群臣的"意见"。随后，史官经过占卜确定秦惠文君十三年（公元前325年）四月戊午日为大吉之日，建议在该日举行秦君加冕称王典礼。接下来秦国上上下下就开始为这个大日子的到来而紧张忙碌起来。

　　与此同时，张仪也派人到东方展开外交活动，为秦国称王造势，并邀请各国前来参加秦惠文君的加冕典礼。别的国家有无表示史书没有记载，但国土与秦国接壤、处于中原四战之地的魏惠王和韩威侯都答应届时亲自前来朝贺。

　　秦惠文君十三年（公元前325年）四月戊午日，秦惠文君乘车前往郊外举行祭祀天地的仪式，为他驾车的是魏惠王，他的车右则由韩威侯充任。秦惠文君加冕称王后，下令次年改元。所以自此以后，秦惠文君就正式变为"秦惠文王"，第二年（公元前324年）也被史家称为"秦惠文王更元元年"。称王改元意味着秦政权进一步提档升级，入周之后的秦人首领从无名无分到大夫到诸侯，现在终于有了当时人世间君主的最高称号，秦献公时周朝太史儋的预言全部成真！

　　秦惠文王称王后为安抚魏、韩两国，也承认魏惠王和韩威侯为王。所以《史记·秦本纪》记载，"十三年四月戊午，魏君为王，韩亦为王"。从此以后韩威侯也变成"韩宣惠王"。

秦惠文王称王的举动显然向东方各国暴露了他的强烈野心。本就是被迫参会并因在会中给秦惠文王当车夫而深感受辱的魏惠王，对秦国未来动向十分警惕，回国后他就与相邦惠施、大臣公孙衍等人商议对策。

当时魏国与齐国的关系不错，两国刚在公孙衍和田盼的策划下组

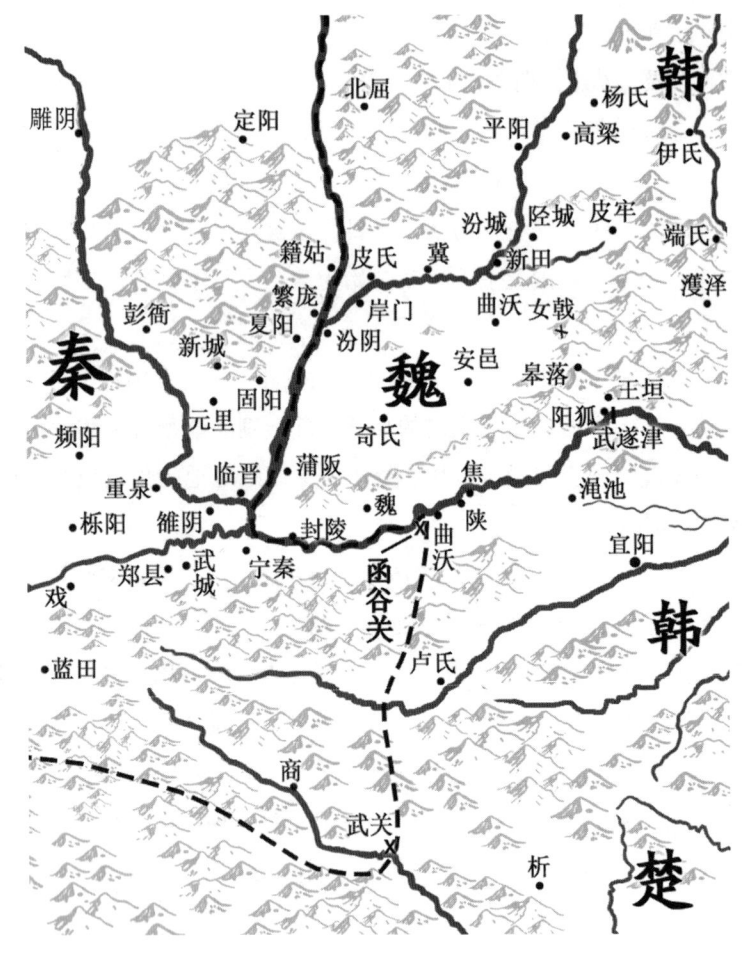

函谷关位置示意图

成联军大败赵国。惠施于是建议魏惠王将太子嗣（后来的魏襄王）、公子高分别送往齐国、楚国当人质，来结好齐、楚这东、南两强。魏惠王立即照办了。

当然那会儿与魏国关系最好的是韩国，两国也同病相怜，魏惠王与韩宣惠王都觉得有抱团取暖的必要，因此几个月内两国国君一连会面了两次。

眼见魏国不愿乖乖臣服，还总搞小动作，秦国决定再敲打敲打它。次年也即秦惠文王更元元年（公元前324年），相邦张仪亲自领兵东出崤函古道，攻占了魏国陕邑（在今河南三门峡市西）。大约在这前后，秦国在西周、春秋时期的桃林塞附近也即今天河南灵宝市以北的王垛村建立了一个关口，这就是著名的函谷关。之所以叫"函谷"，是因为"路在谷中，深险如函"（唐《元和郡县图志》），"函"的本意是指箭袋，引申为箱子。不久，张仪又北上上郡，在那里修筑边防要塞。

秦国这些做法，更让魏国心惊胆战。魏惠王接连与齐威王会面，企图借齐国的威势来给自己壮胆。

秦国方面见招拆招，派张仪与齐、楚等国大臣在啮（niè）桑（在今江苏沛县西南）会面，意在分化两国与魏国的关系。

眼看魏国要沦为大国的牺牲品，犀首公孙衍决定施展大手笔，开展一次"合纵"活动。

前面讲过了"连横"，那"合纵"是什么意思呢？从字义解释，"连接南北为纵"。过去有学者说"合纵"就是六国联合抗秦，这种说法也狭隘了些。韩非子说得很明白，"纵者，合众弱以攻一强也"。显然，只要是弱国联合对抗强国，无论对抗的这强国是秦国还是齐国还是哪一国，都可以叫"合纵"，所以"合纵"本来并非特指针对秦国。具体说公孙衍发动的这次"合纵"运动，主要是针对秦国的，但同时也针对齐、楚两国。

公孙衍要如何实现"合纵"呢？原来他精心策划了一次"五国相

王"运动。

当时东齐、西秦、南楚这三大强国都已经称王，并不断攻打、争夺弱小国家。所以公孙衍先后游说韩、赵、燕、中山四国，再加上魏国自己，要求五个国家互相承认对方国君为王。公孙衍是希望通过"五国相王"运动来团结当时较弱的国家，实现五国同盟，达到抱团取暖、共抗强国的目的。五国中魏、韩本已经称王，所以这个运动实际上是给予了赵、燕、中山三国国君称王的良好契机，三国也顺势称王。自此以后，赵国赵雍就成了"赵武灵王"，燕侯和中山君则成了"燕易王"和"中山王䚟"。

因为五国利益不同、各怀心思，所以"五国相王"其实没有达到互相支援、共同进退的同盟目的，只是让更多的诸侯得以称王，从而进一步否定了周天子的权威，因为这时期大部分主要国家都称王了。

尽管公孙衍搞的这次"合纵"并不成功，但"五国相王"这种追求称号平等的形式就是对几个强权的否定，惹得他们非常恼火。还没等秦国出招，齐、楚两国就跳出来拆台了。

齐国是最先发飙的。公孙衍"五国相王"的计划刚传出，它就断绝了与中山国的邦交，并扬言说："我是万乘之国，中山国不过是小小千乘之国，它国君的名号怎么能跟我大齐相同？"齐还表示，要割让土地给燕国和赵国，换取他们发兵共同攻打中山。

还没来得及称王的中山君䚟听说后非常害怕，连忙备下重金让辩士张登去齐国游说。

张登到齐国见了齐相田婴，对他分析说："齐国如果割地给燕、赵，那是在增强敌人的力量啊；而攻打中山，更会把它推进燕、赵的怀抱。不如齐国召见中山君允他为王，中山君一高兴，断绝了跟燕、赵的关系，燕、赵一定会攻打它。那时中山君自己就会废掉王号讨好各国。"

田婴听张登一番忽悠，觉得还挺有道理，就答应了。

随后张登又跑到燕、赵，对他们说："齐国要攻打你们喽。大家都知道齐国是非常看不起中山的，现在它却准备召见中山君并承认他为王，这难道不奇怪吗？齐国肯定是想借中山国之兵来对付你们啊！不如你们先承认中山君为王，以阻止中山君赴齐。"

两国一听，也都立即照办了。

于是经过张登这一番操作，齐国阻止中山称王的计划破产，中山君䰂最终成功登上王位。

如果说齐人的拆台还停留在口头上，那楚人的拆台就是真刀真枪的了。

"五国相王"后，楚怀王熊槐以帮助在楚国做人质的魏国公子高登上太子之位为名，派大司马昭阳君领兵伐魏，击败公孙衍为主将的魏军，攻下魏国襄陵、承匡等八座城邑，斩获甚众。魏国挨打的时候，"相王"的其他四国没一国敢出头帮助魏惠王，可见公孙衍"合纵"的实际效果了。（由此也可知昭阳君在此时仅仅为楚国大司马，而不是令尹，可见《史记》记载张仪因到"令尹昭阳君"家做客弄丢了和氏璧而挨打一事有点儿不靠谱。）

楚国昭阳君收拾完魏国后，觉得楚军伤亡轻微、士气正盛，又想继续北上攻打齐国，给自己的功劳簿上再添上浓墨重彩的几笔。齐威王听说后，连忙派辩士陈轸出使楚营。

这陈轸也是当时的著名说客，他早期曾到秦国游历，很受秦惠文王赏识，结果被张仪妒忌，屡次遭其设计陷害。后来秦惠文王最终任用张仪为相，陈轸不愿屈居张仪之下，因此离开秦国游走于东方各国之间，而不吊死在哪一国的树上。

陈轸见了昭阳君，先是恭贺他伐魏成功，然后故作不知地问："按楚国的法度，倾覆敌军、斩杀敌将，如何赏赐官爵？"

昭阳君回答说："那将封官上柱国，封爵上执珪。"

从陈轸和昭阳君的问答再次证明，战国时期楚国也是有一套军功爵制的，只是具体名称和等级失传了。

陈轸又问:"楚国还有比这更高的官爵吗?"

"再往上就只有令尹了。"

陈轸笑着说:"楚国只设一位令尹吧?大司马您已经打败魏国,就算您再打败齐国,也不可能受封令尹吧?我给您讲个故事:从前楚国有个贵族举行完祭祀活动,赏给众门客一壶酒。有人提议,一壶酒不够大家喝的,不如搞次画蛇比赛,谁赢了就把整壶酒给他一个人喝个痛快。大家都说好。有一个门客画得飞快,三下两下就画好一条蛇。他拿到酒壶,看其他人还没画好,就自作聪明地在蛇身上添了四只脚。这时另一个门客画好了蛇,一把夺过他手中的酒壶,说你添了足这还是蛇么。"

听了"画蛇添足"的故事后,昭阳君不禁若有所思。

接下来陈轸也就不打哑谜了,明说道:"大司马出征时,楚王只命您伐魏,并未让您伐齐。现在您伐魏大胜,齐国也为您的威名所折服,就可以班师回国等待封赏了,何必再费力劳神去攻打齐国?如果不知道适可而止,万一打了败仗,可就像那位'画蛇添足'的门客一样,也许最后什么都没有了。"

昭阳君这时完全醒悟,连忙点头称是,随即宣布班师回国。齐国的一场战祸就这样被陈轸一席话给化解了。

张仪相魏

话说魏惠王见公孙衍发起的"合纵"运动毫无实效,一帮子弱国不能抱团,那边楚国痛打自己,齐国也依靠不上,不由得有些心灰意冷。权衡再三,最终他决定再跟秦国套套近乎,看能不能抱上这条大腿。

秦惠文王更元三年（公元前322年），魏国派已经从齐国回来的太子嗣去秦国朝见，魏国的跟班韩国也派太子仓（后来的韩襄王）一同前往。

张仪见魏国服软，又想出一条"公私兼顾"的计策。他面见秦惠文王，提出向魏国施压，由自己兼任秦、魏两国相邦，以实现秦国控制魏国的目的。

秦惠文王也是一代明君，自然明白张仪心中的小九九。他先嘉奖了张仪的一片忠心，但表示张仪要担任魏相控制魏国，再兼任秦相就不合适了，那会引起魏人的猜疑。不如由自己表面上罢免张仪，好让他有赴魏的借口，这样也容易取得魏人的信任。当然最后秦惠文王向张仪保证，暗地里秦国的相邦一职仍由他兼任。

秦惠文王的一席话，充分显现了他驾驭大臣的手段。张仪见国君安排得如此周到，当然只有应允。

没多久，秦惠文王找了一个借口，罢免了张仪的相邦一职，宣布仍由樛斿任相。随后张仪离开秦国回到了祖国魏国。

张仪的本领，各国都是有所耳闻的，魏惠王更是亲身领教。何况张仪虽然被罢免了秦相的职务，但世人都知道他是秦惠文王的亲信红人，他到魏国来肯定是作为秦惠文王的私人代表进行两国高层联络的。对以上情况魏惠王也心知肚明，因此他对张仪非常礼遇和重视。

张仪没有忘记秦惠文王委派给自己的任务，趁机在魏惠王面前大力兜售"亲附秦国、携手韩国、对抗齐楚"的"连横"策略。有人会奇怪，张仪一个魏人为什么对秦国这么忠心，到了魏国还继续为秦国效力呢？这应该有两方面原因：一是他非常感激秦惠文王的知遇之恩，因为是秦惠文王使他这个当年为人瞧不起的游士成为天下的"风云人物"的。俗话说，"士为知己者死"嘛！二是他明白当时的天下诸国只有秦国既有雄厚的发展潜力，又能够给他提供继续施展才华的舞台。

对张仪的一系列"连横"说辞，魏相惠施自然是嗤之以鼻，并在魏惠王面前大加驳斥。要知道之前魏国执行的"结好齐楚、偃息兵革"的战略，原本就是惠施提出并敦促魏惠王实施的，张仪的主张自然是在打他的脸。

不过在张仪"连横"和惠施"合纵"的"路线之争"中，魏国大臣们却纷纷站在了初来乍到的张仪一边。其实道理很简单，之前惠施和公孙衍搞了那么久的"合纵"，也并没有见到什么成效，而此时秦国势头正盛，大家自然是想换条路走走了。本来心中还有些摇摆不定的魏惠王见此情景，也决定采纳张仪的策略。

作为魏相的惠施见众大臣哪头风大往哪头倒，不禁气上心头。他再次面见魏惠王，陈述附秦的危害，企图使魏惠王回心转意。

魏惠王却把手一摆，说："先生不要再说了，联结秦韩、攻打齐楚，才能实现大魏利益的最大化，这是目前全国的共识啊！"

惠施听后忍不住辩驳道："大王，即便是件普通的小事，认为对的人和认为错的人也差不多要对半开；像'联结秦韩、攻打齐楚'这种国家大事，大家却众口一词，不是很诡异的现象吗？难道面对复杂大事时大家的判断都这么一致？这恐怕是因为大王您被人蒙蔽，导致半数民意被劫持了吧！"

魏惠王听后大怒，张仪又趁机从旁煽风点火，最终魏惠王不但罢免了惠施的相邦一职，还把他驱逐出境。就这样，惠施狼狈地离开了自己为之服务了十余年的魏国。惠施首先流亡到楚国，楚怀王不愿收留他得罪张仪，也不愿冒犯他留下不敬贤的恶名，就把他又引荐给欣赏其才能的宋公偃（后来称王谥号"宋康王"或"宋献王"）。从此惠施定居宋国，中间虽一度重出江湖，但最后还是隐逸田园，跟庄子成为挚友，演绎出一段"庄惠之交"的佳话。

惠施被罢相后，魏惠王真的如秦惠文王所期望的那样，任命张仪为魏国相邦。不过出于平衡考虑，他依旧任用主张"合纵"的公孙衍为大将。这样魏国对各方都有交代，可以随时在"连横"与"合纵"

之间自由切换，由此可见魏惠王的小心谨慎和良苦用心。

张仪成为魏国相邦后，立即劝魏惠王带头事奉秦国；但因为公孙衍等人暗中拆台、抵制，魏惠王也认为彻底地"一边倒"倒向秦国对魏国并非最佳选择，所以没有完全照办。

秦惠文王费尽心机，但把魏国树立为诸侯中"事秦表率"的目的并未真正达到，不由得怒火中烧，觉得还是得适时挥舞挥舞"大棒"，继续敲打敲打魏国。于是他一声令下，秦军兵分两路，一路东渡黄河攻下了汾水流域的魏国城邑平周（在今山西介休西），一路出崤函夺取了刚还给魏国没几年的曲沃（在今河南三门峡市西南）。

在伐魏的同时，秦惠文王怕张仪人到魏国心也不再向着秦国，又命人暗中告诉张仪，自己已经大幅提高了他的秦国相邦的薪俸。1983年，考古人员在广州象岗南越王墓出土了一件刻有"王四年相邦张义"等字样的秦国青铜戟，证实在张仪任魏相期间，秦惠文王确实信守诺言，依旧保留着他的秦相职务。

张仪接到秦国的消息后，对秦惠文王更加感激涕零，不由得为自己没能完成秦惠文王交给的任务而深感惭愧。不过没容他自责多久，麻烦事又找上门来。

原来齐国和楚国听说魏国任用了主张"连横"的张仪为相邦，心中大为不满，准备以逼迫魏国换相为由联合出兵攻打魏国。

张仪听说这消息后，不禁喜忧参半：喜的是齐、楚伐魏，正好劝魏惠王倒向秦国；忧的是万一魏惠王被吓倒，真罢免了自己怎么办？

正在这时，有一位名叫雍沮的辩士主动求见张仪，自称能为张仪分忧解难。张仪立即召见了他。

雍沮首先对张仪说："魏国之所以任命您为相邦，就是希望能依靠您安定国家，协和百姓。可现在您任相，魏国却遭受兵灾，魏国上下一定埋怨您，您的相位恐怕就危险啰。"

张仪忙问："先生有何妙计？"

雍沮于是告诉张仪，他准备去齐、楚两国如此这般游说一番，定能说动齐、楚罢兵。张仪自己就是说客出身，见雍沮的辩词逻辑缜密，知道他多半能把事情办成，不禁转忧为喜。

这时魏惠王得到齐、楚即将伐魏的消息，也赶紧召见张仪，问他有何对策。张仪先以退为进，要求魏惠王罢免自己。魏惠王连忙摆手，叫他不要起疑心，自己没有这个意思。

张仪对魏惠王的信任表示感谢，然后说，既然如此，可以一面派人去齐楚游说两国罢兵，一面派人赴秦国借兵以防万一，定可保魏国平安。

魏惠王见张仪胸有成竹，于是点头准奏。接下来，张仪一面派雍沮出使齐楚，一面派亲信到秦国求援。

却说秦国那边得到张仪的求援信后，秦惠文王下令举行廷议来商议是否出兵。

当时在秦军中有一位重要将领，名叫甘茂。他本是楚国下蔡（今安徽凤台）人，曾拜一位唤作史举先生的高人为师，学习百家学说，精通谋略、兵法。几年前他得到张仪和樗里疾的联合举荐，被秦惠文王任用为客卿。

廷议前，有门客极力劝说甘茂，应主张出兵助魏，因为这对甘茂有利无害。他具体解释说："秦军帮助魏国，如果打了败仗，兵力折损，张仪以后自然没法跟大王交代，恐怕就不敢回秦国了；秦军帮助魏国，如果打了胜仗，使得张仪自我感觉为魏国建立了功勋，他说不定也留在魏国不回来了。有张仪在秦国，您就要一直被他压着；反之只要张仪不回秦国，您的地位一定会再进一步。"

甘茂虽然曾受过张仪的推荐之恩，但秦国的相邦之位实在很诱人，甘茂不由得心动。于是在廷议时，他极力主张借兵给张仪，帮助魏国抵抗齐楚，秦惠文王被说动了。

再说雍沮那一边。雍沮先后到了齐楚两国，对齐威王和楚怀王说：

"大王听说过张仪与秦王的约定吗?张仪对秦王说,他到了魏国做相邦,齐楚两国厌恶自己,一定会攻打魏国。齐楚打败了,势力必然被削弱,张仪也能够控制魏国了;齐楚打胜了,魏国就被削弱,会割地事秦。无论怎么算,都是秦国得利。如果齐楚真的去打魏国,那不但损伤不到张仪,反而就正中他的奸计了!"

齐楚两君觉得雍沮讲得有理,于是就打消了出兵伐魏的念头。齐楚既然没有动作,秦兵最终自然也没有赴魏。

这一风波虽然平息了,但魏惠王对张仪却也有不满,对他不冷不热。这种情况下,张仪控制魏国让其事秦的任务当然进行得也不顺利。

接下来几年间,天下没有大事,但好几国的君主都换了人:秦惠文王更元四年(公元前321年),在位达四十八年的周显王驾崩,其子慎靓(jìng)王继位;同年,在位十二年的燕易王卒,其子燕王哙继位。下一年,在位三十七年的齐威王卒,其子齐宣王继位。再下一年,在位达五十一年的魏惠王离世,太子嗣继位,是为魏襄王,也就是孟子所说的"望之不似人君,就之而不见所畏"(远望不像个国君,走近也感觉不到敬畏)的那位。

魏襄王虽然没有威仪,但却掌握着权力。他做太子的时候就不喜欢张仪,现在他上了台,首先就罢免了张仪的相邦一职,而以公孙衍取代。张仪没办法,只好灰溜溜返回秦国。

第一次"五国伐秦"

公孙衍担任魏国相邦后,再次发起了"合纵"运动。这次"合纵"能搞起来,一方面是因为两年来秦惠文王视察上郡、发兵攻打韩国,让东方各国再次感受到来自秦国的严重威胁；另一方面，还得益于陈轸对公孙衍的帮助。

据《战国策·魏策一·十四章》记载，公孙衍被魏襄王任命为魏相之前，陈轸曾为秦国出使齐国，路经魏国时想见公孙衍，公孙衍却避而不见，可能是"说客相轻"吧。

陈轸就让人传话给公孙衍说："我之所以要见君，是有要事相告。如果君不见我，我可就走了，明儿你可就见不到我喽。"意思是错过了你可别后悔。

公孙衍听后，赶紧恭敬地来见陈轸。

陈轸取笑公孙衍说："您讨厌政事吗？听说您现在天天就是吃吃喝喝啊。"

公孙衍惭愧地回道："衍没有本事，不能得到国君重用，而不是讨厌政事。"

陈轸突然郑重地一拱手，说："我想把天下重任交给君！"

公孙衍一愣，问道："这是怎么说？"

陈轸道："现在魏王派李从带着百辆马车出使楚国，先生可以也要求担任出使任务。魏王问起，您就这样回答……"

公孙衍听了面露喜色，连忙拜谢陈轸。

别了陈轸后，公孙衍果然去见魏襄王，要求发挥点余热，也出使燕国、赵国替魏国联络一下感情。魏襄王问公孙衍怎么起了这个念头。公孙衍按照陈轸教他的话回答说："臣与燕国、赵国都有故交，这两国多次召臣前往，说臣没事时可以去转转。现在臣正好也没有什么事情可做，想去游历一番，很快就会回来。"

魏襄王听了，觉得派公孙衍出使各国对魏国也算有益无害，就欣然应允了，同时按公孙衍的要求拨给他马车三十辆。

回到家，公孙衍把三十辆马车齐刷刷摆在庭院里，并大事宣扬自己即将出使燕赵的事儿。因此各国在大梁的线人们纷纷向国内传递消息：李从带着百辆马车出使楚国，而公孙衍也即将带着三十辆马车出使燕赵。

刚上台的齐宣王听说后，唯恐结交魏国晚于其他诸侯，就把齐国的政事委托给公孙衍。魏襄王听说后很惊喜，就暂停了公孙衍的出使任务。紧接着，燕国、赵国也把政事委托给公孙衍。楚怀王熊槐得到消息后说道："李从跟寡人订立了盟约，但现在燕、齐、赵都把政事委托给犀首，犀首想必也愿为寡人服务，寡人还是任用他好。"于是楚怀王抛弃了李从，同样把楚国政事委托给公孙衍。

魏襄王眼见公孙衍这么"吃香"，深感自己小瞧了他，赶紧任命他为魏国相邦。

以上就是公孙衍得以担任魏相背后的故事。

另据《魏策一·二十一章》记载，公孙衍还略施手段，以秦魏连横将危及韩国，而支持自己任魏相能破坏秦魏关系为由，劝说韩国执政公叔将部分政务委托给自己，公叔答应了。

《战国策》中公孙衍一人执掌六国政务、佩挂五国相印的故事虽然有些夸张，但他力主"合纵"并一度得到多国支持响应的事情则是真实无疑的，因为很多史书都记载了公孙衍促成的一件惊天大事——"五国伐秦"。

秦惠文王更元七年（公元前318年），公孙衍以秦国势头正盛、严重威胁山东（崤山以东）国家安全为由，策划组建多国联军西向伐秦。公孙衍此举，显然是仿效春秋中后期晋厉公、晋悼公组织东方诸侯联军深入秦境打击秦人的先例，即麻隧之战和迁延之役。

计划提出后，魏、赵、韩这"三晋"最先同意，接下来楚、燕也响应。最东方的齐国本来不置可否，但经过陈轸的一番游说，齐宣王最终还是点头答应了。

因为六国中楚国国势强大，几年前刚在襄陵之役中大败前中原霸主魏国，公孙衍又想把领头对抗秦国的帽子戴在楚怀王头上，以离间秦楚的长期联盟关系，让秦人以后报复时把矛头主要指向楚国而不是三晋，故而推举楚怀王为"合纵长"。楚怀王却不明白"枪打出头鸟"的道理，欣然接受了这个头衔。

当年下半年，魏、赵、韩、楚、燕五国军队陆续出动，先后抵达韩国西部。齐国虽然应允出兵，但齐军却久久不至，显然对攻秦一事依然十分消极。最终五国军队等不及了，先行西进，不日抵达秦国函谷关外。因此原计划的"六国伐秦"降级为"五国伐秦"。

自商鞅变法后，秦国经过数十年发展，国力已经今非昔比。但东方五大国合兵伐秦、联军旌旗蔽日的消息传来后，秦惠文王也是有些心中没底。当然"兵来将挡、水来土掩"，他只得倾全国之兵交给自己的异母弟、担任庶长一职的"智囊"樗里疾，命他到函谷关御敌。

前面说过，函谷关"深险如函"，故名。但它到底怎么个险要法，我之前没细说，现在有必要介绍一下了。话说在今天河南灵宝市一带，有一座北临黄河、南接秦岭的黄土高台，先秦时期被称为稠桑塬。当时的稠桑塬四周陡峭，顶上虽然平坦，但长满了茂密的树木，所以难以通行。幸运的是，这座大塬中间有一条雨水冲刷而出的深沟大谷，底宽2~5米，垂直深度50~70米，长约15里，于是它就成为东西往来的唯一通道，这就是函谷古道。秦国函谷关，就建在稠桑塬函谷古道的东入口处。在函谷关外面，还有一条当时水量很充沛的弘农河，成为雄关的天然护城河。这样的地势，自然是一夫当关，万夫莫开了。

就在秦军将士们抵达函谷关后，关外却上演了戏剧性的一幕：五国联军中的魏、楚、燕三国军队与秦军稍一接战，便向后退却，可能是被秦人新建的险关震撼到了吧；韩、赵军队见友军都跑了，也跟着退去。

其实说起来，五国利益不同，又各怀心思，根本难以齐心合力，五国联军能一起走到函谷关外已属不易，所以五国军队的这种表现也并不意外：楚国跟秦国暂无大矛盾、燕国离秦国极远，所谓的秦国威胁对他们来说尚无切身体会，他们自然不愿意为三晋消耗自身力量；魏国在之前多次合纵失败，又屡遭秦国打击，早被吓怕了，所以首鼠两端、态度游移；而韩、赵跟秦国接壤，其中韩国感受的秦国威胁最为严重，赵国还没有吃过秦军的大亏，而且赵武灵王刚娶了韩女为夫人，此时两国关系密切、休戚与共，所以这两国伐秦的意愿最为强烈，配合也较好，一直共同进退。

不管怎么说，好不容易凑起的这次伐秦联军就这样一哄而退，不能不说十分可悲。

眼见五国联军几乎是不战而逃，秦军先是十分惊愕，继而欢呼雀跃、士气大振，将士们无不对东方国家十分鄙夷。打探清楚联军内部的矛盾后，樗里疾抓住战机，命令大军出关追击。

秦惠文王更元八年（公元前317年）年初，秦军一路追出五六百里，打到韩国东北部的修鱼（在今河南原阳县西南）。这时楚军、燕军、魏军早已经退回本国，只剩下韩国太子仓和赵国公子渴率领的韩、赵两国军队与秦军对峙。樗里疾指挥秦军发起猛烈攻击，韩赵联军大败，秦军斩得首级达八万两千颗，并俘虏韩将申差。喧嚣一时的"五国伐秦"，最终就这样惨淡收场。

最为讽刺的是，就在秦国大败韩赵联军的同时，原本答应"合纵攻秦"的田齐见风使舵，突然背盟发兵攻打赵国和魏国，在观泽（又称观、观津，在今河南清丰县南）击败赵魏联军，取得大胜。

唯一能让公孙衍稍稍宽慰一点的是，当樗里疾率领秦军主力东出函谷关时，北方的义渠戎趁秦国后方空虚猛踢秦惠文王的屁股，在李帛（一说在今甘肃天水东）偷袭秦军取得小胜。

原来之前义渠君因事途经魏国时，公孙衍曾对他说："如果中原诸国不跟秦国发生战争，秦国就会攻打、焚毁您的家园；反之，如果哪一天中原诸国要跟秦国打仗了，秦国一定会迅速派出使者携带大礼来与贵国交好。""五国伐秦"时，秦惠文王为安定后方，果然派使者带着锦缎、美女出使义渠。义渠君臣见了暗喜，明白此时秦国一定在全力对付东方国家，于是出兵袭击秦国，取得了胜利。不过这场小胜仗，并不能改变公孙衍策划的"五国伐秦"之役的失败结局。

因为在修鱼惨败给秦国，在观泽失利于齐国，赵武灵王深受刺激。他痛心地对臣下说："没有王的实力，怎么敢用王的名号？"故而他自去王号，命令国人改称自己为"君"，激励自己发愤图强。

而魏国的魏襄王也极为沮丧，进而对发动此次"合纵攻秦"的公孙衍有所不满，更加亲近早先从齐国来的客卿田需。那田需为了争宠，一直以来也不断地在魏襄王面前说公孙衍的坏话。

公孙衍感觉到了这些针对自己的不利风向，负气地直接对魏襄王说："臣尽心竭智，想为大王拓展国土、提高尊号，田需却不停地在后面败坏臣，大王又愿意听他的话，所以臣始终无法成功。现在我想请大王做个选择：田需留在魏国，臣就走人；臣留下，就请田需走人！"

公孙衍这番话显然是在推卸自己的失败责任，并要挟魏襄王。魏襄王听后很不高兴，但他也知道公孙衍还是有一定能力的，于是说："田需是寡人宠信的近臣而已，如果只因为对你不利，就要杀他或者驱逐他，天下之人和魏国群臣会怎么看啊？这样，我让田需不得干预你的事，如果他敢干预，我就杀了他或驱逐他，你看怎么样？"

公孙衍听后只好拜谢魏襄王。为了纾解魏国当时的困境，继续苦心经营自己的"合纵"大业，他不计齐国在"五国伐秦"时从背后袭击魏国的新仇，主动出访齐国与齐相田婴把手言欢，并把田婴的世子、后来位列"战国四公子"之一的孟尝君田文邀请到魏国，说服魏襄王任命田文为魏相。公孙衍这招，显

> 战国四公子，又称"战国四君"，指战国后期的齐国孟尝君田文、赵国平原君赵胜、楚国春申君黄歇、魏国信陵君魏无忌四人。他们是当时有名的政治活动家，均担任过相邦职务，都以尊士、养士、用士而闻名于世，并先后组织过合纵连横的攻秦活动。

然是想把齐国和魏国绑在同一辆战车上。不过魏相既然给田文做了，公孙衍只有离开魏国前往韩国。韩宣惠王对公孙衍仍保持好感，正式任命他为韩国相邦。就这样，公孙衍发起的"合纵"运动得以暂时勉强维持。

"五国伐秦"失败后，燕国也发生了重大变故。忧国忧民的燕王哙为了振兴燕国，任用相邦子之变法，取得一些初步成效。秦惠文王更元九年（燕王哙五年即公元前316年），满怀爱国之情但头脑简单的燕王哙在子之党羽的蛊惑下效法墨家、儒家所宣扬的"尧舜禅让"，把王位禅让给了子之。这是中国有信史以来（尧、舜、禹属于传说时代）第一次真实的、主动的禅让活动。不过燕王哙此举虽然出自一片公心，但燕国王室贵族尤其是燕王哙的儿子太子平当然咽不下这口气，不肯将江山社稷拱手让与外人。另一面，齐国也密切注意燕国动向，准备趁燕国内乱谋取利益。后来燕国果然因此陷入腥风血雨之中。

闷声发财——秦并巴蜀

秦人以一国之力吓退了浩浩荡荡的五国联军，并大败韩、赵两国，声威更加壮盛。秦惠文王一高兴，重新正式任命张仪为相邦。当然与此同时也有一件事让秦惠文王愤恨不已，那就是数百年的"战略伙伴"楚国此次居然公然领头来打秦国，他内心里不由得产生了强烈的报复之心。

不过对付楚国还不是当时秦人的首要问题，因为秦人在东方的间谍报告，韩国在修鱼战败后仍不服气，任命公孙衍为韩相准备向秦国复仇。秦国君臣得到这消息后，正在商议如何应对，突然有南方苴（jū）

国和蜀国的使者来到咸阳，一齐声称对方发动战争，请求秦国发兵援助自己。

这蜀国我们以前提到过，这里再多介绍一下。文献记载，上古传说时期蜀地先后有蚕丛、柏灌、鱼凫（fú，野鸭）三位名王。20世纪后期，考古工作者在四川广汉三星堆遗址祭祀坑中发现了大量鱼与鸟的形象，因此多数学者认为三星堆遗址主体部分属于鱼凫政权，并得出鱼凫政权已经进入王朝时期的结论。大约在商周之交，鱼凫王朝被杜宇王朝取代。春秋前期，杜宇王朝末代君主任命荆人（蛮荆地区之人，非楚国人）鳖灵为宰相。鳖灵凭借治理水患获得的巨大威望逐君自立，史称"丛帝"。丛帝又自号"开明"，所以他建立的这个王朝被后人称为"开明王朝"。开明王朝前期定都广都樊乡（在今四川双流县境内），中期以后定都今天成都一带，当然那时还没有成都这名字。丛帝和他的后裔们雄心勃勃，立国后一直积极向四方扩张。全盛时期，开明蜀国疆土东越嘉陵江，西至今雅安市芦山县，南抵今贵州安顺地区，北达现在陕西汉中盆地。

再说秦蜀关系。秦蜀之间总体来说以和平为主，但也屡次发生战争。早在春秋前中期，即大约在秦穆公的大哥秦宣公、二哥秦成公在位时期，开明蜀国第二代君主卢帝就曾北越秦岭入侵秦国，一直打到秦都雍城附近。秦厉共公二十六年（公元前451年），秦军有史记载以来首次进入汉中盆地，击败了当地蜀军，并在南郑（在今陕西汉中市南郑区）修筑城池驻守。不过秦国占领南郑才十年，南郑就在蜀国的支持下反叛成功，秦军被迫退出汉中盆地。秦后惠公十三年（公元前387年），秦国再次出兵攻占南郑。但这次蜀国反应更加迅速，当年就发兵北上驱逐了立足未稳的秦军，将汉中盆地重新置于蜀国的管辖之下。

蜀国大家清楚了，那这苴国是什么国家呢？原来据东晋常璩所著的《华阳国志》记载，苴国原本是蜀国的分支附属国——春秋中后期，某代蜀王（一说为开明氏九世杜尚）把自己的弟弟葭萌（jiā méng）分封在蜀国东北方的苴邑建立了苴国，葭萌即第一代苴侯。苴国的都城苴邑，后来又按第一代苴侯的名字叫作葭萌，故址就在秦代所置的葭萌县，也就是现在的四川广元市昭化区。苴邑（葭萌）位于四川盆地北缘、嘉陵江（古称潜水）与白龙江汇合处，陆路可通汉中，水路顺嘉陵江而下，可达巴西重镇阆中（战国中期的巴国都城），是名副其实的交通要冲，有"蜀门锁钥"之称。《三国演义》里猛张飞挑灯夜战锦马超的故事，就发生在葭萌关。战国时期的苴国，领土大约包括今天四川广元市大部、陕西汉中盆地和甘肃东南部的文县、武都、成县等地，是个不小的国家。

当初蜀王分封弟弟建立苴国，本是为了给蜀国建立一道北部屏障，最初苴国也确实起到了替蜀国看守北大门的作用，有效地遏制了北方的秦国和东南的巴国。但正如周朝封建的姬姓国时间长了也不听周天子的话一样，几代之后随着血缘越来越疏远，苴国的"自我意识"越来越强烈，和宗主国蜀国之间的关系变得有些微妙。而战国中期，由于楚国不断往长江上游推进，原本以江州（今重庆）为都的巴国被迫迁都阆中（今四川阆中），国势日渐衰落。在此情况下，巴王极力拉拢蜀国苴侯，苴侯也企图借助与巴国交好来抗衡蜀国。蜀王听到这个消息，自然是震怒不已，自己分封的小国居然翅膀硬了要勾结外敌对抗自己，这还得了？于是他调集蜀兵讨伐苴侯"清理门户"，一举攻占了其都城葭萌。苴侯无法立足，只得顺嘉陵江逃到巴国都城阆中，并派使者向秦国求救。蜀国害怕秦国帮助苴侯，也派使者到秦国告苴侯的黑状。这就上演了苴国、蜀国两国使者同时到咸阳求助的一幕。

秦惠文王在内心里是准备趁蜀国内乱伐蜀拓土的，但在伐蜀和伐韩孰先孰后这个问题上一时犹豫不决：想先伐韩再伐蜀，怕错过了蜀国内乱的时机；想先伐蜀再伐韩，怕韩国趁虚来袭。既然自己定不了，于是他就召集大臣举行廷议来商议此事。

在廷议时，大臣也分为两拨：以张仪为首的大臣主张先伐韩，而以司马错为首的大臣主张先伐蜀。

这司马错是谁呢？原来他就是西汉太史公司马迁的八世祖，当然当时只有大约三十多岁。太史公在《史记·太史公自序》中是这样叙述家族历史的：司马氏始祖为颛顼帝手下掌管天文地理的重、黎，入周后他们家又在朝廷做官，周宣王手下名臣程伯休父就是他们先祖，并从那时开始以司马为氏，长期掌管周室典籍。东周周惠王、周襄王期间（相当于秦宣公、秦成公、秦穆公时期），司马氏家族离开周朝前往晋国，士会投秦的时候他们再次迁居少梁，随后开枝散叶，分别在卫、赵、秦等国发展。司马错就是司马氏在秦那一支的后裔。

秦惠文王见大臣们的意见也不相同，只好说："那你们讲讲各自的理由吧！"

张仪是相邦，年纪也已经有五六十岁，自然不谦让，率先说道："我们亲近魏国，结好楚国，出兵三川（即黄河南岸伊水、洛水流域），阻断什谷（在今河南巩义西南）入口，封锁屯留（在今山西长治市屯留区南）的通道，接着请魏国阻断通往韩国的南阳（在今河南济源、孟州、沁阳一带）道路，请楚国从南方逼近韩国都城新郑，然后我们攻打新城（在今河南伊川县西南）和宜阳（在今河南宜阳县西北），陈兵东周、西周两公国的郊野，声讨周天子的罪行，最后回过头再夺取魏国和楚国的土地。周朝自知无力回天，只有献出象征王权的九鼎。到那时，我们拥有九鼎，掌握天下的地图和户籍，挟天子以令诸侯，天下谁敢不听？这是帝王之业啊！"

张仪说到这儿，得意地看了看周围，然后话锋一转说："至于那什么蜀国，不过西方偏僻之国，蛮夷戎狄的同类，为它兴师动众，既不能彰显秦国的威名，也不能从它的土地上获得什么实际利益。臣听说，要争名就要到朝堂上来，要争利就要到市场上去。现在三川之地和周王室，就是天下的朝堂和市场，大王不到那里去争，却去争偏远的戎狄之地，这不是与王业太远了吗？"

听完张仪的陈词，很多大臣纷纷点头。

司马错却没有被张仪的职位和威名吓倒，依旧出来发表不同意见。他不卑不亢地说："相邦此言差矣。臣听说，想要使国家富裕，务必要扩大疆土；想要使军队强大，务必要让百姓富有；想要成就王业，务必广施仁德。这三项都具备了，王业也就随之而成了。可现在大王的疆域狭小、百姓贫瘠，所以臣建议先从容易的地方做起。那蜀国虽在西方偏僻之地，却是戎狄中的首领，国内也有像夏桀、商纣时期一样的变乱。因此此时以我大秦的军队攻打它，会像豺狼驱赶羊群一样毫无悬念。得到它的土地能广大国土，得到它的财物能富裕百姓、充实军资。攻打这样的戎狄之国，天下不会认为秦国残暴；攫取西方的资源，天下也不会认为秦国贪婪。所以攻打蜀国，我们既能得实利，还能博得'禁暴止乱'的美名。但如果我们去攻打韩国，尤其是劫持周天子，那就是大大的恶名了，不一定能得利不说，还可能把自己变成众矢之的，那就危险了。还不如去攻打蜀国稳妥。"

一句话概括司马错的观点，那就是伐蜀投入小、见效快、收益大。

可能也有人会疑惑：商鞅变法都四十年了，司马错咋还说秦民贫穷呢？其实商鞅变法后虽然落实普遍授田制并出台了保障农业生产的相关律法，但也实行重农抑商政策，并通过赋税、盐铁专卖、"轻罪重罚"等手段盘剥百姓以实现"国富"，所以秦民的生活尽管比变法前强了不少，但相对六国百姓还是较为贫困的。

再说秦惠文王，他虽然信任张仪，但认真权衡了两个方案的利弊后，觉得还是司马错说的更有道理。于是他做了最终决定——以司马错为将，南下伐蜀！

秦惠文王更元九年（公元前316年），司马错带领秦军出了咸阳城，首先西行来到郿邑（在今陕西眉县），然后从斜水和褒水流经的谷地即褒斜道穿越秦岭，进入原属苴国的汉中盆地，在苴侯的协助下击败了刚刚占领那里的蜀国军队。接下来司马错乘胜继续追击，从今天陕西勉县西南进入石牛道（又称金牛道）一路南下，向现在的四川盆地进发。

关于司马错行军的石牛道的来历，西汉扬雄撰写的《蜀王本纪》还记载了如下的离奇传说：

秦惠文王时，蜀王不愿投降秦国，秦国也无路伐蜀。某天蜀王率万人北上游猎，在褒水河谷偶遇也来行猎的秦惠文王。两王相见，秦惠文王送给蜀王黄金一筐，蜀王也回赠给秦惠文王一些礼物。谁知回去后，蜀王所送的礼物却都化为黄土。秦惠文王大怒，群臣连忙圆场说："大王得蜀土，预示将得蜀国，是大大的吉兆啊！"秦惠文王这才转怒为喜。但蜀道极其艰难，秦军无法入蜀，秦惠文王就想出一个主意：他命人刻了五只石牛放在汉中一带，并在其屁股下面摆了一些黄金，然后四处宣传这些石牛能屙出金子来。蜀王听说后，赶紧派出以"五丁力士"为首的千人队伍开凿道路，将石牛拖回成都。这条为运输屙金石牛而建成的从汉中至四川的道路，后来就被人们称为"石牛道"或"金牛道"。

五丁力士开凿石牛道的故事，讽刺了蜀王的贪婪愚蠢。但仔细寻思，这种说法其实漏洞百出：故事开头说蜀王率万人到褒水河谷行猎，史书也记载蜀军多次与秦军争夺汉中，甚至曾经打到过秦都雍城，如果之前四川和汉中之间没有可供行军的道路，蜀军是如何北上的呢？所以石牛道（金牛道）这条道路应该早已有之。当然不排除存在以下可能：在蜀国末期蜀人出于方便北上的目的确实进一步拓宽过这条道路，但最终反被南下的秦军利用，等于搬起石头砸了自己的脚。

话说蜀王得知司马错率秦军沿石牛道南下的消息后，亲自带领蜀军主力到有"蜀门锁钥"之称的葭萌阻击。

据新闻报道，2014年考古人员在今天四川广元市昭化区土基坝上坪关口发现一道呈长方形的夯土墙，勘探发现夯土墙为东、西两道。

其中西墙长 66 米，东墙长 42 米，两墙相距 30 米左右。通过出土的陶片判断，该关口的年代应为春秋战国时期。从两道墙的分布和面积，考古人员推测，这里极可能就是早期的葭萌关。

这早期的葭萌关依山傍水，地势易守难攻，如果蜀军坚守关口不出，司马错要想突破该防线应该极不容易。但不知道是否是因为蜀王轻敌、主动出关迎战秦军，秦军居然迅速拿下了葭萌关。大败之后的

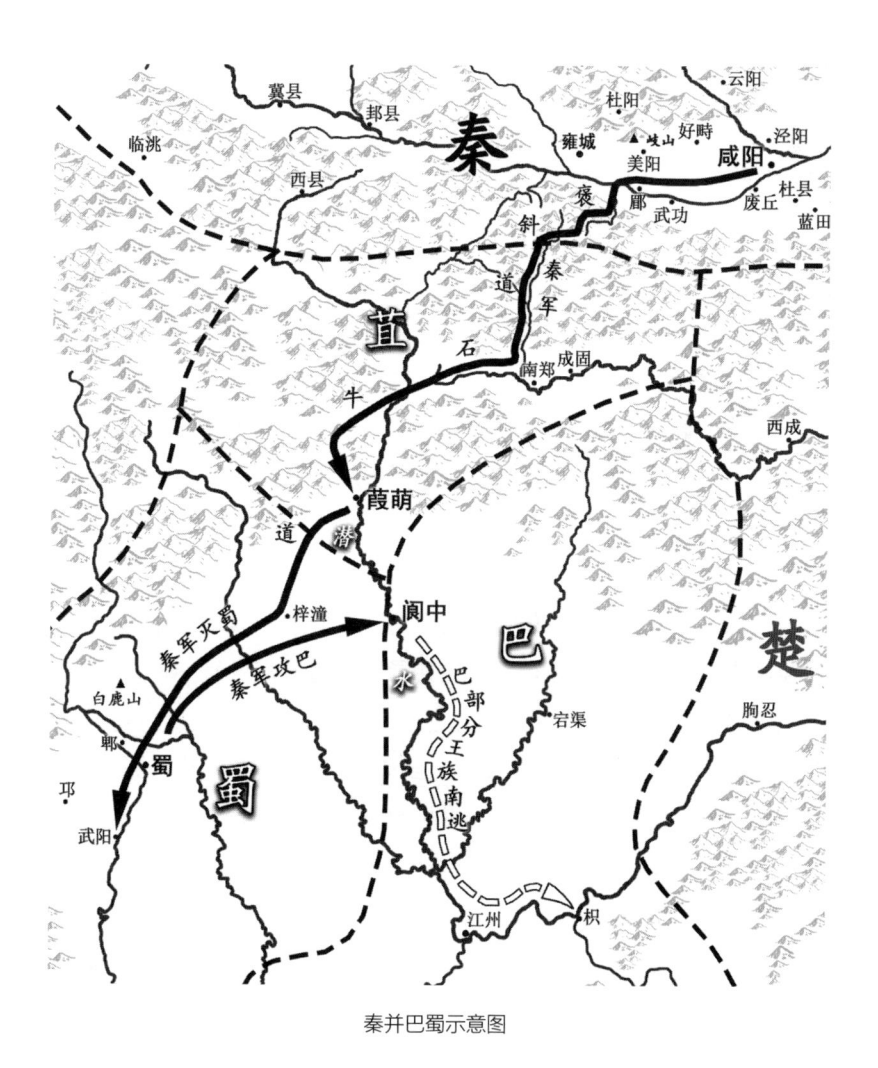

秦并巴蜀示意图

蜀王连忙带着残兵败将向南逃窜，司马错则在后边穷追不舍。蜀王逃到都城仍无法立足，只得继续向南狂奔，终于在武阳（在今四川彭山县东北）被秦军追上斩杀。蜀国太子和太傅、相邦率领残部逃进白鹿山（在今四川彭山县北），最终还是没逃出秦军的手心，先后被杀。至此传承了十二世的蜀国开明王朝宣告灭亡，蜀地被纳入秦国版图。

眼见伐蜀如此顺利，司马错搂草打兔子，突然挥师东进，越过潜水（嘉陵江）直取巴国都城阆中。巴王被打了个措手不及，还没反应过来就稀里糊涂被秦军擒获，巴国也就此亡国，只有少数王族东逃到旧都枳（zhǐ，在今重庆涪陵区东北）建了个小朝廷苟延残喘。至于那蜀国的附属国苴国，自然也让秦人取消了。就这样，苴、巴和蜀国"鹬蚌相争"，最终秦人"渔翁得利"，一年不到连灭三国，占领了汉中盆地和四川盆地两大块区域。

为巩固统治，不久后秦惠文王下令在巴国的领土上设置巴郡，实行直接管理。不过因为蜀国原本较为强大，为掩人耳目、消弭蜀人的反抗情绪，秦惠文王在名义上还暂时保留了蜀国，并把末代蜀王的一个叫公子通的儿子推到前台做傀儡。但秦国规定作为附属国的国君，公子通不得再称蜀王，只能降级称蜀侯。秦国又任命蜀人陈庄为蜀国相邦，并以秦人张若为蜀国守。很明显张若就是秦人在蜀国的"监军"。秦惠文王又把万户秦人百姓迁徙到巴蜀，来扩大秦国对当地的影响力和控制力。秦惠文王并吞巴蜀（包括蜀国附属国苴国）一事，对秦国和战国局势走向的影响极为深远。

首先，秦国的版图几乎翻番，一跃成为当时疆土第二大的大国（仅次于楚国），人口也大幅增长。秦国得到汉中、巴蜀之地后，陆续在那里设置了四十一个县。要知道之前秦国也不过约六七十个县（秦国原在边境设置若干县，商鞅变法时设三十一县或四十一县，后夺取上郡十五县和河西之地若干县），得到汉中、巴蜀后秦国的县级行政单位数量增长了一小半。虽然史书没有记载原巴国、蜀国、苴国的人口数量，但有学者根据东周成都遗址的分布范围估计成都一带人口约有二十八万人[①]，再参考西汉时期相应地区的人口数字，秦国新增人口很可能超过一百五十万人。这个增幅是极为可观的，因为据一些人口学者估计，当时"战国七雄"平均每国人口也就是三四百万人！在冷兵

> 《汉书·地理志》记载了汉平帝原始二年（公元2年）西汉全国和各郡具体人口数字，这是中国现存的最早最详细的全国和各地人口记录。其中记载，汉中郡有300614人，蜀郡有1245929人，巴郡有708148人，广汉郡（从秦代巴郡和蜀郡析出）有662249人。上述四郡共有2916940人。

器时代，装备、战术没有显著差异的情况下，战争中能出动的军队数量是取胜的关键。夺取巴蜀后秦国从当时的中等人口国家一跃而成为人口大国，奠定了统一的人口基础。

其次，秦国获得了大批优良自然资源。巴蜀号称"沃野千里"，农耕条件优越，自商周以来成都平原就是中国种植水稻的中心区域之一。同时，蜀地原始社会后期就开始养蚕，蜀地第一名王即号称"蚕丛"，战国时期蜀地织锦业就已经达到相当规模。此外，巴蜀之地还盛产黄金、黄铜和食盐等。后来秦国利用中原技术经验进一步加强对蜀地的开发，充分利用其自然资源，为统一天下奠定了雄厚的物质基础。

再次，秦国的战略态势得到更进一步改善。在并吞巴蜀之前，秦国要东进，主要以三晋为突破口，当然还可以从武关（在今陕西商南县西南）通过商於古道南下楚国。现在得到汉中盆地和四川盆地后，秦人就多了一个突破的方向——沿着长江或汉水顺流而下直取楚国。众所周知，据有水路上游攻取下游，如高屋建瓴，占尽优势，而且从

[①] 段渝：《玉垒浮云变古今：古代的蜀国》，成都：四川人民出版社，2001年版，第291页。

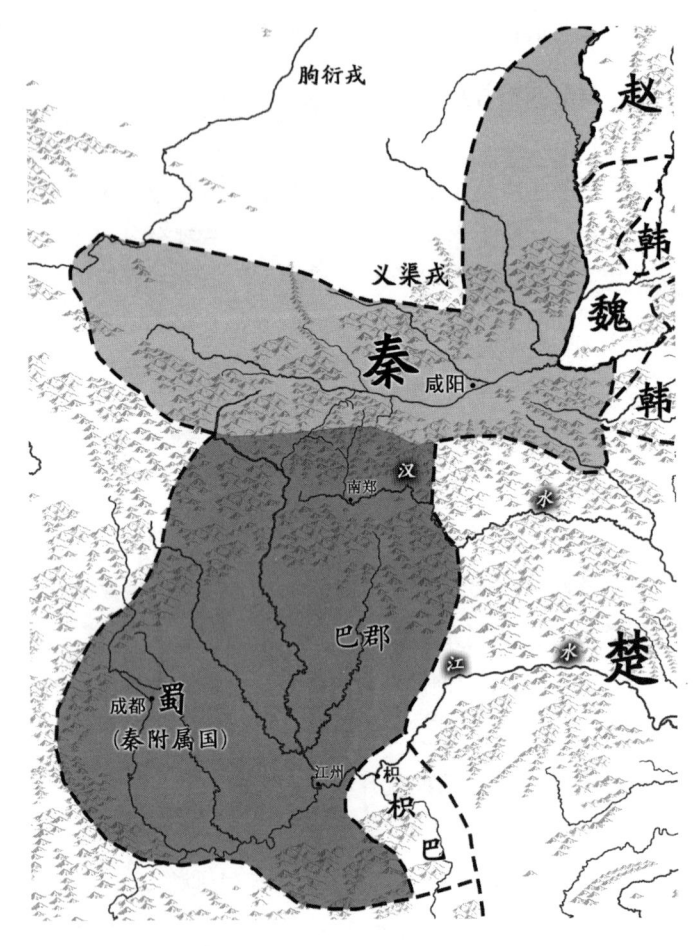

秦并巴蜀后新增疆域（深色阴影部分）与原有疆域对比示意图

水路运输兵力和粮秣成本更低、运量更大。尤其是一旦夺取楚国西北部，将对韩、魏形成半包围，也有利于解决它们。因此很快秦人也确实把这个突破口利用起来。

中原争锋——秦得魏韩、齐失燕

巴蜀平定之后，秦惠文王得以把精力投向其他方向。

首先倒霉的，就是几年前"五国伐秦"时趁机在秦国后面搞偷袭的义渠戎。想那秦人充满血性，有仇必报，怎么能饶得了它？

伐蜀第二年，秦惠文王更元十年（公元前315年），秦军以复仇的名义大举讨伐义渠，经过约一年征战，攻占了义渠二十五座城邑。虽然秦人没能一举灭掉义渠，但也给予其重创，足以让他们长长记性，明白跟着中原国家招惹秦人是没有好果子吃的。

接着遭殃的，自然还是三晋。试想一下，义渠戎只不过是"五国伐秦"时跟风的小喽啰，就被秦人一顿狠削，三晋作为五国"合纵抗秦"的主力，秦人怎么会放过它们呢？

在北伐义渠前后，可能是因为顺道，秦军也东渡黄河攻占了赵国的中阳（在今山西中阳县境内）、西都（又称"中都"，在今山西平遥县西南）等地，不久又大败赵军，俘虏了赵国将领赵庄。同年，秦国发兵讨伐韩国，一直打到韩都新郑西南的浊泽。

眼看秦军来势汹汹，韩宣惠王急得寝食难安。

在此危急的时刻，韩国的大臣公仲朋（一些文献又写作"公仲侈"）为了消弭本国战祸，连忙向韩宣惠王建议说："显然合纵的盟国是靠不住的了。其实现在秦国有伐楚的野心，大王不如割一座大城邑，通过张仪与秦国议和，说我们韩国愿意和秦国一起攻打楚国。这样虽然失了一城，但既能让秦国停止攻打我国，又能从楚国方面找补回一些土地，可谓'以一换二'的好计策。"

韩宣惠王病急乱投医，觉得这主意还不错，连连点头说好。

楚国在新郑的眼线得到韩国准备投秦伐楚的消息后，迅速把情报传递到国内。楚怀王得报大怒，立即宣陈轸入宫商议对策。

陈轸了解了事情的详情后，从容说道："大王不必动怒，臣有办法，定能叫秦韩合兵伐楚的行动难以成功。大王可以在境内戒严，宣称要挑选精兵救援韩国，让战车布满通往韩国的道路，并派带着重礼的庞大使团前往韩国，让其相信我们一定会出兵救韩。这样一来，韩人感念大王的恩德，就算跟秦国一起合兵伐楚，也不会出力；甚至韩国得到我们要援助他们的消息后，不再投秦伐楚也说不定。那时秦国一定会发怒而继续攻打韩国，秦军和韩军打作一团，楚国自然免除了祸患。"

楚怀王听后高兴得直拍大腿，下令依计而行。

楚国使团到了新郑后，对韩宣惠王说："楚国虽小，但已经全军出动援助贵国。希望贵国能顶住秦国的压力，楚国会陪着贵国死战到底！"

韩宣惠王本也是迫于无奈才听从公仲朋的投秦伐楚之计，得到楚国将全力援助自己的许诺后，他顿时感到腰杆硬了。大约与此同时，韩国出使齐国的使者也回报，齐国同样答应援助韩国。于是信心倍增的韩宣惠王下令让公仲朋不要再继续运作割地和秦之事。

公仲朋赶紧劝谏韩宣惠王说："楚人的话大王可信不得！秦国对我国的危害是实实在在的，现在楚国说救韩国不过就是空口白话！何况楚国和韩国并非亲密的兄弟之国，之前两国也没有共同对秦的盟约。秦人伐韩，楚国突然说要救韩，这一定是陈轸的计谋。何况大王已经跟秦人商议议和之事，现在却突然停止了，那就是欺骗秦国。轻视秦国而妄信楚国，大王一定要后悔的啊！"

韩宣惠王却仰着脸不予理睬，公仲朋只有一声长叹。

秦惠文王得知韩国仗着有楚国撑腰突然停止谈判求和，果然大发雷霆，命令秦军继续猛攻韩国。

韩宣惠王一面命令当时担任韩国相邦的犀首公孙衍统率韩军迎击秦军，一面派人催问楚国和齐国的援兵何时能到。不过正如公仲朋所料，楚国那边总是声称"楚军已经在路上"，但怎么等也等不来一兵一卒；至于齐人，同样是"只听雷声响、不见雨点下"。眼看半年多已经过去，韩宣惠王内心一面痛骂楚人和齐人背约，一面又期盼着奇迹能够出现。

不过秦军可不会一直给韩国时间，他们长驱直入，眼看又打到了韩都新郑附近。秦惠文王更元十一年（公元前314年），公孙衍被迫在新郑南面的岸门（在今河南许昌市北）与秦军决战，但实力相对弱小的韩军哪里是秦军的对手，被打得几乎全军覆没，公孙衍本人全凭走运才得以逃生。

岸门之战韩军大败后，原本还有一丝侥幸心理的韩宣惠王彻底没了脾气，不得不俯首向秦国认罪，并把太子仓送到秦国去做质子。

收拾完赵国和韩国，下一个自然该轮到魏国了。

岸门之战当年，秦国以樗里疾为大将，出兵攻占了魏国的曲沃（在今河南三门峡市西南）和焦邑（在今河南三门峡市西），并把当地的魏人迁走。没等秦军再发威，内心恐惧的魏襄王就向秦国屈服，按秦人的意思立了亲秦的公子政为魏国太子，不久还亲自前往临晋（在今陕西大荔县东南）朝见秦惠文王。

就这样，秦惠文王几番征战，迫使三晋中的韩国、魏国接受"连横"并屈膝事秦，只有都城邯郸距离秦国较远的赵国暂时仍未屈服。公孙衍的"合纵"又告失败，他本人也无法再在韩、魏两国的朝堂上立足下去了。

有人会问，秦国在中原横行无忌，楚国没出兵，那东方大国齐国哪里去了，为什么也不闻不问？三晋倒向秦国，不也对齐国不利吗？原来就在秦军攻打韩、魏的时候，齐国的注意力和精力全在北方邻国燕国身上。

"五国伐秦"失败后，燕王哙出于振兴燕国的诚心，在相邦子之亲戚党羽的蛊惑下，把王位禅让给了确实能力较强的子之。但燕国王位转入他人之手,引起了原王室贵族的严重不满。消息传到燕国南面的齐国,本有"辟土地,朝秦、楚,莅中国而抚四夷"之志的齐宣王眼前一亮,认为机会来了。

秦惠文王更元十年(齐宣王五年即公元前 315 年),齐宣王派人挑唆燕王哙之子太子平,说齐国深为太子平打抱不平,愿意倾全力助其夺回王位。太子平得到齐国的许诺后,果然召集以将军市被为首的死党攻打已经住进燕王宫中的新燕王子之。但新燕王子之很得百姓的拥戴,不仅守住了王宫还发动反攻,最终杀死了太子平和将军市被。不过太子平和子之之间的这场争斗,也让燕国陷入长达几个月的动乱之中,前后有数万人死难。齐宣王随即以帮助邻国"平乱"为借口,派将军田章率军杀入燕境。史载当时燕国"士卒不战、城门不闭",显然燕人对上层的斗争感到厌倦了,因此本就以"技击"闻名于世的齐军顺利攻取了当时的燕下都武阳城(在今河北易县东南),占领了燕国大部分领土。与此同时"战国小强"中山国也跟着趁火打劫,夺取了部分燕国领土。在齐、中山入侵燕国的过程中,原燕王哙和新燕王子之都先后被杀,燕国宗庙也被毁,国家等于灭亡。

正因为齐国忙着吞并燕国,所以顾不上援助三晋抵抗秦国。当然从另一方面讲,齐国也是利用秦国和三晋打作一团、无暇分身的大好时机,来实现自己的吞燕计划。

不过齐军入燕后得意忘形、烧杀抢掠,让原本"箪食壶浆"的燕人明白齐人并非"解放者"而是"侵略者",纷纷组织义军抗齐。因此齐军不得不长期驻守在燕地镇压燕人的反抗。

这时候秦国与韩、魏、赵的战争已经结束,韩、魏都被迫加入了秦国的"连横"阵营。虽然四国也有不少矛盾,但在一点上却是出奇地一致——他们认为"七雄"之一的齐国如果成功吞并了"七雄"之一的燕国,实力将会倍增,进而严重打破目前的天下平衡态势。为此秦、魏、赵等国纷纷组织军队击齐救燕。为了号召燕国百姓,赵武灵王还把先前在韩国做人质的燕国公子职接到赵国，拥立他为燕国新君，并派相邦乐池把他送回燕国境内。公子职就是后来以筑黄金台招贤著称的燕昭王。

在诸侯联军的干涉和燕国民众的反抗下，齐宣王不得不退出了占领了近三年的燕国。齐国吞并"七雄"之一的燕国失败，与之前秦国吞并不引人注意的巴蜀获得成功形成鲜明对比，由此更看出司马错和秦惠文王当年选择的正确性。尤其是秦国趁齐军陷在燕国时，又制服了韩国和魏国，等于赢了齐国两招。原本实力接近的东西两强，就这样逐渐拉开了差距。

张仪欺楚

齐宣王吞并燕国失败，又见秦惠文王在中原得志，不禁十分嫉恨恼怒。另一边，楚怀王对昔日的战略盟友秦国占领它上游的巴蜀之地深感不安，也不满魏、韩倒向秦国，忧心秦国的影响力越来越强。因此楚怀王接受楚国内部"亲齐派"人士陈轸和屈原的"联齐"主张，委派当时担任左徒一职、可以参与议政并掌管外交的屈原出使齐国。在共同的敌人面前，齐、楚双方一拍即合，暂时结成了对秦的战略联盟。至此，天下一时间形成了秦、魏、韩"三国集团"对抗齐、楚"两国集团"的局面。

秦惠文王更元十二年（楚怀王十六年即公元前313年），楚国为遏制秦国，发兵攻打前一年刚被秦国占领的原魏邑曲沃（在今河南三门峡市西南），齐国也发兵相助。曲沃秦军抵挡不住两大国的联合进攻，城池最终失守。

取得小胜后，楚怀王有点飘，觉得秦军不过如此，于是继续调兵遣将，派屈匄等三位大夫统领九支大军包围了秦国东南部、深入楚国境内的城邑於中（在今河南淅川县境内）。

秦惠文王得知曲沃失守、於中被围的消息后心头一震，毕竟自他继位以来秦国对三晋作战几乎全胜，很少尝到战败的滋味。而秦国自秦穆公以后数百年没和楚国有大冲突，现在初次交锋居然就丧师失地！眼见楚、齐两大国联手气势汹汹逼人，秦国形势极为不利，他心中不禁十分忧虑。

发现秦惠文王愁容满面，张仪再次挺身而出。他说："臣愿为大王分忧。请大王给臣准备马车和礼物，臣试试去拆散那齐楚联盟！"

对张仪的能力秦惠文王一向是比较信得过的，见他自告奋勇主动请缨，秦惠文王顿时充满了希望，立即为张仪备下了豪车和重礼。张仪带着庞大车队出发，很快来到楚国都城。

> 据清华简《楚居》记载，自楚昭王复国到楚悼王在位这一百多年间，楚国都城又先后在秦溪之上、美郢、为郢、湫郢（肥遗）、鄢郢、司吁、蔡、疆郢、蓝郢、朋郢、鄩郢等地辗转反复。

这时楚都历经迁徙，已经定在现在湖北荆州市荆州区纪山南部的纪南城，后世一般称其为纪郢。但纪郢当时叫什么郢，目前意见还不统一，下文就姑且笼统地称之为郢都。

楚怀王久闻张仪的大名，又听说他带着大批珍宝到来，赶紧亲自安排楚国最好的馆舍让他住下。

正式接见那天，楚怀王首先向张仪表达了仰慕之情，然后谦恭地问道："敝国偏僻，先生前来有何指教？"

张仪应道："楚国地大物博，大王英明神武。秦王最敬佩的君主莫过于大王您，臣最想侍奉的君主也莫过于大王您啊。"

张仪开口就把楚怀王吹捧了一番，楚怀王心中自然是非常舒服。

接下来张仪话锋一转又说："不过，秦王最憎恶的君主莫过于齐王，臣最憎恶的君主也莫过于齐王。齐王对秦王来说罪孽深重，秦国想要讨伐他，而贵国与齐国交好，所以秦王不能侍奉大王您，臣也不能做大王您的臣子了。如果大王您能封闭关卡，与齐国断绝来往，我一定奏请秦王，把商於之地六百里献上。这样齐国无贵国的援助一定衰弱，而秦国也会感激贵国的恩德，贵国还能得到大片土地，真是一举三得啊！"

这里要说明一下的是，所谓"商於之地"指的是丹水流域从商邑（在今陕西丹凤县西，即商鞅封地）到於中（在今河南淅川县境内）一带的区域。作为连接关中平原和南阳盆地的丹水河谷通道的一部分，该地的战略地位十分重要，掌握在秦人手中就能染指南阳盆地甚至襄宜平原，掌握在楚人手中就能威胁关中腹地。该区域原本属于楚国，还是楚国曾经的祖居地（商末周初的楚都丹阳就在这里），春秋后期以来北部部分地域被晋国占领，后被魏国继承。秦献公、秦孝公变法后，先是从魏国手中夺取了商邑一带，随后又从楚国手中夺取了於中一带，因此此时商於之地属于秦。张仪的意思是说，只要楚国与齐国断交，不但你们要攻打的於中不劳你们动手，我们秦国白送你们，连於中后面的大片地盘也一并送上。

商於六百里土地！听完张仪的话楚怀王不由得两眼放光：想之前从秦军手里夺取一个小小的曲沃城，都要牺牲无数楚军将士的性命，花费数不清的军资粮秣；如今只要跟齐国断交，不费吹灰之力就能得到要地六百里，改变对秦的战略态势，这买卖简直太划算了！至于与齐国的"友谊"嘛……和极富战略价值的商於之地相比简直不值一提！

话说那个时代各国之间结盟、背盟本就如家常便饭，而且楚国和齐国本也没有多少交情，反而几百年来楚国一直和秦国联姻，两国鲜有冲突、关系不错。把账一算"清"，楚怀王立即满脸堆笑地答应了张仪的条件。随后楚怀王命人置办酒菜，与张仪把酒言欢，庆祝楚、秦两国重新建立伙伴关系。

会见结束后，楚怀王急不可耐地把"得地六百里"的喜讯告知群臣，群臣得信也纷纷入宫祝贺。但得意扬扬的楚怀王向宝座下扫视了一圈，却发现人群里少了一个重要人物——他信任的客卿陈轸。

等众大臣快走光了，陈轸才姗姗而来。不过他见了楚怀王，却一脸严肃，并不贺喜。

楚怀王不高兴了，问道："寡人不费一兵，不伤一人，就得到了商於之地六百里。寡人自以为得计，大臣都来祝贺，为什么先生您不祝贺呢？"

那陈轸作为"老江湖"，平时自己吹牛皮、说大话都是家常便饭，怎么能看不出张仪送地一事中的古怪？他双手一拱，回答楚怀王说："臣以为商於之地楚国难以拿到手，而且楚国的祸患马上就要来了，所以不祝贺。"

"为什么这么说？"楚怀王更不高兴了。

陈轸解释说："秦国之所以看重大王您，是因为楚齐联盟的缘故。现在地没拿到而先与齐国绝交，楚国就被孤立了。到那时秦国又何必怕一个孤立的国家？张仪回到秦国，必然会赖账，大王一定会悔恨不已。这样我国与北方齐国断交，又从西边秦国引来祸患，齐、秦两国的军队一定会前来进犯。臣为大王考虑，不如暗中与齐国修好，表面佯装断交，然后派人跟着张仪到秦国。如果秦国信守诺言割地，我们再真与齐国断交不迟；如果秦国耍赖不割地，我们就仍旧暗中联合齐国……"

陈轸的对策，确实是万分周全，怎奈楚怀王却听不进去。他没好气地拦住陈轸说："这事寡人已经定了，先生不用多言，您就等着瞧我收地吧！"

有人说楚怀王是利令智昏，这绝对没错，但还少说了一条，那就是狂妄自大。作为一国君主，楚怀王不应该没设想到秦国赖账的可能，但他一定是因为之前在曲沃之战击败秦军而轻视秦国，进而高估了自己的实力，以至于认为秦人在楚国大军压境之下不敢赖账。

有人可能会想起，前面不是说屈原也是楚国的"联齐派"的吗？怎么他没有出来继续劝谏楚怀王呢？原来在张仪来楚国前，楚国的上官大夫嫉恨屈原得到楚怀王宠信，于是在楚怀王面前败坏屈原，说他居功自傲，把朝廷的所有政绩都揽在自己身上。楚怀王不辨忠奸，一怒之下就把屈原给贬黜了。因此此时的屈原自身难保，自然无法再向楚怀王进言。

接下来楚怀王真的派使者到齐国去宣布绝交。去的第一位使者还没回来，他又急不可耐地派去了第二位使者。同时，楚怀王赠与张仪厚礼送他离楚，并让包围於中的三位大夫之一的屈匄跟随张仪入秦，去接收商於之地。

不出陈轸所料，张仪一回到秦国就托病不出。《史记》的说法更加具有戏剧性，它说张仪佯装下车时没抓稳保险绳，从车上摔下来，在家"养伤"一养就是三个月。跟到秦国的屈匄见不到张仪，急得团团转，只好派人把情况报告楚怀王。

楚怀王得到消息，不往受骗上当方面想，反而寻思：难道张仪质疑寡人和齐国绝交的诚心？于是他派勇士借道宋国，到宋齐边境上痛骂齐王。齐宣王闻报大怒，低下身段遣使与秦国通好，齐、秦的关系一时倒得到改善。

这时张仪的"病"突然好了，他会见屈匄指着地图说："从某处到某处，方圆六里，你去接收吧。"

屈匄十分惊异，争辩道："我听说是接收六百里土地，不是六里！"

张仪也故作惊讶，说："我不过是个卑贱的人，哪里有六百里土地送给楚王？"

屈匄怒气冲冲地离开秦国，回报楚怀王。楚怀王知道自己果然如陈轸所说被当猴耍了，更是又羞又怒，立即就准备攻打秦国。

陈轸这时又道："大王，我能说句话吗？"

楚怀王点了点头。

陈轸说："现在伐秦不是上策。不如拿一个大城邑贿赂秦国，请秦国和我们一起伐齐，然后从齐国身上讨些便宜，以弥补损失。现在大王已经跟齐国绝交，如果再追究秦国的欺骗罪责，那等于是促成两国联合对我，国家一定会蒙受重大损失。"

陈轸给楚怀王出的主意，和前些年韩国面对秦国威胁时大臣公仲朋为韩宣惠王出的主意如出一辙。但楚怀王一心要报复秦国的欺诈行径，又迷信楚国的力量，哪里肯听？他最终下达了如下命令：由屈匄全权统领驻扎在楚秦边境的九支楚军，重新启动攻势，攻打秦国的商於之地；由上柱国景翠率军北上，围攻秦国同盟国韩国的南部城邑雍氏（在今河南禹州市东北）。

另一方面，齐宣王虽然气愤楚国见利忘义、行事卑鄙，也一度遣使与秦国通好，但得到楚秦两国又闹翻、楚军马上要大举攻秦的消息后，他经过冷静思考，认为当前还是帮助楚国削弱秦国对自己更加有利。主意打定后，齐宣王派人联络宋国宋康王，相约两国共同出兵攻打秦国的同盟国魏国。很快齐、宋两国联军就把魏国东部城邑煮枣（在今山东东明东）围得水泄不通。齐宣王的算盘打得很精，这样做齐国既有可能趁乱讨些便宜，又等于在战略上打击了秦国、支援了楚国。张仪为破坏齐楚联盟所做的努力，最终算是白费了。

如此一来，楚国和齐国无形中联手从三个方向对秦国和其盟友发起了进攻。秦国如果应对不当，不但它在中原苦心经营的"连横"局面会顷刻瓦解，秦国本土也很可能不保。历史对秦惠文王的考验时刻到了！

楚怀王的怒火——丹阳、蓝田之战

"张仪欺楚"在离间齐楚关系上的目的虽然没能达到，但也起到"缓兵之计"的作用，为秦国赢得了宝贵的时间。在这几个月内，秦惠文王征召士兵、聚集粮秣，为即将与楚国展开的大战做全力准备。

探清了楚国和齐国的军事动向后，秦惠文王也做出了兵分三路应对的部署：第一路，命庶长魏章（魏人，张仪的亲信）率秦军主力出蓝田（在今陕西蓝田县西）经武关（在今陕西商南县西南）赶赴商於抵抗楚军；第二路，命大将甘茂率军出南郑（在今陕西汉中市南郑区）沿汉水而下攻打楚国的汉中郡（今陕西东南部及湖北西北部），配合魏章作战；第三路，命弟弟樗里疾率军出函谷关进入韩国三川地区（黄河南岸伊水、洛水流域），帮助韩军对付围攻雍氏的楚国景翠大军（樗里疾的母亲就是韩女）。

庶长魏章抵达商於后，积极加强当地的防御工事，严阵以待楚军。所以楚将屈匄虽发起猛攻，但进展甚微。秦人当然不是只挨打不反击的主儿，魏章挫败了屈匄的进攻锋芒后，随即联合韩军发动反击，此时东出函谷关的樗里疾也分兵一部前来助战。

秦惠文王更元十三年（公元前312年）春天，秦韩联军与楚军在丹水之阳（在今河南淅川县南）进行大规模会战。双方兵强将勇，都生死以赴，一心要战胜对方。据一些学者考证，大诗人屈原的《国殇》一诗，描述的即是这次丹阳之战：

> 操吴戈兮被犀甲，车错毂兮短兵接。
> 旌蔽日兮敌若云，矢交坠兮士争先。
> 凌余阵兮躐余行，左骖殪兮右刃伤。

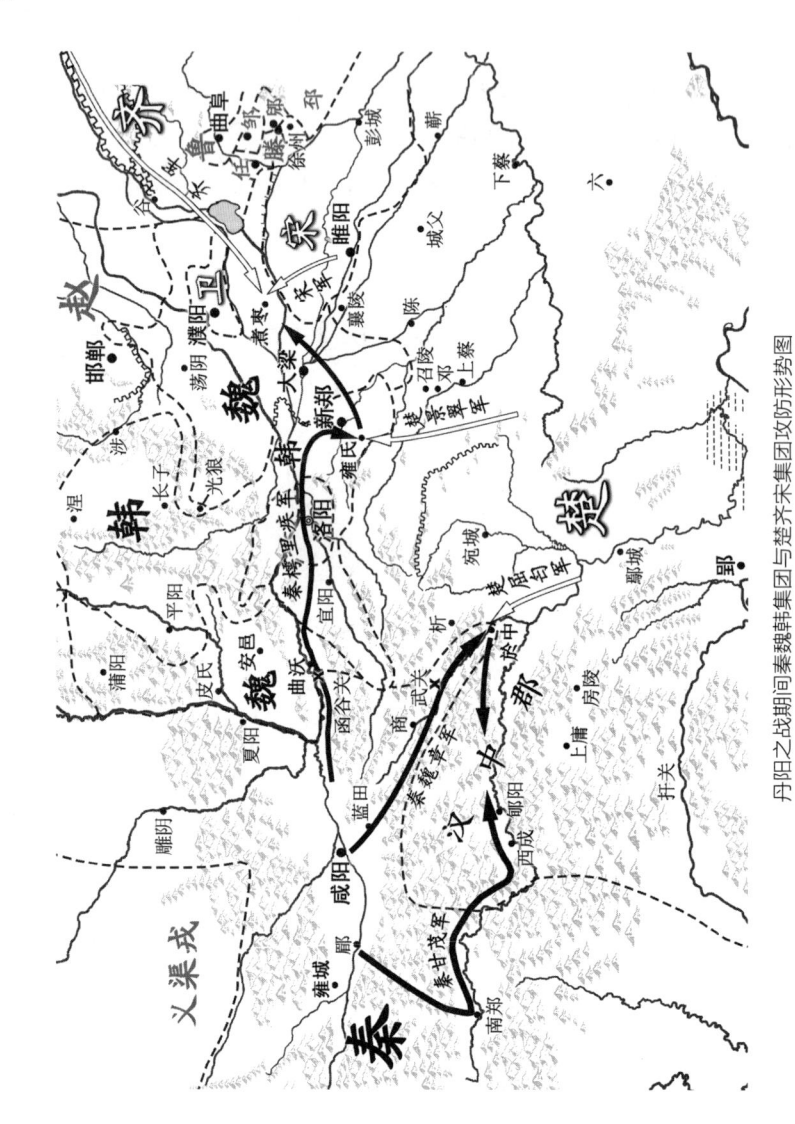

丹阳之战期间秦魏韩集团与楚齐宋集团攻防形势图

注：图中棼中位置据徐少华《周代南土历史地理与文化》中的考订标注。

> 霾两轮兮絷四马，援玉枹兮击鸣鼓。
> 天时怼兮威灵怒，严杀尽兮弃原野。
> 出不入兮往不反，平原忽兮路超远。
> 带长剑兮挟秦弓，首身离兮心不惩。
> 诚既勇兮又以武，终刚强兮不可凌。
> 身既死兮神以灵，子魂魄兮为鬼雄。
> ——屈原《九歌·国殇》

经过极其惨烈的交锋后，秦韩联军最终取得了辉煌的胜利，俘虏楚军主将屈匄、副将逢侯丑等重要将领七十余人，斩得楚军首级八万颗。

丹阳之战后，魏章又挥军西向，与从南郑沿汉水东下的甘茂所部两面夹击，一举攻占了楚国汉中郡六百里之地。当年司马错伐巴蜀时秦国仅占领了汉中盆地，至此汉中盆地东面的安康盆地以及鄂西北山区全为秦国所有，随后秦国设立了秦汉中郡对上述三地进行统治。

与此同时，樗里疾与韩军联合作战，击败了围攻韩国雍氏的楚国上柱国景翠。随后他又率军穿越魏国，与魏军一起痛殴包围煮枣的齐宋联军，斩杀了齐将声子，迫使齐将田章狼狈逃窜。

秦惠文王听说弟弟立下大功非常高兴，于是将严道（在今四川荥经县一带）封给他做封邑，所以樗里疾此后又被称为"严君疾"。

至此，经过近半年的鏖战，秦国不但沉重打击了楚国，解除了楚军对秦国本土的威胁，还成功替同盟国韩国和魏国解围，打出了一组漂亮的组合拳。

两路楚军均告失败，尤其是屈匄那一路几乎全军覆没的消息传到郢都，楚怀王气得几乎背过气去，要知道楚国已经有近百年没有吃过如此大亏。随后楚怀王恼羞成怒，像赌场上急于翻本的赌徒一样孤注一掷，下令进行全国彻底动员，誓与秦国决一雌雄。

为增大成功的把握，楚怀王又从两方面积极活动：一方面，他派人入蜀联络蜀国的蜀侯通，撺掇他起兵造秦人的反，以扰乱秦国后方；另一方面，他还厚着脸皮派屈原出使齐国，请求齐宣王给予大力支援。虽然齐宣王这次没有再响应楚怀王，但内心一直做着复国梦的蜀侯通却被楚使说动，胁迫相邦陈庄跟他一起发动了反秦叛乱，一时间怀着亡国之恨的蜀人纷纷揭竿响应。秦惠文王封的蜀国守张若虽然忠于职守，竭力镇压，但苦于自身兵力不足只能勉强自保，却无力平叛。

眼见秦国后方起火，楚怀王暗自得意。随后他一声令下，带着强烈复仇之心的数十万楚军汹涌北上，如黑云般再次向秦国於中等地压去。这时部分秦军还停留在魏国和韩国，蜀地的秦军则被蜀侯通牵制，秦国国内相对空虚；留守的秦军也刚经历过丹阳大战，体力精神都未恢复。因此秦楚边境的秦军抵挡不住楚国大军的凌厉攻势，於中沦陷。

楚怀王仍不解气，命令大军乘胜继续向秦国纵深挺进。楚军势如破竹，突破武关要塞，一口气打到距离秦都咸阳仅一百多里的蓝田。

要知道蓝田就在秦岭与渭河平原的交界处，一旦楚军再突破蓝田，进军咸阳将毫无险阻，而咸阳本身又是一座没有外郭城墙的不设防城市。所以后世刘邦西征攻占了位于蓝田东南的峣（yáo）关（秦末设置），又在蓝田击败秦军后，秦王子婴就只得素车白马、俯首请降了。因此这次楚军兵临蓝田，可以说是自麻隧之战和迁延之役后，二百多年来敌军侵入秦境最深的一次，也是秦国面临局势最凶险的一次！

这时墙倒众人推，秦国的盟国韩国见秦军一败再败，转而向楚国递出橄榄枝，请求盟好。当然咱也不能责怪韩国背盟无义，毕竟韩国前几年与秦国结好纯属"城下之盟"，本也是被逼的。不过这样一来，秦国等于又断了一条臂膀。

面对生死存亡的严峻局势，秦惠文王也紧急下令进行全国总动员，并抓紧调回尚在国外的秦军，集中所有力量与楚人决一死战。即便如此，他仍旧心中没底。万不得已，秦惠文王只有再求助于鬼神之力——

他委派秦国主管祭祀的官员邵馨（gāo）前往秦国旧都雍城、陇山东麓的朝那湫（qiū）和要册湫等地，祭祀巫咸、大沈（同"沉"）厥湫和亚驼等神灵，宣读诅咒楚国的文书，祈求鬼神保佑秦人在关乎国运的对楚决战中获得胜利。

雍城我们知道，虽然秦国当时已经迁都咸阳，但是作为秦人近三百年的旧都，秦人祭祀上帝、天神、日月星辰、风伯、雨师等神灵的祠庙和供奉先君的祖庙都在那里。巫咸则是传说中能通天的商代著名大巫师，屈原《离骚》中就有"巫咸将夕降兮，怀椒糈（xǔ）而要之"（巫咸傍晚将要降临啊，我带着花椒、精米去迎接他）的诗句。

不过那个什么朝那湫是指什么地方，大沈厥湫又是什么神灵呢？原来"湫"的意思是水潭，朝那湫就是朝那（在今甘肃庄浪县东）境内的一个大水潭，当时方圆达四十余里，周围不长草木。过去关陇地区干旱少雨，但湫水冬夏水位不变，不增不减，于是被秦人视为"神水"，"湫渊"也被认为是龙居住的地方。古人认为名山大川皆有神灵，朝那湫中的水神即大沈厥湫。虽然朝那湫在现在鲜有人知，但在古代它的地位却十分崇高。《史记·封禅书》把朝那湫与黄河、汉水、长江并列为华山以西四大川，而且名列江水之前。自秦以来，中国历朝历代都在朝那湫大祭水神。汉代汉安帝、汉桓帝均曾驾临朝那湫祈求湫神。

至于要册湫，自然也是一个大水潭，它位于今天甘肃正宁县东南，跟朝那湫一样旱涝都不干不溢，只是面积比朝那湫小很多，方圆九市亩左右。要册湫的水神，即亚驼。

邵馨在雍城、朝那湫、要册湫等地所读的诅咒楚国的文章，即著名的《诅楚文》。该文首先回忆当年秦穆公与楚成王结成的深厚友谊和联姻、同盟关系，然后大骂当今楚王熊相（通"槐"）淫乱残暴，对内刑戮孕妇、囚禁叔父，对外背弃与秦国的十八世盟约，无故加兵秦国，最后祈求皇天上帝和巫咸、大沈厥湫、亚驼等神灵保佑秦人击败楚师、收复失地。

在《诅楚文》中，楚怀王被形容得头上长疮、脚底流脓，仿佛是翻版的商纣王一般。历史上的楚怀王恐怕还没这么下作，但既然是诅咒敌人，秦人当然是怎么狠怎么骂啰。

邵馨在各地祭祀完毕后，将诅咒楚国的祭文刻在石头上留置当地。大约一千四百年后的北宋中期，宋人从西北出土三方秦人篆体石碑，《诅楚文》这才为天下所知。当然当时秦惠文王"病急乱投医"，祭祀的神灵肯定不止巫咸、大沈厥湫和亚驼三个，只是祭祀其他神灵的碑文我们至今尚未发现而已。

遍祭神灵、诅咒楚国后，秦惠文王心中充满了力量。而此时各路秦军也云集蓝田，他们明白，秦国虽大，但已经退无可退，因为背后就是咸阳！

蓝田决战的日子很快到了。随着"咚咚"的战鼓声响起，秦、楚两国数十万人的大军展开了激烈的搏杀，蓝田的原野仿佛都震颤了起来。这场决战，对楚国来说只是荣誉之战，而对秦国来说那就是生死之战。最终背城借一的秦军爆发出惊人的战斗力，重创了孤军深入、已呈疲态的楚军。

不过楚军虽然一时失利，但败而不溃，仍有再战的实力。可这时候各国局势却发生了戏剧性的变化——秦国的盟国魏国和本准备投楚的韩国见楚军遭遇挫折，赶紧出来抢夺胜利果实，一起发兵南攻楚国，一直打到邓邑（在今河南漯河市东南）。大家千万别怪韩国太势利，作为弱国只能谁胜利就站在谁一边。大家发现没有，以新郑为都后的韩国，活脱脱变成了第二郑国——朝秦暮楚，哪头风大往哪头倒。

邓邑被占，魏、韩两军很有可能继续南下，楚国北方防线动摇。楚怀王大惊，只有命令攻秦楚军紧急撤退，秦人乘胜收复了商於失地。随后秦军发动反攻，庶长魏章与韩军配合，先后攻下了楚国的上蔡（在今河南上蔡西南）和召陵（在今河南漯河郾城区东）。丹阳之战和蓝田之战秦国取胜，不但让秦国度过严重的危机，更进一步提高了秦国的声威。反之，楚国连遭败绩、丧师失地，实力大损、威信扫地，自此以后再也无力与秦国正面硬杠。

再说那蜀侯通和蜀相陈庄得到楚国战败的消息后，明白秦军一腾出手很快就会大举增援在蜀坚持的张若，自己的末日就要到了，不禁从头凉到脚。情急之下，陈庄想出了一个自保的招儿——他翻脸杀死了蜀侯通，然后命人带着蜀侯通的首级向秦惠文王请降。当时秦国刚经过大战，虽然取得了最终胜利但元气也有损伤，所以秦惠文王一时没有去深究陈庄的罪责。

一段君臣佳话的终结

秦楚战争结束后，作为胜利者的秦国也需要休养生息。相邦张仪因此劝说秦惠文王以齐国为主要争霸对手，把攻占的部分楚国汉中地区还给楚人，以与楚国议和。张仪的这种想法丝毫不奇怪，因为之前秦国对魏国、韩国使的都是又打又拉的手段，也即先猛抽几顿把他们打服，然后再归还一点侵占的土地示好。虽然张仪的割地请和方案遭到以甘茂为首的其他大臣的反对，但是秦惠文王还是同意了。

秦惠文王更元十四年（公元前311年），秦国使者来到郢都，表达了秦惠文王愿意归还汉中部分土地以与楚国恢复友好的意愿。楚怀王这时余怒未消，尤其恨透了欺骗自己的张仪，因而对秦使说："楚国愿意与秦国和好，但寡人不要地，只要张仪！"

秦使返回咸阳后，把楚怀王的话原原本本地向秦惠文王转述。秦惠文王非常倚重张仪,知道要真把张仪送给楚国,楚怀王说不定能把他大卸八块,因此把和楚一事搁置了下来。

没想到张仪听说了楚国的条件后,主动跑来见秦惠文王,说自己愿意去楚国。

秦惠文王忧心地说:"楚国一定要得到你才甘心,你去太危险了。"

张仪却满不在乎地回答:"之前确实是臣违背了割让商於之地给楚国的约定,因此才导致秦楚大战,结下仇怨。臣如果不去楚国当面向楚王谢罪,两国是难以和好的。不过大王也不必担心臣的安全。臣与楚王身边的宠臣靳尚私交甚好,靳尚又跟楚王的宠妃郑袖亲近,郑袖的话楚王几乎言听计从。最重要的是现在秦国强大,楚国衰弱。臣作为大王的使者前往楚国,楚人岂敢加害?退一步讲,如果臣死了,能让秦国不割让汉中土地就与楚国和好,那也值了!"

秦惠文王听了十分感动,于是就派张仪再次出使楚国。

张仪到了郢都后,楚怀王见也不见,就把他囚禁起来,准备杀掉泄愤。张仪却并不惊慌,因为他早已经重金贿赂了楚怀王的宠臣靳尚。

靳尚虽是小人,却是个收钱就认真办事的小人。他首先跑到楚怀王面前说:"张仪可是秦王身边的红人,大王拘禁了他,秦王必定发怒啊。天下诸侯见楚国与秦国交恶,一定会轻视大王。"

楚怀王听了有所触动,但也没有表态。

另一边,靳尚又跑到后宫对楚怀王的宠妃郑袖说:"夫人知不知道,现在您的地位恐怕要不保了!"

郑袖是个姿色艳美但嫉妒成性又心狠手辣的女人,为了固宠她一向无所不用其极。之前楚怀王曾一度宠爱一位魏国来的美人,郑袖心中恨得要命,表面上却待她像亲姊妹一般。魏美人对郑袖不设防之后,郑袖假装好意提醒她楚怀王不太喜欢她的鼻子,建议她下次见大王时用手帕把鼻子掩上,说这样能掩盖缺点,更得大王宠爱。魏美人就真按郑袖说的做了。楚怀王见了魏美人掩鼻的举动很奇怪,郑袖顺势污蔑说魏美人这么做是嫌弃楚怀王有狐臭。楚怀王大怒，就命人把魏美人的鼻子割掉了。郑袖的妒忌心和手段就到了这种地步。

郑袖最怕在楚怀王面前失宠，如今靳尚的话一下子抓住了她的七寸，她赶紧问靳尚为什么这么讲。

靳尚解释道："如今大王扣下了秦相张仪，说要杀他。而秦王特别宠爱张仪，一定会救他回秦。听说秦王准备把漂亮的女儿嫁给大王，以秦宫之中能歌善舞的女子作为陪嫁的媵妾，同时割让上庸等六个县的地盘做陪嫁，让张仪来做媒人，以讨好大王。到那时大王势必会喜欢上秦女，秦女仗着秦国撑腰，一定会成为大王的正妻。这样大王与您的关系就会一天天疏远了！"

郑袖越听越怕，连忙问："那您看该怎么办呢？"

靳尚装作帮郑袖出主意，回答说："夫人不如赶紧劝大王释放张仪。张仪被释放，一定感念夫人的恩德，秦女也不会被嫁过来了。这样您在国内仍然能保持高贵的地位，在国外则有强秦做外援、有张仪能为您所用，您的儿子一定会被立为太子，这可不是一般的利益啊！"

郑袖听后不住点头，当夜就在楚怀王面前大吹枕边风，甚至哭诉说如果不放张仪，秦军一定会打过来，不如现在就准许她和儿子到江南地区（当时楚人指长江中游以南的区域）避祸。楚怀王没办法，只好命人把张仪给放了。

张仪出来后还不赶紧逃命，又主动要求面见楚怀王，楚怀王只得客客气气招待。

席间张仪拿出说客的本领，首先夸耀了秦国的强大和秦军的锐利，然后对楚怀王分析起天下大势。

他说："所谓'合纵'就是一帮子弱国想聚起来攻打强国，但这和驱赶羊群进攻猛虎没啥区别，失败是铁定的。大王不亲近秦国，一旦秦国联合韩、魏从西、北两面夹击楚国，楚国定会陷入危局。

现在秦国占有巴蜀，战船浮江顺流而下，不到十天就能抵达扞（yū）关（在今重庆奉节县东，文献误作"扞关"）；扞关受到威胁，它东边的城邑就都要闭城防守了，楚国的黔中郡、巫郡很快将不复归大王所有。秦国如果再出武关，那楚国北方也不能保全。秦军攻楚，三个月内就会给楚国造成危机，而诸侯援军最快也要半年才能到来。所以楚国不与秦国亲善是不行的。相反楚国如果和秦国联手，那将会获得极大利益。一旦秦国发兵攻打卫国的阳晋（在今山东郓城县西），定能把天下的枢纽截断，到时候楚国几个月内就能打下宋国，并以宋国为前进基地占有泗上十二诸侯国。现在秦国和楚

> 泗上十二诸侯国，指春秋战国时期泗水流域的十二个诸侯国，一般认为是宋、鲁、卫、邹（邾）、薛、郯（小邾）、滕、莒、任、郯、费、邳等十二国。

国接壤，在地理上本就是亲近的国家。大王如果真能听我的，请允许我促成秦国太子、楚国太子互为人质一事，使秦楚两国长期成为兄弟之国，永不互相侵犯。臣以为没有比这更好的计策了。"

楚怀王耳根子软，听完张仪一番话，不禁连连点头，同意跟秦国和好，并礼送张仪回秦国。

这边张仪刚走，那边出使齐国的屈原回到郢都。屈原听说楚怀王把张仪放了，又气又急，忍不住跑到宫中质问楚怀王说："张仪欺骗大王，罪该万死，大王怎么能把他放了呢？"

楚怀王这时又后悔放张仪了，赶紧派人去追，不过张仪已经进入秦国国境了。

再说张仪成功从楚国脱身，并在替秦国省下半个汉中郡的前提下说动楚怀王与秦国和好，不禁自鸣得意，准备向秦惠文王报功。哪知他还没进入咸阳就得到惊人消息——他出使不久秦惠文王就得了重病，如今已经驾崩！

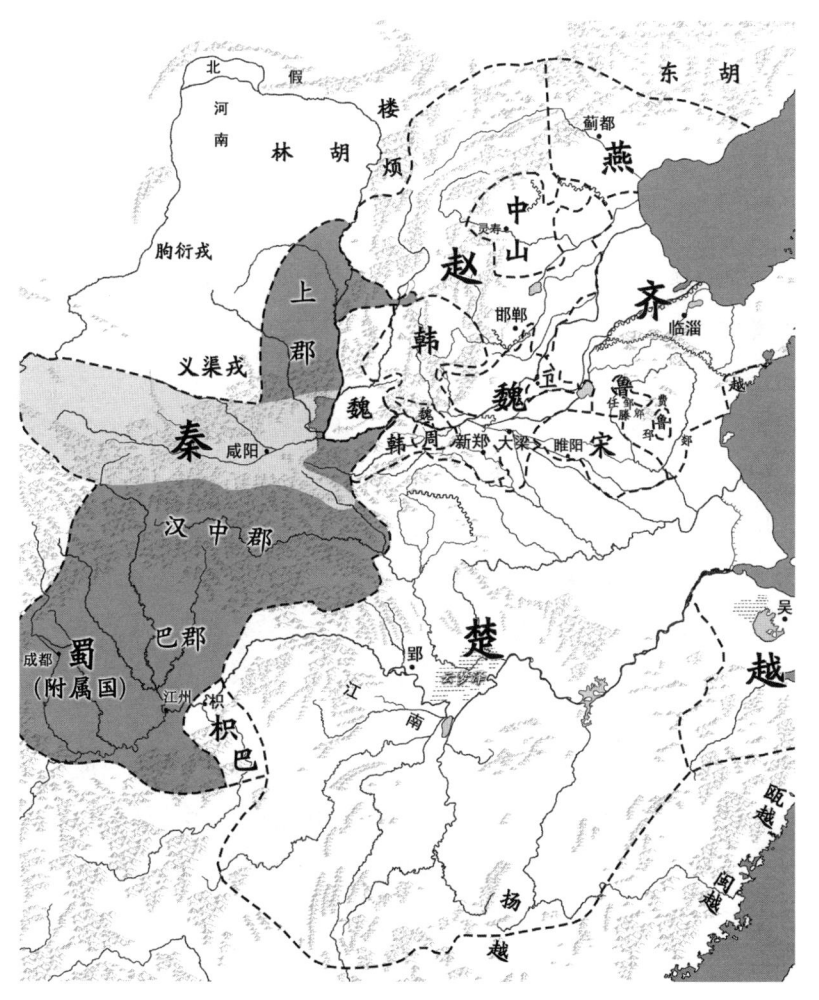

秦惠文王驾崩时（公元前 311 年）秦国新老疆域对比示意图

这噩耗对张仪来说犹如晴天霹雳,要知道这一年秦惠文王不过才四十六岁!从惊愕中醒来,他不禁悲痛万分。张仪对秦惠文王肯定是有真感情的,因为他明白自己是怎么从一个落魄游士变成如今叱咤风云的秦国相邦的,这一切都源于秦惠文王对自己的赏识和信用!当然,秦惠文王以"国士"之礼待他张仪,他张仪也以"国士"之能回报,所以他才会屡次主动为秦惠文王的霸业东奔西走,甚至不顾生死冒险出使楚国。但如今秦惠文王去了,张仪清楚"一朝天子一朝臣"的道理,明白他在秦国的事业也要结束了。

张仪料得没错。秦惠文王的儿子太子荡(后来谥号秦武王)本就不喜欢张仪,秦国的很多大臣如樗里疾、甘茂也都和张仪不对付,认为他是个行为反复、毫无信用的人。尤其值得一提的是诋毁张仪的秦国大臣里还有公孙衍。有人会惊奇,一贯合纵反秦的公孙衍怎么又成秦国臣子了呢?原来秦惠文王死前,公孙衍受魏襄王信任的田需陷害(田需杀了一个政敌诬陷是公孙衍所为),在魏国立足不下去,被迫跑到了秦国,秦惠文王大度地接纳了他,并任命他为郎中将。公孙衍跟张仪斗了那么多年,屡遭失败,当然不会在新君秦武王面前说张仪的好话。所以张仪回到咸阳不久就被已经继位的秦武王罢免了相邦之职,张仪举荐的庶长魏章也跟着丢了官。

眼见在秦国已经待不下去,张仪和魏章只得逃回自己的父母之邦魏国,正好和公孙衍互换了位置。不久魏国相邦田需死了,不甘寂寞的张仪想谋求魏相的职务。那时在秦国做郎中将的公孙衍听说老仇人田需不在了,也返回魏国想夺回魏相之位,毕竟魏国是他曾经辉煌过的舞台。谁料楚国不愿见魏国相邦之位落到能人手中,当时楚国令尹昭鱼派人游说魏襄王,说张仪亲秦、公孙衍亲韩、孟尝君田文亲齐,他们仨都不适合做魏相。魏襄王一听言之有理,最终任命自己儿子太子遫(chì)做了相邦。张仪当时已经风烛残年,受不了政治上一再的挫折,很快一病不起,于秦武王元年(公元前310年)五月在魏国去世。

秦惠文王和张仪这对君臣虽然没有同生，但却几乎做到了同死。

张仪的能力和对秦国的贡献自然是不言而喻的。当时有个叫景春的人就评价说，"公孙衍、张仪岂不诚大丈夫哉？一怒而诸侯惧，安居而天下熄"。虽然孟子从道德层面不承认公孙衍和张仪是大丈夫（孟子的标准就是名句"贫贱不能移、富贵不能淫、威武不能屈"），但他们二人能掀动天下这点显然并非虚言，连太史公司马迁都说"此两人真倾危之士哉"（这两个人真是能倾覆人家邦国的家伙）！

既然介绍了张仪的最终结局，我们顺便再来说说他的对手公孙衍的余生。公孙衍和张仪最后一次争夺魏相失败后，一度再次到秦国讨生活，但不久又遭樗里疾和甘茂的排挤返回了魏国。那时他大约已经七十岁上下了，因年老体衰，再未受到哪个国家君主的重用、上演过什么辉煌剧目。随后公孙衍就逐渐消失在历史长河中，应该是默默无闻地老病而死。公孙衍虽然比张仪多活了几年，但从政治生命上讲，他们其实算是同时谢幕。

回过头来说秦国。按《左传·隐公元年》记载，"诸侯五月（而葬）同盟至"，也就是说诸侯死后要停灵五个月才下葬，以等待盟国前来参加葬礼。停灵期满、盟国毕至后，秦武王将父亲秦惠文王埋入了公陵。

我们知道，之前史书都说秦国某公埋入了某地，如襄公、文公葬西垂，宪公、出子葬衙，而不说埋入某陵。因为之前秦君的墓葬基本都是按古制"不树不封"的，也即不种树木、不起坟头来做标志。据云梦睡虎地秦简记载，秦孝公、秦献公有"守冢者"，"冢"即坟头，所以秦国大约是从秦孝公、秦献公的墓葬才开始加封土的；而封土规模宏大并称"陵"（本意是土山），则是始于秦惠文王的公陵，公陵也成为秦国历史上第一个被称为"陵"的国君墓葬。公陵之所以打破秦人祖制，可能是因为秦惠文王称王改制的结果。

那公陵具体在哪儿呢？其实它位于陕西咸阳市北郊的周陵镇，就是宋代以来被人们误认为是"周文王陵"的那座陵墓。[①]

人死下葬,又到"盖棺论定"的时候了。秦惠文王十九岁继位,三十一岁称王,总共在位二十七年。他继位后虽然杀了商鞅其人,但保留了他的新法并继续完善,巩固了改革成果;在官制上,他在秦国设立相邦一职主管文事,而以大良造主管武事,既使分工更加合理又实现了分权;在用人上,秦惠文王慧眼独具,从秦国内部起用了公子华和异母弟樗里疾等公室贵族,更继续坚持从东方国家招引人才的政策,先后选拔了公孙衍、张仪、魏章、司马错、甘茂等外来士人,使得秦国朝堂上人才济济;在东出争霸的过程中,秦惠文王以张仪的"连横"策略击破东方国家的"合纵",制服魏韩,击败楚国,收复河西,夺取上郡,吞并巴蜀、汉中,极大地拓展了秦国疆土,提高了秦国的声威,为秦国后来的进一步发展奠定了雄厚的基础,不愧为秦国第一王。所以他死后谥号为"惠文",也就不奇怪了。

附:《谥法》

经纬天地曰文;道德博厚曰文;勤学好问曰文;慈惠爱民曰文;愍民惠礼曰文;锡民爵位曰文;柔质慈民曰惠;爱民好与曰惠。

[①] 丁岩:《咸阳原两座秦陵园主人之蠡测》,《考古与文物》,2015年第2期。

第十章

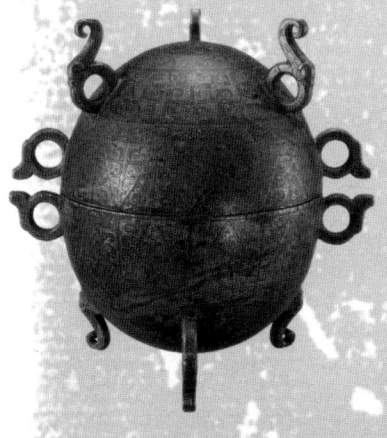

『三驾马车』的时代

武王其实很有谋

秦惠文王更元十四年（公元前311年）秦惠文王驾崩，秦国进入秦武王时代。

秦武王本名荡。有些现当代的历史读物把他称作嬴荡，因谐音梗惹得很多人笑话，其实这错得没谱。因为本书第二章就说过，先秦时期贵族男子的名字前面不加姓，只能加氏，而国君更特别，"不称氏称国"，所以您只能按照"国名+本名"的方式称呼秦武王为秦荡。秦武王的母亲惠文后本是魏国公主，秦惠文君四年（公元前334年）嫁来秦国做夫人，五年后生下了秦武王。因此秦武王登基时年仅十九虚岁，正好跟他父亲秦惠文王登基时一样大。

秦武王在中国历史上以勇武有力著称。他本人体壮力大，也最喜欢跟大力士们一起玩角力即摔跤的游戏。上有所好，下必甚焉。所以他身边聚集了各国来的力士，著名的如任鄙、乌获、孟说等人。

当然，如果您认为秦武王是个头脑简单、四肢发达、不务正业的君王，那又错了。玩儿归玩儿，正经事秦武王可从不落下。

秦武王登基后干的第一件大事就是平定蜀地叛乱。

有人问，蓝田之战秦国取胜后，原本被楚人挑唆发动叛乱的蜀相陈庄不是杀了蜀侯通向秦国投降了吗，怎么秦武王又要平叛？原来据《吕氏春秋·先识览》记载，秦惠文王病重期间神志不清，他宠信的一个叫史定的史官借机装神弄鬼、滥杀无辜，引得朝臣人人自危、秦国政局动荡。蜀相陈庄见秦国陷入内乱，再一次扯起了反旗。陈庄的举动其实很好理解，因为他自知叛乱过一次，已经不可能再获得秦国的信任。秦人虽然一时放过了自己，但以后早晚会算旧账，不如找个好时机冒险一搏。

陈庄又反的消息传到咸阳，秦惠文王已经去世。继位的秦武王闻报怒火中烧，这是不把自己这位新大王放在眼里啊！不过新老交替之际，咸阳城内还暗流涌动，秦武王只得暂时隐忍。

等到秦武王元年（公元前310年），秦国政局已经稳定，秦武王于是命令甘茂、司马错带领大军入蜀平叛。陈庄的蜀人叛军怎么能与秦军主力抗衡？蜀地的叛乱很快就被平定，陈庄也被杀死。

不过蜀侯通和陈庄的反叛在蜀地得到广泛响应，说明蜀人对秦人仍然较为排斥。因此虽然蜀侯通已死，小心谨慎的秦武王还是没敢在蜀地直接设郡进行管理，而是继续推出新傀儡，又封末代蜀王的另一个儿子公子恽为蜀侯，以收服人心。七年后，等到秦国在蜀地的统治稍稍稳定，秦武王的弟弟秦昭王才以蜀侯恽谋反为由杀死了他，改立蜀侯恽的儿子绾为新一代蜀侯。又过了十五年，见原本是小孩子的蜀侯绾长大了，为防止他真的反叛，秦昭王再次以谋反的罪名将其处死。这时距离秦军入蜀已经过去几十年，眷恋故国的蜀人遗老都已经死去，秦国最终正式废除了蜀国的国号并在其地设立蜀郡。

除了怀柔以外，秦人明白必须要进一步加强对蜀地的军事控制。此后蜀国守张若在当地修筑和加固了不少城池，以作防御的据点。著名的成都城，就是此次甘茂、司马错平叛后建成的。

据《华阳国志》和《成都记》等书记载，秦武王时修筑的成都城每面三里（一秦里约合414米），周围十二里，城墙高七丈（一秦丈约合2.31米），城市布局模仿咸阳，即东大城为居民区和市肆区，西小城为官署区。再加上后来成都城内屋宇相联、商业繁荣，因此它有"小咸阳"的外号。

那成都为什么又叫"成都"呢？

原来在甲骨文中，"成"写作㦵或㦵，由"戊"和"丨"或"口"组成。"戊"为大斧头，这是显而易见的；至于"丨"或"口"，一些学者认为代表土地、地域。所以两者合起来的"成"，有以武力征服某地之意。"成"的平定之意在春秋时期仍广泛使用,如《春秋·桓公二年》云:"公会齐侯、陈侯、郑伯于稷,以成(平定)宋乱。"

至于"都"很简单,就是大的城邑的意思。

联系到甘茂、司马错平定蜀国反叛后随即修筑了成都城这一史实,可知"成都"其实就是"平定城"之意。张若选址所建的成都城自建成至今两千三百多年,不但名字未变,城址也没有移动,这在整个中国也难找几例。此后张若在蜀地先后担任蜀国守和蜀郡守(后秦国废除蜀侯改国为郡)近四十年(中间有斯离一度任蜀国守数年),为蜀地的安定几乎奉献了一生的时光。

平定蜀地叛乱后,秦武王开始进行内政建设。这时他已经把他瞧不顺眼的相邦张仪和庶长魏章赶走,接下来首要任务显然是组建自己的行政班底。

秦武王二年(公元前309年),秦武王首次在秦国设置了丞相的职位,并分别任命叔父樗里疾和大臣甘茂为右、左丞相。当时秦国朝堂上以右为尊,如秦国爵位右庶长比左庶长高一级,同理右丞相的地位也高于左丞相。大家应该都能看出来,其中樗里疾是秦国本土贵族的代表,甘茂则是外来客卿的代表,秦武王此举就把两派人都拉拢了;而且秦武王明白樗里疾和甘茂两人不对付,两个丞相争权夺利,自己作为大王就能居中协调,王权也就巩固了。

有读者会奇怪,秦惠文王时期秦国不是已经设置了相邦(相国)一职了吗,这里怎么又冒出个丞相?原来"丞"是辅佐的意思,"丞相"本意是辅佐相邦的人。秦武王认为相邦的职位位高权重、过于显赫,不宜轻易授人,于是搞出了降级版的丞相,而且设置了左右两位,来分散权力。此后,这种改动执政大臣的职务名称并分解权力的把戏在中国历代王朝一直玩了两千多年,直到王朝时代结束才终结。当然秦国相邦的职位也并未被真的废除,后来一些资历深厚、功勋卓著的大臣仍有被封为相邦的,著名的如相邦魏冉、相邦范雎、相邦吕不韦等,我们以后会提到。

在用人的同时，秦武王还大力加强制度建设——他命人修订完善律法，继续推进秦国的法治进程。

1980年，考古工作者在四川青川县的战国古墓中出土了秦国《为田律》，该律文前面明确说明这篇律法是秦武王二年十一月时武王命令丞相甘茂和内史匽等人修订的。律文的内容中有"田广一步，袤八则（一则合30步）"的规定，显示至此秦国才学习春秋末期的晋国赵氏，正式确定二百四十步为一亩的"大亩制"（周制百步合一亩，商鞅变法时以一百八十步为一亩）。

就这样，年纪轻轻的秦武王上台以后，不但守住了祖、父打下的雄厚基业，还能有所拓展。

与此同时，当时的国际形势对秦国也非常有利。当初在秦武王的登基大典上，韩、魏、齐、楚、赵等国都遣使前来祝贺。秦武王元年和秦武王三年，魏襄王和韩襄王（韩宣惠王之子太子仓）还先后亲自到临晋（在今陕西大荔县东南）与秦武王会面。

在这种局面下，秦武王不禁心高气傲，野心也与日俱增。当年张仪曾经在廷议上主张出兵三川（黄河南岸伊水、洛水流域）、控制周室、挟天子以令诸侯，但秦惠文王权衡利弊，认为那时秦国国力尚不足、害怕过早成为诸侯的众矢之的，所以否决了张仪的建议，而支持了司马错率先讨伐巴蜀的意见。现在秦武王认为实施张仪计划的时机已经到了，父亲未竟的功业完全可以在自己手上实现。他甚至不再满足于做一个诸侯霸主，已经开始觊觎周天子"天下共主"的宝座。

为此秦武王在朝堂上宣称："寡人欲容车通三川，以窥周室，而寡人死不朽矣（寡人想乘坐挂着帷幕的小车经过三川之地去看一看周王室，如果能实现，就是死也没有什么可遗憾的了）！"

对出兵三川一事，秦国右丞相樗里疾是持反对意见的，但左丞相甘茂则极力赞成。甘茂的心思很好理解，因为他是外国客卿，在秦国国内没有根基,要巩固地位只有顺从秦王的意志;而且按惯例,哪位朝臣主张出兵,秦王多半就会任命谁为将出征,甘茂渴望通过打仗建立功勋来进一步提升自己的地位。

见有人附和自己的主张,秦武王当然很高兴。但具体怎么个打法,他要甘茂再具体陈述一下。

甘茂说:"韩国与魏国交好,要攻打韩国,一定要拆散魏韩联盟。请允许臣出使魏国去活动一番。"

秦武王当即应允,并派了自己的发小向寿跟着甘茂一起使魏。

这向寿是谁呢?原来他是秦惠文王的楚国妃子芈八子的娘家亲戚。至于芈八子知道的人一定就多了,她就是风靡一时的电视剧《芈月传》中的芈月,当然实际上史书并未记载她的真实名字,"月"这个名字不过是小说作者编的而已。

可能有人会好奇,为什么史书称她为芈八子呢?原来按当时秦国的制度,王的正妻称王后,往下又有夫人、美人、良人、八子、七子、长使、少使等多个等级称号。这位楚国嫁过来的芈姓媵妾,因为在秦宫中被封为八子,所以才有了芈八子的称呼。芈八子的大儿子叫公子稷,向寿作为芈八子的娘家人,从小在秦宫中和公子稷一起长大,所以公子稷的哥哥秦武王也和向寿很熟识。

甘茂和向寿刚到魏国,还没有开始活动,甘茂就让向寿先回国。他说:"你回去跟大王说,魏国已经听我的话了,但请大王不要再发兵讨伐韩国了。事情办成了,这都是你的功劳!"

向寿听了不禁一头雾水,但还是回国照样禀报去了。

接下来甘茂在魏国大展拳脚,说白了就是老一套——威胁加利诱。魏襄王近年来已经被秦国的打拉手段搞怕了,被迫同意跟甘茂一起攻韩。

说动魏国后,接下来甘茂进一步巩固成果,又北上来到了赵国。他的最低目的是争取赵国不要帮助韩国。

这时一位叫冷向的说客对当时的赵国大臣强国建议说:"不如我们把甘茂给扣下,然后拿他跟齐国、韩国和秦国做交易。齐国想要救援韩国,一定会献上狐氏之地来请求我国帮忙;韩国想要守住宜阳,也一定会拿路、涉、端氏三城来贿赂我们;秦王想得到宜阳,更不会吝惜奇珍异宝。而且甘茂一旦被扣,秦王一定会重用和他不对付的樗里疾和公孙奭。"

这里要解释一下,冷向提到的"公孙奭"在一些文献里又写作"公孙赫",他也是秦国的外戚、秦武王的一个发小,并且与甘茂不和。

不过强国思索再三,认为强秦不能主动招惹,不但没敢听从冷向的话扣留秦国丞相甘茂,甚至谦卑地向他表示赵国不会干预秦国伐韩一事。

甘茂"拆散三晋、孤立韩国"的外交活动大获成功,得意地启程回国。

却说那边秦武王得到向寿的奏报后,确实非常奇怪,不理解一开始主张伐韩的甘茂为什么又要求自己罢手,听说他回来,迫不及待地到咸阳东郊的息壤那地方去迎接。

"息壤"这词大家听了可能会觉得很熟悉,没错,《山海经》中说禹的父亲鲧曾偷窃上帝的"息壤"来覆盖洪水。也许《山海经》中的"息壤"就是指咸阳东郊息壤一带的土吧。

一见到甘茂,秦武王就不解地问:"丞相为什么又要寡人不要攻打韩国呢?"

甘茂回答说:"韩国三川之地的宜阳是个大县,说是县其实相当于一个郡。现在大王派军队千里跋涉、穿越险阻去攻打,那是很难的。当年魏文侯派乐羊去攻打中山国,打了三年才打下来。乐羊回国邀功请赏的时候,魏文侯把一个大箱子交给他,里面全是大臣弹劾他的奏章。乐羊这才明白,叩头对魏文侯说:'攻下中山不是臣的功劳,完全是主上的功劳啊!'现在臣在秦国不过是一介客卿,朝中又有樗里疾、公孙奭等人说臣的坏话，他们挟持韩国议论着我，大王一定会听从他们。当年有个跟曾参同名的人杀了人，曾参的同乡赶紧跑去告诉曾参母亲。曾参母亲边织布边笑着说：'我儿不会杀人。'不一会儿，又有第二个人跑来告诉曾参母亲他儿子杀了人。曾参母亲仍满不在乎地自顾织布。又过了一会，第三个人跑来告诉曾参母亲他儿子杀了人。这时曾参母亲也怕了，连忙把机杼一扔翻墙逃走了。曾参是孔子弟子，以贤能著称，但三个人说他杀人，他的母亲也不敢相信自己的儿子了。臣的贤能比不上曾参，大王对臣的信任又比不上曾母对儿子的信任，朝中疑心臣的大臣更不止三个，恐怕大王也要为我投下机杼了。"

秦武王这才明白甘茂的意思是怕自己半途而废，于是保证说："爱卿放心去打宜阳，寡人绝不会听从其他人的谗言。如若你还不放心，寡人可以与你盟誓！"

话毕，秦武王命人准备物品，郑重地与甘茂盟誓。这就是史书上所说的"息壤之盟"。甘茂略施小计、欲擒故纵，为自己铺平了后路。

等到秦武王三年（公元前308年）秋高马肥之际，秦武王果真不顾众多大臣的反对，命令以甘茂为主将、向寿为副将，发兵三川。

举鼎的意外悲剧

宜阳城曾做过韩国的都城，它位于宜水和洛水交汇处的北岸，北临崤山，南依熊耳山，易守难攻。据现代考古挖掘可知，战国时期的宜阳城呈不标准的长方形，南北长1510~2150米，东西宽1630~1843米，面积广大。周朝臣子赵累曾向末代周天子周赧王汇报说，宜阳城中有韩国甲士十万人，粮食可吃数年。因此不出甘茂所料，秦军围攻宜阳城打得十分艰苦。

秦军攻城的同时，韩国自然不会坐视不理——韩相公仲朋动员了二十万大军准备救援宜阳。秦军不得不在围城的同时分出兵力来与韩国援军交战。

这时与韩国亲近的西周公国大臣游腾又对公仲朋建议说："君为何不把蔺、离石、祁等地还给赵国，让赵国派质子来韩国，这样赵国国内亲秦的势力如楼缓就失败了。然后韩、赵两国再共同出兵魏国，魏国必定背秦，魏国国内亲秦的势力如楼鼻就失败了。如此一来，甘茂攻打宜阳还能成功吗？"

公仲朋听后抓紧展开外交活动，积极为韩国争取列国援助，并竭力孤立秦国。

再说南方的楚国，此时秦、韩两国的使者也争相前来游说。楚怀王不甘心看着秦国继续坐大，又认为韩相公仲朋颇有能力可以守住宜阳，准备派上柱国景翠出兵帮助韩国，以期用最小的代价换取韩国对楚国感恩戴德。

楚国客卿陈轸却不以为然，他认为韩国一定守不住宜阳，劝楚怀王不要做无谓之事。

耳根子软的楚怀王不禁又犹豫起来，他命令景翠挺进到楚韩边境然后按兵不动，同时放出风声说楚军是来助秦攻韩的，实际则静观秦韩相斗。

甘茂攻打宜阳城一连五个月都不能攻克，秦军伤亡惨重，士气大大衰落。他听说韩相公仲朋不断在列国展开活动，又得知楚国景翠率领大军在不远处虎视眈眈，不禁心急如焚。甘茂明白如果秦军打得漂亮，列国都会争着与秦国结盟；一旦秦军露出败相，那他们也会争先恐后地落井下石。

这时樗里疾、公孙奭果然在朝中弹劾甘茂，说他不懂用兵，使秦军顿挫于坚城之下，如今各国虎视狼顾，秦国祸患将至。

秦武王心里不由得也犯了嘀咕，下诏让甘茂班师。甘茂这时拿出"撒手锏"，对使者说："请君回禀大王，不要忘了息壤之盟！"秦武王猛然醒悟，不但没责备甘茂抗命，反而又给他增派了大批兵力。

> 赞誉敌人、动摇军心的人，应加诛戮。如何诛戮？先活着刑辱示众，再予以斩首。
> ——睡虎地秦简《法律答问》

甘茂继续在宜阳城下苦战，一晃又一段时间过去。这天他照例命令属下发起对宜阳城的强攻，可战鼓擂了三通，将士们居然都不前进，这在以军纪严明著称的秦军中是非常罕见的现象。

正当甘茂要发火时，秦军中一位将领大着胆子说："丞相，仗不能再这样打下去了，否则一定会让大军陷入困境！"

甘茂更加生气，大声说道："我以客卿身份出任秦国丞相，因主张攻伐宜阳而得大王欢心。现在攻宜阳不下，樗里疾和公孙奭等人都在朝中毁谤我，等着瞧我笑话！而公仲朋又顽强抵抗，让我不能得志。如此我将再无建功立业的机会！如果明天还拿不下宜阳，那就把宜阳的外郭作为我的坟墓吧！"

甘茂说得已经非常明白，作为一个在秦国朝廷内毫无根基的外国人，再不取胜他的政治生命必然终结，所以他死也要拿下宜阳城。当然在他死之前，他一定不会让其他人好好活着。当天夜里，甘茂又把自己在秦国做多年高官积累的私人财产拿出来奖赏立有战功的将士，激励大家明日与韩军决战。

第二天，秦军倾巢而出，发起了自包围宜阳以来最大规模的攻城战。在巨额财宝的引诱和严厉军法的威逼下，将士们不顾箭雨和乱石像蚂蚁一样附满了宜阳城的城墙。打了这么久，宜阳城外的秦军痛苦不堪，宜阳城内的韩国守军也疲惫到了极点，他们抵挡不住秦军最后的疯狂攻势，宜阳城最终失守。

血色残阳下，望着城头竖起的"秦"字大旗，甘茂终于露出了久违的笑容。这时时间已经到了秦武王四年（公元前307年）的年初。

攻克宜阳，秦军斩首六万。随后甘茂命令向寿驻守宜阳，自己乘胜北渡黄河，在黄河北岸边、宜阳正北方的武遂（在今山西垣曲县东南）修筑城池。这样一来，秦国就控制了黄河南北战略要地。

不过就在秦武王大喜过望之时，楚国人突然横插了一杠子——原本按兵不动的楚国上柱国景翠听了周赧王的建议，趁着秦国师老兵疲之机，突然率领大军向宜阳方向快速挺进。景翠的举动让秦人大吃一惊，因为这时候秦军也确实打不动了。

为了避免节外生枝，更怕秦楚相斗让齐国占了便宜，秦武王派人与景翠接洽，表示愿将前几年从魏国手中得来的煮枣（在今山东东明东）割让给楚国。对秦武王来说，反正煮枣原本也不是秦国领土，就当借花献佛了。那边景翠不战而得一城，又以出兵助韩为借口从韩国也讹了一些财宝，赶紧见好就收，他重申与秦国的"友谊"，然后退兵回国。这样一来，周赧王利用楚军牵制秦军的企图也没有得逞。

韩国最后的希望破灭后，韩襄王不得不派相邦公仲朋入秦谢罪求和。魏襄王得到消息后，也派太子遫（chì）前往秦国朝贺。如今从秦国途经宜阳通往洛阳的大道已经彻底敞开，秦武王决定实现他"窥测周室"的宏愿。

秦武王四年（公元前307年）夏初，秦武王命令樗里疾率领百辆

> 戍边者筑城或修城，必须担保一年之内不坏，如有崩坏，率领他们的县司空署的官吏要各罚交铠甲一副，主管的县司空佐要罚交盾牌一面。要令戍边者全力修城，其间不要让他们做其他事务。城修好后，要让他们把城的要害处加厚。县尉要经常巡视工程进度，查看戍边者的工作，如果有人敢乱给他们安排其他活，役使他们的人要罚交铠甲两副。
> ——睡虎地秦简《秦律杂抄》

兵车护驾，浩浩荡荡地离开咸阳，一路行经崤函古道，穿过宜阳残城，最终抵达周朝都城洛阳。

因为战国前期东西两个周公国把周王畿的土地瓜分殆尽，周天子只剩下了一个洛阳城，等于是寄居在东周公国的土地上。周赧王听说虎狼之国的国君秦武王到来，心中惶恐不安，不敢怠慢，连忙派人马出城迎接。

秦武王志得意满，进入洛阳城后也不面见挂名天子，就直奔周朝太庙而去，想一睹那传国九鼎的风采。

洛阳城内的九鼎相传是自夏朝传下来的，象征着天子权威。三百年前楚成王北上中原、陈兵周郊，曾经询问过九鼎的大小轻重，结果被王孙满一句"周德虽衰，天命未改，鼎之轻重，未可问也"给怼了回去，自然连九鼎的毛也没看到。这次秦武王进入周庙，真切地站到了神秘的九鼎面前，不禁心潮澎湃。

说到九鼎，很多人可能会把它们想象成司母戊方鼎（高1米多、重八百余公斤）那样的庞然大物，其实不然。九鼎传说是夏代大禹收九州贡金铸造，但实际上九州之说是东周以后才出现的，而且由考古可知，夏代的青铜铸造工艺还比较初级原始，目前发现的最早青铜鼎——二里头方格纹铜鼎（夏代晚期），不过才20厘米高、15厘米口径，就像个有三条腿的碗一样。所以真实的九鼎可能是夏末甚至商初才铸造的，形得比商代后期的司母戊方鼎小得多，花纹也不会太精美，重量自然不会很重，顶多就是一二百公斤的样子。

秦武王一看九鼎并不如想象的那样巨大，就有了亲身试一试其轻重的想法。不过自己一个人举鼎太没意思，于是玩心未泯的他想出了一招：由他和他驾前的力士们来进行一场举鼎比赛。

旁边周朝的官员听说秦武王要把传国宝鼎拿来举着玩，一个个面面相觑，但无人敢劝阻一声。

力士孟说想在秦武王面前显摆一下，主动要求先试一试，秦武王当即同意。

孟说走到一个名字为龙文赤鼎的大鼎前,双手抓住鼎身,大喊一声"起!"不过那龙文赤鼎只是离开地面少许,然后又重重落在地上。

孟说憋得满脸通红,秦武王见状哈哈大笑,挥手让他退下,自己走到鼎前。另一个力士任鄙颇有些头脑,他见了孟说举鼎的场面,知道这鼎不易举起,怕秦武王出意外,连忙上前劝阻,但秦武王哪里肯听。

斥退任鄙后,只见秦武王双腿叉开、身子往下一沉,然后气运丹田抓住大鼎。随着一声大吼,龙文赤鼎被他摇摇晃晃举到了半空,他身边的力士和卫队见了齐声喝彩。不过还没等他们的喝彩声停下,秦武王却体力透支两臂发软,大鼎"轰"的一声掉落下来,砸到了他的小腿。人腿当然扛不住铜鼎,秦武王的小腿骨当即骨折,他惨叫一声昏死过去。这剧情反转得太快,众人大吃一惊,赶紧抢上去抬走龙文赤鼎,把秦武王救起来。

接下来樗里疾等随行大臣紧急延请名医为秦武王治疗腿伤。本来放在今天小腿骨折虽然不是轻伤,但也绝不致命。不过当时正值八月,天气炎热,秦武王的腿伤很快就感染并化脓发炎,而古人对于这基本是束手无策,想当年吴王阖闾就是在槜李之战中被越军砍伤脚趾引发炎症而死的。所以武王的臣子们只能眼睁睁地看着他整日痛苦哀嚎。就这样硬撑了几天后,秦武王最终因感染引发的并发症而死,死时年仅二十三虚岁。

秦武王的死讯传回咸阳,他母亲惠文后几乎昏死过去。随后痛失爱子的她迁怒于跟秦武王比赛举鼎的孟说,下令把他家满门抄斩。而任鄙则因为曾劝阻武王举鼎受到奖赏,多年后他还因功被封为汉中太守。

不久秦武王的遗体被运回秦国,安葬在永陵。因为秦武王死于逞强好勇,自古以来很多人对他的评价很低,好像他就是个无脑的莽汉一样。其实我们看看秦武王即位四年来的所作所为,如平定蜀地叛乱、改革官制、完善法律、攻克宜阳、威震周室，俨然是一位颇有才略和功绩的君主。要说逞强举鼎，也是血气方刚的年轻人一时兴起之举，至于受伤致死则纯属意外。所以假如秦武王不死的话，未来的功业绝对不可限量。他年纪轻轻意外身死，实在是可惜得很。

宣太后临朝称制

当初秦武王被立为太子后，他的父母秦惠文王和惠文后曾经替他从魏国娶来了一位公主做正妻，这就是后来的武王后。因为惠文后就是魏人，她自然希望儿子继续保持与娘家的亲密关系，以保证魏系外戚在秦国长时间享有荣华富贵。但秦武王和武王后小两口在一起生活了几年，却没有生下儿子，所以年轻的秦武王死时无后，法定王位继承人空缺。这在王朝时代是非常严重的政治问题，势必会掀起一场腥风血雨。

果然，秦武王尸骨未寒，他的兄弟们就各显神通活动起来，竭力争夺王位，咸阳城中顿时大乱。

不过从法理上讲，当时秦惠文王的王后、秦武王的亲生母亲惠文后的地位最为尊崇，秦武王正妻武王后次之，所以她们的意见举足轻重。这婆媳俩都是魏国公主，没有子嗣的她们此时联合起来推出了一个王位继承人选——在朝中担任庶长一职的公子壮。虽然史书没有相关记载，但推测起来公子壮的母亲很可能也是魏女。

探得上述消息后，秦惠文王的妃子芈八子不禁焦急起来。

我们前面介绍过，芈八子并非楚国公主，只是楚国贵族之女，是作为媵妾嫁到秦国的，所以她原本在秦宫的地位并不高，从其封号只是较低的八子也可看出。但芈八子颇有姿色，多次得到秦惠文王的宠幸，所以一连诞下三子——长子公子稷、次子公子悝、三子公子巿（fú）。

芈八子之所以焦急，是因为她的次子和三子都还小，而大儿子公子稷当时正在外国当质子，而且是在距离秦国极为遥远的国家——燕国。所以从这点来讲公子稷在争位中处于最不利的地位。但上帝关上一扇门，又打开一扇窗，芈八子却还有一个较为突出的优势——她的亲戚向寿掌握着驻宜阳秦军的指挥权，她的一个弟弟此时更掌握秦国国内的部分军权！

话说当初芈八子作为媵妾嫁来秦国时，她老家一些亲戚也跟了过来，希望能沾到她一点光。除了前面提到过的跟甘茂一起伐韩的向寿，芈八子的大弟弟魏冉也随姐姐来到秦国。之所以说大弟弟，是因为芈八子还有个小弟弟叫芈戎，当时流落在东周。从他们的名字就可以看出来，芈戎是芈八子的同父弟弟，魏冉则是芈八子的异父弟弟。魏冉为人十分精明能干，尤其值得指出的是，魏冉的氏是魏，他父亲应该是魏国贵族。大家别忘了，秦惠文王的王后惠文后正是魏国人，她当然乐意任用魏国人来壮大秦国魏系外戚的力量。所以魏冉在秦国不但得到姐姐芈八子的照顾，还得到惠文后的提携，算是秦国内部楚系外戚和魏系外戚都信任接受的人，因而他在秦惠文王和秦武王当政时期就在秦国朝廷上做官，并掌握一定的军权。

有至亲手握部分军队这点，让芈八子也生出不小的政治野心。工于心计的她得到武王意外身死的消息后，立即与自己的弟弟魏冉合谋，希望借助他手中的军权把自己的儿子推上王位。魏冉虽然是半个魏国人，也曾得过魏国公主惠文后和武王后的好处，但跟谁更亲近，他自然拎得清。于是在关键时刻魏冉全力支持姐姐和外甥夺权——他一方面利用自己掌握的兵力布控咸阳，一方面派人火速到燕国活动企图接回外甥公子稷。与此同时，宜阳的向寿也在外呼应，为芈八子摇旗助威。

你别说，公子稷还真是"吉人自有天相"。魏冉的人还没到燕国，赵国赵武灵王已经派人前往燕国，说动燕昭王把质子公子稷送到赵国，然后又派军队护送他返回秦国争位。赵武灵王之所以如此主动，可能是因为他当年拥立燕昭王尝到甜头了吧。魏冉派出的军队半路上接到了赵军护送的公子稷，随即一行人快马加鞭赶回了咸阳。

此时咸阳城中的芈八子和魏冉，不知使用什么手段拉拢住了右丞相、宗室方面的重要代表樗里疾，已经掌控了局面。公子稷进入咸阳后，顺利地坐上了王位，这就是后世所称的秦昭襄王，简称秦昭王。不过秦昭王做了大王后却没能掌握大权，大权全落到热衷权力的母亲芈八子和舅舅魏冉手中，也就是说秦国形成了楚系外戚专权的局面。

秦昭王的登基典礼结束后，芈八子以儿子秦昭王的名义下发了一系列的任命：尊芈八子为太后（后世按其谥号称其为宣太后，这是中国史书中首次出现"太后"的称呼）；升右丞相樗里疾为相邦；封魏冉为将军，负责京城咸阳治安；封秦武王弟弟公子壮为大庶长；封秦昭王二弟公子悝为高陵君；封秦昭王三弟公子市为泾阳君……不久，听说姐姐、哥哥在秦国掌握了大权，外甥登基做了秦君，秦宣太后的小弟弟、原本在东周瞎混的芈戎也赶到咸阳，立即被封为华阳君（华阳在今陕西华阴市华山以北）。

显然以上这些任命几乎全是在巩固昔日芈八子、今天宣太后亲族的势力，只有封公子壮为大庶长，算是对没有得到王位的公子壮的一种安抚，但我们大家应该明白，自从有了相邦和丞相之后，大庶长已经不是秦国的百官之长了。因此秦国上下很多人尤其是以惠文后和武王后为代表的魏系外戚，对宣太后和魏冉等楚系人马掌握大权十分不满，但一时也无可奈何，只有暂时隐忍。

那边楚国见秦国政局不稳，就以几年前丹阳之战时韩国帮助秦国为借口，再次发兵包围了韩国雍氏并猛烈攻打。毕竟楚强韩弱，韩襄王竭尽全力也无法打破楚军对雍氏的包围，不得已只得派相邦公仲朋等人到秦国求救。但众所周知，秦宣太后是楚人，内心天然倾向楚国，所以对韩国的使者一味推托敷衍。就这样，楚军一连包围了雍氏五个月，韩国的使者也一拨拨地奔向咸阳，以至于"道路相望"，希望能出现奇迹说动秦国出兵。

这天，一位叫尚靳的韩国使者又来到秦国，他面见秦昭王后对他说道："韩国对于秦国，平时像一座屏障，有事时能出兵助阵。现在韩国已经到危急关头，但是秦军却不出崤函，臣听说唇亡齿寒，请大王三思啊！"

秦昭王听了认为是那么回事，可惜他被说动没用，因为重大国事他做不了主。

秦宣太后从宫人那里听到了尚靳劝说儿子的话，觉得有点儿道理，于是派人宣尚靳进入自己的宫中。

见了尚靳，秦宣太后说道："韩国使者来了那么多，只有先生的话还算中听。不过在说救韩一事前，请先听听妾身我侍奉先王的故事。当年妾身与先王同榻共寝，先王无意中把一条腿搭在妾身身上，妾身就觉得太重，承受不了；可在云雨时，先王把整个身子都压在妾身身上，妾身反而不觉得有多重。为什么呢？因为这事儿对妾身也有好处呗。再说救韩。出兵不多，出粮不足，肯定救不了韩国；如果要救下韩国，必须要大举出兵，那就得日费千金。但这样做对妾身有什么好处吗？"

先秦时期去古未远，礼教并不严密，妇德标准尚未形成，无论男女都比较率真自然。即便如此，秦宣太后作为一国的年轻国母（当时大约三十岁），居然没羞没臊地在外交场合公然对外国使者说自己和先夫的那点事儿，这在中国数千年历史记载中也绝无仅有，至今让人读起来都觉着脸红心跳，其胆大泼辣的劲儿透着纸背就传了过来，怪不得她能力压惠文后、武王后、公子壮等一干人，把自己的儿子送上秦王宝座。

尚靳听了秦宣太后的话也被雷得外焦里嫩，明白这种无所顾忌的强势女人不好对付。不过既然秦宣太后已经明确表明自己"无利不起早"，尚靳也只得派人回国把秦宣太后的意思报告给韩襄王。韩襄王得到消息后，赶紧又派了一名叫张翠的说客出使秦国。

哪知这个张翠从韩都新郑出发后，就声称自己得了病，一天只走一个县的路程。等张翠晃悠悠地到了咸阳，相邦的副手、丞相甘茂装作关心地问道："韩国形势很危急了吧，先生拖着病体都来了！"

张翠却摇头说："韩国的形势目前还不危急，只不过有恶化的可能。"

甘茂笑道："秦国是大国，国君智慧聪颖，韩国危急不危急我们能不知道吗？"

张翠悠然回答说："韩国确实没到危急的份儿上啊，如果到了，我们就投降楚国了，那时我怎么还敢来秦国？"

张翠的回答暗含着威胁，意思是秦国要是不出兵救韩，韩国大不了投楚，不跟秦国混了。

甘茂是聪明人，怎么会听不出来？何况他知道自己前段时间力主攻打宜阳，斩首韩军六万，招致以韩相公仲朋为首的韩人的切齿痛恨，这时也想改善一下自己在韩国的形象，以便给自己留条后路。因此出于公心和私利，他决定劝秦昭王救援韩国。

甘茂面见秦昭王，对他说："公仲朋是因为抱着我国会援助的希望，才奋力抵抗楚国。现在雍氏被围，我军不予增援，以后公仲朋就会仰着脸再也不来朝见，韩国另一权臣公叔将主张依附楚国。一旦楚韩联合，魏国自然不敢不从，这样伐秦的形势就形成了。不知道坐着等着别人来讨伐和讨伐别人，哪个更有利？"

秦昭王听后深以为然，又去劝说母亲，秦宣太后这时终于点头，于是秦国大军涌出函谷关。楚国见势不妙，放弃雍氏解围而去。

楚怀王见在中原占不到什么便宜，就又把目光转向东方的越国。原来在秦武王末年，越王无强自恃国力有所恢复，又起了争霸之心，准备北上攻打齐国。齐宣王派了名能言善辩的使者忽悠无强，说楚国是当世大国，资源丰富，又跟秦、韩、魏、齐等国不对付，兵力分散，劝无强趁机攻楚。无强觉得齐使言之有理，就真的逆流而上、西进攻楚。楚怀王前些年败给秦国窝了一肚子火，听说越国也想来讨便宜，心中恼怒，于是命令调兵遣将迎敌。楚军兵分两路，南北对进，一举击败越军，杀死越王无强，并攻占钱塘江以北的越国疆土，也即旧时吴国的土地。越人受此重创，被迫退守钱塘江以南的最初地盘，虽然他们不甘心失败，也拼命与楚人争夺吴地，但已经沦落为边缘角色，几乎从战国舞台上消失。所以对楚国来说，也算是"失之西隅，收之东隅"了。

回过头来说秦国。韩国得救后，甘茂又说动秦昭王和秦宣太后把不久前占领的武遂归还给韩国。

甘茂此举符合秦国一贯的打一巴掌又给个枣的做法，但也确实有讨好韩人的私心在里面。因此归还武遂一事在秦国朝堂上引起广泛非议，一些大臣认为甘茂是在拿国家利益换取韩国对他个人的好感。这时不但与甘茂不对付的公孙奭等人大肆攻击他，就连曾跟随甘茂一起出征韩国的向寿也大为不满。秦昭王和秦宣太后不禁怀疑起甘茂的人品来。

恰在此时，说客杜赫代表韩国来到秦国。话说这杜赫可不简单，他是西汉贾谊认为的战国四大谋臣之一。他故意对秦昭王说："韩国相邦公仲朋希望通过甘茂丞相来侍奉大王。"

这话说出来，更让人以为甘茂跟韩人私下串通了。原来甘茂虽然说动秦国把武遂还给了韩国，但公仲朋对他的恨意依然未消，故意想整他。

秦昭王一听，认定甘茂是打着为公的幌子谋取私利，想通过归还武遂来结好公仲朋，不禁怒形于色。

杜赫出使秦国时，甘茂正奉命与相邦樗里疾一起领兵攻打魏国的皮氏（在今山西河津市东）。秦昭王对他起疑心的消息传到前线，甘茂顿时慌了，害怕被问罪的他连忙化装易服，弃军而逃。

想这甘茂自从秦惠文王称王前后就到秦国为官，至今已经为秦国服务近二十年，也在丹阳之战和平定蜀地叛乱、攻克宜阳中立下不少功业，好不容易爬到丞相的位置，最终却落得抛弃官职和家庭只身逃亡的下场，不禁让人感叹。

却说甘茂慌慌忙忙向东而行，准备到齐国谋生，途中恰巧碰到一个企图入秦游说的说客，他就是著名的苏秦。

前面说过，《史记》等传世史书误把苏秦当作与秦惠文王、张仪同时代的人，随着20世纪70年代《战国纵横家书》的出土，现在多数历史学者已经放弃了这一旧说，认为苏秦踏上历史舞台其实是从秦武王末年、秦昭王初年开始的。不过《史记》里关于他的出道故事中有一点也是正确的，那就是他周游列国最初一路碰壁，最早是在燕国得到赏识并发达的，只是赏识他的不是燕文公而是燕王哙之子燕昭王（公子职）。燕昭王登基后招贤纳士，力图改变燕国的贫弱面貌，苏秦知道燕昭王一心想报之前齐国侵燕、杀死其父燕王哙之仇，所以就用合纵攻齐的方略来游说他，果然得到燕昭王的重用，自那以后他就经常为燕国的利益游走各国。不过这次苏秦出使秦国，明面上却是奉了齐宣王的命令，因为此时苏秦已经打入齐国为燕国做间谍，目的是让齐国的注意力转向其他方向，不去攻打仍旧较弱的燕国。

久经宦海的甘茂本是政坛的老前辈，但他此时已经成了秦国的逃犯，因此不得不低下头请求初出茅庐的苏秦给予帮助。苏秦动了恻隐之心，爽快地答应了。

苏秦先到秦国，对秦昭王说甘茂熟知秦国内情，一旦流落外国必定对秦不利，劝秦昭王许以高官厚禄重新请回甘茂，然后再把他软禁起来。秦昭王觉得苏秦的计策很好，立即派人拿着相印去召已经跑到齐国的甘茂。

苏秦回到齐国后，又对齐宣王说："甘茂是个大能人，秦王听说他到了咱们齐国，派人追过来奉上相印请他回去。但甘茂感激大王的厚待，不愿回秦国，而希望做大王您的臣子。不知大王准备用什么来留住他？"

齐宣王一听，赶紧封甘茂为上卿。

那边秦国听说齐国重用甘茂，为了笼络他，让他不至于把秦国的内部虚实全部透露给齐人，也给予甘茂留在秦国的家小以优厚的待遇。甘茂的家小至此才算摆脱了逃犯家属的身份。

甘茂在齐国当官后，曾多次作为齐国使臣出使楚、魏等国，几年后在出使魏国时病死在那里，也从历史舞台上彻底谢幕。

话分两头。再说那皮氏城外，一觉醒来后相邦樗里疾发现丞相甘茂逃跑了，也无心再继续攻城，于是和魏国讲和撤围而去。秦宣太后随即任命自己的亲戚向寿接替了甘茂的职务，担任了秦国丞相。

转眼这一年已经过去，时间到了秦昭王二年（公元前305年）。某一天夜里，一个拖着长长尾巴的"扫把星"突然划破了天际。

我们知道，在古人眼中彗星是不吉利的"妖星"，它的出现意味着将有兵革、灾害等祸事发生。就在多数秦人都感到惶恐的时候，有几个贵族男女却暗中弹冠相庆，他们就是惠文后、武王后和公子壮等人。他们认为这天象对他们是好兆头，预示着宣太后、秦昭王等人将要下台，于是决定采取行动。

几天后，以惠文后和武王后为首的魏系外戚势力宣布拥护公子壮为国君，号称"季君"，然后三人联络不满宣太后、魏冉等楚系人马掌权的秦国贵族、大臣发动政变。不过可惜得很，他们的对手是以才能卓越著称的魏冉。魏冉及时侦知了季君等人的行动，利用手中掌握的咸阳卫戍部队强力平叛，不但杀死了季君公子壮以及所有参与叛乱的贵族、大臣，还一不做二不休，大肆株连，借机将平时与秦昭王不和的所有兄弟全部诛杀，尽显其铁血无情的残酷一面。至于那魏国来的婆媳两位先王王后，《史记》说惠文后"不得良死"，可能是在政变失败时被迫自杀,而武王后则被魏冉驱逐回了娘家魏国,毕竟魏冉是半个魏人,也不想把魏国彻底得罪。

这次叛乱被平定后,秦昭王、宣太后和魏冉的政敌被清除得一干二净,秦国再无人能威胁到他们的地位。就这样,秦昭王在前台为君、宣太后临朝称制、魏冉实际主政的"三驾马车"政治格局在秦国彻底稳固下来,一直维持了数十年之久。而叱咤秦国二十多年的"智囊"樗里疾虽然还挂着相邦之名,实际上却已经被架空,逐渐淡出了历史舞台。五年后樗里疾病死,魏冉正式接任了相邦一职,成为了实至名归的实权人物。

联楚联出个"白眼狼"

秦宣太后和魏冉全面控制秦国朝廷后,开始按自己的意志治国理政。因为他们是楚人,骨子里天然对故国有感情,所以转而决定实施联楚的政策。

再说楚国。自丹阳、蓝田之战后,楚国国力大损,楚怀王既憋着一口气想报仇,但又自知不是对手,内心惧怕秦国,因此外交政策十分游移。他一度想与秦国和好,后来接到了齐宣王的亲笔信,又答应联齐亲韩。秦昭王二年(公元前305年),楚怀王得到了秦宣太后和魏冉贿赂的大量财宝后,态度再次转变,决定与秦国结盟。为巩固联盟关系,双方还缔结姻亲:一位秦女被嫁往楚国,秦昭王也从楚国迎娶了王后。毕竟作为秦宣太后来说,她内心是希望让儿子再娶个楚国女子为后的,这样可以保持秦国的楚系外戚势力长盛不衰,就像秦惠文后是魏女,就给儿子秦武王娶个魏国公主一样;当然抛却感情从国家利益讲，让楚国跟齐国结盟，也是对秦国不利的，必须要加以拆散。

第二年也即秦昭王三年（公元前304年），秦昭王年满二十二虚岁，按秦国惯例到雍城举行了"冠礼"，表示他已经正式成人，可以亲政。不过悲催的是，这典礼对他来说不过就是走个过场，秦国重大事务的决定权依旧在他母后宣太后的手中。

"冠礼"后作为名义上的秦国元首，秦昭王起驾前往黄棘（在今河南新野县东北），与楚怀王见面会盟。为了"奖励"楚国叛齐背韩的"义举"，表明自己的诚意，秦国在会盟中把以前侵占的楚汉中郡的东南部即上庸一带归还给了楚国。楚怀王不由得心花怒放，认为自己做出了"正确的选择"。至此秦楚两国又进入一段蜜月期。

秦国联楚自然是为了方便在中原进取。黄棘之会结束后，秦国与楚国约定一起出兵攻打魏国和韩国：秦军主力东渡黄河进攻河东地区，先后攻占了魏国的蒲阪、晋阳、封陵（都在今山西运城市境内）和刚归还韩国的武遂。上述四地均是黄河上的重要渡口所在，武遂还是韩国贯穿南北国土的重要通道，由此可见秦国的狠辣，一出手就扼住对方咽喉。另外，又一支秦军出武关与楚军会合，一同北出方城攻打韩国西南部的纶氏（在今河南登封市西南）。

魏韩两国丧师失地，痛恨秦国，自然也痛恨背盟助秦的楚国。这时齐国已经由田婴之子孟尝君田文执政，他门下有食客三千，颇具雄心，希望能干出一番事业。此刻他瞅准机会，再次扛起"合纵"大旗，推行"近交远攻"的政策，大力拉拢魏韩两国，苦秦楚久矣的魏韩两国立刻投怀送抱。随后孟尝君组建起三国联军，集中兵力反攻正包围纶氏的楚秦军队。楚秦两国联军不是齐魏韩三国联军的对手，被打得大败。三国联军乘胜追击，一举攻占了楚国北疆的重镇宛城（今河南南阳宛城区）、叶（今河南叶县西南旧县镇）等地。孟尝君因为此次合纵击败楚秦联军，一时间声威初显。

败报接连传到郢都，楚怀王不由得十分着慌，连忙把太子横（后来的楚顷襄王）送到秦国做质子，请求秦国发兵救楚。秦宣太后和魏冉等人无论是出于故国之情还是战略联盟关系，都没有不救楚国的理由，于是派一位名叫通的客卿率军东进援楚，三国联军这才撤兵北归。被秦军逼迫撤兵，孟尝君田文感觉折了面子，不久又组织联军西进攻秦，一时间双方互有胜负。

正当秦楚两国集团与齐魏韩三国集团相斗的时候，一个意外事件的发生，却打破了整个局面。

那是秦昭王五年（公元前302年）的年初，在秦国做质子的楚国太子横，不知因为什么原因跟秦国一位大夫起了争执。太子横在本国自然是骄横惯了，只有别人让他，没有他让别人的；而那位秦国大夫也是一腔血勇，又自恃在"主场"，没把来秦国当人质求援的楚国太子放在眼里。双方都咄咄逼人、互不让步，怎么办呢？最后两人相约私下决斗，用刀剑来维护自己的贵族荣誉。你别说这太子横还真是有些武艺，在决斗中一剑将秦国大夫给刺死了。

但大家应该记得，自商鞅变法后，私斗在秦国就是犯法的行为，何况闹出了人命，死的还是秦国官员。太子横杀了秦国大夫后，自己也着了慌，害怕被秦律惩处的他不顾两国关系，立即脚底抹油、溜之大吉，一溜烟逃回了楚国。

楚国质子杀死秦国大夫逃跑的消息很快就传遍咸阳城，秦人群情激愤，认为楚人恩将仇报；秦宣太后和魏冉虽是楚人，但也被气得七窍生烟。为了安抚国人、报复楚国，秦宣太后和魏冉决定终结与楚国的联盟关系。

得知秦楚闹翻后，魏襄王和韩襄王之子太子婴一起到秦国临晋（在今陕西大荔县东南）去朝拜秦昭王。秦国为拉拢魏国，也把两年前攻占魏国的三座城池中的一座——蒲阪城还给了魏国。

秦昭王六年（公元前301年），齐国齐宣王去世，儿子齐闵王（又作"齐湣王")继位。秦宣太后为与齐国和解并建立联盟关系，把小儿子泾阳君（秦昭王三弟公子市）派往齐国做人质，并邀请当时已经名声显赫的齐相孟尝君田文到秦国担任相邦一职。田文虽然没有答应去秦国任相，但齐国应允了秦国的联盟请求。就这样，秦国与不久前的敌人齐、魏、韩三国变成了盟友，四国相约组团去打楚国。

不久，秦国庶长奂领兵出宜阳，进攻楚国为防御秦国而在宜阳东南方新建的军事重镇新城（在今河南伊川县西南）；另一面，齐国将军田章、魏国将军公孙喜、韩国将军暴鸢（yuān）分别率领各自军队齐聚魏国，然后合兵攻打楚国陉山（在今河南漯河市东）。从用兵路线看，显然是秦自西北往东南攻楚，齐、魏、韩自东北往西南攻楚，来了个"钳形攻势"。因为三国联军势大，很快就攻下了陉山，并向楚国城邑重丘（在今河南泌阳县东北）挺进。重丘位于楚方城的东南端，攻下这里就能顺利插入楚方城的腹地，所以田章等将选择重丘作为突破口是极具战略眼光的。可秦国庶长奂一时却没能攻下新城，为避免胜利果实都被三国摘了，他分出一支偏师继续围困新城，自己则率主力南下与三国联军在重丘城外会合。秦、齐、魏、韩四国军队合兵一处，军威更加壮盛，立即发起对重丘的猛攻。

楚国连齐、魏、韩三国联军都打不过，现在又加上了凶猛的秦军，更是毫无抵抗之力。很快，楚国大将唐眛（又写作"唐蔑"）就向西南败逃，四国联军占领了重丘。此战中，仅秦军一家即斩楚军首级两万颗。

重丘之战后，秦军回军接着攻打新城，楚怀王赶紧派大将昭雎领兵抵御；另一边，齐将田章则带领齐、魏、韩三国联军继续向西南挺进，来到比水中游的北岸。

这比水又写作沘水，如今被称作泌阳河，在现在河南泌阳县南部。此时楚将唐眛收拢败军，在比水南岸沿河布防。三国联军不熟悉当地的水文，不知该从何处强渡，只得暂时停下脚步。就这样双方隔比水扎营，一口气对峙了六个月之久。

那边齐国国内刚上台的齐闵王急于建功立业，他在临淄听说田章一连半年也无进展，不由得大发雷霆，派当时有名的说客、周朝贵族周最去催促田章进兵，言辞十分苛刻。

田章是齐国的老资格将领，大家应该记得，十四年前齐宣王攻打燕国就是以他为将。因此田章毫不畏惧，他坚持"将在外，君令有所不受"的原则，对使臣周最说："杀掉我，罢免我，诛灭我全家，这都是大王的权力；但不能打却硬要打，可以打却不让打，这却不是大王能命令臣的！"

其实这段时间田章一直在命人打探比水的水文情况，但联军这边只要有人接近比水，南岸的楚军就用强弓硬弩射击，所以联军一直摸不清楚比水哪些地段水深，哪些地段水浅。

正在田章一筹莫展之际，某一天一个在水边打柴割草的樵夫却解开了联军的谜团。他对打探水文情况的联军士卒说："你们要打探的事情其实再简单不过——凡是楚军集结重兵防守的河段，就是水浅之处；反之，凡是楚军防守松懈的地方，就是水深之处呗。"

不过比水附近的樵夫显然是楚国人，但他却泄露了楚国的军事机密，可见他一点"爱国心"也没有，反而盼着楚军倒霉。这个樵夫之所以抱着这种心态，有两种可能：一是他不是芈姓老楚人，而是春秋战国以来被楚国吞并的弱小国家的后人，所以内心反楚；二是他是芈姓老楚人，但受到楚国官府、贵族的压迫，所以乐于见到有人收拾他们。不管怎么说，从这"人心"情况已经可以预见胜败了。

联军士兵听了樵夫的话，连忙带着他去见主帅田章。田章听说后茅塞顿开，于是挑选精锐士卒在夜间悄悄从楚国重兵防守的水浅河段强渡，随后出其不意一举在比水南岸的垂沙（在今河南唐河县境内）再次大败楚军，并阵斩楚军主将唐眜。这就是著名的"垂沙之难"。之所以不称"之战"而称"之难"，原因很简单，就是因为楚军这次

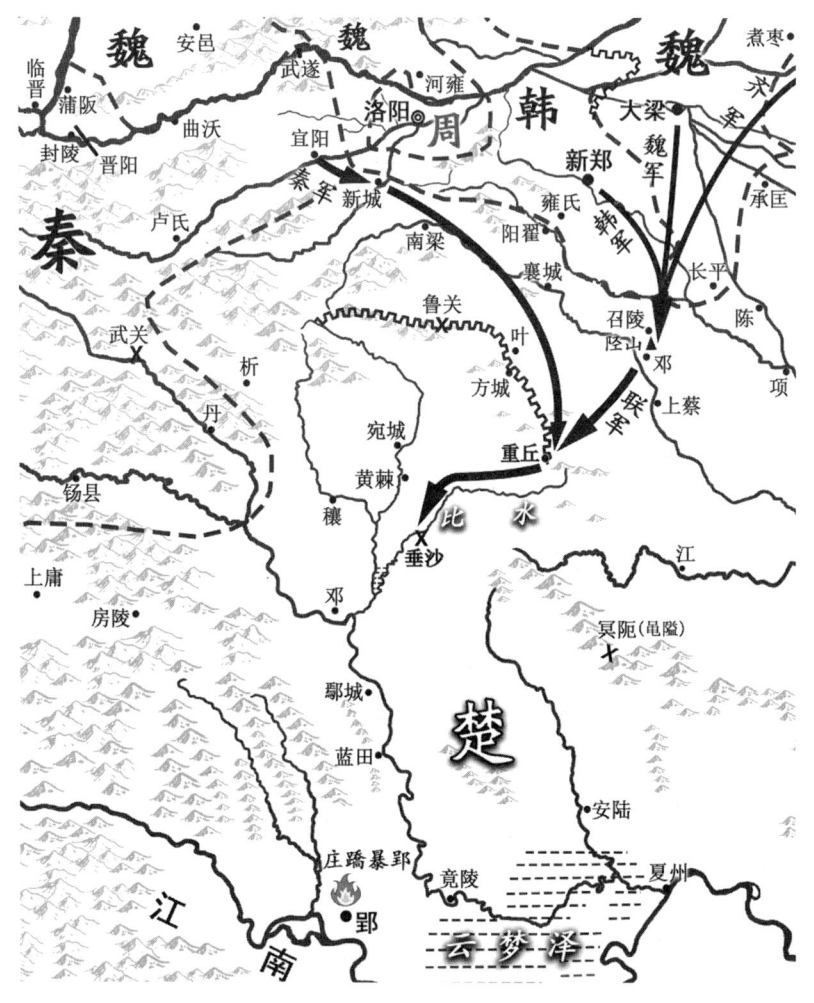

垂沙之难与庄蹻暴郢示意图

败得太惨了，好似遭遇一场"劫难"一般。

此次四国伐楚对楚人的打击极为沉重，不但令楚国损兵折将，更让楚国北方门户洞开。要知道自春秋前期以来，方城就是楚国的北方屏障，楚人在那里经营达数百年之久，而垂沙之战后楚国北疆重镇叶、宛城等地彻底落入韩国和魏国之手，楚长城方城的屏障作用不复存在,给楚国核心区域(都城郢、郢地区)带来极大隐患。

败报传到郢都后,楚怀王极为震怒,命令楚将庄蹻(qiāo)收捕战败的楚军将领、士卒的家属罚为官奴,并把他们先人的尸骨从城郊的坟墓中挖出,在郢都曝尸示众,史称"庄蹻暴郢"①。楚军在前线战败,楚怀王作为一国之君肯定是第一责任人,但他却用如此严厉的手段惩罚为国而战的将士,搞得楚人人人自危、极为寒心。很多将士的家属和普通民众愤而反抗,楚怀王又命庄蹻大力镇压,杀死不少无辜百姓,导致楚国陷入更大的混乱中。

秦楚的不解之仇——楚怀王之死

四国伐楚时楚人吃了大亏,当然咽不下这口气。垂沙之难第二年,也即秦昭王七年(公元前300年),韩国太子婴突然得急病死了,楚国趁机发兵包围韩邑雍氏(在今河南禹州市东北),以报复韩国上一年参与攻打楚国一事,并想逼迫韩国立亲楚的公子为太子。

韩国一国仍不是楚国对手,不得不再向秦国求救,秦国立即表示要从南郑和蓝田两路出击进攻楚国,恐秦的楚军听说后慌忙解雍氏之围而去。随后秦军趁势攻打楚国西北边境,因为在西北对抗秦军的楚将昭雎态度消极、出工不出力,秦宣太后的小弟华阳君芈戎一举攻下了楚邑新城(在今河南伊川县西南),杀楚将景缺,并斩楚军首级三万。

事到如今,楚怀王明白内忧外患不止的楚国绝不能再一国同时与

---

① "庄蹻暴郢"的真相众说纷纭,此从许富宏《"庄蹻暴郢"考》(《船山学刊》2010年第1期)。

四国对阵，赶紧又把曾在秦国惹祸的太子横送往齐国做人质，并献上六座城池，请求与齐国讲和。齐相孟尝君田文得了好处，也不想逼楚国太甚，就此答应了下来。秦齐等国的攻楚同盟自然宣告瓦解。

齐国虽然放过了楚国，但秦人那边却不罢休。秦昭王八年（公元前299年），秦国庶长奂再次率领秦军伐楚，一连攻下楚国八座城池。

正在楚怀王心惊胆战之际，秦昭王突然伸出橄榄枝，把上一年攻下的新城归还给楚国，并命人带给楚怀王一封信。信的内容是这样的：

> 当初寡人与大王相约为兄弟，在黄棘订立盟约，贵国还派太子来秦做质子，两国的关系是多么融洽啊！不料贵国太子却侮辱杀害了寡人的朝廷重臣，没有谢罪就潜逃而去。寡人实在无法抑制心头怒火，所以出兵讨伐贵国边境。如今听说大王又把太子派到齐国去做质子，来求取楚齐友好。寡人思虑，秦楚疆土相接，过去一直缔结婚姻，互相亲近友好已经很久了。但秦、楚如今却闹不愉快，这样两国自然无法再号令诸侯。寡人希望能再与大王相会于武关，当面缔结盟约，重新恢复联盟关系。以上就是寡人的心愿，不知大王意下如何？

没主见的楚怀王读了书信，心中又犹豫起来：去吧，怕受秦国的欺辱；不去，秦国一旦发怒那可了不得。

这时楚国大臣也分成两派。

在西北防守秦军不力的昭雎反对楚怀王去秦国武关与秦王会盟，他劝阻说："大王千万别去，如担心秦国发怒，派兵守好边界即可。那秦国是虎狼之国，一贯不讲信用，有吞并诸侯之志。万一它使诈，大王可就回不来了！"

大诗人屈原也附和昭雎，力阻楚怀王赴秦。

不过楚怀王的小儿子公子兰却支持楚怀王前往武关。他说："秦国可惹不起，它的好意怎么能拒绝呢？"

楚怀王思虑再三，最终听从了自己儿子的话，决定前往武关与秦昭王会面。显然楚怀王还是以国事为重，觉得此时的楚国风雨飘摇，哪怕有一线希望能与秦国和好也值得走一遭。

一番准备后，楚怀王在楚军护送下离开郢都，北上来到秦国武关前。众人放眼望去，关上确实竖有秦王的旗号。楚怀王带领侍从刚进入武关，不料城门突然闭上，同时闪出大队秦军把楚怀王一行团团围住。为首的秦将对楚怀王说，秦王因故无法驾临武关，还请楚王到咸阳相见。

楚怀王吃了一惊，感觉事情不妙，但也无可奈何。不过他寻思，自己毕竟是大国之君，秦国掌权的太后和相邦又都是楚人，谅秦王也不敢拿自己怎么样。

十几天后，秦军带着楚怀王来到咸阳渭水南岸的章台宫。章台宫是咸阳的重要别宫，秦国一些重大庆典和朝会都在这里举行，后来汉朝著名的未央宫就是萧何以章台宫为基础扩建而成的。

楚怀王登上了章台宫中的主殿，只见秦昭王高高端坐在王位上，一动也不动。随即司仪要求楚怀王按藩臣之礼朝见秦昭王。楚怀王不禁怒气填胸，当即严词拒绝。

见楚怀王不肯行臣礼，秦昭王下令把他扣押软禁起来，威胁说楚国只有割让西部的巫郡和黔中郡给秦，才能放他回国。楚怀王不由得深深悔恨没有听昭雎、屈原等人的话。

楚国的巫郡和黔中郡具体在哪儿呢？原来当时楚国巫郡的郡治在今天重庆巫山县一带，辖有今湖北省清江中、上游及重庆地区；楚国黔中郡的郡治在今天湘西沅陵县一带，辖有今湖南省西部与西北部的沅水、澧水流域。楚国巫郡和黔中郡的西边，就是十几年前秦国新开拓的领土巴郡；两郡东边五百多里，则是楚国当时的都城

楚巫郡、黔中郡位置示意图（秦昭王八年即公元前 299 年）

郢都（在今湖北荆州市荆州区）。

　　巫郡和黔中郡是楚国的西部屏障，黔中郡还是楚国重要的黄金产地，这样的军事、经济要地楚怀王当然不肯割让给秦国。秦国方面有重量级人质在手，反正也不着急。被关了一段时间后，养尊处优惯了的楚怀王先熬不住了，心说"好汉不吃眼前亏"，还是先想办法回国再报仇。但他怕秦国不守信用,收了地也不放自己,于是要求先盟誓后割地。秦国方面却不答应,坚持必须先割地再盟誓。楚怀王虽然昏庸,但毕竟也是大国之君,有点儿血勇之气,他气得破口大骂:"你们秦国用欺诈手段把寡人骗来,还妄想逼迫寡人割地,门儿都没有!"骂完后他闭口再也不搭理秦人,秦国也就一直把他扣着不准回国。

秦国以盟会为借口诓骗楚怀王赴秦并扣押的消息很快传遍天下,当时人普遍认为秦国这事儿做得有点太卑鄙,毕竟近几百年来还罕有这样背信弃义的事情发生。

楚国国内得知国君被秦国扣押后,大臣们都高度紧张,因为当时楚国太子横已经被送到齐国当人质,现在等于楚国一号和二号人物都被滞留在别国,而且还是在当时的一等强国。如果秦、齐两国此时联手攻打楚国,楚国群龙无首,恐怕真要亡国了。楚国大臣们的第一反应,当然是想把楚怀王从秦国捞回来。于是他们找到了当时知名说客、西周公国大臣游腾去游说秦国,希望游腾的利齿和周朝的面子能起点作用(当时洛阳被东周公霸占,周赧王已经离开东周公国寄居到西周公国)。

游腾来到咸阳面见了秦昭王,从名声和实利两方面劝他道:"大王劫持楚王而与天下诸国攻楚,那就有伤秦国的德行了;如果大王不与天下诸国攻楚,那又有损秦国的利益。窃以为,大王不如和楚王盟誓然后放了他。楚王害怕大王,一定是不敢背盟的;如果楚王敢背盟,大王统率齐、魏、韩等国攻打它,天下人都会觉得是名正言顺之举!"

不过秦昭王却要里子不要面子,根本不接游腾的话茬。

游腾游说失败的消息传回楚国,楚国很多大臣坐不住了。有道是"国不可一日无君"。为稳定楚国局面,杜绝外国勒索,他们准备拥立留在国内的楚怀王其他儿子为王。

但昭雎听说后却坚决反对。他说:"大王和太子现在都困于诸侯手中,如今又要违背王命立其他公子,这实在是不义之事!"

随后昭雎撇开众人，只身前往齐国营救太子横。别看这昭雎在对秦作战时表现不佳，此刻倒是显现出忠臣的一面。

来到临淄城见到了齐闵王，昭雎诈称楚怀王已死在秦国，他是作为楚国使者来迎接太子横回国继位的。齐闵王当场没表态，挥挥手先让昭雎到驿馆好生歇息，随后他叫来相邦田文等大臣商议此事。

齐闵王先两眼放光地表达了自己的看法："我们不如扣住太子横不放，趁机要挟楚国割让淮北之地！"显然齐闵王的想法和秦昭王一样，都准备趁火大大地打劫一把。

孟尝君田文却还是顾一些脸面的，摇头说："这样不妥。如果楚国那边另立新王，我们扣着太子横这人质也失去意义，还在天下人面前落下个'不义'的恶名。"

这时苏秦却道："相邦所言差矣。楚国要是立新王，我们就跟他讲：'贵国如能把淮北之地割让给我国，我们就把太子横杀掉。否则，我们就联合秦、魏、韩等国共立太子横为楚君。'这样楚国新王一定会害怕而割让土地。"

齐闵王内心是赞同苏秦的意见的，不过可能是为了维护相邦的颜面吧，他最终允诺把太子横交给昭雎让他带走。

回到郢都后，太子横立即被昭雎等大臣拥立为楚王，这就是后世所称的"楚顷襄王"。楚顷襄王即位后，第一件事就是向秦国报告："托社稷神灵之福，楚国有新王了！"这意思再明显不过，就是告诉秦人，你们手中的人质已经没用了，赶紧绝了靠人质牟取利益的非分之想吧！

秦人得到太子横继位的消息不由得有些傻眼，他们费尽心机扣押楚怀王，除了落了个欺诈、扣押别国君主的坏名声，却什么也没捞到。恼羞成怒之下，秦昭王决心伐楚，人质换不来的东西就用武力硬夺！

次年也即秦昭王九年（楚顷襄王元年即公元前298年），秦军出武关大举伐楚，攻下了已经成为飞地的析邑（在今河南西峡县）等十六座楚国西北城邑,斩楚军首级五万,楚国再一次遭受重创。

秦楚关系一直僵着,那被扣在秦国的楚怀王最终又是怎样的结局呢?

秦国攻下析邑的第二年,被软禁的楚怀王趁秦国与东方诸国打仗、内部管理松懈的时机,一度上演"胜利大逃亡",成功逃出了咸阳。但秦国方面很快发现他逃走,立即派兵封锁了通往楚国的商於古道。

楚怀王也不傻,见往东南走一路盘查甚紧,于是调转方向,改为向东北行进,潜入了秦国的上郡。秦人确实没料到他会往东北方向逃,楚怀王又一路都拣小路走,所以居然让他抵达了秦上郡东北部与赵国接壤的地方。

望着两国边境东边一侧的赵国关卡,楚怀王不由得激动万分,庆幸自己逃离苦海。他兴冲冲地去通关,并报上自己的真实身份。赵国守边将吏知道他是被秦国扣押的前楚王,不敢自作主张,让他稍等一下,表示自己要向上级请示。于是楚怀王就在关卡前暂住下来。

没多久,赵国边将回复楚怀王,赵王没有批准他的入境请求。原来当时赵国赵武灵王已经把王位让给了十来岁的儿子赵惠文王(但大权仍掌握在武灵王手中),赵惠文王刚登基不久,不敢得罪秦国,所以才下令不准楚怀王进入赵国境内。

原本满怀希望的楚怀王得到这个消息后,犹如被一桶冷水从头浇到脚,精神几乎崩溃——要知道他逃出咸阳是多么不容易,又从东南的秦楚边境绕到东北的秦赵边境,几乎辗转千里,一路吃尽了千辛万苦,眼见就要获得自由居然被挡在最后一关,搁谁谁也受不了。

楚怀王被赵人打击得呆若木鸡,良久才缓过神。不久强烈的求生欲望又支撑起他,他决定再往南走一段路,看能不能从秦魏边境入魏。但可惜因为在秦赵边境耽搁了不少时间,他的行踪已经暴露,还没再跑多远,他就被秦军抓住,又一次被押回咸阳。经过这样一番折腾,楚怀王身体垮了,心更死了,精神支柱坍塌的他一病不起,没多久就撒手人寰了。

楚怀王死后，秦人把他的棺材送还楚国。楚怀王虽然昏庸无能，在他的统治下楚国屡次败给秦、齐等国，导致国势一落千丈，但他毕竟曾是楚国的国君，是楚人、楚国的代表和象征。作为一国之君的他一再被秦国欺辱，楚人自然也感到十分屈辱和愤怒；他最终悲惨地死在咸阳，楚人听说后都非常怜悯他，像死了家人亲戚一样哀悼他。一直到近百年后楚人揭竿而起反抗秦朝统治时，还把一位名叫熊心的楚王室后裔立为楚王并以"怀王"为号，可见楚怀王受欺辱死于秦国一事对于楚人来说是一段多么刻骨铭心的伤痛。楚怀王死后，秦楚两国也中断了邦交。

孟尝君的"相秦梦"

早在秦昭王六年（齐宣王十九年即公元前 301 年）秦宣太后把小儿子泾阳君公子市送往齐国做人质时，就曾邀请因主持合纵名震当时的齐相孟尝君田文到秦国担任相邦一职。本来当时田文非常心动，不顾家中门客的劝阻，执意想到秦国去。得知这个情况后，苏秦找上门来。

田文知道他伶牙俐齿，就想让他免开尊口，于是说道："这人世间的各种大道理我都听尽了，如果再想劝阻我去秦国，不妨讲些神鬼故事吧！"

谁知苏秦听了微微一笑，说道："我这次来，本来也不敢讲人间道理，就是想讲讲鬼神故事的。"

田文一愣，只得让他讲下去。

苏秦接着说："今天我来府上时从淄水边上经过，看见有一个木偶人和一个泥人在对话。木偶人嘲笑泥人说：'马上八月是雨季，淄水要上涨，你被雨一浇、水一泡就要坏喽。'泥人却道：'我本就是淄水岸边的泥巴，被人捏成了泥人，我遇水残坏，仍变回岸边泥土罢了。倒是你，本是东方桃木所雕成，一旦下了雨，你被裹在淄水里不知道会漂到什么地方去哩！'如今秦国是四塞之国，宛如虎口，君现在进去，我不知道您什么时候能出来啊！"

孟尝君听了沉默良久，随后婉拒了秦使。

又过了两年（秦昭王八年、齐闵王二年，即公元前 299 年），也就是齐闵王依照孟尝君的建议把楚国太子横放回国后，秦国再度派使者来到齐国，一方面是要接回在这里做人质的泾阳君公子市，另一方面第二次邀请田文到秦国任相。

秦国为什么一再邀请田文到秦国做相邦呢？原来组织联军在垂沙大败楚军后，孟尝君的声威更加显赫，成为当时人心目中一流的纵横家。秦国以他为相，自然是想借此联结强齐，并利用孟尝君的才能威名为秦国服务。

再说孟尝君田文，他第二次接到秦国方面的邀请后，内心非常高兴，认为秦国两度来请，诚意十足，不禁跃跃欲试。

原来田婴有四十多个儿子，这田文不过是田婴一个贱妾所生的小儿子，又在古人认为是"恶日"的五月初五出生（传说该日所生的孩子会克父母），田婴一度让田文母亲把他抛弃，田文母亲偷偷藏起孩子暗中抚养才留了他一条小命。低微的出身和不受待见的童年生活让成年后的孟尝君极其热衷功名利禄。他之所以不论贤愚，大力招揽天下之士为己所用，以至于达到门客三千人，就是在为自己邀名蓄势。如果能在相齐之后再次相秦，先后担任齐、秦两大国的相邦，这显然是当世莫大的功业和荣耀，对于进一步提升孟尝君的名望有极大帮助，他怎么会愿意错过这名利双收的机会？

但田文如今是齐国现任相邦，要去秦国任相，自然还需齐闵王批准。很快齐闵王做出决定，同意派田文到秦国任相。齐闵王的心思也不难猜测——田文作为齐国王室贵族到秦国任相，自然能加强齐秦联盟，并使秦国的大政方针向有利于齐国的方向倾斜，这对齐国有利无害。

随后孟尝君田文带着家人、门客离开临淄，与秦泾阳君公子市一起向西进发。到了秦国后，识大体、顾大局的魏冉辞去相邦职务让贤，秦昭王果然如约任命田文为秦国相邦。田文做了秦相后心中十分得意，但正如苏秦所料，他到了秦国一切就身不由己了。

据《史记》等书记载，孟尝君任相邦不到一年，他的副手、当时担任秦国丞相一职的赵国人金投就对秦昭王说："孟尝君是很贤能，但他是齐国的王族，在秦国做相邦，他一定先考虑齐国利益再考虑秦国利益，秦国将要危险喽！"

秦昭王听了金投的提醒后，立即表示自己原先考虑不周，于是不但把孟尝君的相邦职务给罢免了，还命人将他软禁起来。

秦昭王罢免孟尝君的理由显然不能令人信服，难道之前他没想到任用齐国贵族为相他会先齐后秦吗？这显然不可能！那秦昭王为什么突然来了个180度大转弯呢？这还得从当时秦国的战略变化讲起。

秦昭王等人让孟尝君来秦国任相，本是出于联齐的战略思考。但到秦昭王九年（公元前298年）时，秦国接受了赵国派来的大臣楼缓，转而决定与赵国结盟，所以自然不可能再以齐人为相了，甚至要与齐国撇清关系，这就是孟尝君被罢免甚至遭软禁的根本原因。

有读者可能会说，好一阵子没见到书中提到赵国的情况了！没错，最近十几年来，秦、齐、楚、魏、韩五国在中原征战角逐，赵国确实几乎不曾参与。那赵国这段时间都干啥去了呢？原来自秦武王四年（公元前307

> 林胡分布在今黄河以西内蒙古自治区的伊金霍洛旗一带；楼烦大体分布在今山西岢岚县以北、内蒙古自治区呼和浩特市以南地区。

年)起,赵武灵王就在赵国进行了以"胡服骑射"闻名后世的系列军政改革,采取开明的民族和睦政策,逐步建立起以独立骑兵为重要组成部分的一支军队,为中原最早,国力军力大长。在改革的同时,赵国放弃了以前屡遭挫折的南下争夺中原的战略,转而采取了向北方拓地的国策,趁中原国家相互争斗的良机,大举进攻狄人建立的中山国和北方游牧民族林胡、楼烦的领地,开疆拓土千余里,将云中(在今内蒙古包头市东南萨拉齐镇附近)、九原(在今内蒙古包头市九原区)等重要城邑纳入版图。为了给自己的改革和开拓北疆创造良好的环境,赵武灵王大力缓和与华夏诸国的关系,先后派了多名大臣到诸国访问、游说。极力主张联合秦、楚的赵国大臣楼缓,就是这期间被赵武灵王派到秦国的。当时赵国的另一名大臣仇赫还被派到宋国,被宋康王任命为相邦。

那秦国为什么会抛弃秦齐联盟,转而跟赵国和宋国结盟呢?我们知道,秦国要想扩张,西、北、南都已经没有什么空间,东方是唯一的出路。但齐国当时与魏国、韩国合纵,又新立了楚君,如果秦国和齐国联合,那秦国就不好对魏、韩、楚下手,无法进一步扩张了。所以联合新近因改革而逐渐强大的赵国以及受齐国威胁的宋国,是打破这一局面的一个尝试。

话说田文还没把秦国相邦的位子焐热,就突然被罢了官,还被看管起来失去自由,等于从天上被人一脚踹到地下,一时不禁蒙了。回过神来后,他明白自己恐怕像楚怀王一样中了圈套,不禁害怕起来。

这时孟尝君田文手下有个门客献计说,秦昭王宠爱一个妃子,对她的话几乎是言听计从,建议田文用重礼贿赂她,让她在秦昭王面前多吹枕边风,说不定能说动秦昭王放他们回国。

田文像抓住救命稻草,赶紧安排亲信带上大量珍贵礼品去见秦昭王的这位宠妃。但没多久,他的亲信却把带去的礼品又原样拿了回来。孟尝君脸都绿了,忙问是怎么回事。

这位亲信叹了口气说:"唉,这些东西秦王宠妃都不想要,她就想要那件'狐白裘'!"

孟尝君一听,也愁眉不展。原来孟尝君来秦国时,曾带来一件用白狐狸皮做成的价值千金的裘皮大衣,并当作见面礼送给了秦昭王。但这狐白裘天下无双,现在到哪里去找第二件呢?

孟尝君问宾客们有何对策,大家都默不作声。沉默片刻,坐在最下方位置的一个擅长偷鸡摸狗、平日不被大家瞧得上眼的宾客说:"臣能把送给秦王的那件狐白裘再弄来,请主公勿忧!"

事到如今,孟尝君只有点头同意了。

到了晚上,这位"梁上君子"装作狗的样子从狗洞爬进了秦王宫,溜进了秦王收纳宝贝的仓库,很快就捧着那件狐白裘回来见孟尝君。孟尝君大喜过望,连忙再派亲信送给秦昭王宠妃。

秦昭王宠妃得了朝思暮想的白狐狸皮大衣,立即穿在身上对着镜子左照右照,心里那个美就别提了。接下来她天天在秦昭王枕边吹风,说把有天下贤名的孟尝君请来当相邦又无端罢免已经惹诸侯耻笑,如果再把他扣押起来,秦国的名声必然更加狼藉,既然不想用,不如放人家回国。秦昭王经不住她唠叨,不由得同意了。

孟尝君得到秦昭王宠妃的消息后如逢大赦,立即率领家人、门客收拾行装上路,唯恐迟了秦昭王再变卦。他们日夜兼程,几乎是马不停蹄来到秦国东部的函谷关西门外。当时正是半夜,秦国法律规定鸡鸣才能开关放行,一行人只能在关内找个地方暂且歇息。这时秦昭王确实反悔了,遣将派兵来追。孟尝君听说追兵已经不远,望着紧闭的关门急得直跺脚。

"喔——喔——喔——"这时只听一声洪亮的鸡鸣声从孟尝君的队伍中传出,随着这声鸡鸣,函谷关内外的公鸡们都跟着叫起来。原来孟尝君门下有一个排名末座但会口技的门客,在此紧急时刻亮出了自己的看家本领。孟尝君一行人顿时有绝处逢生之感。

> 拆开伪造的文书，未能察觉真伪，罚交两副铠甲（折合2688钱，或自备伙食为官府服劳役336天）。
> ——睡虎地秦简《法律答问》

当时也没有时钟，守关的秦军听到鸡鸣声，虽然看天还挺黑，觉得有些奇怪，但还是按规定打开了关门。孟尝君一行人赶紧拿着伪造的通关文书上前，昏暗中倒霉的验证官吏不辨真假，于是放他们出关。就这样，孟尝君靠着"鸡鸣狗盗"之徒的帮助成功逃出了虎口，没成楚怀王第二。

离开秦国后，孟尝君一行东进再北上，准备经赵国返回齐国。在邯郸，当时只有十一二岁，但对孟尝君颇为仰慕的赵国公子赵胜热情地招待了他。这赵胜是赵武灵王的儿子、赵惠文王的弟弟，这年他刚刚受封为平原君。熟悉历史的人都知道，后来赵胜也学孟尝君的样子收养了数千门客，并一度执掌赵国大权，成为影响战国局势的重要人物，最终与他的前辈偶像孟尝君一起被列入"战国四君"（战国四公子）之中。

出了邯郸孟尝君继续东行。途经赵齐边境赵国一侧的某县时，当地人听说大名鼎鼎的孟尝君来了，都涌到街上去观看。孟尝君正喜滋滋地坐在马车上，忽听街边有不少人说："我们以为薛公[1]是个身材魁梧的伟岸丈夫呢，原来他其实是个小矮子啊！"

俗话说"骂人不揭短"，孟尝君不禁恼羞成怒，他手一挥，手下家丁门客拔剑跳下车，不分青红皂白就大砍起来。他们连杀数百人，直到把这个县城的街道杀得空无一人才扬长而去。由此可见这所谓的"贤人"田文，其实心胸狭隘、睚眦必报，蔑视百姓、草菅人命。

---

[1] 齐威王将原薛国都城薛邑（在今山东滕州东南）封给田婴，后来薛邑由孟尝君田文继承，所以他有"薛公"的称号。古今有一些学者认为薛邑与徐州为一地，但历史学者陈伟考证认为薛邑与徐州应为两地，徐州在西、薛邑在东。（详见陈伟：《楚"东国"地理研究》第二章第三节"薛邑与徐州"。）

第二次"五国伐秦"

孟尝君历经艰险返回临淄城，齐闵王也觉得有些自责，因为是他同意派孟尝君赴秦的。所以齐闵王命人再次把齐国相印交给孟尝君，让他继续执掌齐国国政。

孟尝君田文骨子里其实是个心胸狭隘、睚眦必报的人，他再次担任齐相后，自然不可能咽下在秦国受辱甚至差点丧命的这口气。所以为了对抗秦、赵、宋三国联盟，打击报复秦国、争夺宋国，孟尝君决定再次开展合纵，组织魏、韩等国攻伐秦国。

秦昭王九年（公元前298年），秦国攻打楚国，夺得析邑等十六座楚国西北城邑。趁秦国打完楚国，将士疲乏之际，孟尝君命令以老将田章为将，统领齐、魏、韩三国联军大举西进，攻打秦国函谷关。

勇武的秦军怎能容忍被人堵到家门口，立即出函谷关迎战。但齐、魏、韩三国军力之和实在强大，秦军居然罕见地遭遇败绩，不得不退回关内据城而守。接下来田章率领三国联军猛烈攻关，但因为函谷关建于黄土高台稠桑塬的谷道东出口，易守难攻，联军一时也拿不下。

却说三国联军日夜攻关，士卒损失巨大，物资消耗也惊人。春秋末期军事家孙子曾经曰："凡用兵之法，驰车千驷，革车千乘，带甲十万，千里馈粮。则内外之费，宾客之用，胶漆之材，车甲之奉，日费千金，然后十万之师举矣。"一句话，劳师远征太费钱粮了！于是孟尝君和联军将领就照例打起了西周公国的主意，向它摊派粮食马料和士兵壮丁，因为西周公国就在函谷关东面不远的地方嘛。

当时西周国的君主西周武公心里那叫一个苦：中原鏖兵时，很多诸侯缺了补给都来勒索西周国；如今三国联军攻打函谷关，又来要东要西。别人家打仗他埋单，想不给，还得罪不起！给了吧，秦国以后少不了要找自己算账。看来要少出血,不得罪秦国,只能盼望双方早日结束战争,于是西周武公派出说客韩庆去游说孟尝君田文。

韩庆见了孟尝君说:"薛公以齐国之军力为韩、魏两国攻打楚国,先后历时五年,取得了宛城、叶以北的地区,却被韩、魏两国拿去,增强了它们的国力;现在薛公又攻打秦国,齐、秦相隔甚远,打下了土地还不是便宜韩、魏?楚、秦被削弱后,韩、魏南面没了楚国的忧患,西面没了秦国的祸害,疆土扩大、国威增高,齐国不就相对衰落了?这世间的风水都是轮流转的,我私下里为君担忧啊!"

孟尝君一听,韩庆讲的似乎真有些道理,不由得沉思起来。

韩庆见孟尝君心动,连忙趁热打铁说:"为君着想,不如让我国暗中交好秦国,同时请薛公不要再攻打函谷关,只要围着就好了,也不要再向我国借兵要粮。到时候我国帮着把贵方的意思告诉秦王,即薛公一定不会攻破秦国来增强韩、魏的力量,齐国之所以攻秦,其实是想让秦国释放被扣的楚王,以此迫使楚国割让淮北之地来'感恩'齐国。如果秦国真能释放楚王,自己就不会再受损失,三晋害怕秦国,必定依赖齐国;而楚国得知楚王能回来是因为齐国的调停,必定献上东方的土地报效。齐国得地越来越强大,您的封地薛邑也将世世无忧。"

孟尝君最终接受了韩庆的建议,派他入秦游说,同时让三国联军停止攻打函谷关,只是继续屯兵关外,保持对秦国的压力。

再说秦国这边被人打了,它的盟国赵国和宋国如何反应呢?让秦国感到很窝火的是,这俩"盟友"没有一国出兵帮助秦国的。

先说赵国。赵武灵王最初派大臣到华夏各国联络友好,只是想为自己开拓胡地、吞并中山营造一个良好的国际环境;后来他见秦国任用齐国贵族孟尝君为相,担心秦、齐联合后一旦中原无事,很可能会对赵国不利,如秦、齐进攻赵国或干涉赵国吞并中山国,所以他才大力拉拢秦国并提出与其结盟,此举很大程度上是为了拆散秦齐联盟并挑唆两国相斗,他好渔翁得利。实际上赵武灵王开拓西北的大战略中还有从云中、九原南下攻秦的大胆构想，他自己甚至曾假扮赵国使者冒险到秦国窥探过虚实。既然赵武灵王对与秦国结盟根本没有诚意，骨子里还把秦国当做大敌，自然不会出兵帮助"盟友"秦国去抵御齐、魏、韩三国联军了，反而巴不得双方继续鏖战。由此可见当时各国关系的复杂性，找上门来与你结盟的国家，背地里也许包藏祸心！

因此在齐、魏、韩围攻函谷关的当口，赵国不但不出兵援秦，反而出动大军猛攻中山国，夺取中山边境重镇扶柳城（在今河北冀州市西北），一直打到滹沱河一带，逼近了当时的中山国都城灵寿城（在今河北灵寿县东南）。

再说宋国。宋国属于当时的"千乘之国"，是小国中的大国、大国中的小国，本身实力要逊于"七雄"。在秦惠文王时，宋国末代君主宋公偃靠政变上位。他力图振兴也进行变革，即位之初推了一段时间"仁政"，后来又推行"霸政"，国力有一定提升，因此时人称之为"五千乘之劲宋"。宋公偃逐渐膨胀，也于秦惠文王更元七年（公元前318年）称王，史称"宋康王"或"宋献王"，成为宋国历史上第一位也是唯一一位国王。

在齐、魏、韩三国攻秦的这几年，宋康王像赵武灵王一样趁机大肆扩张：他向北灭掉了"泗上十二诸侯"中的滕国（在今山东滕州东），还一度攻打齐国相邦孟尝君田文的封地薛邑（在今山东滕州东南）；他向南进攻楚国淮北地区，一口气拓地三百里。因此宋国也没有心思去管口头上的"盟友"秦国。

回过头来说秦国。韩庆入秦游说秦昭王释放楚怀王，并要求秦国逼迫楚国向齐国割地。但秦昭王盘算，就算释放楚怀王，也得自己主动释放，好让楚国感激自己；在三国攻秦的情况下释放楚怀王，让齐人在天下博得好名声并获得楚国的土地，这样的买卖怎么算怎么亏啊。于是他没有理睬韩庆。第二年也就是秦昭王十年（公元前297年），被扣押在咸阳的楚怀王趁秦人注意力都在函谷关，偷偷溜之大吉，一直跑到秦赵边境附近,才因为赵国拒绝其入境,被秦人重新抓了回来。不久身心俱受打击的楚怀王病死于咸阳,秦楚就此绝交。

闹了这么一出,齐国听从韩庆的建议,逼迫秦国释放楚怀王同时想以此从楚国讹诈淮北之地的如意算盘就完全落空了。秦昭王十一年(公元前296年),恼羞成怒之下孟尝君下令再次猛攻函谷关,这一次这座天下雄关居然被三国联军攻破!

此时,赵国二十万大军已经攻下了中山首都灵寿城,"战国小强"中山国这次彻底灭亡。听到齐、魏、韩三国攻克函谷关的消息后,已经腾出手的赵国也想分一杯羹,立即撕破"联秦"的伪装,转而加入齐、魏、韩的伐秦联军。由赵国人仇赫担任相邦的宋国,也出兵跟随赵军一起西向伐秦。就这样,继秦惠文王更元七年(公元前318年)公孙衍组织第一次"五国伐秦"之后,事隔二十多年东方诸侯再次组织起第二次"五国伐秦"。只不过上次的五国是魏、赵、韩、楚、燕五国,这次没了楚、燕,换为齐、宋,变成齐、魏、韩、赵、宋五国。

五国联军乘胜前进,一直挺进到河东的秦国城邑盐氏(在今山西运城市一带)。秦昭王得报不由得十分紧张,惧怕联军攻到咸阳。他召见接替田文担任秦国相邦的楼缓,问他道:"联军已经深入秦境,寡人想割让河东三座城池换取和平,爱卿意下如何?"

楼缓毕竟是刚来秦国不久的客卿,不敢做主,于是推诿道:"割让河东,是大大的损失;但能让联军退兵,免除祸患,又是大大的好处。不过这样的大事,大王得跟宗亲中的叔伯兄长们商量一下,大王何不召见公子池?"

公子池是谁呢?原来他是秦惠文王的儿子、秦昭王的一位庶兄,在当时的秦国宗室中颇具威望。

秦昭王一听,赶紧宣公子池进宫,然后把割让河东秦地的打算告诉了他,征询他的意见。

公子池也怕出了主意,以后秦昭王反悔了把责任推到自己身上,就说:"大王您割地议和以后会后悔,不割地议和以后也会后悔。"

秦昭王有点摸不着头脑,问道:"这是怎么说?"

公子池解释说:"大王割让河东之地议和,五国退兵后,大王一定会说:'可惜啊,五国一定会退去,我却白白贴了三座城。'大王不割地议和,五国继续进兵,咸阳危急,大王又会说:'早知道何必爱惜三城之地呢?'所以怎么着您都会后悔。"

秦昭王听后拍板说:"既然怎么着都会后悔,我宁愿割让三座城而后悔,也不能等到咸阳危急再后悔。寡人决定割地议和!"

于是秦昭王任命公子池为使者与五国谈判,以割让河东三城为礼物,要求五国退兵。联军方面劳师三年消耗巨大,尤其巧合的是,这一年魏襄王和韩襄王都死了,两国新君魏昭王和韩釐王都需要安定内部,孟尝君最终同意了秦国的议和请求。当然,韩国拿回了被秦国占领八年的武遂,魏国同样拿回了被秦国占领八年的晋阳和封陵。

这次五国伐秦,可以说是自商鞅变法以来秦国最跌面子的时刻,秦人被迫把吃进嘴里的"肉"又吐了出来,一口气向韩、魏割让三座河东重要城池。但另一方面,因为秦昭王当机立断、割地求和,联军没有攻入秦国的关中本土,所以秦国虽然打了败仗,却没有伤筋动骨,为以后再次翻盘奠定了基础。

再说齐国。齐国这些年在孟尝君田文的操作下组织合纵,联合韩、魏等国先后大败楚国尤其是令东方诸侯恐惧的秦国,打击了秦国的嚣张气焰,暂时阻遏了秦国的东扩势头,在天下诸侯中树立了威信,俨然成为当世合纵霸主,一时耀武扬威、风光无两。但因为孟尝君采取的是"近交远攻"的策略,长途远征消耗了大量国力,攻下的土地却都归了韩、魏,可以说是赢了面子却折了里子,实际得不偿失。

主父饿死沙丘　秦齐言归于好

第二次"五国伐秦"结束后,齐国也有点回过味儿来,明白"近交远攻"都便宜了别人,开始把主要精力用于向自己周边开拓疆土。

前一阵子赵国攻灭中山国的时候,齐国和燕国都乘机从南部和北部侵吞中山的国土,不知不觉两国军队就在原中山国境内碰面了。见燕国胆敢跟自己"抢食吃",齐闵王怒不可遏。齐军主力从秦国撤回后,立即就向燕军发动猛攻。燕人也不示弱,因为他们正想报以前齐军侵燕的仇恨。

当时燕国的燕昭王曾帮助秦昭王回国继位,对秦国有恩,齐国又刚刚迫使秦国割地,是秦国的仇人。所以听说齐、燕交战的消息后,秦国很快派兵援助燕军。

不过这时的齐军风头正盛,在原中山国的权地(在今河北正定县北)大败有秦军助阵的燕军,一举歼灭燕军十万,并生擒燕国大将两员。因为燕国败得十分凄惨,尸横遍野,所以史书上称这次战争为"权之难"。齐国在北方得胜后,又把扩张的目光盯向了南边的宋国。

"五国伐秦"和"权之难"的第二年(秦昭王十二年即公元前295年),北方赵国发生了一件惊天大事——"沙丘之变",一代英主赵武灵王以"被饿死"的可笑方式退出了历史舞台。这到底是怎么回事呢?

原来赵武灵王即位之初为了和韩国结盟,曾娶韩宣惠王之女为夫人,生下了长子赵章,并立他为太子。此后这韩国夫人不知道何时病逝。娶韩女十来年后,赵武灵王又续娶了大臣吴广的漂亮女儿吴娃(又称孟姚)为夫人,这就是赵惠后。赵武灵王十分迷恋赵惠后,真是集三千宠爱于她一身,一连几年都只住在她宫中,很快两人生下儿子赵何。但自古红颜薄命，赵武灵王二十五年（秦昭王六年即公元前301年），年轻的赵惠后不幸病故，赵武灵王悲痛欲绝，于是废长立幼，改立赵惠后所生的赵何为太子，并于两年后将王位让给了他。赵何就是赵惠文王。让位后的赵武灵王其实才四十出头，正值壮年，他自称"主父"，专心领兵在外征伐中山、楼烦等国，而把内政交给赵何，历练他的政治能力。为了补偿原太子赵章，赵武灵王把他封在赵国北方的重要区域代地，号为安阳君。

中山国被赵武灵王灭掉后，某次赵国举行朝会，身材高大魁梧的赵章也不得不屈膝向年仅十来岁的弟弟赵惠文王赵何行大礼。赵武灵王见了赵章的委屈相，内心里不由得又感到对不起这个大儿子。手心手背都是肉，怎么办呢？赵武灵王一拍脑袋，想出个主意：不如把赵国一分为二，由赵何继续当赵王，让赵章在代地当代王，两个儿子都当王，不就两全其美了吗？不过战国时代各国都在开拓疆土、加强君权，所以他的这个把一大国分成两小国的荒唐想法，理所当然地招致了很多大臣

> 代地大致相当于今天山西、河北北部的桑干河流域地区，包括山西朔州、大同，河北张家口，内蒙呼和浩特东南部。该地最初是戎狄活动区域，曾有一支名为"代戎"的戎狄部落在那里建立过一个"代国"，故名代地。

的反对，不得不搁置了下来。但赵武灵王的这个提议，却进一步激发了赵章的野心。

秦昭王十二年，赵武灵王和儿子赵惠文王这爷俩一起到沙丘（在今河北广宗县境内）游玩，分别住在两座宫殿里。这沙丘，正是当年商纣王曾经修建大量离宫别馆的地方，可见千余年来都是风景秀丽之处。在讨伐中山的战争中担任过中军将的赵章得到消息后，认为时机难得，立即与自己的谋臣田不礼发动政变，派私兵控制住了赵武灵王居住的宫殿，然后以赵武灵王的名义召赵惠文王来见，准备等弟弟一

进宫就干掉他。但赵惠文王的相邦肥义警惕性非常高,听说"主父"突然召见赵惠文王,为万全起见就自己先过来打探情况,结果被赵章和田不礼杀死。不过肥义虽死,赵章的阴谋也败露,忠于赵惠文王的公子成和李兑等大臣得到叛乱消息,迅速集结沙丘周边的赵军反击赵章。赵章的少量私兵抵挡不住赵国正规军,被杀得四散奔逃。最后赵章为了保命躲进了父亲赵武灵王的宫中,赵武灵王不忍心见儿子丧命,就把他接纳下来。

公子成和李兑得知了赵章的行踪,认为斩草必须除根,于是派兵把赵武灵王所住的宫殿团团包围起来。赵章明白自己不可能活着走出去了,绝望之下横剑抹了脖子。

按说赵章死了事情该结束了,但公子成和李兑合计,他俩为了抓赵章带兵包围了一代强人赵武灵王的宫殿并致使其子自杀,以后赵武灵王一定会翻脸追究,两人恐怕有灭族之祸。于是他们一不做二不休,继续包围宫殿不撤兵,并派人向宫内喊话,要里面所有的侍从、宫女迅速出宫,并威胁"后出者灭族"。宫内人员为了保命蜂拥而出,只剩下赵武灵王一个人被堵在里面。公子成和李兑不敢直接杀死赵武灵王背上"弑君"的罪名,就下令断绝宫中的饮食。可怜赵武灵王叱咤风云数十年,如今却被饿得在宫内掏鸟窝吃雏鸟。公子成和李兑一连围宫三个月,赵武灵王把宫内能吃的东西全吃光了,最终活活饿死。

赵武灵王赵雍落得像春秋第一霸主齐桓公一样的悲惨下场,直接原因是他为亲情困扰,居然先废长立幼、事后又想补偿大儿子搞"二王并立",最后是两边不讨好。不同的是齐桓公是晚年才糊涂(他死时已经七十岁左右了),而赵武灵王四十多岁就昏招迭出了。从根子上说,赵武灵王的结局应该跟他的性格有关。他可以说是战国时期乃至整个中国历史上都比较另类的君王,行事不拘礼法,举动往往出人意料,如力排众议推行胡服骑射、以君主身份亲自统兵攻城略地(君主统兵在春秋之前常见但在战国之后就很少见了)、孤身犯险考察秦国等等。可能是他之前的"奇招"屡屡成功，让他逐渐变得刚愎自用，以至于最后把"大胆创新"演成了"任性胡来"。后世的成语"成也萧何、败也萧何"，用在赵武灵王身上真的很合适。

当然更耐人寻味的是赵惠文王赵何在此事中的态度。公子成和李兑围困赵武灵王达几个月时间，可史书上却丝毫没有赵惠文王企图加以制止的记载，说明他内心其实也是盼着父王早点归天、自己好马上掌握大权的。"权力面前无父子"，这句话果然一点也不假。

赵武灵王死后，赵惠文王任命李兑为赵国相邦，并封其为奉阳君。鉴于楼缓在秦国做相邦已经起不到什么作用了，赵惠文王于是主动派人到秦国召回了楼缓。

楼缓走后，秦昭王又任命舅舅魏冉为相邦。这是魏冉第二次任相（他第一次任相是秦昭王七年至八年）。魏冉上台伊始，一方面致力于缓和与楚国的关系，在楚国饥荒时主动援助粮食五万石；另一方面鉴于原来的秦、赵、宋联盟已经瓦解，决定再尝试实行联齐的政策。

秦国递来橄榄枝，齐国接不接呢？为此齐闵王和相邦孟尝君田文却起了严重的分歧：齐闵王想与秦国建立联盟关系以集中精力灭掉近边的宋国，而田文却主张继续推行联合魏、韩等国打击秦国的政策。为此田文还趁秦、赵关系破裂，亲自带着刚刚继位的魏昭王、韩国相邦成阳君去赵国拜会赵相奉阳君李兑。齐闵王见田文丝毫不顾自己这个大王的想法还"变本加厉"，不禁心中恼怒，流露出对田文专权的不满。因此齐国的君、相矛盾逐渐凸显。

第二年也就是秦昭王十三年（公元前294年）的某天晚上，齐都临淄的街道上突然布满了持剑荷戟的士兵，继而喊杀之声四起。原来齐国贵族田甲居然劫持了齐闵王！忠于齐闵王的大臣将领则迅速反击，最终击败田甲把齐闵王救了出来。

田甲为什么要干这样大逆不道的事情呢？没人能说得清楚。但因为平日里田甲和相邦田文的关系不错，惊魂未定的齐闵王立即就怀疑田文是幕后主使。那么田文在"田甲劫王"事件中到底扮演了什么角色呢？因为史料简略残缺，后世人们也已经无法弄清了。我们能知道的是，该事件发生后田文就被迫逃回了自己的封地薛邑，而且自此以后再也没能执掌齐国大权。

田文出逃，齐闵王终于成为齐国真正的大王。他随即驱逐了亲魏反秦的大臣周最，而任用秦国五大夫吕礼为相邦，推行联秦政策。

秦齐联盟的形成，是两国力量势均力敌的表现，两国都觉得互相对抗没有好处，只会让其他国家从中渔利，不如双方言归于好、互不干涉，然后各自痛痛快快地去侵吞兼并周边的弱小国家。就这样，继秦、赵、宋三国联盟瓦解之后，齐、魏、韩三国联盟也不复存在。

伊阙之战——白起的成名之作

秦、齐结盟后，双方达成协议，互不干涉对方的兼并扩张行为。随后齐国专心吞并宋国，而秦国则立即向东方魏、韩两国开拓。魏、韩是当时的弱国，刚刚又仗着齐国的势力逼迫秦国吐出了河东三城，秦人要扩张，不向它们举起屠刀还能向谁举起屠刀？

秦国相邦魏冉首先任命自家亲戚向寿为统帅，让他领兵东进，攻打最弱的韩国。向寿也不负所托，首战告捷，夺取了宜阳东北方的韩国城邑武始（在今河南新安县与洛阳市之间[①]）。与此同时，秦军另一路人马还攻击了魏国并取得胜利。秦国下一步的目标，是武始东南方、宜阳正东方的韩国要地伊阙。

说起伊阙这地名，可能很多人会觉得很陌生，但是如果告诉您伊

---

① 朱本军：《战国诸侯疆域形势图考绘》，北京：北京大学出版社，2019年版，第193页。

阙就是洛阳"龙门石窟"所在的那个"龙门",大家就会恍然大悟了。我曾经提到过黄河上晋陕交界处的"龙门",它在今天陕西韩城东北,因两山夹着黄河,像一座天然的大门,古人又传说黄河鲤鱼跳过这里就会化为蛟龙,所以叫"龙门"。黄河"龙门"是最早版、最正宗的"龙门",上古传说中大禹开山导水的"龙门"就是这里。而洛阳伊水"龙门"的地理形势类似黄河"龙门",也是南北流向的伊水东西两岸有两座山夹河而立,非常像古代宫殿外左右相对的两座高台建筑"阙",所以被叫做"伊阙",即"伊水之阙"的意思。不过"伊阙"改叫"龙门"的时间较晚,要到隋朝以后。唐代《元和郡县图志》记载,隋炀帝杨广为方便统治东南,在东都洛阳修筑新城并迁都到那里(隋朝都城本在大兴城即长安)。有一天,杨广带着群臣登上邙山之巅,眺望伊阙,感慨道:"此非龙门耶?自古何因不建都于此?"皇上"金口玉言",于是伊阙自此也被叫作"龙门"。

伊阙是现在什么地方我们弄明白了,那秦国为什么要攻打伊阙呢?原来伊阙位于当时周天子周赧王寄居的西周公国都城河南城(原周王城)的南侧十几里处,地势险要,战略地位重要:夺取伊阙,向东可以通往韩国都城新郑和魏国都城大梁,向南可以通往宛城、叶等地。秦国立志向东扩张,占领了宜阳、武始后,自然要再夺取伊阙。

眼见秦军来势汹汹,而原先的盟友齐国现在又抱着一副袖手旁观的姿态,韩、魏两国为求生存只得迅速抱团,共抗强敌,当然他们此时还有一个小伙伴——西周国。西周国虽弱小,但总算是聊胜于无吧。探听到秦国意欲攻打伊阙的消息后,韩国紧急调动大批人力物力在伊阙南边筑起一座新城来加强防守,只用了十五天就神速把城建起。(要注意的是,韩国所筑的新城和本书前面提到的楚国新城不是一个地方,楚国新城在韩国新城西南数十里处。)

新城筑起后,秦军要想攻打伊阙,自然得先拿下外围的它。于是秦相魏冉又选派了一员干将去攻打新城。这位干将是谁呢?原来他是秦国郿县（在今陕西眉县东）人，氏白，名起。没错，这个白起，又被称作公孙起，就是后来与吴起齐名、号称"人屠"的那个千古名将白起！

有人会不满，说你怎么只提白起的氏和名，不提他的姓呢？其实关于白起姓什么，至今还不能有定论。

一些书籍说，春秋末期楚平王废长立幼废掉的那个嫡长子太子建的儿子白公胜（封邑在白邑即今河南息县东），在楚国发动叛乱失败身死后，他的儿子逃到秦国，继续以"白"为氏，白起就是白公胜的后代。按这种说法，白起是姓芈的，因为是王族之后，以公孙为氏自然是可以的。但是这种说法最早见于唐代白居易自述白氏先祖世系的《太原白氏家状二道》，而白居易在家状里却把早于白公胜一百多年的蹇叔之子白乙丙愣说成是白公胜的后代，可见这位唐代著名大诗人的历史考据水平实在是令人不敢恭维，所以他的说法只能权且一听罢了。

还有一些现代人编的姓氏词典说，秦武公之子、那个未曾继位的公子白的后代也以祖先的名字"白"为氏，并且认为白起是公子白之后。公子白是秦公之子，他的后人以公孙为氏也是可以的。按这种说法，白起就该是嬴姓。但是这种说法也找不到什么古籍依据，只能说是后人猜测而已。

说来说去，还是上古流传下来的资料太少，比如《史记·白起王翦列传》里就对白起的家世出身只字未提，所以后人才不得不胡乱附会。其实"英雄不问出处"，白起到底是楚国白公胜之后还是秦国公子白之后，到底是姓芈还是姓嬴，根本不重要，因为他的辉煌战绩足以担当一个"始祖级"的人物。

据西晋人孔衍所著的《春秋后语》一书记载，后来赵国平原君赵胜曾向赵孝成王（赵武灵王之孙）介绍白起的相貌说："臣察武安君，小头而锐，瞳子白黑分明，视瞻不转。小头而锐，断敢行也；目黑白分，见事明也；视瞻不转，执志强也。"

也就是说，赵胜眼中的白起，长得头小下巴尖，但是眼睛却黑白分明，尤其是目光十分坚定。如果赵胜的描述无误，那么历史上的白起并不是很多人想象的方面大耳的大将模样，反而长着一副现代摄影师最喜欢的那种上镜脸——小头V脸大眼睛。

接着赵胜进一步剖析说，头小下巴尖的人，行事果决；眼睛黑白分明的人，明察秋毫；目光坚定的人，意志顽强。由此可见白起这人绝对是一个集智慧、果敢和坚韧为一身的天生将才。

白起的生年史书上没有记载，据推测新城之战时可能在三十岁上下。《史记》有载，当时白起就已经爵封左庶长，跻身"高干"之列（左庶长以上为"卿"级），拥有了食邑和封邑。一个年轻人能获得这级爵位很不简单，他的出身一定比较高贵，并确实有些战功，所以他才能入能文能武的秦国相邦魏冉的法眼。

白起也没辜负魏冉的信任，他领兵出战，没费多大周章，就一举攻占韩国煞费苦心修筑的新城。因为此战的胜利，白起晋爵两级，受封左更。左更在秦国是什么地位呢？司马迁的祖先、攻取蜀国并平定蜀国叛乱的司马错，当时也不过爵封左更而已。

白起夺取新城后，魏昭王不禁有"唇亡齿寒"之感，于是命令有"犀武"称号、曾在垂沙大败楚军的老将公孙喜率军十余万西进，协助韩国防守伊阙。大家应记得，一生致力于"合纵"的公孙衍号称"犀首"，很可能它们都是魏国军功爵制中的等级名称。这时加上韩军自己以及来援的西周军，伊阙一带的联军已经达到二十四万人之众。见己方兵威壮盛，公孙喜自觉腰杆硬了，不把秦军放在眼里，不再满足于被动防守伊阙，而是开始尝试反攻秦军。

魏冉得到伊阙韩、魏、西周三国联军数量惊人的消息后，神色也不禁凝重起来。作为亲戚，他知道眼下的秦军统帅向寿虽然也曾领兵打过一些顺风仗，但其军事能力并不突出，要让他与统领二十四万人联军的魏国老将"犀武"公孙喜对阵,不要说攻取伊阙了,他能不能守住之前秦国占领的韩国疆土都是问题。要想取胜,必须走马换将了!于是魏冉不被亲戚情面羁绊,做了一个极为大胆的决定——拿掉向寿的职务,破格提拔年轻的左更白起为前线统帅,让他统一指挥函谷关以东的十余万人的秦军。在魏冉看来,白起虽然也没有指挥大兵团作战的经验,但是他的军事才华非比寻常,值得冒险一试!

秦昭王十四年(公元前293年)年初,白起正式取代向寿走马上任。他知道手上兵力只有敌军的一半儿,自己肩上的担子极重,因此接掌兵权后并未轻举妄动,而是先严密布防,继而眼睛不眨地盯着三国联军的一举一动。这就是《孙子兵法》所推崇的"先为不可胜,以待敌之可胜",也即先确保自己的防守无懈可击,再等待敌人漏出破绽。

果然,合伙的生意不好做,三国联军内部真的出现了矛盾。矛盾的原因很简单,那就是谁打头阵的问题:韩国将领认为魏军是三国联军的主力,兵多将广,自然该由魏军打头阵;而公孙喜觉得魏军是来替韩国保家卫国的,韩军自己怎么能躲在后面?至于西周军,它的实力最弱小,咱们都知道它就是个打酱油的,它自个儿也明白。就这样,"三个和尚没水吃",韩、魏两军都屁股不挪窝,互相使眼色让对方先上。

善用兵者都善用间谍,《孙子兵法》十三篇中专门有一篇叫"用间篇"。白起探听到了三国联军内部的矛盾后,决定就以这个作为突破点!

白起命令分出一支偏师,多配旌旗金鼓,冒充主力开到韩军阵营前挑战。如白起所料,韩军势弱,坚守营寨不敢出来;魏军那边见了,也不积极增援,一来想看看韩军的笑话,二来也有等秦韩两军两败俱伤后它再渔翁得利的心思。

不过想看别人笑话的人,往往最后自己成了笑料。秦军偏师顶在韩军营寨门口的时候,秦军主力正悄悄运动到魏军营寨的一侧。随着白起一声令下，骁勇的秦军打破寨墙不顾一切地向魏军中军大帐冲去。魏军毫无准备，瞬间就被秦军打蒙了，面对潮水般涌入的敌人，他们慌作一团。公孙喜见秦军来袭、本方陷入混乱之中，竭尽全力企图制止将士败退，但哪里制止得了！正在他声嘶力竭之际，秦军已经杀到他面前，于是公孙喜自己都成了秦军的俘虏。主帅被擒，魏军顿时全面崩溃。见魏军完蛋，韩军不战自溃，打酱油的西周军更是一哄而散。秦军撒欢儿追杀魏、韩、西周的逃兵，一时间尸横遍野。随后白起乘胜追击，攻打帮助韩魏的西周国，并夺取魏国五座城池。

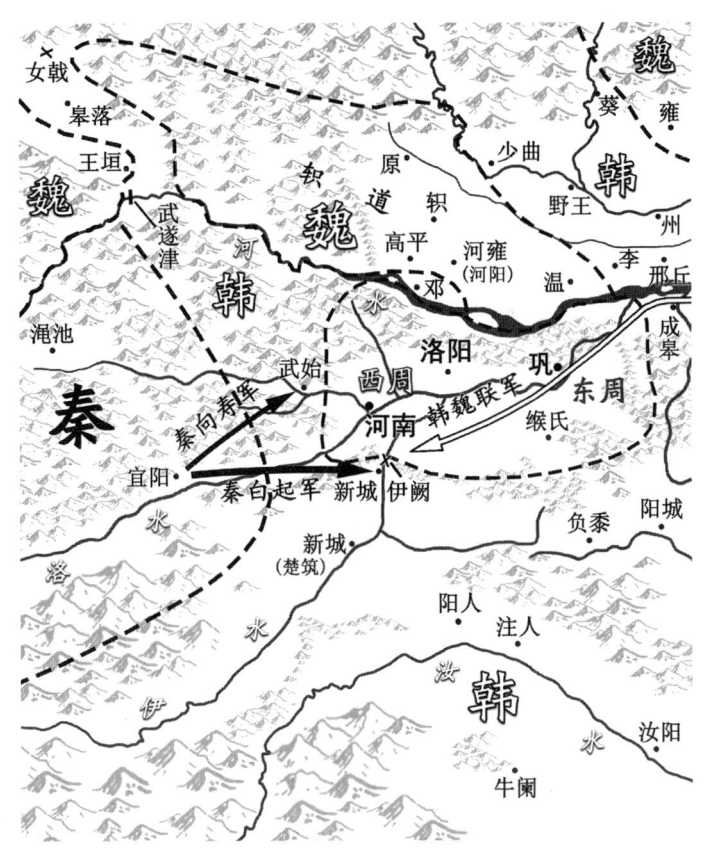

伊阙之战示意图

至此，聚集天下目光的伊阙之战以韩、魏、周三国联军二十四万人全军覆没告终，魏国、韩国这一次元气大伤，尤其是本就弱小的韩国再没能恢复过来。伊阙之战也是中国有信史记载以来第一次歼敌数超过二十万人的大战役。白起以少胜多，以十余万之众全歼敌军二十四万人，因此一战成名，声名鹊起，威震诸侯。当然，这只是白起赫赫战功的开始而已！白起虽然智勇超群，大家也别忘了魏冉这"伯乐"慧眼识人、大胆用人的功劳。

秦齐称帝与第三次"五国伐秦"

伊阙之战完胜的消息传到咸阳，秦昭王喜出望外，因为他确实没想到白起能以一半于敌人的兵力取得如此大捷。因此他下令，升白起为邦尉（汉代避刘邦讳改为"国尉"）。那么邦尉（国尉）是秦国什么官职呢？原来它具体职责为管理秦国本土（不含新夺取的设郡区域）的军事事务，在当时它仅次于大良造（这里指官职），是秦国位列第二的武职，大致相当于京畿卫戍司令。

白起升职后，干劲十足，先北上渡过黄河，攻击今天晋西南的魏国领土，一度占领王垣（在今山西垣曲县东南）；随后他领兵南下，攻占了十年前韩国追随齐国、魏国伐楚时（即重丘之战和垂沙之难）打下的楚国宛城（今河南南阳宛城区）。要知道宛城可是当时中原的重要城市：首先它为交通枢纽，西通武关，南达江淮，是个商贸云集的大都会；其次它境内富含铁矿资源，冶铁业发达，是个出产精良铁兵器的"兵工基地"。因以上军功，白起再升一级，受封为大良造，也即秦国设置相邦和丞相后的第一武职，相当于做了后世的太尉或大司马、现在的国防部长。

不久，大良造白起带领爵位为左更的司马迁老祖宗司马错，攻占了包括魏国轵（zhǐ）县（在今河南济源县东南）和韩国的邓邑（在今河南孟州市西）在内的河内地区六十一城。

> 古代的"河内"，春秋时又称"南阳"，指太行山与黄河的夹角地带，也即今天河南省黄河以北的济源、孟州、沁阳、温县、焦作、武陟、修武、获嘉等地。

要解释一下的是，轵县就是太行八陉中轵关陉的东出口，是晋南地区通往中原的要道；而邓邑则是韩国的另一个重要冶铁基地。所以此战后，邓、宛两个原属韩国的冶铁重镇都被秦国夺去，大大增强了秦国的兵工力量。

取得了这些地方后，秦昭王立即大封宗亲——把宛城封给了小弟公子市，把邓邑封给了二弟公子悝。当时恰好魏冉因病短暂罢相，因此也得到了一块原属韩国的封邑——穰邑（在今河南邓州市），所以魏冉又以"穰侯"的称呼著称于世。当然因为那时候秦宣太后还如日中天，所以这些分封应该是她的主意。

见阻挡不住秦国的凌厉攻势，魏昭王和韩釐王心惊胆战，不得已只得割地求和：魏昭王把河东四百里土地（主要是今晋西南山地）献给了秦国，韩釐王则把武遂及周边二百里土地献给秦国。就这样，秦国不费吹灰之力再得六百里土地。

至于魏国和韩国，由于它们"割肉"事秦，疆域变得更加狭小，面对秦国更组织不起有效的抵抗。事到如今，韩国基本认命，抱着能活一天是一天的消极心态。曾经做过霸主的魏国却不甘束手待毙：魏昭王请来了名重当时却被齐闵王罢黜的孟尝君田文，并任命他为魏国相邦（这是田文第二次任魏相）；随后魏国开始另寻靠山，把目光投向了同属三晋的赵国。当时赵武灵王虽死，但"胡服骑射"的改革成果犹在——赵军骑兵如飞，又吞并中山国及北方河套东部一带大片土地，国力强盛，所以它成了魏国紧抓的救命稻草。

秦昭王十九年（公元前288年），魏昭王通过赵相奉阳君李兑的关系，屈尊亲自到邯郸朝拜赵惠文王，并献上葛孽（在今河北肥乡县西南）、阴成（在今河南卢氏县东北）两座城邑给赵惠文王做"养邑"，献上河阳（魏国曾改名"河雍"，在今河南孟州市西）、姑密（在河阳附近）两座城邑给李兑的儿子做封地。值得一提的是，河阳南面有黄河中游的重要渡口，渡口还设有浮桥。上一年河阳也曾被秦国攻占，只是因为防守不易，秦军又予以放弃。现在魏国把这样重要的交通枢纽献给赵相之子，不能说没有挑拨秦赵关系的意思。

赵国见魏国投怀送抱，当然乐于接纳。随后奉阳君李兑又拉拢魏昭王一起攻打宋国。

我们知道，这宋国位于中原腹心地带，交通便利，经济富庶，自春秋以来都是大国争夺的对象，当时齐国正一心一意想吞并宋国。不过肥肉自然人人觊觎，赵国、秦国甚至魏国都想从中分一杯羹，尤其是赵相奉阳君李兑和秦相穰侯魏冉都惦记宋国北部的名城陶邑（今山东菏泽市定陶区），想把它弄到手中做自己的封邑。大家知道，这陶邑位于济水边上，原本是西周、春秋时曹国的都城。到春秋末期，夫差为了到黄池与晋国争霸，开凿了联通泗水与济水的荷水，而荷水入济水处就在陶邑以东，所以陶邑升级为中原水系网的重要枢纽，进而一跃成为天下数一数二的商贸大都会，富得流油，连隐退江湖的越国大夫范蠡都被吸引到这里做生意，还因此得了"陶朱公"的绰号。这样的宝地，谁不想要？

这边秦国见魏国把几座城邑送给了赵国并与其结盟，又和赵国一起去切宋国这块蛋糕，当然是极为恼火，立即发兵攻占了赵国城邑梗阳（在今山西清徐县）以示警告。齐国早把宋国当做自己的盘中餐，当然也不满赵国虎口夺食的举动，不过齐闵王怕赵国与魏、燕等国联合攻打齐国，便使出了软手段——派人贿赂奉阳君李兑，并承诺会送他封地。

就这样，赵国的大臣自此分裂为两派：赵国将军韩徐为在魏国相邦孟尝君田文的支持下主张联合秦国攻打齐国，以制止齐国吞并宋国；赵国相邦奉阳君李兑则主张联合齐国一起攻宋，当然他的小九九就是企图让齐国答应以后把陶邑送给自己。

现在又到秦国做选择题的时候了：是接过赵将韩徐为和魏相孟尝君递来的橄榄枝一起伐齐，还是继续联齐以制赵国？

其实这道题不难做：因为齐国距离秦国较远，两国的利益冲突暂时不大；而赵国与秦国接壤，秦国削弱魏、韩之后，强大的赵国就成了秦国东进的最大障碍。所以秦国的决定是继续联合齐国，集中力量对付赵国。

当时秦国重创魏、韩，夺取大片领土，楚国顷襄王也不得不放下杀父之仇与秦国恢复邦交并娶了秦女为王后，以至于被后世史家痛骂为"软骨头"。如此一来秦昭王不由得志得意满，嫌"王"的称号已经不足以彰显自己的崇高地位，逐渐萌生了称"帝"的念头。秦相魏冉洞悉外甥的心意，于是决定以此为契机，相约齐闵王共同称帝。魏冉此举可谓一石二鸟：一是借此达到连横齐国对付赵国的目的；二是可以离间齐国与东方其他国家的关系。

为此魏冉亲自出马出使齐国，吹捧齐闵王的丰功伟绩，劝说他和秦国一起称帝，并组织"五国联军"共同讨伐赵国。齐闵王也是一个非常有野心的主儿，又厌恶赵国打宋国的主意，因此一口答应下来。

秦昭王二十年十月（公元前 288 年年底），秦昭王东行来到早已经属于秦国的原韩邑宜阳，举行了盛大的称帝典礼，做起了"西帝"。

不过秦昭王为什么选十月办这个大典呢？原来按战国中后期齐人邹衍的"五德终始说"，周为火德建子（即以十一月为岁首）。秦昭王既然称帝并有取代周朝的野心，那按水克火的原则，自然该以水德自居，因此他才借称帝之机抛弃曾祖父秦献公宣扬的"秦为金德"的说法，进而弃用周历，转而采用水德建亥（以十月为岁首）的颛顼历。

> 颛顼历一年每个月份的名称与夏历一样，不过排列次序为十月、十一月、十二月、一月、二月、三月、四月、五月、六月、七月、八月、九月，即每年第一月为十月，最后一月为九月，闰月放在年底即九月之后。西汉前期也沿袭颛顼历，到汉武帝太初改历才改以一月为岁首。所以史书中所记的秦国秦昭王二十年之后和汉朝前期的十月、十一月、十二月的史事，是那一年年初的事情而非年尾的事情，而且注意这几个月的史事在公历的上一年。如历史年表中秦昭王二十年对应公元前287年，但二十年十月在公元前288年年末，尚未进入公元前287年。

所以这里秦昭王是把称帝仪式放在改历后的秦国新年办的。

这样的典礼当然少不了"万邦来朝"的把戏，秦国之前也要求各国前来朝贺，很多小国的君主都不得不去当了群众演员，如东周国、西周国，但大国几乎没有前往捧场的，让秦昭王感觉很丢面子。不久齐闵王也在临淄称帝，做起了"东帝"。就这样，秦昭王和齐闵王成了中国历史上最早称帝的君王。

有人会说，这不对吧，之前上古时期不是有黄帝、炎帝、帝喾等古帝王，夏商时期不是还有帝癸（桀）、帝乙（纣王爸爸）、帝辛（纣王）等帝王吗？解释这个问题前，我们有必要说一下"帝"的本意。在甲骨文中，"帝"写作"承"，就像木棍搭起的祭台的样子，所以"帝"其实就是"禘"的本字，意思是祭祀上天，后来又衍生出"天神"之意。因此上古的"帝"，要么是神话中的天神（如黄帝、帝喾等），要么是君王死后祭祀时的日名（如帝癸、帝乙、帝辛等），总之不是活人的称号。所以活着称帝的君主，秦昭王和齐闵王要算最早的了。

秦、齐两强联合称帝，暴露了两国瓜分天下的野心，自然引起诸国尤其是赵国的恐慌，他们千方百计想破坏秦齐联盟。不过最终说动齐闵王改变主意的人还是那位著名的苏秦。

当时人在齐国的苏秦表面上是为齐闵王服务，但我们知道，他骨子里其实是燕国利益的代言人，他到齐国实际上是奉燕昭王的命令去做卧底的。在苏秦的长远计划中，赵国是燕国对付齐国的重要盟友，因为燕国自身的实力有限，而赵国既有实力，也和齐国有潜在的巨大利益冲突（两国接壤且有漫长的边境线）。苏秦明白，如果齐、秦真的联手灭掉并瓜分了赵国，齐国的力量就会变得更加强大；而燕国孤悬北方则再无人可以依靠，不但向齐国报仇无望，以后必将亡于齐国之手。所以这时他决定要挑拨齐秦关系，让齐国还是把精力耗在南方的宋国身上。

于是苏秦故意问齐闵王说："大王，东西二帝订立盟约讨伐赵国，这跟讨伐桀纣一般的宋国相比，哪个对齐国有利呢？"

齐闵王回答："当然是讨伐宋国对齐国有利啦。"

苏秦继续说："虽然大家都称帝，好像很对等，但齐国的帝号是秦国送的，天下诸侯自然尊奉秦国而瞧不起齐国。既然如此，不如放弃帝号，向天下展示齐国的高风亮节以收买人心，同时趁秦国称帝忘乎所以的当口抓紧攻打并彻底吞并宋国。"

齐闵王一琢磨，觉得苏秦说的确实有道理，于是来了个180度大转弯，掉过头去与赵国会盟，并宣布放弃帝号，还罢免了身为秦人的齐国相邦吕礼。

秦昭王没想到齐闵王这么快就翻脸，猝不及防，怕自己一个人挂着帝号会成为众矢之的，也不得不于当年十二月宣布放弃帝号。秦昭王从称帝到废帝号，不过才两个多月时间，帝位都还没有焐热乎，不得不说是个大失败。

这时苏秦又给齐闵王出主意，说为了给齐国伐宋创造良好的"国际环境"，防止各国尤其是秦国救宋，必须给予秦国以相当的打击，所以他提出了组织"五国合纵伐秦"的战略计划。苏秦的这个计策，一方面是要进一步赢得齐闵王的信任，另一方面也有让齐、秦火并来消耗齐国实力的意图在里面。不明就里的齐闵王感觉苏秦真是太称自己心意了，满心欢喜地答应。

此后苏秦马不停蹄地在燕、赵、魏、韩四国游说伐秦一事。诸国里，赵惠文王当然是欢迎伐秦的了，因为之前秦国正在策动"五国伐赵"，这下正好给自己解围并报仇；魏昭王想洗雪屡次败给秦国的耻辱并收复失地，魏相孟尝君田文也想报秦昭王拘禁自己的仇恨，因此魏国对伐秦也持积极态度；韩釐王被秦国打惨了，最初有点害怕，但被苏秦激将了一番，觉得可以利用这个机会阻止秦国进一步侵韩，最终同意伐秦；至于燕国，那就是苏秦的真正东家，所以燕昭王当然对苏秦转移齐国进攻方向并"疲齐"的良苦用心予以支持。就这样，苏秦圆满地完成了"合纵"诸国对付秦国的外交任务。齐闵王一高兴，封他为齐国相邦，赵国奉阳君李兑也封苏秦为"武安君"。没错，不要看到"武安君"就想到白起，其实这个称号最早是戴在苏秦头上的。苏秦"合纵"五国伐秦的事迹，经过后世纵横家们的渲染夸张，就变成《史记》中佩带六国相印、担任六国合纵长的故事了。

秦昭王二十年（公元前287年），齐国带头，各国纷纷出兵集结韩国荥阳（在今河南郑州市西北惠济区古荥镇）、成皋（在今河南荥阳西北）之间，大家还推举赵相奉阳君李兑为合纵长。但齐国组织伐秦只是为伐宋做掩护，所以它中途就迫不及待地分兵去攻打宋国。燕昭王为了麻痹齐国，让齐国彻底放松对燕国的警惕，主动在伐秦兵力之外又另出两万兵马帮助齐国伐宋。其他国家本就各怀心思，一看这情景，谁愿意当出头鸟去惹秦国？于是他们也都顿兵不前。

秦国那边本想搞"五国伐赵"，没想到最后被齐国弄成"五国伐秦"，不由得十分尴尬和狼狈。虽然伐秦联军内部涣散没能给秦国造成实际的军事打击，但也让秦昭王背负巨大压力。因此为了瓦解五国联盟，秦昭王不得不做出了一些退让：他把温、轵、高平等地归还给了魏国，把王公、符逾等地归还给了赵国。见秦国退还部分侵占的土地服软，本就虚张声势的第三次"五国伐秦"也就无疾而终。

大反转——五国合纵谋齐

第三次"五国伐秦"期间，齐国趁机发动了第二次对宋国的进攻（第一次在孟尝君被齐闵王罢相后），吞并宋国大片领土。但宋国有秦国的支持，进行顽强抵抗，齐国一举灭宋的企图也落空。尤其值得说道的是，齐国伐宋的时候魏国、赵国又来趁机蚕食宋国的领土，为了达到目的，魏国、赵国暗中和秦国暗通款曲，魏相孟尝君还与赵将韩徐为一起联络了燕昭王，准备伺机攻打齐国。

俗话说"没有不透风的墙"。齐闵王听到一些风声，为避免背后挨刀，不得不紧急暂停对宋国的进攻。但他不吞并宋国决不甘心，于是派使者用宋国的陶邑来诱惑赵相奉阳君李兑，用宋国的平陵（即襄陵，在今河南睢县）来收买魏相孟尝君田文；同时原本主动挑起第三次"五国伐秦"的他还出卖合纵各国，先后派使臣宋郭、冷向等人前去暗中结好秦国。

秦昭王本来对齐国伐宋很恼火，见了齐国的来使大骂道："我爱宋国，就像爱战略要地新城（今河南伊川西南）、阳晋（在今山东郓城县西）一样，齐国怎么敢攻打！"

冷向笑道："我是为了让齐国事奉大王，才让它攻打宋国的啊！齐伐宋成功了，势力强大，魏国一定害怕，必然会献出安邑等地来亲附秦国；燕国、赵国怕秦齐联合，也会割让土地来交好大王。齐国看到这种架势，自然也要讨好大王。大王为什么要恼怒齐国攻宋呢？"

秦昭王半信半疑地说："但齐国总是摇摆不定，一会儿合纵，一会儿连横，怎么能让人相信？"

冷向回道："齐国攻打宋国，知道打下来如果不事奉秦国，也无法安稳地拥有宋地。何况现在各国到秦国的说客没有劝大王亲齐的，到齐国的没有劝齐王亲秦的，为什么呢？那就是他们害怕秦齐联合啊！如果三晋和楚国结好，它们一定会图谋秦、齐；反过来秦、齐结好，三晋和楚国就危险了。大王赶快决断吧！"

秦昭王这才转怒为喜。他说："宋王无道至极，用木头刻了寡人的像，还用箭射木像的脸，是可忍孰不可忍？不过秦国僻处西方，鞭长莫及，齐王如果能攻占宋国，就跟寡人攻占是一样的。"

原来第三次"五国伐秦"的联军散伙后，魏国和韩国怕秦国秋后算账，都向秦国求和。秦昭王趁机提出价码，要求魏、韩任用亲秦的韩国公子成阳君为两国的相邦，但魏、韩都没有接受，所以秦昭王恼怒韩、魏，正想再敲打它们。至于宋康王是不是真的射过秦昭王的木像，那只有天知道了。

却说齐闵王得到秦昭王支持齐国伐宋的保证大喜过望，赌咒发誓齐国也决不干涉秦国与三晋间的事务，作为对秦昭王"好意"的回报。

秦、齐再次"和解"后，秦昭王果然对齐国第三次伐宋的战事睁只眼闭只眼，自己忙着去攻打魏国和韩国，在夏山（在今河南巩义市西南）大败韩军，并夺取了魏国河内数座城池。

那边齐闵王也趁着这个良机，在赵相李兑的支持下完全吞并了宋国，宋国末代君主宋康王逃到魏国温邑，最终死在那里。至此，自周初封建、立国已经约七百六十年的宋国彻底灭亡。这一年，是秦昭王二十一年、齐闵王十五年（公元前286年）。

齐国吞并宋国后，得到肥沃土地千余里、富庶城邑数十座，版图和声威达到顶点。想这齐闵王上台十几年来，在重丘、垂沙之战大破南楚，在权之难中大破北燕，更先后组织第二和第三次"五国伐秦"，让强秦吐出不少侵占的土地，这次又成功得到富宋，确实算得上是武功赫赫。因此西汉桓宽在《盐铁论·论儒》篇中写道：

及湣（闵）王，奋二世（指齐威王、齐宣王）之余烈，

南举楚淮，北并巨宋，苞十二国，西摧三晋，却强秦，五国
宾从，邹、鲁之君，泗上诸侯皆入臣。

不过常言道"盛极而衰"，连年的战争也消耗了齐国不少人力、物力、财力，灭宋后齐闵王又骄横自大，齐国的祸患于是悄然而至了。

之前东方国家之所以几次组织联合伐秦，就是因为看秦国过于冒头，恐怕天下的格局被打破。现在齐国吞并宋国实力大增，风头一时盖过了秦国，成为新的"出头鸟"，不但让秦人嫉恨，连其他诸国也深感不安，如魏国果真如冷向所言，吓得立即把河东的旧都安邑和河内的部分地区献给了秦国，以向秦国求和。因此一时之间打压齐国替代打压秦国成为各国的一致共识。

见此情景，苏秦认为合纵诸国伐齐的时机成熟了。他立即秘密致信燕昭王说："现在齐国兼并宋国，又使鲁国、卫国和九夷臣服，等于力量扩大三倍。以一个齐国的力量，燕国都不是对手，何况现在相当于要面对三个齐国呢？当然转祸为福也不难。大王应该极力尊崇齐国，让它忘乎所以，并怂恿它与周王室盟会，攻打或排斥秦国。那时秦国一定会十分担心恐惧。大王再派人到秦国晓以利害，劝秦王送弟弟泾阳君或高陵君到赵国或燕国做人质，来取得赵国、燕国的真正信任。到时候秦、赵、燕三国齐心协力，以逼迫齐国恢复宋国和归还侵占楚国的淮北之地为理由，号令天下伐齐。如果韩国、魏国敢不听从，就先讨伐它们。"

这时燕昭王驾前的亚卿乐毅也对燕昭王说："齐国曾是霸主，地大物博、人口众多，以燕国自身的实力绝对无法对付。如果大王想伐齐报仇，不如联结赵国、楚国和魏国。"

这乐毅是谁呢？原来他是魏文侯时期第一次攻灭中山国的名将乐羊的后代。乐羊灭中山后，子孙后代就住在中山。中山国复国后又被赵武灵王再次灭亡，乐家人于是又成了赵国人。在赵武灵王被饿死的

沙丘之变后，乐毅离开赵国来到燕国，被求贤若渴的燕昭王重用，因此留在了那里。

燕昭王继位二十多年来，招贤纳士、励精图治、忍辱事齐，无时无刻不盼望着伐齐报仇那一天的到来。见苏秦和乐毅这左膀右臂一致声称目前是伐齐良机，他不禁兴奋异常，立即照办：他派与赵国有渊源的乐毅出使邯郸游说赵惠文王，又派一个叫赵咴的说客出使咸阳游说秦昭王，当然楚、魏等国也都派了人去。

乐毅来到赵国后面见了赵惠文王，阐述了齐国吞并宋国后对赵国造成的严重威胁。赵国国内的韩徐为、金投等人本就反齐，亲齐的赵相奉阳君李兑可能因为没有拿到齐国许给他的宋国陶邑，也转而抨击齐国。就这样，赵国决定加入反齐阵营。

赵咴此时也来到秦国。秦昭王和相邦魏冉等人本已经在谋划合纵伐齐，以削弱这个最大的竞争对手，见有说客到来游说秦国送人质以取信赵、燕，共同伐齐，当然正中下怀。秦昭王明确对赵咴表态："齐国四次与寡人缔约，四次毁约欺辱寡人，还一连三次纠集诸侯进攻秦国。现在有齐国就没秦国，有秦国就没齐国。寡人一定要讨伐田氏，灭亡齐国！"

所谓齐国三次纠集诸侯攻打秦国，第一次在齐宣王七年、秦惠文王更元十二年（公元前313年），那时齐国跟楚国一起讨伐秦国，攻下了秦国刚从魏国手里夺来不久的曲沃；第二次和第三次我们都知道，就是齐闵王时期组织的第二次和第三次"五国伐秦"。

秦昭王二十二年（公元前285年），秦昭王约楚顷襄王在宛城会面，又约赵惠文王在中阳会面，自然都是强化友好关系、商讨伐齐事务。中阳之会上赵惠文王答应与秦昭王一起伐齐，但宛城之会上楚顷襄王却对伐齐之事阳奉阴违。楚顷襄王之所以持这种立场，一方面固然跟当年齐闵王释放他回国继位有关，另一方面恐怕也是他考虑到一旦齐国受到削弱，无人再能牵制秦国。

为了向天下表现伐齐的决心，秦国这一年还带头首先攻打齐国——秦国将领蒙骜（wù）受命领兵越过韩国、魏国伐齐，一举攻占了齐国的九座城池。值得一提的是，这蒙骜原本就是齐国人，不知道因为什么缘故来到秦国发展。后来蒙氏一族在秦国建功立业，地位显赫，秦始皇时期有名的蒙恬、蒙毅兄弟就是蒙骜的孙子。

　　第二年也就是秦昭王二十三年（公元前284年），秦昭王又与魏昭王在宜阳会面，与韩釐王在新城会面，也全是在谋划伐齐事宜。我们知道当时的魏相孟尝君田文尽管是齐人，却念念不忘齐闵王罢免他齐相职务的仇恨，一直暗中联络秦、赵、燕等国企图进攻齐国，所以魏国对伐齐比较积极。至于韩国，国力弱小，基本是随大流，哪敢不从秦国？

　　再说那个最恨齐国的燕国。燕昭王虽然很早就暗中联络各国伐齐，但他怕合纵不成反被齐国咬，所以公开场合一直表现得很低调。齐国第二次伐宋时杀了燕昭王派去助战的燕国将领张魋（tuí），燕昭王气得牙都咬碎了，表面上却不仅没敢发火，反而一再向齐闵王赔罪。现在看秦国挑头已经把反齐联盟组织起来了，燕昭王这才前往赵国与赵惠文王会面，暴露出自己反齐的真面目。

　　此时反齐联盟已经公然形成，秦、赵、魏、韩、燕五国相约共同出兵瓜分齐地，"五国伐齐"正式启动。

　　回顾这一时期的历史，大家一定感觉像坐过山车一般：公元前288年，秦国还与齐国相约称帝，并联络各国组织"五国伐赵"；结果两个月后，齐、赵就会盟，反过来组织起"五国伐秦"；到公元前284年，秦、赵、燕三国又组织起"五国伐齐"。五年之间，天下形势三次剧变，各国明里折冲樽俎、暗里钩心斗角，为了自身的利益不停变换政策、选边站队，局势之错综复杂，让人眼花缭乱。不过这次"五国伐齐"会像"五国伐赵""五国伐秦"一样无果而终吗？

济西之战与乐毅入齐

秦昭王二十三年（公元前284年），伐齐的主要策划人之一秦昭王出于避免其他诸侯国猜忌的考虑，推举赵惠文王做了合纵伐齐的合纵长，当然秦军并没少出，他派遣国尉斯离领兵出函谷关东进加入联军。与此同时，燕昭王发倾国之兵交由乐毅带领南下，赵、魏、韩三国也各自出兵。五国军队在赵国东南部会师，联军中以秦军、赵军兵力最为雄厚，燕军其次，魏军、韩军出兵最少。当时乐毅已经被燕昭王任命为燕国相邦，又被合纵长赵惠文王任命为赵国相邦，一时间身佩两国相印，直接指挥两国军队，因此被推举为五国伐齐联军的统帅。

伐齐联军在乐毅的指挥下，很快就攻下了齐国西部边境城邑灵丘（在今山东高唐南），并将该地作为攻齐的前进基地。

再说齐国方面。齐闵王灭宋后虽然狂妄自大，经常一言不合就滥杀在他耳边进谏聒噪的大臣，但听说五国正在紧锣密鼓地策划讨伐齐国，也没自大到无动于衷，而是紧急展开外交活动企图破坏五国合纵。

早在上一年也即五国联军出动前，齐闵王就派老将田章出使赵国，把齐国公子顺子送到赵国做人质，并割让阳武这地方给赵国。

田章见了赵惠文王，向他奉上了苏秦写的信件[①]。这封信的大意为：秦国表面上以伐齐为诱饵，实际上则是想趁机灭亡韩国、吞并东西两周国，等到韩国失去三川之地，魏国失去河东河内，那时灾祸就轮到赵国头上了。

在信的末尾苏秦还特意提醒赵惠文王，上次秦国可是策划过"五国伐赵"并准备瓜分赵国疆土的，是齐国阻止了秦国的计划，如果赵国跟着秦国一起伐齐，那可就是恩将仇报了。

[①] 《战国策》和出土的《战国纵横家书》均记载该信是苏秦所写，《史记·赵世家》却认为该信的作者是苏秦的兄弟苏厉，当以《战国策》和《战国纵横家书》为准。

可能有人会奇怪了，苏秦不是燕昭王派到齐国的间谍，暗中一直积极策划伐齐为燕国报仇的吗？怎么这会儿他又企图劝说赵国不要伐齐了呢？其实这事儿也好理解：当时的谋士说客大都是朝秦暮楚，谁给好处替谁奔走。苏秦虽然感念燕昭王的知遇之恩，但他到齐国后齐闵王对他也非常信任重用，此时还封他为齐国相邦，所以苏秦的心理慢慢也起了变化：从感情上讲，他已经不愿背叛对他也有知遇之恩的齐闵王；从利益上讲，齐国和燕国并存，他苏秦才能游走在两国之间，得到齐闵王和燕昭王的共同信任，谋取最大的好处。所以这时苏秦转而不愿看到齐国真的遭受重创。

再说赵惠文王。他读了苏秦的书信，又得了齐国的土地和人质，一度在伐齐一事上有些犹豫。秦昭王得知后赶紧派使者坚定赵惠文王的伐齐决心，并许诺会增兵四万到伐齐前线。赵惠文王这才打消了与齐国讲和的念头。

齐闵王明白秦国是合纵伐齐的坚定推动者，又分别派人游说秦相穰侯魏冉和秦昭王身边的另一红人——御史起贾，游说的内容无外乎是说合纵伐齐最终只能壮大三晋和楚国，对秦国有害无利。但伐齐已经是秦国的

> 御史，本为史官的一种，掌管文书和记事，战国时期秦国的御史又兼有监察弹劾的职责。

既定国策，魏冉和起贾当然不可能被齐人的说客说动。

至此，齐国分化合纵伐齐诸国的种种外交努力都告失败。眼见五国联军齐集灵丘，马上就要对齐国发起大规模进攻，齐闵王只得任命触子为统帅，集中全国兵力到济水以西即今天山东高唐、聊城一带迎战联军。

触子领兵到了前线，发现联军人多势众，就下令扎下营寨严防死守。联军是远道而来，利于速战，因此触子坚守不出的部署显然没有错。

但人在临淄城的齐闵王听说前线迟迟没有动静,不禁十分不满。他认为,联军虽多,但各有算盘,不可能齐心协力;而齐军"技击之士"

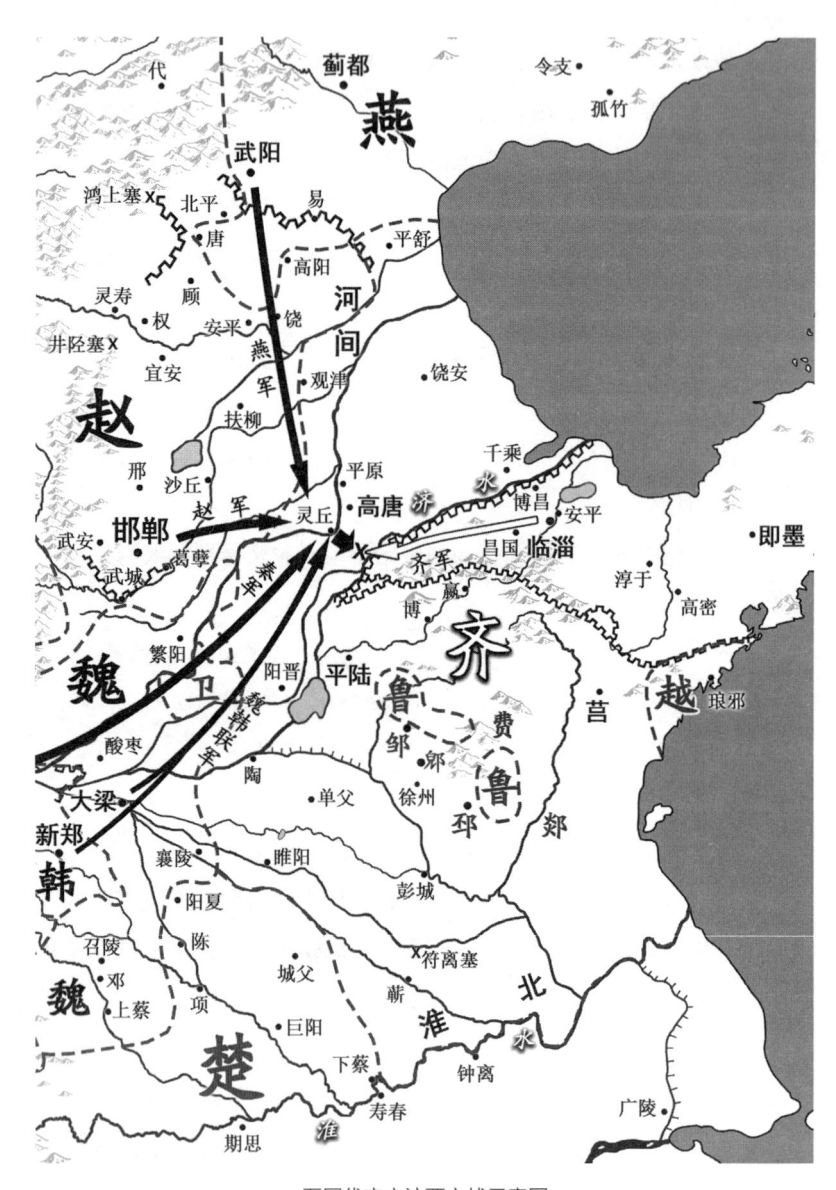

五国伐齐之济西之战示意图

打遍天下，战力强悍，只要集中兵力给予联军重创，联军自然就会溃散。触子怎么能当缩头乌龟避战不出，丢大齐的脸面呢？

于是骄横的齐闵王派近侍到前线催促触子出兵，并扬言：如果触子等人不马上出战，就诛灭其家族，刨掉其祖坟！

原本一心为国的触子听到这话，心中立即怒火万丈。触子的反应不奇怪，换了任何人遇到这样瞎指挥又蛮横的老板，都不可能不来火。随后触子不禁想起那一个个忠心进谏却被齐闵王枉杀的大臣士人：临淄郊区的贤士狐咺（xuān）指出齐国有亡国之危，被杀于街市；齐国宗室田举直言敢谏，被杀于临淄东门……触子心说也罢，既然齐国是他齐闵王的，那就随他折腾好了。随后触子按齐闵王的命令与伐齐联军约定时间进行会战。

开仗的那一天，双方刚厮杀在一起，触子不知道是看形势不利，还是有意泄愤，突然命令鸣金收兵。阵前撤退是兵家大忌，五国联军趁机掩杀，齐军顿时一败涂地。齐军主帅触子本人驾着一辆战车逃离战场，不知所终，只剩齐军副将达子收拢一些残兵败将逃回临淄。这就是战国时著名的"济西之战"。

济西之战后，鉴于齐军主力尽丧，联军统帅乐毅就厚赏秦、韩两军并打发他们回国。接下来他又分派魏军攻打齐国占领的原宋地，部署赵军收取河间地区（古黄河下游几条河道之间的区域，今河北河间市、献县、青县、泊头市一带），他自己则亲率燕军主力进行战略追击，直扑齐都临淄。

齐闵王听说齐军大败，燕相乐毅带领的燕军正向临淄挺进，心中又惊又怒。他不但怒触子无能，更迁怒于苏秦——他苏秦当初不是一再信誓旦旦地保证燕国对齐国绝对忠心的吗？原来苦苦紧逼、最想要灭掉齐国的就是它燕国！这时燕昭王也已经觉察到苏秦在燕、齐两国之间首鼠两端，于是将苏秦为燕国服务的内情宣扬出去。齐闵王得知后，那种被自己信任的人耍了的心情就不用说了，恨得牙根痒痒的他立即命人把苏秦抓来施以车裂酷刑。可怜叱咤风云一时的苏秦，就这样被故主出卖惨死。一些书籍说苏秦是自愿为燕昭王当"死间"，其实苏秦哪里想死，他是"被死间"而已！

当然杀了苏秦也不可能退燕国之兵。齐将达子当时正率济西之战后退下来的残兵，驻守在临淄城西门外一个叫秦周的地方。因为齐军新败，士气低迷，达子于是想犒赏三军鼓舞斗志，就派人向齐闵王讨要犒军的钱财。

齐闵王听说达子来要钱要物，又大发雷霆，骂道："像你们这些残兵败将，还有脸来要这要那？什么都不给！"

按当时各国的军法，战败的将士确实要受到惩处。不过这时敌军都已经打到都城外了，齐闵王却还如此不知变通，真是没得救了。

军使回到秦周军营后把齐闵王的话学说给齐军将士们听，大伙儿的心自然是一下凉到底。

这时乐毅大军已经攻到秦周。达子没有因齐闵王不仁他就不义，而是毅然率军迎战。但众将士却都不愿再为齐闵王卖命，齐军又一次大败，忠勇的达子最终战死于乱军之中。

秦周之战后，再无阻碍的燕军打到临淄城的西门雍门外，使用火攻战术将城楼焚烧掉，然后杀进城中。此时齐闵王已经带着王后仓皇出逃，所以乐毅进城之后将齐国太庙中的祭器和府库中的宝物都掠夺一空，送回燕国，以向天下表示齐国已经被燕国灭亡。

那边燕昭王早得到捷报，激动不已，二十多年前齐国伐燕、杀死父亲燕王哙的大仇终于得报。为此他亲自南下来到齐国境内的济水流域犒赏燕国将士，并把齐地昌国（在今山东淄博市东南昌城）封给乐毅，乐毅自此以后有了"昌国君"的称号。

奖赏有功将士后，鉴于齐国还有很多地方没有平定，燕昭王于是让乐毅继续带兵扫荡残敌、拿下齐国全境。此后数年之间，乐毅逐步攻取了齐国西部和北部的七十多座城邑，都设为燕国的郡县。

接下来一些史书就说，当时齐国悲惨到只剩下即墨（在今山东平度东南）和莒（jǔ，今山东莒县）两座城池未被燕军攻下。不过事实真是这样吗？

其实据《战国策·齐策一·邹忌修八尺有余》篇记载，在齐威王时齐国就有"地方千里、百二十城"。齐宣王、齐闵王在位期间，齐国又有所扩张，所以乐毅伐齐时，不算新攻下的宋地，齐地的城邑也该在一百三四十个以上。因此即便燕国攻下了齐国七十余城，赵国攻占了齐国济水以西的一些城邑，齐国剩下的城邑也该不少于三四十座，也即还有四五分之一的江山。

> 《战国策·齐策一》和《史记·燕召公世家》均记载齐国有五都，但未指明具体为哪五都，一些学者认为战国后期齐国的五都分别为主都临淄（齐城）和高唐、平陆、即墨、莒四个副都。

很多史书上之所以会误认为齐国只剩"两城"，其实是因为战国时齐国实行"五都制"，当时临淄、高唐（在今山东高唐北）、平陆（在今山东汶上北）三都都已经被燕国占领，还剩即墨、莒两都尚未沦陷，后世人就错把"仅剩两都"误以为是"仅剩两城"了。

淖齿杀闵王　田单复齐国

乐毅打下齐国大部分疆土的时候，齐闵王到底哪里去了？

据《吕氏春秋》记载，当初乐毅攻占临淄前，齐闵王就带着王后及少数亲信逃出，然后南下西进躲到了卫国。卫国当时没落到仅剩下首都濮阳一座城，成了名副其实的"城邦"国家。虽然那会儿齐国都城已经被燕军攻破,但卫国国君卫怀君认为齐国作为一个大国没那么容易被灭,还是有复国的可能的,于是像臣子一样恭敬地侍奉齐闵王,还腾出自己的宫室给齐闵王住。但齐闵王驴倒架不倒,一点儿不知道谦逊,结果被卫人给赶跑。

据《战国策》记载,接下来齐闵王先后辗转到鲁国、邹国,仍摆出"东帝"的谱来,所以又被鲁、邹拒绝入境。不得已,齐闵王继续向东逃,进入了齐国东南部的南都兼重镇莒城。

在逃命途中,齐闵王曾派使臣向楚顷襄王求救,因为楚国是没有参加合纵伐齐的唯一大国。楚国领土中的淮北之地,之前曾被宋康王侵占了去,齐国攻宋后又落到齐闵王手中。此时听说齐闵王主动来请楚兵,楚顷襄王认为这是一个收复淮北失地甚至干涉控制齐国的好机会,于是派大将淖(nào)齿领兵万人赴齐。

淖齿到了莒城后,最初齐闵王很高兴,为了笼络他,以争取从楚国得到更多的援助,齐闵王还封淖齿为齐国相邦。但没过多久,齐闵王就发现淖齿图谋齐国土地,居心不良,开始厌恶他。

淖齿听到风声,就让一个手下假扮成秦国使者去见齐闵王。齐闵王不辨真假,果然在"秦使"面前大骂淖齿,淖齿知道后不禁暴跳如雷。这时乐毅得到齐闵王逃到莒城的消息,遣将派兵前来攻打。淖齿自然不愿跟燕军冲突,反而希望跟燕军一起瓜分齐国,所以就动了杀齐闵王之心。

一天,淖齿杀气腾腾地闯入齐闵王居住的莒城齐国宗庙,历数齐闵王无道之处,并质问道:"齐国千乘和博昌两地间曾经下血雨,大王知道吗?"

这时齐闵王自知不免一死,倒也什么都不怕了,就硬气地回答:"知道。"

"齐国嬴邑和博邑之间地裂见泉水,大王知道吗?"淖齿又问。
"知道。"

"曾有人在齐国宫阙外啼哭，侍卫去找不见人影，回来又能听见哭声，大王知道吗？"

"知道。"

淖齿骂道："血雨是天谴，地裂是地警，人哭是人告，大王还不知收敛，怎么能逃掉一死？"

淖齿骂完命人把齐闵王活活抽筋，然后用齐闵王自己的筋把他吊在齐国宗庙的房梁上，齐闵王痛苦哀号一夜才咽气，成为中国几千年历史上死得最惨的君王之一。

自古至今，人们都说齐闵王是自作自受，死得凄惨也不值得同情。说实话，齐闵王肯定有文过饰非、拒纳忠言、骄横跋扈甚至滥杀无辜的毛病和恶行，但平心而论，古代帝王有几人能真正做到闻过则喜、虚心纳谏、珍视人命的？所以说齐闵王固然不是什么明君和好人，可在古帝王中其实也算不上坏得出格。至于一些书籍上记载他在逃亡路上还拼命作死以至于无人收留，恐怕是小说家之言——齐闵王不是弱智，想寄人篱下难道还不知道稍微低调一点点？！后来荀子曾在《王霸》篇中说："齐湣、宋献……身死国亡，天下大僇（lù，侮辱），后世言恶则必稽焉。"意思就是齐闵王和宋献王（宋康王）亡了国，天下人都辱骂他们，后世谈到坏人坏事就提起他们，潜台词就是自然少不了添油加醋啰。

却说淖齿杀了齐闵王之后，派人跟乐毅联络，商议瓜分齐国之事，燕军于是撤围而走，转而去攻打仍未投降的齐国东都即墨。燕军退走后，楚人不仅趁机把淮北失地收复，并且还多占了一些原本属于齐国的土地。

不过淖齿用极端残忍的方式杀死齐闵王的行径也激起了齐人的愤怒。一个叫王孙贾的前齐闵王近侍发动百姓四百余人，出其不意攻打淖齿，将他刺死。随后莒城的齐国军民推举齐闵王的太子法章继位，这就是齐襄王。

此时齐国大部分城邑已经被燕国占领,所以莒城并不安全,燕军经常来袭,齐襄王不得不隔三差五"跑警报",躲到城外的深山中暂避。那齐襄王的这种灰头土脸、心惊胆战的日子是怎么结束的呢?这就要提到一个传奇人物田单了。

从田单的氏,大家就知道他是齐国王室后裔,只不过到他这一代与王室的关系已经很疏远了。田单早年在齐国首都临淄城里当一个管市场的小官,不为人所知。燕军打进齐境后,田单先带着族人逃难到临淄以东约二十里的小城安平。当时马车的车轴都很长,突出到轮子以外几十厘米,所以田单就叫本族人把马车的车轴给锯短,外面再包上铁箍。族人开始不理解,但也照着做了。很快燕军又打到安平,安平的齐人再次向东逃难,路上马车拥挤不堪,很多车辆的车轴因为较长都碰坏了,导致乘车人被燕军俘虏,而田单的族人却因锯短了车轴并在外面包了铁,顺利逃到齐国东都即墨。

话说燕军当初进攻莒城,见淖齿杀了齐闵王,就转而去围攻即墨。齐国即墨大夫出城迎战,结果壮烈战死。城中不可无主,大家听说田单是首都临淄来的,又足智多谋、精通兵法,就推举他做了城主。田单做城主后不但不享受一点"特权",还亲自拿着铁锹与士卒一起修补城墙,并把家中的妻妾都编入队伍干活做饭,因此深受军民爱戴。他带领大伙一起抗战,打退了燕军多次进攻。

一晃燕军攻入齐国已经五年,时间到了齐襄王五年(秦昭王二十八年即公元前279年)。这一年在位达三十三年的燕昭王去世了,他的儿子燕惠王继位。田单听说燕惠王做太子的时候就跟乐毅不对付,立即抓住这个良机,派出间谍到燕国散布谣言说:"乐毅在齐国五年,打下七十多城。之所以拿不下莒和即墨两都,就是他自知跟新燕王关系不好,准备自己在齐地做王。因此齐国人最怕燕国换将,换了将齐国剩下的城邑就不保了。"

燕惠王本身就不喜欢乐毅,听到这种谣言,立刻下令派将军骑劫去前线替换乐毅,并让乐毅马上回国。乐毅听到消息,怕回到燕国没有好果子吃,寻思"此处不留爷,自有留爷处",于是就跑去了赵国,因为他还有一个身份是赵相嘛。

在齐的燕国将士跟乐毅同生共死多年,感情深厚,突然见他被逼走了,换来个生面孔骑劫当自己的统帅,心中自然是愤愤不平。

骑劫新官上任,急于建立功业表现自己,因此立即组织大军围攻齐国东都即墨。

田单见燕军围城,先是找了个士兵假扮"神师",让满城百姓和城外燕军都以为即墨有神人相助;随后他又让人到燕营中传话,说齐人勇敢得很,但就怕被燕军抓住把鼻子割了。

骑劫听说后,真的把被俘的齐军的鼻子都割了,押到城下来吓唬城中人。即墨军民见了,不但没有被吓倒,反而怒火中烧,相约战死也不能被燕军俘虏。

接下来,田单再次让人到燕营中散布流言,说齐人什么都不怕,但就怕城外墓地中的先人坟墓被掘,那可就让人寒心了。

骑劫得到消息又上当,立马派人把即墨城外的齐人墓地都掘了,还把尸骨扒出来焚烧。即墨军民在城上遥望到,无不捶胸顿足、号啕大哭,争着要出城跟燕军拼命。

到这时,田单知道已经可以与燕军一战了。他散尽家财犒赏将士,然后做了如下部署:他先是"示弱",命令精壮战士都躲在城下,让老弱妇孺登上城头防守。然后他派使者到燕国军营中请降,说城中已经顶不住了。为了彻底取得燕军的信任,田单还搜集百姓的黄金交给城中一个富户,让他送到燕军营地,请求燕军进城的时候不要抢掠他家。

骑劫接到即墨的降书后,见城墙上已经没有壮丁,又得到富户的贿赂,因此认定田单的投降请求真实无疑,不禁大喜过望。消息传出后,打了多年仗,也早已经厌倦战争的燕军欢声雷动,不由得都松懈下来,就等着到约定日期进城接收了。

得知自己的计划已经成功,田单给城中的一千多头牛披上画满龙纹的红布,又在牛角上绑上短刀匕首,在牛尾巴上拴上灌满油脂的芦苇。当天夜里,即墨军民按田单的吩咐在夯土城墙上凿出几十个洞,点燃了牛尾巴上的芦苇,顿时千头着火"怪兽"带着粗犷的叫声直冲城外燕军大营,紧随其后的是城内的五千壮士。

燕军正做着进城搜刮钱财美女的美梦,突然被大地的震颤和惊悚的怪叫惊醒,随即见一条条"火龙"窜进营中,凡是被"火龙"撞倒的同伴无不鲜血乱喷、非死即伤。在燕军惊骇之际,五千即墨壮士紧随牛后杀到,他们挥舞戈矛,奋力砍刺;即墨城头上的老幼妇孺也不闲着,他们敲盆打鼓,发出震天的呐喊声。这时燕军营寨中已经乱作一团,任谁也无法组织起有效抵抗,士兵们只有撒开双腿逃命的份,愚蠢的骑劫也死于乱军之中。

用"火牛阵"打败即墨城外的燕军主力后,田单命令乘胜追击、扩大战果,齐国各地的反抗力量也蜂拥而起驱逐当地的燕国占领军,没有多久,落入燕国手中的七十余座齐城全部被光复,这就是千古励志的"田单复国"故事。更难得的是田单立下如此旷世功勋却毫无野心,而是把莒城的齐襄王接回临淄主政,自己俯首甘为臣子。可惜与之相对,齐襄王却是个小肚鸡肠的君主,他觉得田单"功高震主"心中颇为不爽,只是碍于形势,不得不封田单为齐国相邦,并赐予他"安平君"的称号。

不过田单虽然恢复了灭宋之前齐国的大部分领土,但经过这场历时五年多的大战乱,原本富庶的齐国很多地方都变成一片废墟,国力严重衰退,元气大大损伤,从能与秦国抗衡的"超级大国"宝座上跌落,之后几十年再也没能恢复昔日的强盛和荣光,因此从统一天下的"候选人"中出局。尤其是这场战乱彻底改变了齐国人的心理:他们认为除了燕国,其他各国也全都不是好东西,不是参与合纵伐齐就是落井下石，根本不值得信赖和交往。自此以后齐国开始奉行"孤立主义"，只满足于"闭门自守"过好自己的小日子，不愿再参与列国的和战与纷争。

再说秦国，它借力打力，利用燕、赵的军队实现了削弱最大竞争对手齐国的目的，改变了东西两大"超级大国"并立的天下局面，使自己变成独大的一家，从战略上赢得盆满钵满。

第十一章

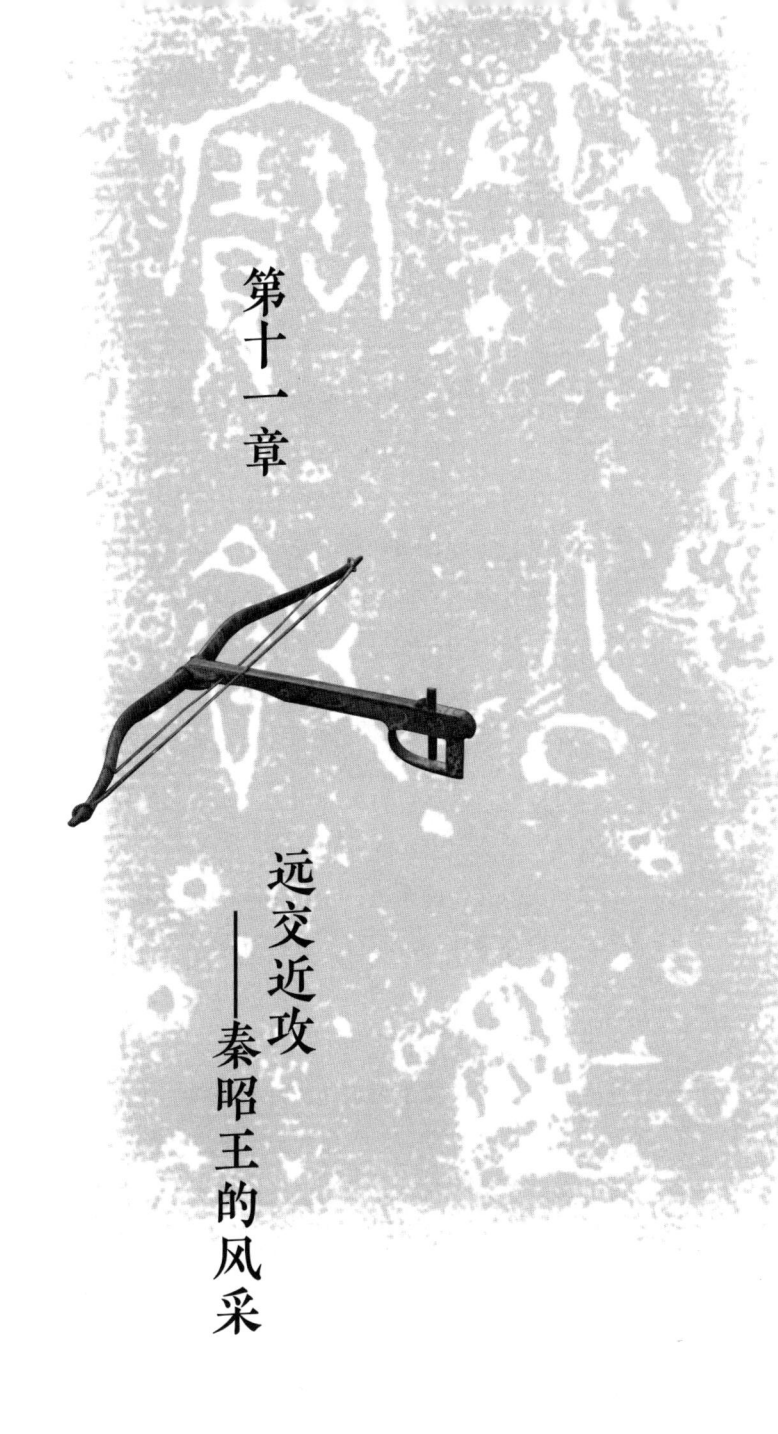

远交近攻——秦昭王的风采

失败的灭魏尝试

话说当年秦、赵、魏、韩、燕五国合纵伐齐，在济水以西大败触子率领的齐军主力后，联军统帅、赵燕两国的共同相邦乐毅就遣散了秦军和韩军，同时派遣赵军和魏军分别去夺占齐国河间的土地和齐国之前刚吞并的宋地，自己则带着燕军去进攻临淄。

乐毅的这种安排当然是有私心的，不过让秦国白白出兵、不得尺土寸地，那肯定是不可能的。所以秦将斯离离开济西战场后就率部南下，攻取了原宋国北部最富庶的城邑陶邑（今山东菏泽市定陶区）及周边地区，这很可能是秦军参加伐齐联军时就提出的交换条件。早就垂涎此地的秦相穰侯魏冉立即奏请秦昭王把这块沃土封给自己，秦昭王自然没敢驳自己这位舅舅的面子。因为陶邑商贸发达，后来魏冉靠在封地征收赋税，成了富可敌国的大富翁。

虽然陶邑在魏国东边，与秦国本土并不相连，算是秦国的一块"飞地"，但抢夺宋地的魏军也不敢招惹秦军，只能绕开陶邑向南进军。好在宋地辽阔，最终魏国的所得也极为丰厚，它基本占领了除北方陶邑（秦占）和南方淮北之地（楚夺回）以外的原宋国大部分地区，并在这些新领土上设置了大宋郡和方与郡两个郡，可以说成了五国合纵伐齐的又一个大赢家——之前魏国河东之地基本被秦国侵占，河内也有部分城邑沦陷于秦人之手，现在得了宋地，魏国等于把西边失去的领土在东方找补回来了，原本衰颓的国势一时间又有极大恢复。

回过头来再说秦国。虽然借五国伐齐打垮长期制衡自己的东方大国齐国，在战略上取得成功，但战术上只夺取区区陶邑，是绝不可能满足秦国君臣的胃口的。五国联军伐齐前，苏秦曾给赵惠文王写过一封信，大意是说秦国表面上以伐齐为诱饵，实际上则是想趁机灭亡韩国、吞并两周，进而图谋魏国和赵国。其实苏秦的判断没错，秦国的战略差不多就是这样，只不过实际情况跟苏秦说的有一点儿出入：苏秦预计五国伐齐后秦国将先攻打韩国和两周，但秦昭王和魏冉却把当时的首要进攻目标锁定在魏国身上。

济西之战第二年，即秦昭王二十四年（公元前283年），秦昭王先后两次跟楚顷襄王在楚国别都鄢城（又称鄢郢、为郢，在今湖北宜城县东南）和穰侯魏冉的封地穰邑会面，目的自然是盟会修好，防止自己进兵中原时楚国从南边插上一杠子。其实秦昭王到楚国鄢城是冒着一定风险的：楚顷襄王的父亲楚怀王就是到秦国武关跟秦昭王会盟时被扣押，最后死在秦国的。伊阙之战后楚顷襄王虽然迫于形势又跟秦国联姻，但骨子里不能没有仇恨。可当时秦国国势强大，秦昭王赴楚国鄢城会盟一定也做足了军事上的准备，所以楚顷襄王没敢有任何出格的举动。

稳定住楚国后，秦昭王下令趁各国争抢齐地之机讨伐魏国，并要求韩国出兵相助。伊阙之战后韩国已经被秦国整治得没脾气，不得不答应。随后秦军出函谷关，借道两周和韩国，直扑魏国都城大梁，韩国也出动部分军队跟随助威。这次秦昭王和魏冉的野心很大，是奔着一举灭魏去的，这样秦国的领土就能跟"飞地"陶邑连接，等于向中原腹地打入一根钉子，把东方国家分为南北两块，让它们以后想合纵抗秦也不得。

以秦军为主的秦韩联军沿着黄河进军，很快攻破魏国在黄河南岸、魏韩边境修筑的长城，夺占了魏长城东侧的安城。这安城在哪里呢？它就在今天河南原阳西南一带。看现在的地图，原阳在黄河北岸，但战国时黄河水是从原阳以北的新乡一带向东北方向流淌的，所以当时的安城在黄河南边。

接下来，秦韩联军调头转向东南，渡过济水，攻占了魏都大梁西北的北林（当时一块茂密的林地），并以此作为基地进兵大梁。此后秦军攻打大梁甚急,并在大梁城外烧杀抢掠,连供魏王游乐的王家苑囿梁囿都被秦军洗劫焚烧,里面的麋鹿全被秦军宰掉吃了。秦军围城的同时,另有偏师向东掠地,占领大梁以北、以东的数十座魏国城邑,逼近了卫国濮阳,几乎与陶邑连成一片。

至此,魏国真的是危若累卵,到了亡国的边缘。当时魏国的宫城在大梁城西部,魏昭王在宫城的高门上都能望见秦兵,不由得心急如焚,天天期盼一个人的到来。

魏昭王盼的是谁呢?原来他盼的是外出搬救兵的孟尝君田文。

当初秦国为伐魏大规模调度物资、集结人马的时候,在秦国的魏国细作就已经探听到了消息,飞马回报国内。魏昭王得知秦军即将大举来袭,忧心忡忡,连夜召见当时担任魏相的孟尝君田文商议对策。

孟尝君到底是见惯风浪的纵横家,他对魏昭王说:"大王不必过于忧虑。只要能请诸侯之兵来救,魏国一定能转危为安。"

魏昭王赶紧道:"说动诸侯来援这样的重任,也只有薛公您能担负,还辛苦您亲自走一趟!寡人会为您配备庞大的车队和丰厚的礼物。"

孟尝君到魏国多年、身受重用,自然也义不容辞,于是他收拾行装踏上出使的路途。

据《战国策》记载,孟尝君首先北上来到赵国邯郸,觐见了赵惠文王,请求借赵兵帮助魏国抵抗秦军。但赵惠文王不愿得罪强秦,直接拒绝了。

孟尝君连忙说:"大王,臣借兵救魏,实际上是为赵国考虑。"

"那就请您说一说吧。"赵惠文王知道这是说客惯用的说辞,但还是忍不住想问个明白。

孟尝君解释道:"赵国之兵并不强于魏武卒,为什么赵国没有危难而魏国却屡遭兵祸呢?这都是因为魏国在西边给赵国挡刀啊!如果赵国不救魏国,魏国投降秦国或被秦国吞并,那时秦国可就和赵国腹地接壤了,赵国恐怕要像现在的魏国一样年年遭遇兵祸!所以臣说借兵救魏其实是为了赵国着想！"

赵惠文王一听此话有理，于是答应出兵十万、战车三百乘前往救魏。

孟尝君施礼拜谢后，赶紧又奔赴燕国，因为此时传来消息，秦军已经攻下了安城和北林，杀入了魏国王家苑囿梁囿，大梁危在旦夕。

到了当时的燕下都武阳（在今河北易县），孟尝君也向燕昭王提出了救援魏国的请求，燕昭王一开始同样没答应，毕竟当时正处于燕国吞并齐国的关键时刻。因此燕昭王找了个借口推托道："燕国已经有两年粮食歉收，而且离魏国又路途遥远，实在有心无力啊！"

孟尝君听后摇头叹气说："臣借兵其实是为了燕国，大王不体察我的忠心就算了，但恐怕天下会有剧变哪！"说罢他转身佯装要走。

虽说是卖关子的老套路，但燕昭王也忍不住喊住他，问道："薛公说的剧变到底是何意啊？"

这里孟尝君改用了恐吓的招数，他对燕昭王道："现在魏国的王家苑囿都被秦国夺占，燕国如果不救魏，魏国恐怕就要投降，把一半国土都割给秦国了。到时候魏国怨恨燕国，联合赵国、韩国，并向秦国借兵，四国一起来打燕国，燕国何以抵挡？千里出兵救魏无利可图，那等到大王在燕国南门就望见伐燕的联军，就有利可图了？"

燕昭王听后也转变态度，发兵八万、战车二百乘，让他们跟随田文去救魏国。

孟尝君田文带着赵、燕一十八万生力军兼程南下，不日来到大梁城下。魏昭王迎到援军喜极而泣，拉着孟尝君的手说道："君借的兵真多，来得真是时候啊！"

这时魏、赵、燕三国联军在数量上对秦军已经形成压倒性优势。连续作战的秦军抵挡不住，被联军围困在北林一带。秦昭王和魏冉见势不妙，企图以承认齐国济西土地归赵、胶东土地归燕为条件（五国伐齐时秦军可能在上述两地也占据了一些城邑），来换取两国解除对

大秦帝国全史

秦军第一次围大梁与赵燕救魏示意图

北林秦军的包围。赵、燕两国也不愿与秦国结怨太深，于是同意了秦人的请和条件，北林秦军这才脱离险境。就这样魏国免去了一次灭顶之灾。而魏冉则因为此次战败，被愤怒的秦昭王罢免了相邦的职务。

事后魏昭王当然少不了奖赏孟尝君，赵国也给予孟尝君一些封赏。这次成功救魏是孟尝君田文一生中最后的功业，此后史书上再无他的事迹，他应该在不久后去世。据《史记》记载，孟尝君死后他的封邑薛邑被齐国和魏国攻灭。

再说秦国那边，秦国君臣见赵国和燕国坏了自己的好事，当然是怀恨在心。尤其是那赵国，它成为齐国垮掉以后东方的最强国，有它掣肘，秦国就很难在中原为所欲为，秦人自然想敲打敲打它。不久秦昭王听说著名的楚国和氏璧流落到了赵国，就派人送信给赵惠文王，声称愿意以十五座城池来交换这个宝贝，"价值连城"的成语就是从这次秦昭王出的交换价码而来的。不过了解了这事发生前的历史背景，大家就会明白秦昭王当然是"醉翁之意不在酒"，要换和氏璧只是借口，真正的目的是要观察赵国的对秦态度，以借机找茬。

赵惠文王接信以后，招来廉颇等大臣商议，大家都认为秦国来者不善：把和氏璧给秦国，秦国恐怕不会把城池给赵国，结果是赵国白白吃亏上当；不把和氏璧给秦国，秦军立即就会以此为借口攻打赵国。赵惠文王没有办法，就想派一位伶牙俐齿的使者去回绝秦国，但又不至于让秦人恼怒。不过这样的人才可真不好找。

这时赵国的宦者令即内侍总管缪贤推荐了自己的舍人（家臣）蔺相如，说此人很有远见卓识。赵惠文王正愁无人可用，当即让人把蔺相如叫到宫中。

蔺相如听说了事情原委后，表示秦强赵弱，不能不答应，他愿做使者带着和氏璧去秦国交换。他还保证："赵国得到城池，我才把和氏璧给他们；如果得不到城池，我一定会完璧归赵！"

赵惠文王一听大喜，于是就把和氏璧交到他手中，让他西行入秦。

秦昭王得到赵国使者到来的消息，就在章台宫接见了蔺相如一行。寒暄之后，秦昭王说要看一看和氏璧，蔺相如双手将璧奉上。

秦昭王把和氏璧拿在手中看了又看，喜形于色。把玩一阵后，他又让侍者把和氏璧拿给自己的后妃和贴身近臣看。众人见了，都齐声欢呼万岁。

蔺相如不动声色地在一旁观察，断定秦昭王这是要赖账了，他脑筋一转笑着上前说："这和氏璧虽美，却还有一点小瑕疵，请允许我指给大王看。"

秦昭王点头答应，让人把和氏璧又交到蔺相如手中。

哪知蔺相如接到璧后立即后退两步，背抵在大殿的柱子上，怒发冲冠地说道："赵国人都说大王您不可信，不应该前来交易。臣以为就是布衣之交也会以诚相待，何况是大国乎？因此赵王沐浴斋戒五日，让臣拿着和氏璧来秦国。但臣见大王毫无交割十五城的诚意，所以才又把璧拿回。如果大王以势相逼，臣今天就把自己的头颅与和氏璧一起撞碎在柱子上！"

秦昭王一见蔺相如要拼命，生怕摔坏了和氏璧，就让管理版籍的官员带着地图上来，当面向蔺相如指出将会向赵国交割哪十五座城。

蔺相如知道秦昭王是做样子哄自己，就说："我来秦国前赵王沐浴斋戒五日，大王要得到和氏璧，也应斋戒五日然后再召开盛大的朝会以示郑重吧？"

秦昭王只得答应了。

蔺相如带着和氏璧回到宾馆之后，立即让一个随从换上老百姓的衣服，怀揣着和氏璧从小路跑回赵国。

五天过后，秦昭王按照蔺相如的要求沐浴斋戒完毕，然后召开盛大朝会请蔺相如献璧。到了朝堂上，蔺相如两手一摊淡然一笑，说："秦国自穆公以来就没有守信的君主。臣恐怕被大王欺骗，有负赵王的重托，所以已经让人把和氏璧带回赵国了。秦强赵弱，如果大王真想得到和氏璧，先把城给赵国，赵国一定不敢不奉上璧。臣知道欺君之罪该死，就请把我下汤镬（huò，大锅）煮了吧。"

秦昭王和群臣听了，不禁面面相觑。左右有人想把蔺相如拉下去处置，秦昭王见事已至此，也不想留下虐杀使者的恶名，就拦住了，说道："今天就是杀了蔺相如，也得不到和氏璧，反而让秦赵关系蒙上阴影。不如好好招待他，让他回国。赵王怎么会因为一块玉璧就欺骗秦国呢？"

就这样蔺相如保全了和氏璧，也保住了赵国的尊严和自己的脑袋，最终安全回到了赵国。赵惠文王认为蔺相如非常有才干，就封他为上大夫。后来秦国当然没先给赵国十五城，赵国自然也没给秦国和氏璧。

对赵国"文攻"不成，秦国决定直接诉诸武力——秦昭王派遣大良造白起伐赵，先后夺取了赵国的祁县（在今山西祁县东南）、兹氏（在今山西汾阴南）两城，给赵人一点颜色看看。秦国这么做倒不是因为那块和氏璧没骗到手，而是因为它对吞并魏国一事还不死心，打赵国的用意是警告赵人少管闲事，同时把赵人的注意力吸引到西边。

果然攻赵的第二年，也就是秦昭王二十六年（公元前281年），秦昭王以大良造白起为将（此时魏冉已经被罢相），让他沿着前一年的进兵路线再次东进，企图包围大梁、伺机灭掉魏国。

据《战国策·西周策·苏厉谓周君》篇记载，著名谋士、苏秦的二哥苏厉认为白起如果攻灭了魏国，西周国就危险了，于是他劝西周君说："您可以派人去对白起说：'就算楚国神箭手养由基这样百步穿杨、百发百中的人，如果不懂得休息，一直射，最后弓拉得不正，箭路弯曲，有一箭射不中，那就前功尽弃了。现在您已经击破韩、魏两国，杀死了犀武，向北攻破赵国，夺取了赵国的祁等地方，您的功劳已经够多的了。现在您又率领秦兵出塞，经过东、西两周，挺进韩国来攻打大梁，如果一举进攻而不能取胜，岂不前功尽没？所以您还不如称病不出的好！"

不知道是白起听了西周君的游说真的称病不出，还是出兵攻打大梁失败但败绩后来被秦朝焚书抹去，《史记》中并未留下该次秦军攻魏的记录。

就这样，五国伐齐后秦国虽然成为当时最强大的国家，却因有赵国、燕国从中作梗，无法集中力量灭魏，秦昭王不禁恨得牙根痒痒。于是秦昭王把秦国公子延送到魏国当质子，大约又把河东的安邑、新绛等地还给了魏国，以此来与魏昭王讲和，并拉拢魏昭王一起进攻赵国。这时孟尝君田文已经不在了，魏昭王可能是贪恋河东的旧土，又记恨赵国不久前攻占了魏国城邑伯阳（在今河南安阳县北）的小怨，居然答应下来，全然忘记上次要不是赵国相救魏国早就亡了。接下来按照两国定下的协议，魏军北上反攻伯阳，秦军则东渡黄河攻打赵国的西部边境。

来到黄河东岸，秦军首先拿下赵国城邑蔺县（在今山西吕梁市离石区西），继而包围了蔺县东边的离石（在今山西吕梁市离石区）。因为赵军抵抗顽强，秦军在折损了不少兵马后才攻下离石。虽然兆头不太好，但随后秦军继续东进，企图攻占赵国太原郡的郡治晋阳（在今山西太原市西南），却在晋阳东南方的马陵（在今山西太谷县东南）、阳邑（在今山西太谷县东北）遇阻，继被困北林后再次吃了败仗。①这次攻赵的秦军统帅是谁，史书上没有记载，但魏冉罢相后白起成了秦军的最高实权人物，由此推知，极有可能是他。可见赵国虽然忙着在东方抢夺齐国西部的地盘（当时乐毅仍在齐国略地，田单还没有爆发），在西方对秦国一直采取守势，但经过赵武灵王调教的赵军，战斗力依旧彪悍，就连秦国的顶尖将领白起都无法轻易突破赵军的西部防线。

秦昭王再次无计可施，只得重新启用魏冉，派他出使赵国讲和。

---

① 《战国策·燕策二·秦召燕王》云："（秦）兵困于林中，重燕、赵，以胶东委于燕，以济西委于赵。赵得讲于魏，至公子延，因犀首属行而攻赵。兵伤于离石，遇败于马陵，而重魏，则以叶、蔡委于魏。"

赵惠文王这时仍把主要精力放在吞并、巩固齐国济西的土地上，不愿意和秦、魏打消耗战，于是任命魏冉为赵国相邦，又把魏邑伯阳还给了魏国，至此秦、魏与赵国之间的战争结束。

黔中争夺战与渑池会

五国合纵伐齐后，已经成为唯一"超级大国"的秦国企图从中路消灭魏国，却遭赵、燕两国阻挠而失败；企图从北路打开局面，也在赵军的顽强抵抗下屡遭挫折。正当秦昭王极其抑郁的时候，有一天他接到某位说客的书信，说能替他解忧。

秦昭王展开竹简，只见上面写道："臣私下听说大王一直谋划吞并魏国，不过此计恐怕难以实施，希望大王深思熟虑。魏国就好像山东诸国的腰眼，又好似蛇身子的中间部分。大王要攻灭魏国，等于要打断山东诸国的脊梁，它们必然十分恐惧，抱团救援魏国，就像打蛇身，蛇头蛇尾都一起来支援一样。现在山东诸国实力仍很强大，所以秦国的祸患一定会来临。臣为大王考虑，不如举兵南下。楚国军队孱弱，诸侯也来不及救援。夺占楚地，能拓展版图，富裕国家，增强军力，提高大王声威，可谓一举多得。"

看完信后秦昭王茅塞顿开，毕竟"人挪活，树挪死"，中路、北路不通，那就再尝试南路嘛。

话说楚顷襄王继位后就遭秦国打击丢掉了析地等十六城，因此意志消沉，不但不思报父仇，反而屈膝与秦国结亲。换得一时苟安后，他贪图享乐、宠信小人、荒于朝政，还放逐了忠直的三闾大夫屈原，楚国朝野的有识之士都扼腕长叹。某一天，酷爱游猎的楚顷襄王不知从哪里听说国内有个猎人，十分善于用小弓和带细绳的小箭射飞雁。也算"业内人士"的他知道这飞雁可是飞得很高很难射中的，心下十分好奇，于是就慕名把这猎人召进王宫中，问问他有啥诀窍没有。

这个善射雁的猎人拜见楚王后，回答说："小臣就爱用小弓箭射个小雁、野鸟什么的，此等微末伎俩，何足为大王道哉？"

楚顷襄王听了，忙让他不要谦虚。

没想到这猎人却并不简单，话锋一转说道："楚地广大，大王贤能，所想获得的不会就是些鸟雀吧？当年三王射取道德的名号，五霸射取强国的地位。所以秦、魏、燕、赵四国，像是小雁；齐、鲁、韩、卫四国，像是小野鸭；邹、费、郯、邳四国，像是野鸟。这十二只鸟儿，大王准备怎么射呢？大王何不以圣人为弓，以勇士为箭，瞅准时机去猎取它们呢？"

原来这猎人是个身在乡野却关注天下的隐士，他不满顷襄王碌碌无为，借机来鼓励劝导他努力进取，光大楚国！

接下来，猎人给楚顷襄王出谋划策，指出楚国应北上争夺占据天下中枢位置的魏国和正陷入战乱的齐国，降服泗上十二诸侯，然后联结赵、燕，对抗强秦，收复汉中等失地。

为了激起楚顷襄王的斗志，猎人最后慷慨激昂地说道："先王遭秦国羞辱殁于异乡，还有比这更大的仇恨吗？匹夫有仇，尚且敢以一身抗一国，就像伍子胥、白公胜那样。今天楚土方圆五千里，甲士百余万，本可以跃马中原，现在却坐以待毙，臣窃以为不可！"

碌碌无为的楚顷襄王听了，不禁也起了建功立业之心。有人可能以为是猎人的激将法成功了，其实楚顷襄王做了十八年大王，什么样的谏言没有听过，哪能那么容易就被激起？他应该是看五国伐齐后各国都有较大收获，楚国却没有什么所得（楚国拿到的淮北之地原本就是楚地），这才跃跃欲试；他又见秦国攻打魏国、赵国接连遭遇失败，一贯的"恐秦"心理大大减缓，觉得秦军也不过如此，因此才大起了胆子。

当然楚顷襄王虽然想"有所作为"，但仍不敢一开始就跟秦国交锋，于是他先定了一个小目标——消灭周王室。他这样做可能有两个考虑：一是先拣软柿子捏捏，试一试楚军的刀锋；二是取代周王室成为天下共主，再以天下共主的名义联络诸侯共同伐秦。为此楚顷襄王接连派人到齐国、韩国等国联络，争取诸侯的支持。

不过周王室那边也不是瞎子聋子，寄居西周公国河南城（周王城）的天子周赧王得到情报后，立即派西周武公到郢都开展外交斡旋。

西周武公见了当时的楚国令尹昭子，对他说："现在西周国的土地，截长补短不过百里，占了也不足以扩大疆域，反而将使楚人背负弑君的恶名。如果把周室的鼎彝祭器运到楚国，恐怕天下觊觎之人更要一齐发兵伐楚了。"

昭子一听，觉得攻灭周王室的舆论压力确实太大，尤其可能给各国提供联合伐楚的借口，于是劝楚顷襄王停止灭周计划。本就心血来潮的楚顷襄王只得同意了。

那不打周朝打谁呢？楚顷襄王还是没敢直接北上进攻被秦国占领的宛城、穰邑、析邑等原楚国北疆旧地，而是选择沿长江、沅水一带西进，攻打夹在楚国巫郡、黔中郡与秦国巴郡之间的枳巴国。我们知道枳巴国是秦国灭掉巴国后残余巴人贵族以枳邑为都城建立的小政权，小小的枳巴国当然不是楚国的对手，很快就灭亡了。枳巴本来充当了长江、沅水一带楚国和秦国的隔离带的作用，现在它消失了，楚人就和秦人在该地区直接碰面了。

秦昭王东进中原、北攻赵国均不利，本已经考虑将拓土方向转向南方楚国，如今得知楚人竟然敢图谋自己，还抢先攻占了秦、楚之间的缓冲国枳巴国，立即决定先下手为强，命令司马错兵出巴蜀攻打楚国。

当时巴蜀地区已经被秦国统治数十年，经过张若和斯离的苦心经营，政局稳定、百姓安居、生产发展，成为为秦国提供兵源和物资的重要基地，更是进攻楚国的理想桥头堡。因此秦昭王二十七年（公元前280年），司马错率军顺长江而下，兵锋直指楚国西部的巫郡、黔中郡。但楚顷襄王已经在枳邑一线设置重兵防守，所以司马错的首次攻击遭遇楚人强力抵抗，不得不铩羽而归。

秦人当然不是遭遇一次挫折就罢休的主儿。秦昭王得到败报后没有降罪于司马错，而是命他将功补过，到陇西征发骁勇善战的戎族秦兵入蜀再战。司马错从陇西回到蜀地后，麾下的军队已达十万之众，他指挥大军乘坐大船万艘、携带粮草六百万斛，再次顺长江浩浩荡荡而下。为了牵制楚人，秦昭王同时又派人侵袭楚国的北部边境，秦军兵出穰邑（在今河南邓州市）包围了楚国邓县（在今湖北襄阳西北）。邓县距离楚

> 斛，容量单位，一斛等于十斗，即一石。但出土战国秦简中只用石、不用斛，斛最早见于汉简，此处应为汉代以后的史料。

都郢都仅四百余里，迫使楚顷襄王不得不分兵御敌。

因为司马错此次兵多粮足，而大批楚军又被牵制在北方，所以激战之后枳邑一带被秦军占领。接下来司马错带领船队从枳邑驶入涪水（今乌江），航行数百里后在今天重庆市酉阳土家族苗族自治县西部的龚滩镇一带舍舟登陆。他们徒步穿越酉阳，再顺着酉水进抵沅水流域。当地的楚军无力抵抗，最后楚黔中郡的大部分地区落入秦军手中。楚顷襄王得知黔中失守，不由得惊慌失措，被迫将上庸（在今湖北竹山西南）和汉水以北的一些土地割让给秦国以求和。

不过缓过神来后，楚顷襄王又为合纵伐秦不成反丧师失地深感耻辱，因此暗中积极训练军队、屯集物资，准备一雪前耻、收复失地。

第二年，也就是秦昭王二十八年（公元前279年），自觉准备充分的楚顷襄王任命庄蹻为大将，领兵反攻黔中。可能是因为司马错骄

傲大意，也可能是因为在去年的战斗中秦军损失较大没有得到补充，黔中郡很快被庄蹻重新夺回。值得一提的是，此次战败后，为秦国东征南讨数十年的大将司马错就从历史上消失了，不知道他是受伤或抑郁而死，还是因失利遭到了秦国朝廷的惩处。也许太史公司马迁知道祖先的结局，但为尊者讳，没有记载。

再说庄蹻，他收复黔中郡后乘胜西进攻秦，夺取了秦国巴郡部分土地。此后他像刹不住车一样，又沿着沅水继续向西南挺进，攻占了且兰（在今贵州福泉），征服了西南少数民族所建的夜郎国（疆域大致即今贵州省中西部和云南东部），最远打到了今天云南昆明的滇池一带。这是有史记载以来，华夏诸国的势力第一次进入大西南。

却说秦国那边，黔中得而复失，巴郡还遭到楚军袭击，可以说狼狈至极。消息传开后，天下人都免不了瞧秦国的笑话。秦昭王十分恼怒，准备集中全部兵力给予楚国重击。不过开战之前秦昭王却有一个极大的顾虑，那就是东北方颇具实力的赵国——如果赵国趁秦国倾力伐楚时大举来袭，秦人就将陷入两面作战的危险境地。怎么才能稳住赵国呢？经过一番商议，最终秦昭王决定先出兵震慑赵人，再逼迫赵人与秦国议和。接下来白起受命进攻赵国西南部的城邑光狼城，一战斩得赵军首级三万。

赵惠文王得知光狼惨败的消息正在惊骇，随即又接到秦昭王约他到秦国东部城邑渑池盟会修好的书信，不由得心中疑惑又打怵，毕竟有楚怀王被扣的例子在前，所以他本不想去。但大将廉颇和上大夫蔺相如都提醒他说，如果不去，那就真在秦人面前示弱了。赵惠文王这才决定赴约。当然，为了保障他的安全，赵国也集结了大批军队到西部赵秦边境。不过为防止最坏情况出现，临行前廉颇还是请示，如果三十日赵惠文王也不回来，能否立太子为王，赵惠文王答应了。可见他是抱着赴死的心态去的。

几天后，赵惠文王带着平原君赵胜等随驾大臣如期来到渑池，

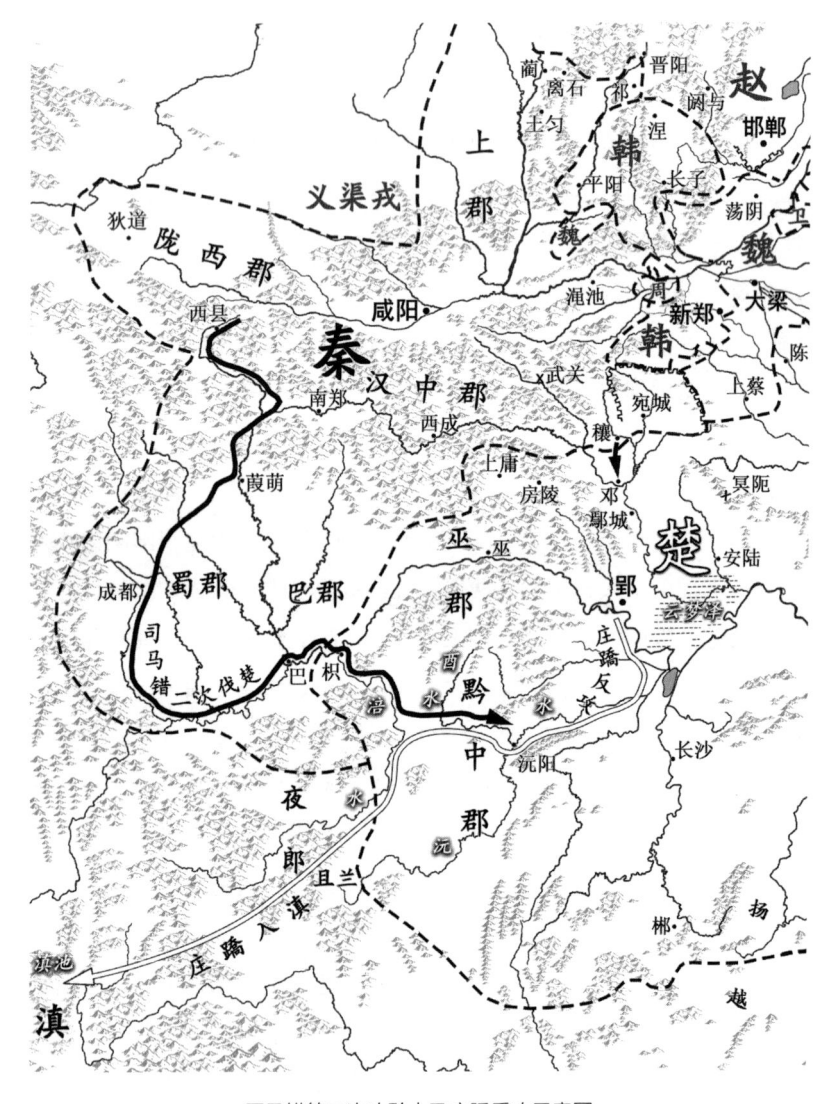

司马错第二次攻黔中及庄蹻反攻示意图

秦昭王置办盛大宴会招待。这时赵惠文王大约三十一岁，秦昭王则是三十七岁，秦昭王算是赵惠文王的兄长。

双方喝酒喝到酣畅淋漓的时候，面红耳赤的秦昭王突然说："寡人私下里听说赵王雅好音乐，那就请弹奏一曲吧！"

秦国势大，赵惠文王人在屋檐下不敢推辞，就命人拿来瑟弹了弹。

没承想瑟声刚停，一个站在秦昭王旁边的秦国御史拿下夹在耳朵上的毛笔，边在竹简上奋笔疾书边高声唱道："二十八年某月某日，秦王与赵王会饮，命赵王鼓瑟！"

赵国方面的人听说了，知道秦人这是在羞辱赵王、占赵国便宜，无不义愤填膺，但一时不知道该如何找回场子。

还是蔺相如脑快胆大，他立即上前一步说："赵王私下里听说秦王善于秦国音乐，小臣斗胆献上盆缶，请秦王演奏，互相娱乐一下。"

琴瑟毕竟是高雅乐器，而盆缶就是瓦罐子，是上不得台面的乡野乐器。蔺相如让秦昭王敲这个，不但能使两王对等，还讽刺了秦国的粗野落后，压秦国一头。

秦昭王一愣，因占便宜而露出的笑容瞬间消失，当即冷脸拒绝了。

蔺相如却不依不饶，手捧着一只瓦罐跪在秦昭王面前，非让他敲不可。秦昭王还是不敲。于是蔺相如威胁说："现在臣离大王只几步之遥，恐怕颈中之血会溅到大王身上！"

秦昭王左右的近侍一听，立即想上前护驾。可蔺相如怒目呵斥，他们不由得又退了下去。

这时秦昭王也有点害怕，就勉强在瓦罐上敲了一下。蔺相如马上走回去，对赵惠文王身边的赵国御史说："快记下，今王二十年某月某日，秦王为赵王击缶。"

见偷鸡不成蚀把米，秦国方面又有大臣站出来，大声说："请赵国拿出十五城作为给秦王的见面礼！"

蔺相如也回道："请秦国把咸阳献给赵王做礼物！"

就这样双方唇枪舌剑、你来我往，一直到酒宴完毕，秦国也没在言辞上占到赵国什么便宜。最终两国国君进行了盟誓，重修旧好。这就是著名的"渑池会"。

因为京剧中有《将相和》的剧目（内容包含渑池会），语文教材上也常常节选《史记·廉颇蔺相如列传》的章节作为课文，所以渑池会的故事几乎妇孺皆知。单单看京剧和史记中的相关内容，很多人可能认为渑池会是赵国赢了，而且之所以赢几乎全靠蔺相如智慧超群、勇敢无畏。其实结合历史背景我们就应该明白，秦昭王之所以没有扣押赵惠文王、杀死"无礼"的蔺相如，是因为秦国召开此会的目的本来就不是想对付赵国，而是想通过此会与赵国修好停战，并吓唬、稳住赵人，让赵军不敢在秦军攻楚时支援楚国或趁机进攻秦国，以便集中全部力量对楚。事实上，后来秦人伐楚的时候，赵人确实没有支援楚国或进攻秦国，显然秦国才是渑池会的真正赢家，因为它达到了预想的战略目的。赵人后来之所以没有干扰秦国伐楚，除了渑池会上所受的威吓，还有一个重要的现实原因，那就是刚好这一年田单在即墨城下大败燕军，杀死其主将骑劫，正挥师西进要收复沦陷于燕国和赵国之手的齐国城邑，所以赵国不得不布置大批部队到赵齐边境，以抵御田单的反攻，自然就没空去支援楚国或骚扰秦国了。

白起破楚　屈原哀郢

渑池会结束后，秦昭王综合各方情报判断赵国不会插手秦楚战事，于是集中秦军精锐数万，交到战神白起的手上。可能是探知楚军大批兵力由庄蹻率领驻扎在楚国黔中郡和西南地区，所以秦昭王改变主攻方向，命令白起直接出武关，以穰邑为基地南下伐楚。此外秦昭王还下令赦免大批刑徒迁徙到穰邑附近，让他们为白起提供充足的后勤支援。在秦国朝廷看来，让刑徒去支援前线，既能"废物利用"，又避免征发守法的普通农民耽误农业生产，是一举两得的事情，所以这种举措在当时成为一种惯例，即服徭役和保障军需时由刑徒先上，不够才征发普通农民。

因粮草充足，白起指挥的主力很快攻下了被少量秦军包围近一年的楚国邓县（在今湖北襄阳西北）及邓县下属的城邑西陵[①]。随即他顺汉水南下，兵锋直指楚国的旧都鄢城（在今湖北宜城东南），也就是我们之前多次提到过的为鄀（鄢鄀）。

鄢城位于楚都郢都（在今湖北荆州市荆州区）的正北方三百多里处，有大路通往郢都，是郢都的北方门户，战略地位十分重要。因此楚顷襄王不敢怠慢，集中楚军主力死守鄢城。

现在在湖北宜城东南7.5公里处的高岗上，有一座被民间称为"楚皇城"的古城遗址，近几十年来考古工作者对它进行了多次勘查发掘，发现了自西周至汉代的遗物，因此很多历史学者认为它就是春秋战国时期的楚鄢城。楚皇城有内外两重城墙，外城东城墙曲折蜿蜒长近2000米，西城墙长1840米，南城墙长1500米，北城墙长1000米，周长6400多米，整体像一个梯形。外城四面城墙每面开两个门，四个城角上有四座角楼。与东周的很多大国都城相比，楚皇城相对偏小（如秦国雍城外城周长13000多米、齐国临淄外城周长19000多米、鲁国曲阜外城周长11700米）。不过城偏小也有小的好处，那就是便于集中兵力防守。

战国时期攻城要么是"距堙（yīn）"，即在城墙边儿堆土丘堆

[①] 楚国西陵的位置自古以来有多种说法（如湖北武汉市新洲区说、湖北宜昌市西北说），本书采信辛德勇2013年论文《北京大学藏秦水陆里程简册初步研究》和尹弘兵2019年论文《江夏郡与西陵县源流考》的考证。

得像城墙一样高直接进城，要么是用云梯、临车（一种可推至城边、让士兵居高临下跳到城头的高车）、冲车（下面悬挂撞城槌的车）等器械爬城或撞城门、城墙，除此以外也没有什么好办法。所以春秋战国时期几个月甚至半年、一年打不下一座坚城很正常，故而军事家孙子说"攻城之法为不得已"。因为楚军兵力雄厚、鄢郢城小坚固，白起督师围城多日也无法攻取。

见硬攻不成，白起就开始另寻他法。很快白起在勘察当地地理环境时发现，鄢城西侧有一条发源于荆山和康狼山的鄢水（今名蛮河），从鄢城西南流过，向东南注入汉水。《孙子兵法》和《吴子兵法》里都提到过"水攻"，战国初年智伯瑶引晋水灌晋阳，差点灭掉赵氏的故事更是在当时流传甚广，所以白起决定借鄢水来取鄢城，"原汤化原食"。

> 以水佐攻者强（用水来辅助军队进攻，攻势必能加强）。
> ——《孙子兵法·火攻篇》
> 居军下湿，水无所通，霖雨数至，可灌而沈（敌军驻扎在地势低洼之处，积水无法排出，如遇绵延阴雨天气，可以水灌之）。
> ——《吴子兵法·论将》

当然说起来简单，但因为鄢水距离鄢城还有较远的距离，所以要借它的水势并不容易。白起命令秦军士卒先在鄢水上游筑坝蓄水，然后挖了近百里的渠道才把水引到鄢城西城墙外。这条渠道后世就被命名为"白起渠"，至今犹存。

虽然考古发现鄢城城墙的基底有30多米宽，但也挡不住顺着白起渠汹涌而来的大水，顿时被冲开了一个大缺口。据北魏郦道元《水经注》记载，从西城墙进入鄢城内的水流又从城东北角涌出，城中楚国军民数十万被大水卷走，尸体堆积在城东，腐烂后发出冲天的恶臭，因此后世人们将那里叫作"臭池"。战争的残酷激烈，由此可见一斑！"一将功成万骨枯"，说的就是这般景象！

"以水代兵"消灭鄢城的楚国抵抗力量后，楚都郢都的门户顿时洞开。白起乘胜又攻占了鄢城以南的蓝田（在今湖北钟祥东北），然后不失时机迅速挥师南下。

　　不过秦军兵力其实不多，仅有数万之众，而且此时携带的军粮已经告罄。见主将带着大家"孤军深入"，直插楚国腹心地带，一些秦军将士不禁胆怯起来：要知道楚国可是有名的大国，万一陷入楚人的汪洋大海不就有去无回了？

　　这时白起一边告诉将士楚军主力早被鄢水冲走，郢都已经是空城一座，一边学三百多年前的孟明视烧毁运兵船只，还创造性地扒掉了后路上的桥梁，来了个"破桥沉舟"。秦军将士明白已经没有退路，只得横下一条心跟随白起奋勇向前，杀奔郢都而去。那粮草问题怎么解决呢？白起告诉大家可以"因粮于敌"，说白了就是一个字——抢！

　　就在白起水淹鄢城、南下郢都的当口，秦昭王再次命令蜀郡守张若率军顺江而下，形成两路夹击楚国之势。张若的官职之所以从蜀国守变为蜀郡守，是因为几年前也就是秦昭王二十二年的时候，秦昭王以末代蜀侯绾谋反为借口杀了他，正式废除了蜀国改置蜀郡。

　　张若不负所望，攻打楚国刚刚收复的黔中郡，又夺取不少城邑，牵制了西线的大批楚军。

　　再说楚国，虽然地大物博、人口众多，但一来封君林立、动员能力相对较差，二来部分精锐随庄蹻入滇、部分精锐被张若牵制在黔中、部分精锐淹死在鄢城之中，一时之间郢都周围竟真的无兵可调。听说秦国名将白起杀来，所过之处犹如暴风卷过，楚顷襄王寒毛直竖又无计可施，已经失去了坚守都城的勇气。因此当第二年（秦昭王二十九年即公元前278年）年初，白起即将兵临郢都城下时，楚顷襄王提前带着后宫妃嫔和朝廷大臣仓皇向东北方向逃窜。楚王带头逃跑，楚军自然一哄而散。就这样，白起几乎兵不血刃就占领了郢都。

　　战国时期的郢都，自古以来学者都指出是湖北江陵（今属荆州区）

纪山以南的古城遗址纪南城。1975年，考古工作者对纪南城进行全面发掘，摸清该古城城墙遗址东西长4.5公里，南北宽3.5公里，周长15.5公里，总面积约16平方公里，规模是明清荆州古城的3倍多，为湖北境内最大的古城；通过遗址、遗物时代的检测，学者发现该城大概于战国早期启用（而非一些古籍所说的春秋前期），战国中晚期废弃，约使用了一百年。战国早中期的郢都（纪南城）是可以与齐国临淄、赵国邯郸等中原名都相媲美的一座富庶繁华的大城。东汉人桓谭曾在《新论》中描述说："楚之郢都，车毂击，民肩摩，市路相排突，号为'朝衣鲜而暮衣弊'。"也就是说，郢都热闹繁华到车轴碰车轴、肩膀擦肩膀，人们在市中道路上你推我挤，早上穿的新衣服到晚上就磨旧了。

后勤断绝的秦军进入郢都这样的繁华之地后无不两眼放光，立即就大肆烧杀抢掠起来。一座繁华百年的大都，就此沦为一片废墟。直到西汉时期，郢都附近仍旧人烟稀落、经济萧条，城墙内的东南区域居然成了秦汉时期的墓葬区。为了震慑楚人，摧毁楚人的精神支柱，白起还下令焚毁了郢都的楚国宗庙和郊外的楚国先王陵墓区夷陵。考古发现，郢都附近的大中型楚墓多在早年被盗，一些学者认为这应该是因为楚人有厚葬的风俗，所以贪婪的秦军展开了大规模的盗墓行动。

接下来白起继续扩大战果，领兵向郢都以东扫荡，追击楚顷襄王一行，先后占领了竟陵（在今湖北潜江北）、安陆（在今湖北云梦县）等地。值得一提的是，史书在记载白起攻占郢都、竟陵等地时均未提到斩首数，可见自鄢城陷落后楚人再未组织起有力的抵抗，而是一路溃散。为了巩固占领区，不久秦昭王下令将白起打下的以郢都为中心的楚国核心区域设置为秦国南郡，并以郢都旁一座名为江陵的小城为郡治（因郢都已成废墟），同时赦免秦人刑徒向那里移民，白起也因以上大功受封"武安君"。

在秦军铁蹄的蹂躏下，郢都周边的大批楚国百姓逃离家园，扶老携幼向东方流亡避难，景况十分凄惨。当时楚国大诗人屈原正被楚顷襄王流放在江南地区（长江中游以南的区域），如今也被迫跟随难民顺江而下逃亡。

眼见故都沦陷，百姓流离，屈原悲愤至极，唱道："皇天之不纯命兮，何百姓之震愆（qiān）？民离散而相失兮，方仲春而东迁！（老天爷的命令变化无常啊，老百姓何罪之有？人民妻离子散，早春二月却流亡东迁！）"明白恢复故都无望，自己又不得楚顷襄王信用，万念俱灰之下，他于当年五月初五投汨罗江自杀。

转眼间又到第二年，也即秦昭王三十年（公元前277年）。此时，秦国蜀郡守张若经过苦战击败楚国巫郡、黔中郡守军，再次占领了当地。从秦昭王二十七年上半年司马错首次东下攻打黔中失败被迫回陇西搬兵，到张若成功站住脚，当中经历几次反复，可见秦楚双方在当地争夺的激烈程度，也可知楚军并非如一些人想象的那样不堪一击。不久，秦昭王下令在新占领区设立了秦国巫黔郡[①]，辖地包括楚国巫郡和黔中郡大部。至此，楚国西北地区几乎全部落入秦人手中。

因为楚国丢失了黔中郡，已经率军向西南打到滇池一带的楚将庄𫏋及所率楚军的归国之路被切断，变成了"域外弃儿"。无奈之下庄𫏋就在部属支持下于滇中称王，成为统治西南地区的第一个中原君长。庄𫏋大军在征服当地的同时也带去了不少中原的先进文化，促进了当地的发展，史称"庄𫏋开滇"。太史公还说，后来汉武帝时期归降汉朝的滇王就是楚将庄𫏋之后。

再说楚顷襄王君臣等人，逃出郢都后他们先是跑到了城阳（在今河南息县西北），仍心有余悸，后来继续北上进入楚国北部的重镇陈城（在今河南周口市淮阳区）才停下脚步。随后楚国就迁都陈城，从

[①] 文献误作"黔中郡"，据秦封泥改，见周晓陆等《于京新见秦封泥中的地理内容》。

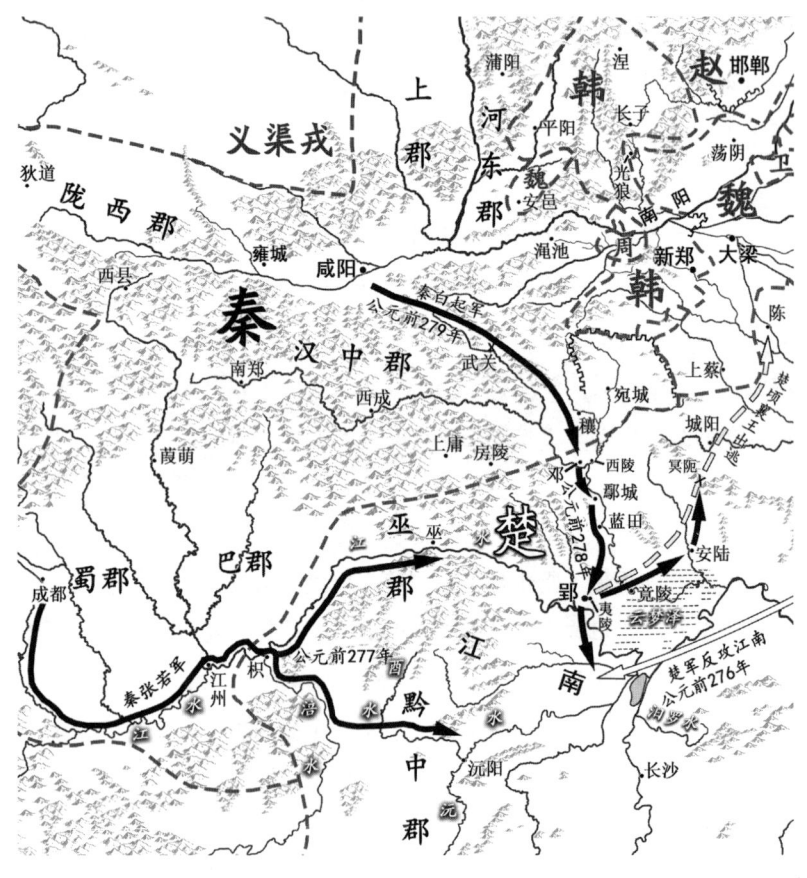

白起、张若两路伐楚示意图

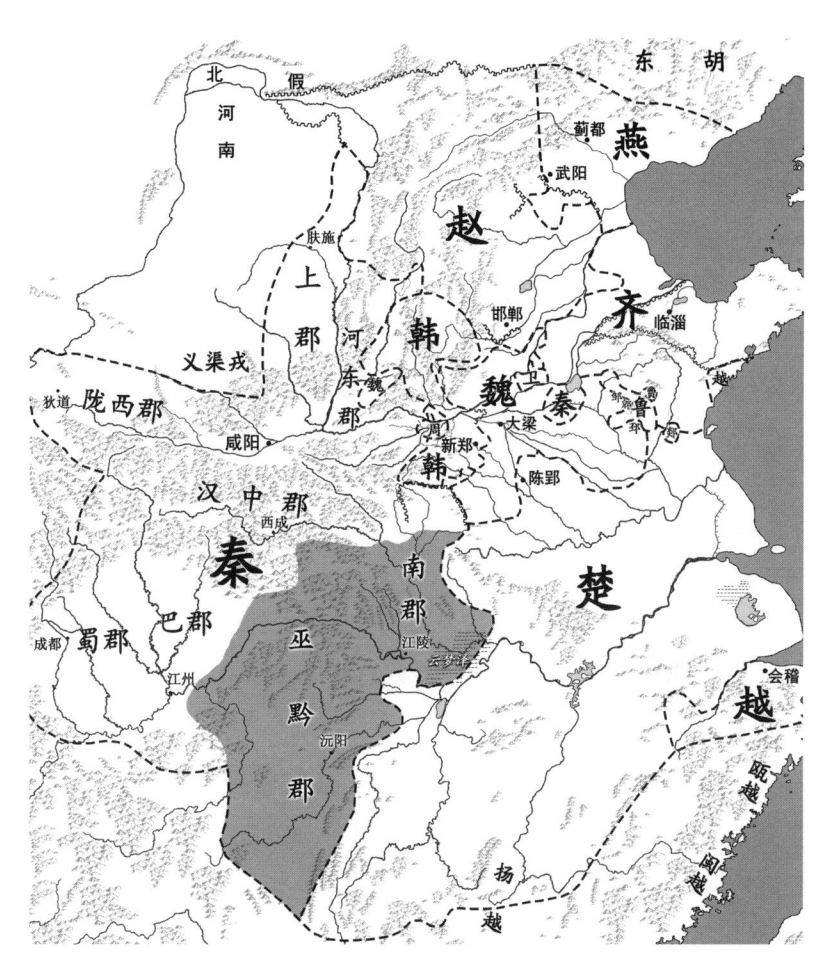

秦昭王三十一年（公元前 276 年）列国疆域示意图

此陈城也被叫做陈郢。

张若占领楚国巫郡、黔中郡之际，白起曾再次向东北方向进军，企图一举擒获楚顷襄王君臣，但在穿越桐柏山脉时历尽艰险，最终攻打楚国要塞冥阨（又称"黾隘"，即后世的平靖关，在今河南信阳南）不克[①]，只得放弃。

到这时，历时四年（公元前280年—公元前277年）的秦国侵楚之战基本结束。秦国占领了楚国巫郡全部、黔中郡大部和鄢城—郢都的王畿地带，等于夺取了楚国大约三分之一的国土，其中包括楚国最精华的区域（王畿）。自此秦国疆域超越了楚国，一跃成为天下最大的诸侯国。所以这次胜利是战国时期秦国取得的最重大的胜利之一。

而对楚国来讲，它的这次失败之沉重，几乎与后世宋朝的"靖康之变"差不多。自此之后，楚国的脊梁被彻底打断，直到它灭亡，也没在战国格局中发挥什么重大作用。与之相应的是，秦国再不把楚国放在眼里，此后专心对付三晋、开拓中原。

却说楚顷襄王虽然昏庸，但丢了数百年故都，这时也不能不悲痛自责。他后来趁白起突破冥阨受挫、秦国转而攻魏之际，在秦昭王三十一年（公元前276年）集结楚国东部的兵力十余万人发起反攻，收复了楚黔中郡东部、长江沿岸的十五座城邑（在今湖南东北部一带），虽稍微挽回点颜面，但是郢都一带却永远丢失。

[①] 睡虎地秦简《编年记》云："卅年，攻□山。"一些学者认为"山"字前模糊不清的为"冥"字，"冥山"即冥阨。

巴蜀变"天府"——李冰治蜀

白起拔郢时，秦蜀郡守张若曾进行战略配合，领兵出巴蜀攻楚，最终于秦昭王三十年（公元前277年）夺占了楚国的巫郡和黔中郡。在那之后，秦国朝廷顺势命令张若在新设的秦巫黔郡驻守。这样一来，蜀郡就没有了长官。据东汉应劭的《风俗通》记载[①]，不久秦昭王接受了大臣田贵的举荐，任命了第四任蜀守，他就是李冰。

不过李冰虽然是一位既有大名又对历史有长远影响的人物，但可惜因为先秦史料残缺，现在人们对他的很多基本信息都闹不清楚，如他的籍贯、生卒年份等，只能进行推测。

首先说李冰的籍贯。

李冰的籍贯有蜀地土著说、山西说等多种说法。过去蜀地土著说流传较广，但通过对李冰姓氏的研究，尤其是20世纪末山西有自称李冰后裔的人士拿出李氏家谱，现在山西说（秦河东说）一时占了上风。

其次说李冰的相关年份问题。

李冰到蜀郡上任时的年纪应该不大。1974年，人们在四川成都都江堰外江出土了东汉年间雕刻的李冰石像，石像的面部丰满，只有嘴唇上边有两撇淡淡的胡子，下巴上却光光的没有一点须的痕迹。古人相信"身体发肤受之父母"，有胡须（上为胡、下为须）是不会剪、不会刮的，说明李冰在距秦不远的汉代人心目中是个"年轻人"的形象。因此综合李冰赴任时间和赴任时比较年轻这两点，可以推测他的生年很可能在秦昭王元年（公元前306年）前后。

年富力强的李冰初到蜀地任职时，蜀地已经并入秦国近四十年，等于是过了两代人，蜀人内心已经接受了秦国统治，因此政治上早就

[①] 《风俗通》原书早已经散佚，此条见唐朝虞世南《北堂书钞》的引文。

比较安定。但是却有一个问题时常困扰蜀人和郡守，那就是水旱灾害。

众所周知四川是一个盆地，即中间是平原，四周一圈都是山。在四川盆地内，江河纵横，秦国蜀郡所在的盆地西部也即成都平原一带，最重要的河流就是岷江。岷江，上古曾称沫水，后又称汶水，发源于四川北部的岷山。岷江之水从陡峭的高山上奔泻而下，一到成都平原，水流速度突然变慢，携带的泥沙就沉积下来，淤塞河道。所以雨季时，岷江和它数十条支流之水经常泛滥，非雨季时河道又常枯竭。

现在说起来李冰治水，人们多从结果也即灌溉了大批良田，逆推李冰的初衷主要是为了发展农业，但这可能是不符合历史的。其实太史公司马迁在《史记·河渠书》中写得很明白，"此渠（李冰所修的水道）皆可行舟，有余则用灌浸，百姓飨其利"。司马迁的意思是李冰当初治水主要是为了保障航运，灌溉农田、造福百姓实际上是副产品。

太史公曾亲到蜀地，他的说法应该不是信口胡诌。古今中外很多科技的研发、重大的工程最初都是为了军事用途，如古代的冶铁工艺，现在的核子工程、互联网技术，后来它们才逐步转为民用并造福民生。李冰治水应该也是这样的。古代治水要耗费巨大的人力、物力，没有迫切的、直接的动力朝廷是不会投资或批准的。所以结合太史公的记载，很可能是秦国出于运兵、运粮等军事航运的需求而做出的治水决定。具体说，那就是当时蜀郡郡治成都不通航，郡治和周边地区的粮草、兵源要运送到成都以西一百多里处，才能上船走岷江水道，导致之前司马错、张若从蜀地出师顺水而下伐楚时在粮草、兵力集结上遇到很多麻烦。现在秦国既然攻取了楚国巫郡、黔中，并在鄢郢地区设置了南郡，伐楚一事告一段落，蜀郡也可以集中人力、财力来做开凿航道、治理水患的工作了。

《华阳国志》记载，李冰是个熟知天文地理的奇才，这应该是秦昭王选择他担任蜀守的重要原因之一。受命之后，他就沿沫水（今岷江)实地认真勘察地形。他发现,沫水自北方山上流到成都西北一百多里的青城山附近时,向东拐了个小弯,然后碰到湔山(今玉垒山)又向南流淌;而且沫水河道的位置要比东部的成都高得多(高270余米),如同一条悬河,泛滥之后经常淹没成都。

了解上述情况后,李冰学习总结古

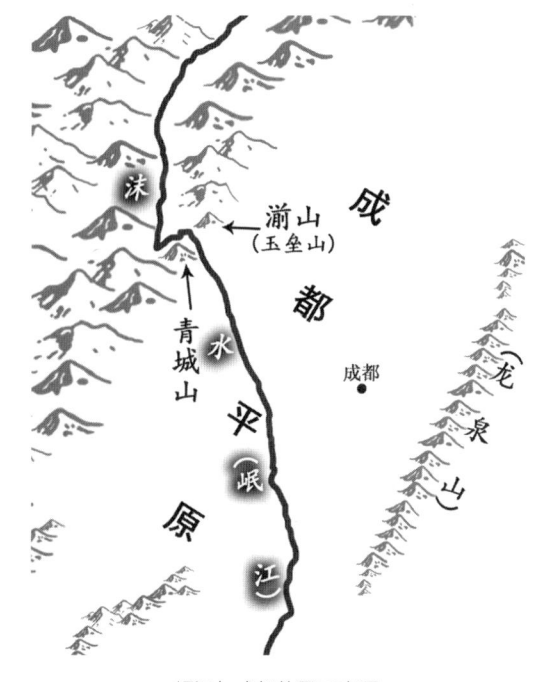

岷江与成都位置示意图

人的治水经验,并向当地民众虚心请教,最终找出了一个能同时实现航运、除患、灌溉三项功能的治水方案:在湔山那个沫水小弯处把江水分流,向东引出一股让它通过成都,即"筑坝引水,修渠分水"。这样一来,既能起到给沫水分洪的作用,分出的水通过几条人工渠流过成都平原,又能行舟和灌溉农田。

当然,理论很简单,实操极困难。

首先,李冰要在湔山这座石山上开凿一个能通向东南方即成都方向的通道。湔山是坚硬的赤砾岩,当时没有炸药,因此开凿的难度可想而知。但是古人的智慧也是无穷的——李冰他们采用了火烧山石使其脆裂的方法来施工。靠着"铁杵磨成针"的精神,他们最终在湔山上开凿出一个宽20米、长80米的山口,打通了沫水东流的通道。这个通道最初被称作"灌口",又因细长如瓶,后世常称作"宝瓶口"。

而分出的那部分山石，则被史书称作"离碓（duì）"。

通道问题解决了，但是随之还有一个问题，那就是灌口一侧位置较高，沫水流过来的水量较少。于是李冰就开始进行第二项工程，在灌口上游的江面上建一座分水堤坝，引导更多的江水往灌口这边来，并精确控制水量。

李冰以江中露出的一小块沙洲为基础，在上面建设分水堤坝。但分水堤坝的建设也困难重重——因为水流湍急，用于垒坝的石头刚放下去就被大水冲走了。怎么办呢？经过集思广益，李冰想出一个经济实用的妙招：他让人先制作了宽数尺、长数丈的巨大竹笼，在其中填满石头，然后再整笼投下。因为分量足够，这下终于可以立得住了。建好的分水堤坝因在湔山前，所以当时称之为"湔堋（péng，古方言分水堤之意）"，后世称作"金刚堤"。它整体形状像一条鱼，所以迎水的尖端被称为"鱼嘴"。这个"鱼嘴"把沫水也即岷江分为西、东两股，西面较宽的为原主流，称作"外江"，东面较窄的是人造支流，称为"内江"。

那水量的精确控制是怎样实现的呢？原来李冰派人把内江的河道给挖低，造成内江窄而深，外江宽而浅。这样丰水期水流速度快的时候，拐弯而来的江水因离心力向西猛冲，进入外江的就多；枯水期水流速度缓慢的时候，江水就往低的位置也就是内江走。这样通过精心设置"鱼嘴"在江心的位置和内、外江的高低差，自动实现了丰水期"外六内四"、枯水期"外四内六"的神奇分水效果；而且因为金刚堤是填满石头的竹笼构成的，是"活"的，所以当水流速度等有变化时，后世人们还可以人工改变"鱼嘴"前后左右的位置，灵活调整内、外江的进水比例。（直到20世纪末金刚堤才改为钢筋水泥的固定堤坝。）这样既能保证成都平原的用水量，又避免水大成灾。

湔堋建好后，李冰又分别在湔堋的上游和灌口的下游开凿多条沟渠，前者流经沫水西部区域，后者流经东部成都平原，这样江水像树叶的脉络一样左右分出，大片区域都能享受水利之便。

不过我们在这儿说得简单，其实李冰带领蜀郡军民建设包括湔堋（金刚堤）、灌口（宝瓶口）以及东、西部多条沟渠在内的水利系统，耗费了惊人的人力物力。现代的水利学者估计，以当时的技术水平和劳动工具，得费时十年以上才能完成！

当然辛苦付出得到的回报更为丰厚。东晋常璩《华阳国志》记载了李冰完成湔堋、开通航道后的情景：

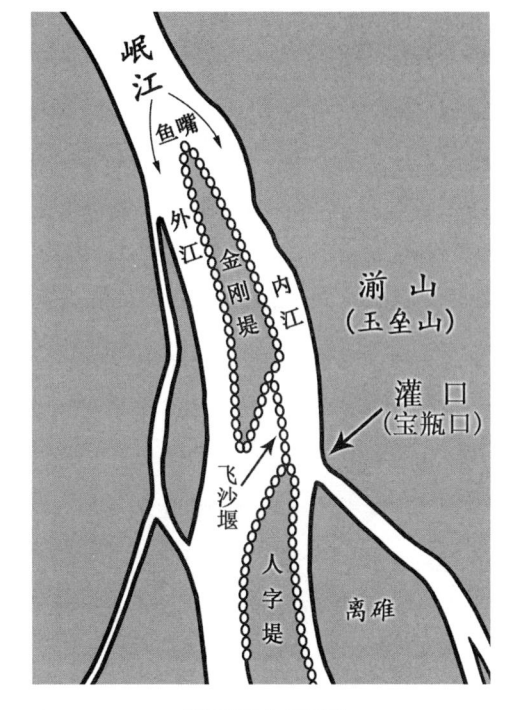

都江堰结构示意图

> 岷山多梓、柏、大竹，颓随水流，坐致材木，功省用饶；又溉灌三郡①，开稻田。于是蜀沃野千里，号为"陆海"。旱则引水浸润，雨则杜塞水门，故记曰：水旱从人，不知饥馑，时无荒年，天下谓之"天府"也。

也就是说，首先岷山的林业资源得到有效利用，接下来千里蜀地都得到灌溉，成为真正的"天府之国"。另据东汉《风俗通》记载，

---

① 三郡，指蜀郡、广汉郡、犍为郡。广汉郡是汉代分割蜀郡和巴郡建立，犍为郡是汉代分割蜀郡、巴郡再加上新开拓的今云南、贵州一些地方组建的。

当时得到灌溉的成都平原良田就达万顷（约合今七十万亩）。

以后历朝历代都对李冰的天才杰作进行维护、修缮和改良，唐代为了排沙和进一步调节水量又在金刚堤的尾部增加了飞沙堰。因此该系统灌溉的农田亩数也由最初的百万亩级别逐步扩大到数百万亩级别，到今天更达到千万亩级别。这个水利系统的名称也在不断变化，三国时代改称都安堰，唐代改称楗尾堰，南宋改称都江堰，后来都江堰这个名字一直沿用至今。

古今中外，对于完成这种艰巨的工程，难免是要大大神化一番的。早在东汉《风俗通》一书中，就记载了李冰智杀江神的故事，宛如一部"仙侠大片"。

该故事说，当时江神每年都要娶两个美女做媳妇，否则就兴风作浪，降下水灾。李冰于是假意把自己的女儿嫁给江神，然后到江神庙里给他敬酒。江神的塑像当然喝不了酒，见酒杯里的酒丝毫不减少，李冰就翻脸大骂江神，然后抽出腰中宝剑，瞬间消失得无影无踪。不久，人们发现有两头大青牛在江边用牛角顶来撞去，斗得天昏地暗。又过了一会儿，李冰满头大汗地回到官署，对手下人说："我已经累得不行了，你们怎么还不来帮忙？头朝南、腰间有白毛的就是我！"说完，他"嗖"的一声又不见了。接下来，他的部属再次看到两牛相斗，于是上去杀死了面朝北的那头。江神就这样被消灭了，水患也从此消失。

再后来的传说中，李冰又多了个儿子做帮手。南朝梁李膺所写的《治水记》里记载，"蜀守父子擒健鼍（tuó，扬子鳄），囚于离碓之趾"。

到了宋代，李冰的这个儿子有了排行——老二，更出现"二郎"杀蛟龙助父治水的故事。这里面李冰的儿子"二郎"，就是中国后来家喻户晓的"二郎神"的原型之一。

不过如果大家以为李冰治蜀的功绩就是湔堋（都江堰）系统工程，那就太小瞧他了。据《华阳国志》《水经注》等书记载，李冰至少还有以下利国利民的成就：

水利方面，他整修岷江流域航道，开凿今天大渡河汇入岷江处阻挡船只的溷（hùn）崖（在今四川乐山），夷平岷江汇入长江一带的险滩（在今四川宜宾）；他疏导洛通山的洛水，分出一支流经什邡、雒县（在今四川广汉）；他疏凿文井江，打通了成都与铁矿产地临邛（qióng）的通道。

经济方面，他在广都（今四川成都双流区、仁寿县一带）开凿盐井，解决了蜀地吃盐困难的问题（之前蜀地食盐靠从巴郡输入）；他从秦国本土引进冶铁新技术，将临邛变为蜀地乃至秦国重要的冶铁基地。

城市建设方面，他在成都一带的两江即郫江、检江上建立七座木桥，方便了百姓来往。

就这样，李冰治蜀二十多年，彻底改变了成都平原原有的自然面貌，解决了长期困扰蜀民的水患问题，建立了发达的航运网和灌溉系统，极大地促进了农、工、商业的发展，使蜀地物阜民丰，变成天下最富裕的区域。因其充足的人力和物产，蜀郡作为秦国进攻六国的后方基地的地位更加凸显。为方便运输，秦昭王时秦人还修建了连接关中与蜀地、汉中的千里栈道，这其中应该也有李冰的部分功劳。从"后勤就是战斗力"这点来讲，李冰对秦国统一天下的贡献不下于白起！

传说中，李冰在蜀地奔波治水，积劳成疾而死，最后葬在什邡，至今什邡还有李冰的陵园。历史上的李冰其实并没有死在蜀郡守的任上，而是转调他处继续为官。

现在内蒙古准格尔旗文化馆和上海博物馆分别收藏两支战国时期秦国青铜戈"上郡守冰戈"，一件铭文为"二年，上郡守冰造"，一件铭文为"三年，上郡守冰造"。这两支戈表明，李冰后来在秦昭王的孙子秦庄襄王或曾孙秦王正的二年和三年，曾在秦国上郡担任郡守。据此推测，李冰很可能是卒于上郡守的任上。什邡的李冰陵墓，应是蜀人纪念李冰的衣冠冢。

再战中原——华阳之战

打残楚国之后,秦国再次把目光转向中原。就在蜀守张若攻占楚国巫郡、黔中郡以及白起攻打冥阨时,魏国魏昭王病逝,他的儿子魏安釐王魏圉继位。第二年也就是秦昭王三十一年(公元前276年),秦昭王决定趁魏国新老交替、内政不稳的时机出兵讨伐,正驻扎在秦国南郡也就是原楚国鄢、郢一带的白起又受命北征,很快夺取了魏国南部的两座城池。(楚顷襄王向秦国发动反攻夺回长江南岸十五座城邑也就是钻了这个空子。)

秦昭王三十二年,秦国相邦穰侯魏冉亲自领兵出函谷关伐魏,一举包围了魏都大梁,这就是秦昭王时期秦军五次围攻大梁中的第三次。年轻的魏安釐王刚上台就被吓出一身冷汗,只得紧急向各国求援。这次韩釐王最仗义,派遣老将暴鸢领兵助魏。不过暴鸢刚到大梁城下就被魏冉杀得大败,向大梁西南的魏国重镇启封①狼狈逃窜。秦军跟踪追击,又顺带攻下启封,前后斩韩军首级四万颗。

得知援兵完蛋,王位还未焐热的魏安釐王失魂落魄,派人向魏冉求和,承诺只要秦国肯退兵愿意割让八县之地。好在大梁城城墙达七仞之高(《史记·穰侯列传》须贾语),一仞七尺,秦汉一尺23.1厘米,七仞即今11.3米,相当于现在的4层楼高度,所以秦军一时难以攻下。魏冉又担心其他国家再来援魏,使秦军重蹈六年前白起兵败北林的覆辙,于是决定见好就收,接受了魏国的求和要求撤兵西归。

那边秦军刚退走,果然东方一支援军来到大梁,原来是齐襄王害怕魏国灭亡后秦国刀锋直接顶在自己脑门上,所以不顾复国没几年百

---

① 汉代避汉景帝刘启的名讳改"启封"为"开封"。

废待兴，发兵救魏。这时魏安釐王正为城下之盟深感屈辱，更心疼那八县之地，见昔日的东帝齐国来援，立即与齐国结盟，并背约停止向秦国交割土地——那会儿八县除了被秦军自己攻下的两县，只交割了一个温县。

再说穰侯魏冉回到咸阳，得知魏安釐王翻脸跟齐国合纵并撕毁对秦和约，不禁怒不可遏。过了年，也就是秦昭王三十三年（公元前274年），秦军卷土重来再攻魏国，秦国客卿胡阳（一作"胡伤"）一口气夺取了韩魏边境魏国一侧的卷、蔡、中阳、长社等四座城邑。秦军之所以能以韩国领土为根据地，自然是因为去年暴鸢战败后，韩国就不得不再次向秦国称臣。

魏国又挨了秦国一顿胖揍，自知打不过秦军，就把气都撒在哪头风大哪头倒的韩国身上。次年（秦昭王三十四年即公元前273年），魏国投入当时东方最强的赵国怀抱，两国相约共同攻打韩国，不久魏赵联军约二十万人直逼韩都新郑北面的重镇华阳（在今河南新郑北）。

韩国国小力弱，眼看着华阳即将不保，新郑也危在旦夕，君臣上下焦急万分，连连派使者向秦国求救，秦国却一味敷衍。

《战国策·韩策三》记载，当时韩国有个善辩之士叫田苓（《史记》作"陈筮"），嘴上功夫极为了得，能把活的说死，把死的说活过来，不过却正患病休养。韩国相邦实在没招，只有去求他说："现在韩国危若累卵，先生虽然有恙，但还请为国家连夜走一遭，赴秦国求得援军！"田苓被相邦感动，抱病连夜乘车赶赴咸阳。

穰侯魏冉见韩国把病号都支使上了，笑着问："韩国已经很危急了吧，所以先生也来了。"

气息微弱的田苓却回答说："没有啊，韩国的情况还好。"

魏冉不由得有些恼怒，变脸说："像您这样的能当韩王的首席使臣吗？韩国来秦求救的使者道路相望，都对敝国说韩国已经支撑不住，您却说韩国不危急，这是为何？"

田苓慢条斯理地说道:"如果韩国真的危急了,就改变立场、转换阵营了。正因为还没到危急的时刻,所以才派我来。"田苓显然是在不动声色地威胁秦国,如果再不发兵救韩,韩国就要加入赵国、魏国的阵营。《战国策·韩策二》记载秦昭王初年楚国围攻韩国雍氏时,赴秦求援的韩使张翠也是这样回答当时的秦国丞相甘茂的。

魏冉听懂了,赶紧说:"先生不用觐见我家大王了,我现在就发兵救韩。"随即他任命白起为大将、胡阳为副将,火速救援韩国。

白起、胡阳得令后立即点齐人马出动,以强行军的姿态向东方疾进,仅用八天时间就出现在华阳城下。赵魏联军正在全力围攻华阳城,突然发现秦军仿佛从天而降,完全出乎意料,瞬间张皇失措、军心动摇。

白起不顾将士们喘息未定,抓住战机命令首先向相对较弱的魏军发起进攻。魏军抵挡不住,在华阳城下被斩首达十三万人之多,魏将芒卯弃军而走才逃得性命。

魏军大败之时,赵将贾偃不管盟友,带着赵军仓皇向北撤退。白起哪里能放过他,收拾完魏军后又对他穷追不舍,终于在黄河南岸边堵住了准备渡河的赵军。当时大批赵军士卒正在等待上船,乱哄哄的完全不成阵势,见秦军杀来,他们无处可逃,哭爹叫娘纷纷跳进黄河,前后有两万多人被淹死。

就这样,华阳之战白起消灭魏赵联军十五万人,再次震动中原。

魏冉得报大喜,亲自驾临前线,命令秦军继续东进,企图一举拿下魏都大梁。

魏安釐王得知主力被歼、秦军复又围城,不由得头皮发麻、浑身发冷。但强烈的求生欲望让他不甘心坐以待毙,缓过一口气后他一面下令全国总动员、征发各县地方部队增援首都,一面派大夫须贾去游说魏冉退兵。

须贾见了魏冉,先是虚张声势,声称魏国已经征发全国一百多个县的兵力三十多万人来防守大梁,而且楚国、赵国也将前来救援;接

第十一章 远交近攻——秦昭王的风采

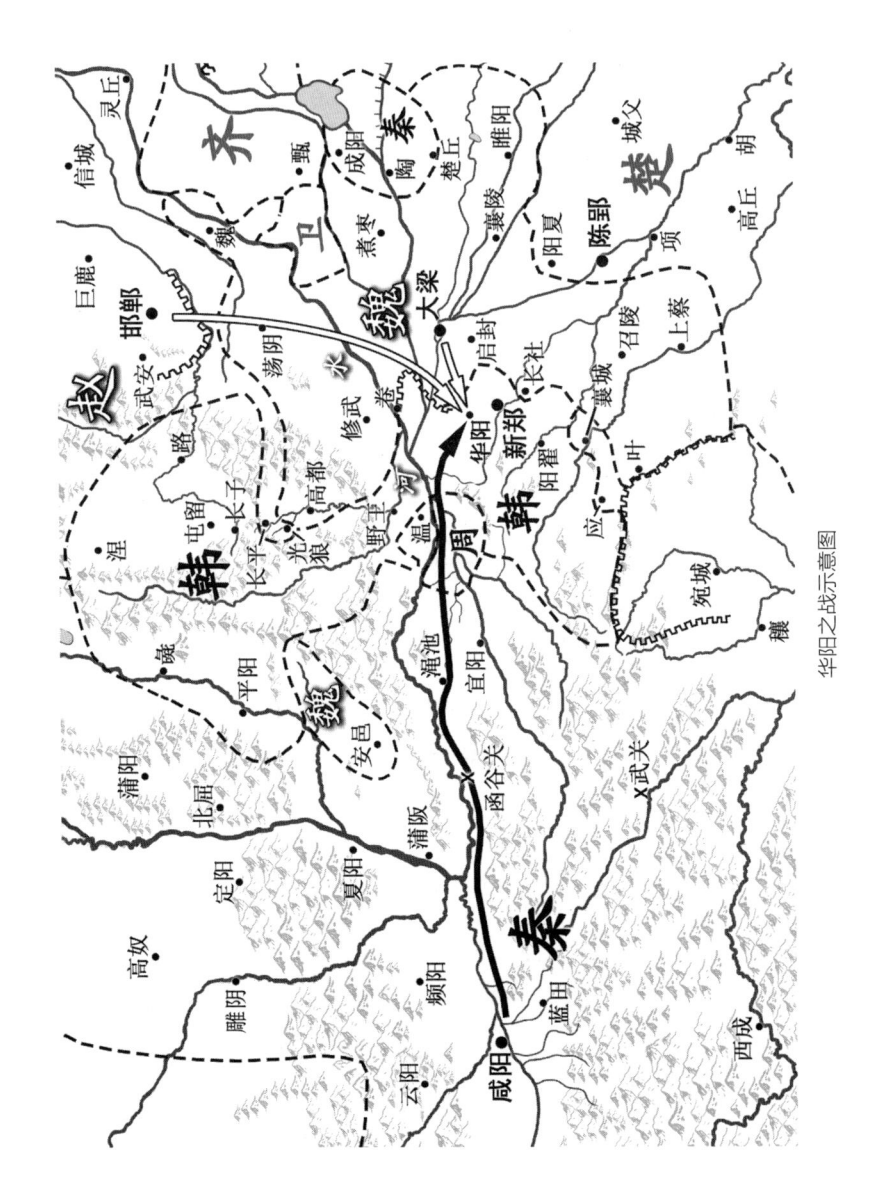

华阳之战示意图

下来他话锋一转，表示魏国愿意称臣并割让部分土地以换取秦国退兵。

魏冉权衡一番，明白现在灭掉魏国还难以实现；但他前年上了魏人一次当，退兵了地没拿到，所以也不肯撤除对大梁的包围。这时魏国大将段干崇主张先把魏属南阳（即修武，今河南获嘉县一带）交割给秦国以求和，魏安釐王没法子只得照办，魏冉得了地这才班师凯旋。值得一提的是，秦国在此后不久设立了一个"南阳郡"，但要注意秦南阳郡指的是从析县到宛城一带的地方（该区域在秦人视角的南方），即我们现在所说的南阳盆地一带，跟三晋人所说的"南阳"（太行山以南、黄河以北区域）不是一个地方。先秦书籍上所说的"南阳"一般都是三晋人的概念，该"南阳"又称"河内"；现在的南阳盆地之所以叫"南阳"，是从战国后期秦国在当地设立"南阳郡"才开始的，是后起的说法。

重创魏军并蚕食了几块魏国领土后，秦国就像一头贪得无厌的猛兽，又开始四处打量，寻觅下一个猎物。当时秦国朝堂上有人主张联赵伐齐，也有人主张合韩、魏以攻楚。

秦国谋划联赵伐齐的风声传到临淄，齐襄王赶紧请苏秦的弟弟苏代给魏冉写了一封信。苏代在信中说齐国是大病未愈之国，根本扛不住一击，如果齐国灭亡，到时只能便宜魏、楚，还请穰侯三思。魏冉觉得有理，暂时放弃了伐齐的打算。

秦国准备合韩、魏攻楚的消息传到陈郢，楚顷襄王立即让当时担任左徒一职的王弟黄歇（楚怀王庶子[①]）送儿子太子熊元（一作"熊完"）到秦国做人质，以表示对秦国的忠心。黄歇还上书秦昭王，表示攻打楚国只会养肥韩、魏和齐国（大约在秦国攻魏的这几年楚人也从魏国

[①] 《史记·春申君列传》误以为黄歇是普通说客出身，与黄歇同时代的韩非则在其所写的《韩非子·奸劫弑臣》篇中称黄歇为"楚庄王（楚顷襄王别谥）之弟"，汉代史书也都说黄歇与孟尝君、平原君、信陵君一样，是"王者亲属"。所以他的真实身份为楚怀王庶子、楚顷襄王弟弟。

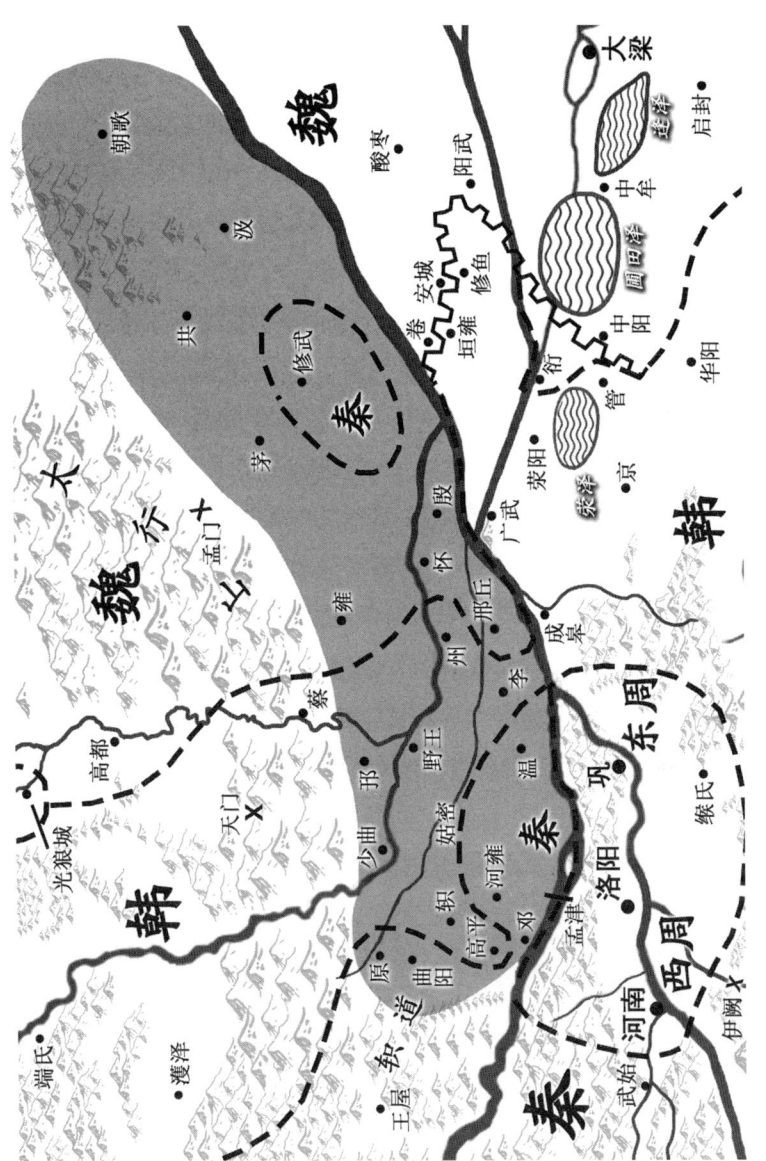

战国时期南阳地区位置与城邑分布示意图（公元前273年）

第十一章 远交近攻——秦昭王的风采

手里夺得了方与郡）。秦昭王一番思索，也停止了攻楚的计划。

就在秦国君臣找不准战略方向的时候，有一位名叫造的客卿拜见秦相穰侯魏冉，献计说："秦国把陶邑封给君侯，实际上是在利用君侯掌控天下。君侯不如攻打陶邑东面的齐国，来扩大自己的领地。此事一旦成功，陶邑就将成为'万乘之国'，君侯也必将拥有春秋五霸一样的历史地位啊！"

魏冉此时已经年约七旬，他明白自己不久就要"船到码头"了，因此他私心大起，觉得为秦国服务多年，现在是该为自己和后代多谋些福利的时候了。于是秦昭王三十六年（公元前271年），魏冉命令客卿造领兵越过韩、魏东征齐国，攻下了齐国西南部的刚、寿两座城邑（在今山东宁阳县、东平县境内）。

齐国君臣眼见外交努力最终失败、秦军还是打上门来，当然是十分恐惧。正当他们不知如何应对的时候，有一个国家却突然"挺身而出"主动招惹秦国，把秦军的火力吸引了过去。

意外的顿挫——阏与之战

上节说到，秦国打服魏国并夺得不少魏地，继而穰侯魏冉又出于私心开始伐齐的时候，有一个国家却主动招惹秦国为齐国解了围，这个国家就是赵国。

原来之前秦国曾经攻占了赵国的蔺、离石、祁等三座城邑，逐渐逼近了赵国的旧都、当时的赵太原郡郡治晋阳（在今山西太原西南），赵国一直处心积虑想收回三城。秦昭王三十七年（公元前270年），赵惠文王派公子郚（wú）到秦国做质子，并声称想用焦、黎、牛狐三座城邑来换取上述三城。

秦昭王君臣一合计，迅速就答应了。蔺、离石和祁也是要地，是秦国打通吕梁山脉钉入今天太原盆地的一颗钉子，秦国咋么爽快答应拿出去交换呢？原来赵国拿出的黎，在当时的卫国西侧、今天的河南浚县东部；焦和牛狐的位置不详，但应该都在黎的周边。黎的东南两百多里处，就是秦国的东方飞地陶邑（今山东菏泽市定陶区）。显然如果得到了黎等三城，就等于在秦国本土与秦国飞地陶邑之间多获得一个可以落脚的踏板，有利于秦国加强对那块东方飞地的控制，这是秦人多年来梦寐以求的！所以秦人没有犹豫，很快把蔺、离石、祁三城还给赵国。

不过这样"天上掉馅饼"的好事，能是真的吗？果然，秦国等来等去，却迟迟不见赵国把焦、黎、牛狐三城交割给秦国。秦昭王怒了，心说现在这天底下还能有人敢戏要秦国不成，就派使者去邯郸向赵惠文王索地。没想到赵惠文王躲起来不露面，而且他还让人转告秦使，换地这事儿他完全不知情，都是手底下的人自作主张，把自己从中择了个一干二净。

秦使回国后把情况向秦昭王汇报，秦昭王顿时火冒三丈，明白上了当了：赵国利用了秦国连接陶邑的迫切愿望，又摸透了秦人以为赵国不敢骗它的自大心理，不费一兵一卒收复了三处要地。

但秦国吃了亏，事情就能完了吗？本来此时的东方六国中，韩、魏都已经臣事秦国，齐、楚也已经向秦国服软，燕国则远在天边，就只剩下赵国又硬又臭：赵国多年来接连攻下魏国、齐国很多城邑，实力居东方六国之冠，还多次与秦国作对，破坏秦国灭魏的好事儿，秦昭王君臣早就想削它，只是被伐楚、伐魏的战事耽误。这时见赵国居然敢主动捋虎须，秦昭王决定让它好好尝一下秦国雷霆之师的滋味，使其像楚国一样，再也不能威胁秦国在中原的军事行动！

当年年底，在前几年伐魏战事中表现不俗的客卿胡阳被秦昭王任命为伐赵主将。不过赵国既然敢惹秦国,对于秦国的猛烈报复自然也早有准备,事先在河东与秦国接壤的边境地带加强了防御。

有鉴于此,出师后秦军没有像以往那样在河东秦赵边境上攻略赵国一侧的城邑,而是借道韩国上党郡大胆穿插挺进,直逼赵国的战略要地阏与。

话说这阏与在哪里呢?原来它就在今天山西省和顺县西北,是太行山中的一个城邑。当时赵国领土的核心、精华部分主要是东南、西北两块——以首都邯郸为中心的今河北南部和以旧都晋阳为中心的今山西北部。但赵国的这两块好地却被太行山隔绝开来,只能通过太行山北部的一些山间谷道联通。秦军攻击的阏与,正位于晋阳、邯郸连线的中点。现在我们可以明白秦国的毒辣用心了——它是想一举将赵国分割为两段啊!

秦军围攻阏与的消息迅速传到了邯郸,赵惠文王闻报心下一惊。他先是召见"以勇气闻于诸侯"的大将廉颇,问他能不能救援阏与。廉颇却摇头说:"此去阏与,道路遥远,且狭窄险峻,恐怕难以救援。"可不是?阏与在山中,山间险道"一夫当关,万夫莫开",要是秦军分出一支兵力在路上设伏阻击,赵军即使付出重大伤亡也很难通过。

赵惠文王听了却很不满意,再招来乐毅的同族(当时乐毅已经去世)、大将乐乘,并问了同样的问题,乐乘的回答却和廉颇一样。

两员大将都不愿救援阏与,可见此战确实困难。但赵惠文王不甘心,又把同宗赵奢叫来咨询他的意见。赵奢铿锵有力地说:"道路遥远且狭窄险峻,就像两只老鼠在洞穴里打架,勇猛的一方将会取胜!"后世"狭路相逢勇者胜"的成语,就是打这里来的。

赵惠文王内心本就想救阏与,见终于有一位将领的回答合自己心意,所以立即任命赵奢为主将,让其领兵救援阏与。

话说这赵奢是谁呢?据《史记》记载,原来他是赵国的一个宗室远支,最初地位并不高,只是一个征收田赋的基层税务官。他早年曾到赵惠文王的弟弟平原君赵胜家里收租税。赵胜的家臣仗着主子是王亲国戚，平时嚣张惯了，心说哪里跑来一个不识相的家伙，不但一粒粮食也不交，还对着赵奢好一番羞辱谩骂。换了别的税官遇到这阵势，恐怕也就夹着尾巴溜走算了，当朝大王宠爱的王弟谁能管得了？税收上来归国家，命可是自己的！可赵奢偏偏却不这么想。他指挥兵丁把赵胜家领头起哄抗税的九个家臣抓起来，依法严惩，全都砍了脑袋。赵胜那时大约二十多岁，正是年轻气盛的时候，听说有征收租税的小官打狗不看主人，居然连杀自己府中人，不禁大发雷霆，立即就要派人去杀赵奢。

赵奢听说后，不但没躲避，反而主动跑到赵胜面前，毫无畏惧地对他说："您在赵国是贵公子，如果带头纵容家人违法乱纪，那么赵国的法制就被破坏了。法制破坏了国家自然衰弱，国家衰弱了诸侯就会乘隙来攻打，诸侯来攻打赵国可能就会灭亡。到时候作为赵国公子的您，还有什么富贵可言啊？相反，如果您以公子之尊带头奉公守法，那么就能使国人感到上下公平，上下公平国家必然强盛，国家强盛赵氏的地位就巩固了。您作为赵国的贵戚，还能被天下人轻视吗？"

平原君赵胜毕竟不是寻常的浪荡公子哥，否则后来也不会跻身"战国四公子"之列。他听了赵奢的话慢慢醒悟，不但没有再报复赵奢，反而认为这是个有胆有识的人，于是把他推荐给了自己的哥哥赵惠文王。赵惠文王了解了赵奢的故事后，就让他做了赵国的税务总管。赵奢不负众望，上任后不畏权贵（王弟他都敢怼），使赵国上下赋税公平，老百姓家给人足非常满意，国库也富足了。

有人可能会问，既然赵奢是税官，怎么现在又带起兵了呢？其实另据《战国策》记载，赵奢年轻时曾一度为了避祸逃亡燕国并在燕国担任过上谷城（在今河北怀来东南）的守将，也就是说赵奢本就是武将出身，所以重返祖国担任税官的时候才那么强悍有魄力。赵惠文王后来应该也知道他精通军事，所以在乐毅伐齐期间（公元前280年，田单复齐的上一年、阏与之战前十二年），就曾经任命他为将领攻打齐国。赵奢也不负所托，拿下了齐国的麦丘（在今山东商河县西北）。故而秦军包围阏与的时候赵惠文王咨询他并任命他为主将，就不足为奇了。

谁知赵奢在赵惠文王面前夸下"狭路相逢勇者胜"的海口后，领兵出了邯郸城刚三十里就扎营不走了。不但不走，他还下达了一条荒唐的军令：有敢在军事方面多嘴进谏的一律处死！

赵奢这是唱的哪出戏？大家都不解。

这时包围阏与的秦将胡阳为牵制赵国援军，已经派秦军一部越过太行山，进抵武安（在今河北武安西南）城西，因为武安在滏口（在今河北邯郸市峰峰矿区）以北，是赵军的必经之路。这支秦军安营扎寨后，擂鼓呐喊向城中军民示威，声振屋瓦。眼看武安危急，赵奢军中一位担任斥候（侦察兵）的小军官忍不住了，面见赵奢请求立即增援武安。赵奢却大怒，挥手命人把他推出去斩了。

赵奢杀进谏者的消息风一般传遍全营，大伙明白他的命令不是闹着玩儿的，虽然心中极为不满，但也再没有人敢说话。

接下来赵奢命令大伙儿心无旁骛，不停地加固营垒。在此期间有一名秦军间谍混进赵军营垒，赵奢发现后不但没有为难他，反而好吃好喝招待一番，然后客客气气地送走。赵军将士都气坏了，认定赵奢是怕了秦军，所以不想进兵、只思固守。

秦国间谍回到武安秦军营地，把所见所闻向领头的秦将汇报。秦将哈哈大笑，又赶紧派人把情报报告给主帅胡阳。胡阳也喜笑颜开，认为阏与已经是自己的盘中餐了，因此放松了警惕，收拢部队一心攻打阏与城。

却说赵奢那边，他在邯郸城西三十里扎营二十八天后，突然命令将士拔起营寨、卷起铠甲，轻装向阏与疾进。就这样，赵军飞速穿过邯郸西南的滏口，然后经武安北上，取道后世所称的黄泽岭，仅用了两天一夜就顺利通过崎岖狭窄的山道到达阏与郊野，并于离城五十里处筑起营寨。现在大家明白了，赵奢的一系列浮夸的示弱行为，其实都是为了麻痹秦军；否则胡阳分出一支部队在山间窄道上设防阻截，赵军即便付出巨大伤亡，能不能抵达阏与还是两说！

胡阳听说赵军突然出现，先是大吃一惊。定下神来之后，他下令集中兵力进攻赵军，想趁他们立足未稳予以歼灭。因为之前后方也传来消息，说魏安釐王已经派公子咎带领大军驻扎在河东安邑，如果秦军不能迅速消灭当前的赵军，恐怕后面持观望态度的魏军也要落井下石了。

再说赵军方面，这时有个叫许历的小军官来到赵奢大帐外，请求允许他就军事问题提些建议。赵奢听说了他的来意，就让他进到帐中说话。

许历对赵奢施礼后说道："秦人没料到我军会迅速赶到，来势汹汹想把我们一口吃掉，将军一定要厚集兵力顶住这波进攻，不然的话我们一定不能立足！"

赵奢点点头，说："我会照你说的办的。"

接下来许历一拱手，又说："我的话说完了。我违反了将军的军令，现在您可以杀我了。"

赵奢微微一笑："等回到邯郸再处置你吧。"

许历仿佛明白了，又建议说："我观察北山是这里的制高点，先占领北山的人定能取胜，后到的必将失败！"

赵奢也表示赞同，立即指挥一万赵军抢占了北山。

在赵军登山的同时，胡阳也发现北山是制胜的关键，命令秦军从另一边登山，但终究还是晚了一步，爬到山腰的秦军被占据山顶的赵军赶了下去。随后山上的赵军居高临下向山下的秦军发起猛攻，赵奢也带领剩余的兵力冲出营寨。秦军抵挡不住赵军的凌厉攻势，阵势大乱，最终全面败退，胡阳不得不领着残兵败将远遁而去。不

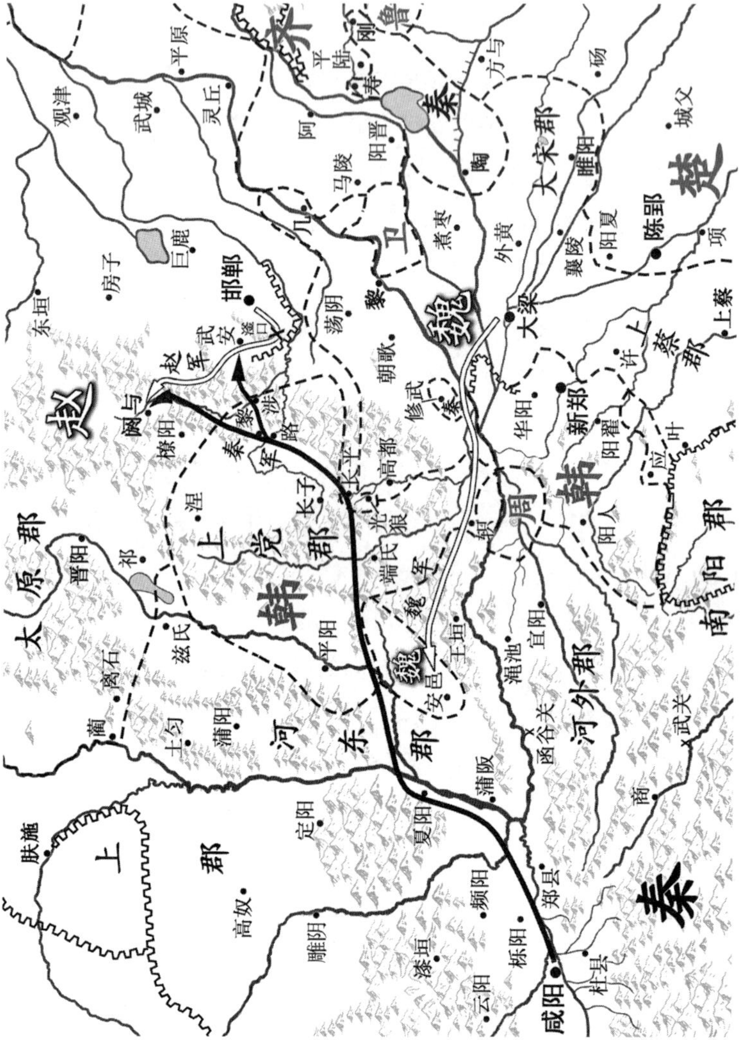

咸阳
杜县
云阳
栎阳
郑县
漆垣
频阳
雕阴
高奴
上郡
肤施
定阳
夏阳
蒲阪
商
武关
秦
函谷关
河外郡
渑池
宜阳
河东郡
蒲阳
蔺
离石
兹氏
太原郡
晋阳
祁
平阳
安邑
魏
王垣
韩
上党郡
端氏
魏军
光狼
长子
长平
高都
涅
橑阳
阏与
赵
赵军
武安
秦军
黎
涉
邯郸
东垣
房子
巨鹿
观津
武城
平原
灵丘
荡阴
朝歌
修武
轵
周
华阳
新郑
阳翟
阳人
叶
南阳郡
许
上蔡
项
陈郢
阳夏
襄陵
楚
外黄
大梁
睢阳
城父
砀
大宋郡
陶
方与
鲁
齐
卫
煮枣
马陵
阳晋
阿

阏与之战示意图

知道他是畏罪潜逃，还是回到秦国后遭到惩处，自此就从露脸没几次的历史舞台上消失。这时时间已经到了秦昭王三十八年（公元前269年）的年初。

此刻我们再回过头来看赵奢与赵惠文王的对话，虽然他说"狭路相逢勇者胜"，后世不少人也喜欢引用这句话来强调"勇"的作用，但事实上赵奢从头到尾都是把"智"放在"勇"之前的：他没有直接上"狭路"，而是用各种手段麻痹秦军，等他们中计而疏于防守时，才迅速并安全地通过了山间险道，根本不和秦军"狭路相逢"；抵达阏与附近后，他也没有与秦军力拼，而是采纳许历的意见，先夺取制高点北山，然后利用"居高临下"的地利最终击败秦军。正因为赵奢以高超的谋略赢得了此次其他赵将都不敢出战的战役，所以才一战成名。后世唐朝设立武成王庙（简称"武庙"），主祭吕尚姜子牙，并选择先代名将七十四人也就是所谓的"十哲六十四将"作为从祭，赵奢凭着阏与之战就得以跻身"六十四将"之列。

话说赵军凯旋后，赵惠文王非常高兴，立即封赵奢为"马服君"。后来赵奢的后代以"马服"为氏，慢慢又简称"马"氏。汉代以后姓氏不分，于是就有了马姓——原来赵奢就是马姓的始祖！

当然赵奢并不贪功，把小军官许历冒死进献良策一事讲给赵惠文王听，赵惠文王也将许历破格提拔为国尉。

回过头来再说秦国。这次阏与战败，是自秦昭王二十六年（公元前281年）白起攻魏兵困北林、攻赵遇挫马陵以来，十余年间秦国遭遇的首次大败，使近年来秦国上下原本蔓延的骄横之气受到严重打击，从此以后秦国就将赵国视为最大的劲敌。秦国上下也从这次战败中明白，要击破赵国，必须夺取横亘在通往邯郸道路上的韩国上党郡！

范雎的谋略

就在秦国对外遭遇顿挫的时候，一个客卿却在秦国政坛上迅速崛起，不但打破了秦国国内维持二十余年的政治格局，未来还将影响天下大势。他，就是大名鼎鼎的范雎。

说起范雎，这个名字就得说道说道。很多人知道，在影响广泛的电视剧《大秦帝国》里演员们都是一口一个"范 suī"叫着的，这当然不是编剧或导演的创新，而是因为以《史记》为代表的一些史书就把他名字写成"范雎"的。不过一个人不可能有两个字形相似的名字，其中必然有一个是讹误。那到底是"雎"（jū）对还是"睢"（suī）对呢？

首先，在比《史记》更早的《韩非子·外储说左上》中，这个传奇人物是被写作"范且"的，"且"做人名时就读 jū。其次，战国、秦汉之际有很多人叫"且"或"雎"，如魏国说客唐雎、秦始皇御医夏无且、楚霸王爱将龙且等人。再次，汉魏时期镌刻的武梁祠画像石上也是写作"范且"。所以笔者认为他的名字是"范雎（且）"的可能性更大一些。

言归正传。范雎原本是魏国人，字叔，看样子是家中较小的儿子。他要口才有口才，要谋略有谋略，本想效法张仪、苏秦这些前辈游说诸侯，谋取一官半职，怎奈家境贫寒，连出行的盘缠都凑不齐，只得低下头来面对现实，先到魏国中大夫须贾府上谋个差事，混口饭吃。

至于这须贾，可能一些读者还记得，他就是华阳之战后魏国派去游说穰侯魏冉退兵的那位魏国使臣。虽然魏冉最终撤兵是因为得了实利——魏国割让了南阳之地，但须贾的口才也是不能否认的。俗话说"能者多劳"，所以后来魏国经常派须贾出使各国。

某一次须贾又受魏安釐王之命出使齐国，范雎作为须贾的家臣也一同前往。但这回须贾的使命并不顺利，和齐人谈了几个月也没能实现出使目的。

在此期间，齐襄王听说须贾的随从范雎是个能言善辩之士，不知道是出于惜才的简单想法，还是有从范雎口中套取魏国情报的目的，他派人向范雎馈赠黄金十斤外加美酒和牛肉若干。范雎深知"无功不受禄"，本能地连连推辞。但齐国招待使臣的宾馆就那么大，齐人来向范雎送礼的事情须贾在第一时间也知道了，他立即怀疑范雎是不是泄露了魏国的什么机密，否则齐人为什么不给别人送东西，偏偏厚待范雎这个毫无名声的随从？不过他表面上还是忍住没有发作，让范雎收下了齐人送的酒肉，而把黄金退回了。

回到魏国后，因为出使劳而无功，须贾越想越气，愈加迁怒于范雎，于是把齐人馈赠范雎一事报告给了当时的魏国相邦魏齐。这魏齐本是个糊涂人，靠着魏国宗室的身份才坐到相邦的宝座上。他听了须贾的报告后勃然大怒，命人叫来范雎，不问青红皂白上来就是一顿毒打，把范雎的牙齿打掉了几颗，肋骨也打断了几根。范雎被打得气息奄奄，为保命索性闭气装死。

魏齐这样的大贵族自然不把打死个小民当回事，挥挥手让手下把范雎用草席一卷，扔到后院的茅厕里，并派了名仆人在旁边看着。随后魏齐回到堂上，继续和宾客们饮酒作乐。喝多了的人去上厕所时，魏齐吩咐他们都要往范雎的"尸体"上撒尿，以此来惩罚胆敢"出卖国家"的人。可怜范雎躺在屎尿之中继续遭受凌辱，却一动也不敢动。

好容易挨到半夜，见无人再来，遍体鳞伤的范雎才抬起头，苦苦哀求看守他的魏府仆人给自己留一条活路，并发誓说一定会重重报答。这仆人可能也是动了恻隐之心（毕竟范雎家不可能有多少钱财），跑到魏齐面前请示，是不是可以把那"死人"扔到府外去，省得臭了污染了府中的地儿。魏齐喝醉了酒，晕晕乎乎点了点头。就这样范雎被仆人带出府，逃得一条性命。

不过魏齐酒醒后，怕范雎不死留有后患，就派人去找范雎的"尸体"，当然是寻不到，又派人去范雎家查看。范雎有个好友叫郑安平，冒险把范雎藏了起来，还给他起了个化名叫"张禄"。

不久，秦昭王派使臣王稽出使魏国，来到大梁。郑安平想出了一个鬼点子，冒充魏国的卫兵跟王稽混了个脸熟。有一天王稽问郑平安："魏国有什么贤士，愿意跟我到秦国去发展的吗？"

这话正是郑安平想要的，他立即回答说："我邻居中有一位张禄先生，想来面见使君，畅谈一下天下大事。但他有一些仇人，不方便白天出来。"

王稽很高兴，说："那就晚上见吧。"

夜里，郑安平带着化名"张禄"的范雎来见王稽。王稽才和范雎谈了一会儿，就发现他是个人才，当即答应带他去秦国。

王稽结束出使任务离开宾馆，果然在大梁郊外的三亭遇见早已经按他吩咐在那里等候的范雎，然后载了他同乘一车向西进发。

他们晓行夜宿，很快进入了函谷关。入关没多久，只望见官道上旌旗招展、尘土蔽日，有大队人马迎面而来。

范雎好奇地问："前面来的是什么人？"

王稽回答说："这是相邦穰侯在巡视东部的县邑。"

范雎赶紧说："我听说穰侯独揽秦国大权，最讨厌接纳六国的宾客，恐怕他见了我会羞辱我，我还是在车里躲着不露面的好啊。"

没有片刻，魏冉一行跟王稽的车马相遇。魏冉识得王稽，就上去慰勉他几句，大意是他出使魏国辛苦了。接下来他又问王稽："关东有什么重大变故吗？"

"这倒没有。"王稽答道。

"那你有没有带诸侯的说客回来？这些家伙毫无用处，只会扰乱国家罢了。"

"这我哪里敢啊！"王稽连忙赔笑。

魏冉听了，点头跟王稽道别，然后策马而去。

魏冉走远，范雎才从车里出来。他对王稽说："我听说穰侯是个聪明人，只是有时反应有点慢。刚才他怀疑车里有人，但是忘了搜索。等他醒悟过来，很可能会杀个回马枪啊。"说完他就从王稽的车上跳下来，跟在仆从的队伍里步行。

果然走出十余里后，穰侯麾下的一小队骑兵飞驰而来，把王稽的车辆里外检查一遍，确定没有外国说客才离去。王稽不由得感叹范雎料事如神，越发认定自己捡到"宝"了。

又过了几日，王稽带着范雎进入都城咸阳。王稽先安排范雎去休息，自己赶紧入宫向秦昭王复命。

王稽把出使情况汇报完毕后，趁机对秦昭王说："魏国有一名张禄先生，是天下少有的能言善辩之士。他说秦国危若累卵，只有用他才能保全，但他的谋略不能用书信传达，所以臣把他给带到秦国来了。"

王稽卖了个大关子，秦昭王却淡淡一笑、鼻子一哼，心说这种危言耸听的把戏太小儿科了吧？不过他也没完全驳王稽的面子，下令让"张禄"住进秦国的宾馆里，还提供日常饮食，不过是最下等的。但是想得到召见？你就慢慢等吧。范雎在宾馆住了一年多，粗劣的饭菜都要吃吐了，也没等到来自宫中的召唤。

那个时候，正是秦昭王三十六年（公元前 271 年）。在这十二三年前，秦国组织参与五国伐齐，借力打力彻底削弱了这个称霸天下的最大竞争对手；在这六七年前，秦国刚打下楚国郢都并设置南郡；至于三晋，这些年基本上被秦国压着打，几乎没有还手之力（赵奢大胜秦军的阏与之战在这一两年后）。正因为秦国势头正盛，所以秦昭王一时并没有招揽诸侯宾客为秦国服务的迫切动力。

当然，没有外患，不等于没有内忧。当时秦昭王虽然名义上早已经亲政，也掌握一定实权，但是上有母亲秦宣太后给他"把关"，下有大舅穰侯魏冉、小舅华阳君芈戎和二弟高陵君公子悝、三弟泾阳君公子市分割大权——魏冉当相邦、另三人轮流当将军,在很多事情上秦昭王都无法"乾纲独断"。而且后面的所谓"四贵",个个都有广大封邑,尤其是穰侯魏冉新得的陶邑是天下富庶之地,他们的私家财产加起来更是超过了秦王。没有任何君王不想实现"唯我独尊",何况秦昭王这时都已经五十多岁了,长期不能"自主",说他心里没有不满和怨恨是不可能的。但是他明白,母亲、舅舅和兄弟们的势力盘根错节,如果贸然采取行动,一旦打草惊蛇,自己这个王位都有可能不保,所以只能一再隐忍,以等待合适时机。

很快,时间进入了秦昭王三十七年(公元前270年)。阏与之战前,年约七旬、自认为已经干不了几年的魏冉在客卿造的撺掇下攻打齐国,夺取了刚、寿两座城邑,并入了自己的封邑陶邑。

魏冉发动的这场战争,明眼人都看得出他是在"以公谋私"。仍蜗居在宾馆中的范雎得知后,觉得这是自己晋身的一次难得机会,立即提笔给秦昭王写了一封书信。信的内容主要阐述,英明的君主都应赏罚分明,尤其是不能让国内的封君列侯专擅富贵,因为这会分割国家的权势荣耀。信的最后说,他还有一些话不能写在信中,请求面见秦王,如果秦王听后觉得他的话一无所取,甘愿受死谢罪。

魏冉的所作所为秦昭王当然也心知肚明,"张禄"上书中的"不能让国内封君列侯专擅富贵"等话正击中了他的痛点,他立即下令召见"张禄",想听一听这个魏国说客能给他出点什么压制权臣的主意。

好不容易获得一次面君的机会,换了别人可能会诚惶诚恐。范雎却不然,他坐车进入秦国某处离宫后却故意乱走,往后宫的方向钻。恰好这时秦昭王的车驾来了,宦官们一见都很害怕,连忙呵斥范雎道:"大王来了,不要乱窜!"范雎仿佛戏精附体,刻意高声反问:"秦国有王吗?我听说秦国只有太后和穰侯啊!"他的意图很明显,就是要进一步刺激秦昭王!

北地郡位置示意图（秦昭王三十六年即公元前 271 年）

　　果不其然，他的话又戳到秦昭王的心尖上。秦昭王主动迎上来并致歉说："寡人早该前来聆听先生教诲，只是前一阵子义渠的事情紧急，寡人早晚都要亲自请示太后；如今义渠已经平定，才得以抽出时间。寡人昏聩迟钝，现在才行宾主之礼，请先生勿怪！"

　　秦昭王所说的义渠之事是指什么呢？这还要从秦宣太后的那段惊

世骇俗的绯闻说起。

据《史记·匈奴列传》和《后汉书·西羌传》记载，秦昭王初年，当时年轻的义渠王入朝觐见，被三十出头、寡居寂寞又极其"大胆开放"的秦宣太后看上，两个人就此私通姘居，还生下了两个儿子。虽然这事对秦国和秦昭王来说极不光彩，但客观上却起到了替秦人笼络义渠戎的效果——几百年来一直跟秦人冲突不断的义渠戎，在秦昭王时期却没有了寇边的记录！可能就是因为这，所以秦昭王对母亲的荒唐行为也只得睁一只眼闭一只眼。

但一晃三十多年过去，随着秦国在东方不断取得胜利，秦昭王的野心也越来越大，他不愿再利用母亲来"和亲"，而是决心彻底将义渠这个属国变成郡县，以使秦国东北部的上郡与西部的陇西连成一线。为此他软磨硬泡，不断劝说母亲解决掉义渠王。秦宣太后虽然一向风流无度，但却是个"识大体、顾大局"的政界女强人，明白要以"国事为重"，而且那时她已经又有了一名叫魏丑夫的年轻新面首，也不再需要义渠王了，于是最终选择"大义灭亲"。秦昭王三十五年（公元前272年），古稀之年的秦宣太后和儿子秦昭王共同合谋，将毫无防备的义渠王引诱到甘泉宫杀死。义渠王突然身亡，义渠戎群龙无首陷入大乱，秦国趁机大举北伐，不久就平定了义渠全境，进而在那里设置了北地郡进行直接管理。

秦国歼灭义渠残兵和设置郡县是那几年秦国的重大事件，可谓尽人皆知，所以秦昭王见了范雎后，就拿这事来做没能及时召见他的借口。范雎当然明白秦昭王说的都是客套话，但也没必要戳破，只是微笑还礼而已。

接下来，秦昭王带着范雎同行，路上秦国大臣见了无不惊愕，因为这是几十年来秦国首次有客卿受到秦王如此厚遇。

进入大殿之内，秦昭王挥手让左右尽数退下，殿中顿时只剩下他和范雎两人。

这时跪坐的秦昭王为表示恭敬，把屁股从脚跟上抬起，挺直身子拱手说："寡人将有幸得到先生什么教诲呢？"

范雎嘴上连连说"好"，实际却继续欲擒故纵，一直谈些无关紧要的事情，迟迟不进入正题。

秦昭王又虔诚地请求几遍，范雎才开口说："臣想陈述的都是匡扶国君的大事，不过臣知道今天说了，明天就可能伏诛。臣不是怕死，而是怕臣死之后，天下人看到我进献忠言而落此下场，以后就闭口止步，再没有人敢来秦国了。现在大王对上畏惧太后的威严，在下为权臣的姿态所迷惑，长在深宫之中，不离保姆之手，一生迷糊不清，不能辨别奸佞。如此下去，重则国家倾覆灭亡，轻则自己孤立危险。这就是臣所忧虑的。至于穷困受辱或死亡流放，并不是臣畏惧的。如果臣死了能让秦国大治，那比臣活着更有益啊。"

秦昭王知道他卖关子，不过还是再次挺直身子拱手道："先生这说的是什么话？秦国荒僻偏远，寡人愚蠢不才，先生委屈至此，是上天恩赐寡人，以存续先王宗庙。事无大小，无论是涉及太后还是大臣，都请先生直言不讳以教导寡人。切勿有疑！"说完秦昭王拜了一拜。

范雎感觉秦昭王确实有诚心，回拜后说："大王之国据四塞之险，有精兵百万、战车千乘，有利能够出战，不利则可固守。大王之民都是怯于私斗、勇于公战之人。按理说，大王有这两项优越条件，早就可以称霸天下。可现在却长期不能如愿，不能不说是相邦穰侯谋国不忠，而且大王的计策也有所失误。"

秦昭王点头说："寡人想听听何处失策。"

这时范雎发现有一些宫中侍从企图靠近偷听他们的谈话，心中也不由得有点畏惧，决定避开秦国内政，先讲述一下秦国的对外政策，来进一步观察秦昭王的态度。因此他说道："穰侯越过韩国、魏国攻打齐国的刚、寿两地，明显不是良策。出兵少了不足以打击齐国，出兵多了后方空虚则对秦国不利。当年齐闵王联合魏、韩攻打遥远的楚国，在重丘、垂沙多次重创楚军，辟地千里，齐国却没有捞到尺土寸地，白白为魏国、韩国做嫁衣。而赵国独吞了近在咫尺的中山，势力大增，天下再没人能危害它。由此可知大王不如'远交而近攻'，得一尺地是一尺，得一寸地是一寸，都实实在在落到大王手中！"

接下来范雎进一步解释说，位于中原的韩国、魏国是天下的枢纽，秦国要称霸天下就必须掌握这枢纽；一旦降服了韩、魏，楚、赵就会依附，最终齐国也会争着交好秦国，到那时秦国就可以回过头去放手地彻底兼并韩、魏了。

至此，中国历史上有名的"远交近攻"策略正式由范雎口中提出。

故事讲到这儿，可能不少读者会误以为秦国"远交近攻"的方略真是从范雎开始的，其实对范雎的话大家不能简单盲信。实际上我们回顾一下秦昭王登基也即魏冉主政秦国几十年来秦人的对外战争史，秦人攻击最多的还是正东方与秦国接壤的魏国、韩国，其次是东南方的楚国和东北方赵国，攻击最少的就是远东的齐国和今天冀辽的燕国。所以说魏冉虽然没有总结出"远交近攻"这个词，但实践中他大部分时间也是这样做的，这是军事地理形势所决定的，古代一个国家想扩张只能主要从身边国家打起。只不过魏冉晚年权大而骄，开始私心自用，逐渐偏离了"远交近攻"的路线。但他"远攻"只是短暂行为，我们不能以此就认定他一生都是搞"近交远攻"的。只是魏冉最后犯的错误恰好被急于改变自身命运的范雎抓住，成了他攻击魏冉的有力把柄。

秦昭王不可能不知道这几十年秦国到底主打哪里，但一来他已经受够了舅舅几十年占据相位、包揽大权，二来他确实觉察近年魏冉走上"远攻近交"的错误路线，所以听了范雎的话后大呼"受教"。随后他为了进一步培养自己的亲信势力，下令封"张禄"为客卿，并授予其一定的军政权力。就这样穷士人范雎终于熬出头，跻身秦国朝堂。

一代新人换旧人——应侯执政

范雎出仕秦国的当口，阏与之战的败报也传到咸阳。秦昭王震惊恼怒之余，深刻认识到夺占韩国上党郡的重要性，更坚定了把"远交近攻"这种早已有之的实践升级为秦国明确"国策"的心思。于是他亲自干预，制止魏冉进一步攻齐，继而按照范雎的建议，专心致力于收服中原腹地的韩国和魏国。

那韩国与魏国之间先对谁下手呢？秦昭王和范雎首先选择了魏国。大家应记得，在阏与之战时，魏安釐王曾派公子咎率领大军驻扎在河东的魏国旧都安邑，严重威胁了攻赵秦军的后路，迫使秦国分出部分兵力防备，这是阏与之战秦军战败的次要因素之一。所以秦人迁怒于魏国，当然要拿它开刀出气。而从长远讲，削弱魏国也是为了防止未来秦国攻韩时它再援助韩国。

阏与之战秦国战败的当年（秦昭王三十八年即公元前269年），秦军就长途奔袭，攻打魏国东北角的几县（在今河北大名县东南），但几县魏军在赵将廉颇的支援下击退了秦军。秦昭王更加恼怒，

> **邢丘之战引发的军中杀人案**
>
> 睡虎地秦简《封诊式》记载，邢丘之战后，秦军中有一个士兵因为没能在战场上杀死一个敌人，无法获得军功，十分懊恼沮丧。他在回营的路上，发现路过的一个战友腰里挂着一颗魏军脑袋，就动起了歪脑筋，悄悄跟上去突然拔剑砍伤了这战友，想把脑袋夺来。眼看他毒计要得逞，巧的是这时旁边又来了一个秦军，把这个没本事杀敌却有脸抢战友的士兵给制服了。该案例说明几个问题：一是秦军的军功爵制确实具有极大诱惑力；二是军功爵制在激发秦军战斗力的同时也激发了人心中恶的那一面，以致让一些人变得不择手段、唯利是图。

又于次年攻打魏国南阳地区的怀县（在今河南武陟县西南），这次秦人顺利攻占了该地。巧的是下一年，早先被派到魏国做质子的秦昭王太子（谥号悼太子）因病死于大梁。悼太子虽然不是魏人所杀，但总归死在魏国。于是秦昭王四十一年（公元前266年），秦军再次攻打魏国，占领了南阳地区的邢丘。鉴于魏国在河东安邑部署军队严重威胁秦军，可能在这前后，秦国还从魏国手中夺回了安邑一带。魏安釐王终于承受不住，只得向秦国俯首称臣。

魏国倒向秦国后，齐国、楚国不干了，相约共同出兵攻打大梁。魏安釐王派年逾九旬的老说客唐且出使秦国求援，秦昭王同意发兵，齐、楚两国才被吓退。这下子魏国不得不更加依附秦国。

收服魏国后，范雎正式建议秦昭王收服韩国，因为韩国是范雎"远交近攻"策略中的重中之重。他还具体出主意说："韩国如果敢不服从，就发兵攻打荥阳（在今河南郑州市西北惠济区古荥镇），那么巩（东周国国都、今河南巩义市西南）、成皋（在今河南荥阳西北）一线的道路将被阻断；从北截断太行山的道路，那么韩国上党也将与本土失去联系。如此一来，韩国就会被一分为三。"

经过四五年的相处，尤其是亲眼目睹秦国采纳范雎的谋略取得初步成功，秦昭王对他愈加信任，因此当即表态支持范雎的攻韩方略。

此时范雎趁热打铁，说出了当年想说但没敢直说的话："臣在崤山以东居住时，只听说齐国有田单，不知道有齐王；也只听说秦国有太后、穰侯、华阳君、泾阳君、高陵君，没听说过有秦王。只有独揽大权、兴利除弊、掌握生杀才算真正的王。现在太后专断行事、不顾其他，穰侯出使都不向您回报，华阳、泾阳、高陵也自行其是，置大王于何地？尤其是穰侯，他假借王命派出使者，对诸国发号施令，出兵肆意征伐，无人敢不听从。打了胜仗，获得的利益都归了他的封地陶邑，国库的币帛都给了太后、华阳君等人；打了败仗则招致百姓怨恨，把祸患都遗留给秦国。当年淖齿掌握齐国大权，抽了齐闵王的筋把他吊在房梁上，齐闵王哀嚎一夜才死；李兑执掌赵国大权，把主父赵雍围困在沙丘宫，赵雍困厄百日活活饿死。现在从朝廷大员到大王左右近侍，没有一个不是相邦的人。眼见大王在朝廷上孤立无援，臣私下里不禁十分担忧，恐怕您百年以后，坐在秦王宝座上的不再是大王的子孙！"

范雎这一番话简直说到秦昭王心坎里去了。多年来，秦昭王已经在暗中大力培植自己的势力。这次谈话后，下定决心的他立即采取周密的部署，一举剥夺了自己母亲秦宣太后的所有权力，并罢免了舅舅魏冉的相邦职务。这一重大变故的发生时间，大约是在秦昭王四十一年（公元前266年）的下半年。

但是肯定有读者会好奇，范雎把秦宣太后和"四贵"说得权势熏天，怎么秦昭王的夺权行动进展得那么顺利呢？其实可以从秦国政坛结构和秦昭王下手的时机这两方面来解释：

其一，本书曾提到，秦国的政坛结构实际上是秦宣太后、秦昭王、相邦魏冉"三驾马车"并行，因此秦昭王并非是傀儡而是本来就拥有一定权力的，太后和魏冉也不能只手遮天。尤其是从动机讲，后者作为母亲和舅舅，根本没有废黜秦昭王之心：秦宣太后没道理要废除大儿子就不必多说了，那魏冉晚年听信客卿灶的建议攻打齐国，说明他最大的愿望也不过就是想趁着权力尚未"过期"扩大一下自己的封邑，给子孙多置办点"不动产"而已，毫无谋朝篡位或弑（废）君改立的想法。正因为秦宣太后和魏冉本都无心与秦昭王为敌，秦昭王才能兵不血刃收回大权。范雎作为说客说话夸大其词再正常不过，其目的无外乎是为了迎合秦昭王的不满情绪和猜忌心理，好使自己尽早上位，所以读者对他的话千万不能尽信。

其二，我们还要明了一点，那就是秦昭王收回所有大权时他自己已经六十虚岁（昭王虚岁十九登基），而他母亲秦宣太后和舅舅穰侯魏冉更都已经是七十好几的风烛残年的老人，已没有足够的精力再把控朝政。据《史记》记载，秦宣太后在失去权力的第二年也即秦昭王四十二年的年初十月（公元前266年年尾）就病死了（别忘了秦国以十月为岁首）。《战国策》虽提到秦宣太后是因被儿子夺权而"忧死"的，但笔者猜测，很有可能范雎向秦昭王进言时秦宣太后已经重病卧床，而秦昭王正是利用母亲年老生病的机会顺利夺取了大权，就像后世武周的宰相张柬之趁武则天重病成功拥立唐中宗李显复辟一样。

秦宣太后年初病逝，秦昭王因为怕世人说他"母亲尸骨未寒就对付亲人"，先是按兵不动了一阵子。到了该年的年底，风头渐渐过去，他就开始处理"四贵"了。对两个弟弟——高陵君和泾阳君，秦昭王是取消他们的新老封地，把他们圈禁在都城咸阳，也许是他觉着把具有王子身份的弟弟放在外边，即使他们不造反也容易被人利用吧。对两个舅舅——穰侯魏冉和华阳君芈戎，秦昭王则是把他们赶回关东的自家封地：芈戎还没走到后来新增给他的封地新城，就病死在半路上；魏冉倒是带着一千多车珍宝回到了陶邑，但因为本就年事已高又遭受身心打击，没多久也撒手人寰。魏冉死后封邑陶邑被秦国朝廷收回设成郡县，他晚年为子孙谋划来谋划去，最终变成竹篮打水一场空。

穰侯魏冉彻底谢幕了，作为一个在秦国左右政局达四十余年的风云人物，我们有必要对他做个身后"总结"：

首先，魏冉确实算得上一代权臣，但是他还是忠于姐姐和外甥的，并没有篡位之心，秦昭王剪除他权力时史书也没有记载他做过反抗，所以他称得上是忠臣。其次，魏冉其实也并不像《战国策》和《史记·范雎列传》中渲染的那样嫉贤妒能、严防外国宾客，实际上在前面叙述中我们也能发现秦国一直都有外国客卿存在，如客卿造、客卿胡阳等人，魏冉甚至曾多次为吸纳外国人才来秦而让出相位，如曾让相位给孟尝君田文、赵人楼缓、客卿寿烛等人，所以他的胸襟算得上比较宽广。纵观魏冉一生，他早年力捧外甥秦昭王上台并平定季君之乱，稳固了秦国的政局；在长达近四十年的任相期间（中间因故下台四次），有"大权独揽"名声的他基本保证了秦国统治集团的团结，并制定了较为成功的政治、经济、外交、战争等政策，提拔了白起等干才，使得秦国内部很少发生暴乱，经济得以飞速发展，尤其是通过不断发动对东方国家的攻击，削弱了秦国的竞争对手齐国，兼并了韩、魏、赵、楚等国的大片土地，大大增强了秦国的国力，确立了秦国对六国的绝对优势。所以他称得上卓著的政治家和常胜将军。当然人无完人，浸润在权力场上太久了，魏冉后期也确实慢慢变得专权骄横、贪恋财富、私心自用，但总的来说他对秦国的"功"是远大于"过"的。所以太史公司马迁对魏冉有高度评价，称"秦所以东益地，弱诸侯，尝称帝于天下，天下皆西向稽首者，穰侯之功也"。

回过头来说秦昭王。登基四十一年后，已经到花甲之年的他终于扳倒了母亲和舅舅等人，极大削弱了秦国的"楚系外戚"势力，确立了自己的绝对君权，他内心的畅快和惬意自然是难以用笔墨形容的。为此秦昭王十分感激帮助他成功夺权的范雎，将他视为自己的吕尚、管仲，于是任命他为相邦并封应侯，把秦国的军政大权都委托给他。

范雎坐上相邦宝座后，开始积极筹备实施他先前向秦昭王提出的降伏韩国的攻略。

这时魏国方面听说秦人又磨刀霍霍准备东进，但不清楚这次要倒霉的国家中有没有自己，于是派了一个使者到秦国去打探风声，这个人就是范雎当年的东家——中大夫须贾。当然此时包括须贾在内的魏人并不知道现在的秦国相邦就是范雎，因为范雎在秦国一直都是用的"张禄"这个化名。

这边范雎作为相邦，很快知道仇人担任魏国使者来秦国了。他是个快意恩仇的人，当即决定戏耍须贾一番。于是他换上破衣烂衫，偷偷溜出相府跑到秦国招待使者的宾馆去找须贾。

须贾见到范雎差点惊掉下巴，因为他本以为范雎已经死了。半晌他才回过神来问道："范叔原来没事啊！你是作为说客到秦国来游说的吗？"这里要提醒一句，须贾管范雎叫"范叔"，可不是叫他"叔叔"，而是因为范雎字叔。

范雎听后连连摇头："哪里！范雎之前得罪了魏相，不得不逃亡到这里避祸，怎么敢当说客？"

"那范叔现在以何为生？"

"我给人做雇工，勉强度日。"

须贾见范雎衣衫破旧单薄，在寒风中蜷缩着身子，不禁生了怜悯之心，就让他留下来跟自己一起吃饭，还命人拿来一件绨（tí）袍也就是粗绸子做的袍子送上。

范雎接过袍子，心中一暖，旧日仇恨不禁消解了许多。

席间须贾问范雎有没有朋友与秦国相邦"张禄"熟识的。范雎回答自己的主人认识"张禄"，他可以请主人从中牵线搭桥。

须贾听了面露喜色，但又叹气说："长途跋涉，我的马病了，车轴也断了。作为魏国使者，没有四匹马拉的大车我是不好出门去见秦相的。"

范雎又说："这更不用担心，我可以从主人那借来四马大车给您用。"

须贾不由得喜上眉梢。

范雎回去驾了四马大车出来，到宾馆接了须贾，然后又驶进相府。相府的人见了，都不敢出声纷纷躲避，须贾觉得很奇怪。

范雎驾车过了几道门，来到后面一座房舍外停下，然后下车对须贾说："你在这儿等着，我先到里面向相君通报一声。"

须贾依言在外面等了许久，也不见范雎出来，忍不住问站在门外的一个仆人说："范叔怎么还不出来？"

仆人道："我们这儿哪有什么范叔？"

须贾说："刚才跟我一起坐车来的不就是范叔？"

仆人笑道："那是我们相邦张君！"

须贾听了魂不附体，知道自己这次完了，赶紧脱下衣服光着脊梁爬到大门口，请求仆人向里面传话，说自己罪该万死，请求宽恕。

这时范雎升堂，让须贾进来，对他说："你有三项大罪：一是向魏齐诋毁我泄露魏国机密，二是魏齐命人侮辱我而不劝阻，三是醉酒后还向我撒尿，你怎么能忍心？今天我之所以不杀你，是因为你送给我一件绨袍，总算还有点儿故人的情义。你回去吧！"

须贾赶紧叩头如捣蒜，千恩万谢退下。

训斥了须贾后，范雎入宫把自己的真实身份和所受的冤屈禀报秦昭王，请求打发须贾回去。秦昭王很同情他，准他自行其是。

几日后须贾前来向范雎辞行，范雎命人大摆宴席，遍请诸侯使者参加。范雎和一众贵宾坐在堂上，面前案上堆积着丰盛的饮食，却让须贾坐在堂下，把掺杂豆子的饲料摆在他面前，还安排两个脸上刺字的刑徒一左一右像喂马一样喂他吃。

在范雎心里，须贾死罪可免，活罪可是逃不了的。此时他终于将胸中的怒气都吐出来："你回去替我告诉魏王，赶紧把魏齐的脑袋送来，否则别怪我屠灭大梁城！"

须贾自然只有唯唯诺诺的份儿。吃完那顿他有生以来最难堪的"饭"后，须贾逃回到大梁禀告魏相魏齐，新任秦国相邦"张禄"就是当年被他打"死"的范雎！魏齐得知真相魂飞魄散，怕魏安釐王真的拿自己的人头去向范雎谢罪，赶紧逃亡到赵国，藏在了平原君赵胜的家中。

听说魏齐跑了，第一个不愿意的人居然是秦昭王，看来他是真的把范雎视为自己的大恩人。他想替范雎报仇，就想了一个计策，以仰慕平原君为人、希望交友为名，邀请赵胜到秦国做客。

赵胜既怕秦国，同时又有点自恋，认为秦昭王说不定真的很高看自己，于是就来到秦国。当然他确实上当了。秦昭王好好招待他几天后，就露出真面目威胁他说，要么交出魏齐的脑袋，要么就不要回赵国了。

赵胜为了自己一世英名,倒也非常硬气,回道:"魏齐是我朋友,当然不可能交出朋友脑袋,何况他现在并不在我家里。"

秦昭王见奈何不了赵胜,就派人送信给赵王,要他拿魏齐的头来换赵胜,否则不但赵胜回不去,秦国还会讨伐赵国。

要说明一下的是,就在上一年也就是秦昭王四十一年,赵国的赵惠文王刚好去世,这时在位的赵王是赵惠文王之子赵孝成王赵丹。赵胜死要面子,但赵孝成王不能不救叔叔,魏齐只得再次逃跑。好在这次魏齐逃亡路上多了一个伙伴:当时赵国相邦虞卿认为无法庇护魏齐很丢人,就挂印辞官跟他一起逃跑。

两人潜出邯郸以后合计了一下,决定返回魏国去恳求当时另一个因重信义、好宾客而名满江湖的人物——魏安釐王的弟弟信陵君魏无忌,希望能得到他的帮助南下楚国。到了大梁城外,虞卿先去打探信陵君的口风。魏无忌名头虽响,可也怕虎狼般的秦国,最初犹豫了一下,没有接见。等到魏无忌在门客的劝说下到郊外去找虞卿的时候,愤怒绝望的魏齐已经抹脖子自杀了。随后赵孝成王把魏齐的头送到咸阳,将叔父赵胜换回了国。就这样,范雎的大仇最终得报。

范雎报仇之后又开始报恩,不久他上书秦昭王,极力推荐载他回秦国的使者王稽和救了他性命并设计与王稽搭上钩的好友郑安平。秦昭王都一概准奏,封王稽为河东郡守,封郑安平为将军。范雎随后还散发家中钱财,回馈所有曾在他遭难时帮助过他的人。因此太史公写道,范雎是"一饭之德必偿,睚眦之怨必报"。"睚眦必报"的成语就出自《史记·范雎列传》。

冯亭的嫁祸之计

须贾之所以出使秦国探风,就是因为范雎上台后积极准备东进中原。在范雎报仇报恩的同时,他也没有忘了实施他自己提出的"远交近攻"国策中的重要内容——降伏韩国。

范雎任相的第二年(秦昭王四十二年即公元前265年),他就出兵南阳地区,攻占了属于韩国的少曲、高平两地(在今河南济源市、孟州市一带);第三年,他又命令名将白起攻打河东汾河两岸的韩国领土陉城(在今山西新绛东北)和汾城(在今山西襄汾县南)等地。《战国策·秦策三·秦攻韩围陉》有载,这次范雎还特意提醒秦昭王,在攻地的同时要注意攻心,迫使韩桓惠王(又称"韩悼惠王")的执政"张仪"答应割让上党郡求和。

我们知道,战国时最有名的"张仪"当然就是秦惠文王时期的秦国相邦张仪了。但那个张仪早死了几十年了,这里的韩国执政"张仪"肯定不是他。难道这时韩国有个同名的人叫"张仪"吗?学者们在《史记·留侯世家》中发现一个记载,即张良的父亲张平做过韩釐王、韩桓惠王的相邦,所以不少人认为,《战国策·秦策三》中所说的韩桓惠王时期的韩国执政很可能是指张良的父亲张平,多半是抄书的人抄错了字抄成了"张仪"。

白起出马,那基本没有悬念,他很快攻占包括陉城在内的九座韩国城池,斩韩军首级五万,并在汾水边筑城巩固战果。但是范雎逼迫韩国相邦张平割让上党郡的目的却未达到。

见韩国不识相,范雎在执政的第四年(公元前263年)又命白起为将,再次攻打韩国的南阳之地,阻断了太行八陉之一的轵关陉;第五年(公元前262年),白起和五大夫贲夺取了包括重镇野王(在今河南沁阳市）在内的韩国十座城邑，再阻断了太行八陉之一的太行陉。就这样，经过多年持续不断的征战，秦国终于占领了南阳大部分地区并设置河内郡进行管理，彻底切断了韩国上党郡与韩国南部领土之间的联系。不过范雎还不罢休，他命令秦军南渡黄河，攻打韩国重镇荥阳，进一步加大对新郑方面的压力。

范雎为什么迫切想得到韩国上党郡呢？这里有必要介绍一下上党的独特位置以及韩国上党郡的具体情况。

上党位于今天山西省东南部，大概包括现在的晋中市、长治市、晋城市三个地级市外加临汾市东部的几个县。从地形上讲，它是一个高原盆地——周围都是高山（东太行山、西太岳山、南王屋山、北五云山和八赋岭），中间是长治盆地和晋城盆地。因为整个高原盆地海拔800～1500米，高居太行之巅，从华北平原看过去仿佛悬在天上，所以有"上党"之称。东汉刘熙在《释名》一书中具体解释说："党，所也。在山上，其所最高，故曰上党也。"

自古以来，高地都是兵家必争。上党地区原属于晋国所有，三家分晋后该地也被韩、赵、魏瓜分。经过混战和换地，到战国后期，韩国拥有上党中西部地区并设立了上党郡进行统治，赵国拥有浊漳河以北的上党北部和中部长平、光狼等少许城邑，魏国拥有上党东南部高都等一些城邑。

韩属上党位于秦、赵、魏、韩四国之间，在其上可以俯瞰控制四方，秦国如能据有它将达到"一箭双雕"的战略效果：第一当然是将彻底削弱韩国，使其变成秦国的附庸永不得翻身，因为上党郡的面积约占当时韩国总面积的一半；第二是能严重威胁赵国，近可以东下经滏口陉直扑邯郸，远可以北上切断邯郸与晋阳这赵国两大统治中心之间的联系，把赵国分割成东西两段。先前秦国发起的阏与之战，目的就是后者；而秦国之所以失败，就与秦军长途跋涉、战线太长有关。所以此时秦国为了打开局面，一定要夺取上党而后快。

秦军攻打的荥阳距离韩国都城新郑不过百余里,韩桓惠王当时年纪尚轻,性格也比较懦弱,闻报失魂落魄。他明白,割让上党郡韩国将失去半壁江山、沦为三流小国,但继续硬扛都城都可能不保,而且悲催的是他没有第三选项。两害相权取其轻,他最终决定"饮鸩止渴"——割让上党郡求和。为此他派遣宗室大臣阳城君韩阳赴咸阳谢罪,并奉上记录韩国上党郡人口和土地的版籍。秦昭王君臣兴高采烈,认为几年努力终于没有白费,因此下令前线秦军停止攻击荥阳,坐等接收韩属上党。

阳城君韩阳从咸阳回来后,又奉韩桓惠王之命赶到韩上党郡郡治长子城(在今山西长子县西南),要求郡守靳黈(tǒu)把上党郡交割给秦国。

但靳黈接到王命后拒绝执行,他愤怒地说:"俗话说,'挈(qiè)瓶之智,不失守器(有拿起瓶子的脑子,也不能把看守的器物看没了)'。臣作为一方守臣,请求集中上党兵力抵御秦军。如果不成功,愿以死报国!"

韩阳劝不动靳黈,只得灰溜溜跑回新郑向韩桓惠王禀报。韩桓惠王叹息靳黈不理解自己的苦衷,怕无法向秦国交代,下令免去靳黈的郡守职务,另派冯亭接任并办理向秦国交割的事宜。

谁知这冯亭到了上党郡之后,也被当地军民誓死不降秦的强烈情绪所感染,成了靳黈第二。但他深知仅凭上党郡的力量是无法抵抗秦军的,因此聚集将士百姓商量说:"如今与都城新郑连接的道路已经断绝了,做韩民是做不成了。现在秦军日益进逼,韩国又没办法救援我们,不如我们把上党郡献给赵国。如果赵国接受,秦国恼怒起来,一定会攻打赵国。赵国遭到攻击,必然跟韩国结盟。韩、赵一体,就能挡住秦军了。"众人听了都说此计甚好。随后冯亭命人赶赴邯郸,说明愿以上党十七城归附赵国。

当时的赵王赵孝成王年纪和韩桓惠王相仿,都是青年君王。他一听能白得这许多城邑，早已经心花怒放，连忙把自己的叔父、当时担任赵国相邦的平阳君赵豹召来，告诉他这个"喜讯"。

赵豹听了却没有恭贺，而是委婉地说道："圣人把无缘无故得到的好处当作祸患啊。"

赵孝成王不以为意，反而大言不惭地回答说："这哪是无缘无故得来的好处？这是上党人有感于我的仁德啊。"

赵豹哭笑不得，只得详细解释道："秦国蚕食韩国的土地，断绝中间通道，使其南北不能相联，现在自认为能坐收上党之地。可韩国不把上党割给秦国，反而送给我国，这是要嫁祸给我国啊。秦国付出了那么多代价，结果便宜让我国得了，这难道不是无缘无故得来的好处吗？即便是强国要占这种'不劳而获'的便宜，也是危险的，何况我们弱于秦国，他秦人能咽得下这口气？现在秦国已经普遍推行牛耕，粮食充足，又可通过水道运输军粮，同时派出了精兵锐卒来分裂韩国，政令能达到令行禁止，我国是抵挡不住的。咱们一定不要蹚这浑水！"

赵孝成王仍然舍不得，辩驳说："就是出动百万大军征战一年，也不一定能得到一座城池。现在冯亭一下子送上十七座城池给我国，怎么能不要？"

赵豹见赵孝成王只知"利"不晓"害"，不由得摇头叹气。

赵孝成王不甘心，待赵豹退下后，又命人叫来了另一位叔父平原君赵胜和宗室大臣赵禹，告诉他们冯亭献城一事并咨询意见。

赵胜和赵禹两人的想法倒是和赵孝成王一致，都认为能得十七城，不拿白不拿。

赵孝成王大喜，他终于找到"知音"。不过赵豹泼的冷水赵孝成王也没忘，他知道此时赵国的朝堂上能用的人才已经不多了——曾经大破秦军的名将马服君赵奢前些年亡故，智勇超群的名相蔺相如也疾病缠身。所以他又追问赵胜，万一秦国派常胜将军武安君白起来报复，赵国谁人能够抵挡？

赵胜答道:"当年臣曾随先王参加与秦王会盟的渑池之会,会上臣偷偷观察过白起,他头小下巴尖,眼珠子黑白分明,目光坚定不移,是个行事果决、明察秋毫、意志坚强的人。想与之争锋是很难的,但跟他持久周旋,廉颇还是能够胜任的。"

这下子赵孝成王的疑虑彻底被打消了,兴高采烈的他当即任命赵胜为"接收大员",带领少量官吏和军队前去接收韩国上党郡。

冯亭见计谋成功,派人报告韩桓惠王,上党已经被赵军乘机"占领"。但韩桓惠王却没有和赵国联手抗秦的勇气,反而想先撇清自己、抽身事外,看秦赵相斗,于是立即遣使向秦人"告状"。

秦国方面听说赵国敢来"虎口夺食",抢占自己忙活四年时间才强迫韩国答应割让的上党郡,自然是怒不可遏,何况赵国占领韩属上党后,反而居高临下,对秦国的河东郡和河内郡构成威胁。为了教育赵孝成王如何做人,为了夺得上党高地保持战略主动,秦昭王决定不惜一切代价武力夺回上党。就这样,秦韩之战悄然转化为秦赵之争!

讲到这儿我们有必要分析一下,赵国接收韩属上党的决策是对还是错。

后世有一些人认为赵孝成王和平原君赵胜不该接纳冯亭的献城,不应"惹祸上身"。但审视当时的局势,秦国早已经有吞并天下之志,就算赵国不接收韩属上党,秦国拿到韩属上党以后也必然会以它为基地进攻赵国,只是时间可能会有所推迟。既然秦国早晚要打来,秦赵战争无法避免,赵国与其眼看秦国吞并韩属上党增强实力、自己陷于被动局面,不如主动接收韩属上党,拓宽自己的国土纵深,"御敌于国门之外"。

不过话又说回来,赵孝成王和平原君赵胜虽然在是否接收韩属上党一事上做对了,也就秦国如果报复选谁为将的问题做过简单讨论,但从史书记载的对话来看,他们仅仅是从"送上门的东西不要白不要"这一低级层面来"决策"的,对上党位置的重要性仍认识不够,尤其

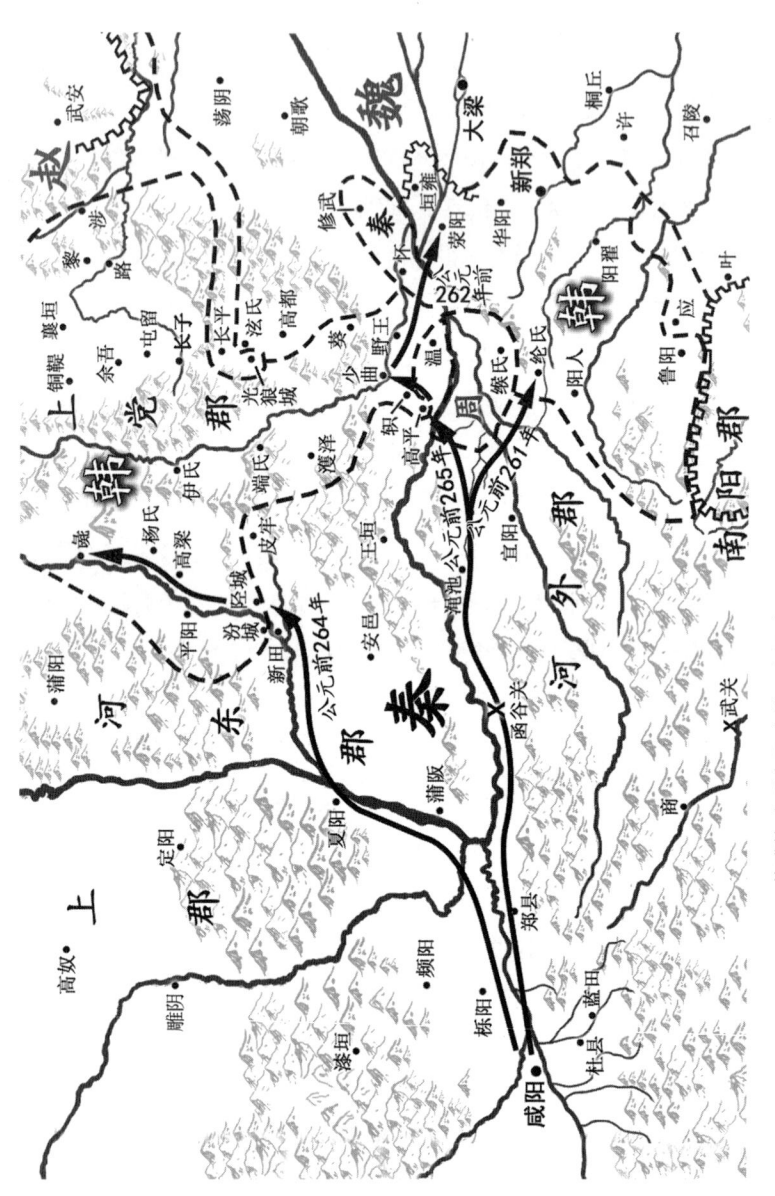

范雎执政后秦军攻韩示意图（公元前265—公元前261年）

对秦国报复的"力度"预计不足，可能是他们认为上党地区山岭高峻、沟谷纵横，秦人难以投入重兵吧。战略思维的高度决定行动能力的高度，因而赵国上下在接收韩属上党后，并没有做足在上党地区迎接秦人"猛烈报复"的准备。

就在赵国人为"不动刀兵、得城十七"而举国庆祝时，心怀称霸天下梦想、战略目标坚定不移的秦人已经开始全面布局对赵大战。

赵国接收韩国上党郡的第二年，也即秦昭王四十六年（公元前261年），秦国为防止韩国与赵国结盟抗秦，首先恐吓韩人，命令武安君白起出兵攻占了韩国都城新郑以西的缑氏和纶氏两地（在今河南登封市一带）。秦国的威慑确实起了作用，后来在秦赵争夺上党期间韩人一直没敢帮助赵人。

另一方面，为了让魏国在秦赵战争时不助赵攻秦，秦昭王派人出使大梁，允诺会"让"韩人把韩国垣雍（在今河南原阳县西）割让给魏国。这垣雍位于古黄河水和古济水的分离处，在那里决堤就能淹掉下游的魏都大梁，所以魏人一直非常渴望把这地方掌握在自己手中。故而秦人把这个"饵"抛出去后，魏安釐王立即"上钩"，被迷了心窍的他甚至一度产生助秦攻赵的想法。

秦人对外的一系列军事、外交行动以及国内的兵力动员、粮草筹备等情况，很快被赵国间谍侦知并报告到邯郸。面对这呼啸的"西风"，赵孝成王总算意识到问题的严重性，明白秦人这次绝不会仅仅在边境上小打小闹，而是奔着与赵国决战来的。震惊之余他只得任命年逾六旬的老将廉颇为大将，将赵军的全部机动兵力三十余万人悉数交到他手上，要他开赴上党组织对秦人的防御。

廉颇率军离开邯郸，通过太行山的滏口陉经涉（在今河北涉县西北）、路（在今山西黎城西南）等城邑开上上党高地，但他没有前往高地的西部边缘也即秦国和原韩属上党的交界处布防，而是将主力集中在上党中南部、赵属上党的重镇长平（在今山西高平市西北）。

廉颇为什么这么部署，史书上没有记载，但是看看长平的地理位置，我们就能理解了：原来长平是上党地区重要的交通枢纽。

上党高地中有两块大盆地，北为长治盆地，南为晋城盆地，两块盆地被中间山岭分开，可以看做一个"8"字形。长平就位于两个"0"相交处，即下面一个"0"（晋城盆地）的最上端，也就是说从上党的一个盆地到另一个盆地，得打长平经过。

而当时秦军要想进入上党地区，有两条较为适宜大队人马行进的路径：一条路是东西路，从临汾盆地南部的新田（在今山西侯马市西北）一带东进，经皮牢（在今山西冀城市东北）、越乌岭、过端氏（在今山西沁水县东），抵达长平；另一条路是南北路，从南阳地区的野王（在今河南沁阳）北上，入太行陉，经魏国高都（在今山西晋城），抵达长平。由此可见，长平是东西路和南北路的交会点，廉颇卡在这里，敌人无论从哪个方向过来都可以阻击。

此外，长平地区有险峻山峦和长平关、故关、高平关等当时或后世所建的众多关隘，可据险而守；有大片丘陵地带，可隐蔽兵力；有河谷和平川可以运输粮草。这些都有利于防守方作战。

所以综合来看，廉颇在长平与秦人决战的部署无疑是深思熟虑后的决定，是一个久经沙场的老将的最佳选择。廉颇的这个部署给秦人造成了不小的麻烦。

长平大战——决胜在战场之外

廉颇在长平扎营不久，这一年也已经过去，时间进入秦昭王四十七年（公元前260年）。新年刚过，憋了两年怒火的秦昭王决定发兵数十万大举东征。

当时秦国除了中央直辖的内史区域以外，已经大约设置了十三个郡，即上郡、北地郡、陇西郡、汉中郡、蜀郡、巴郡、巫黔郡、南郡、南阳郡、河外郡、河内郡、河东郡、陶郡。接到征发军队的命令后，秦国朝廷先把数

> 内史本是秦国掌管册封卿、大夫、传达王命、考核官吏的官员，商鞅变法后因为分封制式微，逐渐转变为主管全国行政、财政的官员，地位曾仅次于相邦、丞相。秦国广泛设郡以后，内史的财政职能延伸到各郡，但行政职能仍停留在设郡前的老秦地（即关中地区、商洛地区约四十个县邑）。内史掌管的京畿地区，因此也被称作"内史"，类似郡但地位更高。

十万的名额分解到内史和各郡，它们再把摊到的名额分解到下属各县。各县的县尉按本县的出兵名额确定具体人员名单，然后由亭内的小军吏发弩（即材士）把发屯的通知书送到各家各户。接下来接到通知书的傅籍者先在县里集中并编组成队伍，继而由县尉带领开到郡里集中，郡尉再统领各县部队向指定地点进发。当然除了秦民外，秦国还征发了国内戎狄蛮夷等各君长的族军。

就这样，几十万人的大军汇聚在秦国东部地区，兵锋直指上党，一场决定了战国走向的大战由此揭开序幕。不过出乎赵国君臣预料的是，秦昭王没有任命令世人闻风丧胆的白起为统帅，而是任命此前尚没有多大名声的左庶长王龁（hé，一作"齮"）为统帅，这有可能是因为当时白起正在南线也即河内一带驻防。

王龁受命后，随即率领大军启程。几十万人的秦军是如何从秦国行进到上党附近的，史书没有记载。但多数学者认为从经济便捷来考虑，王龁应该是走水路，泛舟渭水、黄河、汾河，先抵达原晋国都城新田一带。这也即四百年前秦穆公借粮给晋惠公的"泛舟之役"的路线。

从新田舍舟登陆后，王龁分出一部偏师向北攻打原韩属上党的西南角。秦军来势凶猛，原韩属上党郡的西部区域很快沦陷。大家知道，

秦人"尚首功",在他们眼中敌人的脑袋就是自己的富贵,所以秦军免不了"杀良冒功",在占领区大肆杀戮敌军乃至平民。因此本就不甘秦人统治的原韩国军民为躲避屠杀,大批向赵国控制区逃去。赵人则把他们又安排到长平,加强当地的力量。这批原韩国军民在长平的领导者,自然是他们原来的太守冯亭。

至于秦军主力,王龁则带领他们从陆路向西行进,经皮牢,翻越乌岭,攻打赵军控制的端氏。当年四月,端氏易主,秦军前锋于是渡过少水(今沁河),进抵长平西南部的空仓岭。

见少量秦军翻越空仓岭,可能是想捡便宜,赵军副将赵茄带兵前

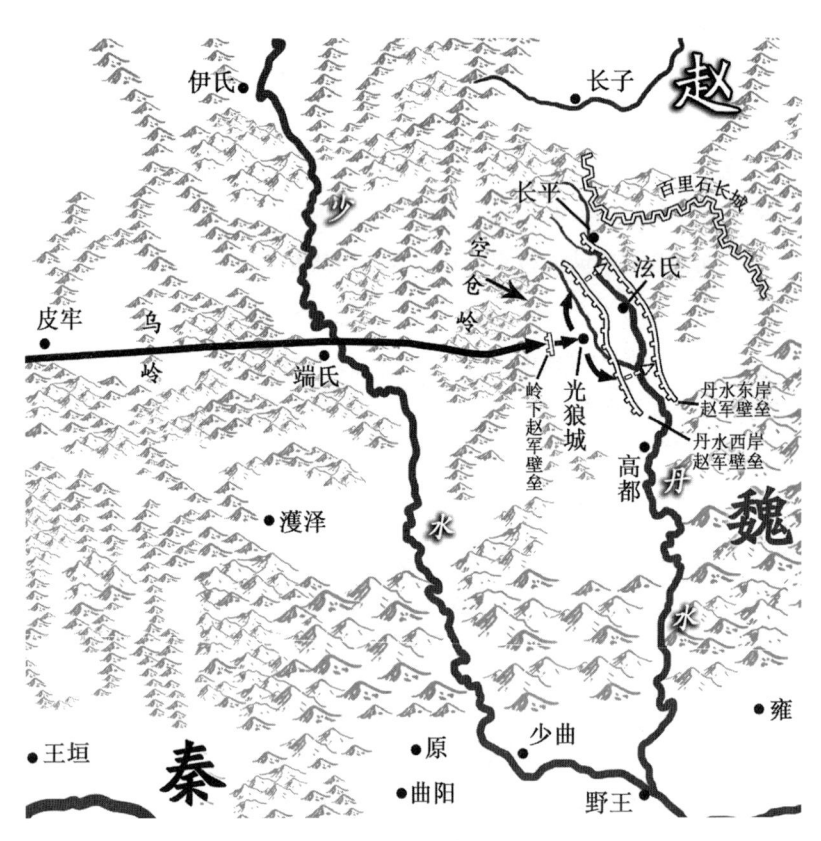

秦赵长平攻防第一阶段示意图

往截击。没想到秦军人数虽少，却都是战力极强的斥候，赵茄便宜没占到，自己的脑袋反倒被秦军收割了去。首战告负，且损失一名高级将领，对赵军的士气不能没有影响。

随后，秦军大队人马陆续翻越空仓岭抵达岭东。六月，秦军主力发动对赵军的首次攻势，夺取岭下赵军壁垒两座，杀赵军校尉四人。

眼见秦军骁勇，廉颇下令在丹水西岸大规模修筑壁垒，然后凭壁坚守。七月，王龁指挥秦军继续攻击，又阵斩赵军校尉两人，夺取了赵军的西壁垒。

廉颇连吃败仗、损兵折将，只得退到丹水东岸，沿河又修筑一条东壁垒防线，坚守不出。为确保万无一失，他还在北方的丹朱岭、羊头山、关岭山一线修筑了最后的防线——百里石长城。如果东壁垒再丢失，赵军还能退到山岭上，凭借居高临下的有利地势做最后的抵抗。

接下来，王龁隔丹水继续向廉颇挑战，但廉颇任凭秦军骂破喉咙，躲在防线后就是不出战。秦军那边，也无法做到在敌军面前强渡河流。就这样，酷暑之下喧嚣的战场寂静下来，两军隔河对峙，陷入僵局。

长平之战打成持久战，秦、赵双方都开始为各自几十万人的大军所需的天文数字般的后勤供应感到头疼。

说天文数字可不是夸张，因为长平之战是截至当时中国最大规模的战争：长平赵军有三十多万人，加上逃过来的原韩上党郡军民有近四十万人；长平秦军数量史书上没有记载，但对峙期间应该也不少于四十万人。而在此之前的战国战役，一国一次出兵最多不过十来万人。

因此长平之战的后勤供应方面，不说食盐、甲胄、武器、车辆、帐篷、草料等物资，只说士兵口粮一项，按秦汉时期士兵伙食标准一天吃八又三分之一升（约合今 1.25 公斤）、一月吃两石半毛粮（主要是粟米）来计算[1]，秦或赵一方四十万人一天就要吃掉三万三千三百石（500 吨）

---

[1] 郝妍，段清波：《秦长城粮食供应系统研究》，《秦汉研究》第十三辑，2019 年。

> 命令运送粮食时不能花钱雇别人的车,更不准返程时用空车揽载私人货物。服役时车、拉车的牛和车的载重量一定要和注册登记时一致。如果这样的话,那么运粮车就会去得迅速、回得也快,运粮的事就不会危害农业生产。
>
> ——《商君书·垦令》
>
> 朝廷征发运输的劳役时,百姓如果到县里雇车或转交给别人运输,应依法惩处。
>
> ——睡虎地秦简《效律》
>
> **徭律曰**:转运物资,载重车辆日行六十里,空车日行八十里,徒步日行一百里。
>
> ——岳麓秦简1394号简

粮食,一个月就要吃掉一百万石(15000吨)粮食。秦汉时期一辆大车能运载二十五石粮食[①],秦或赵一方一天必须运1332车粮食才够将士吃的。其实我们这还没有算上运输途中的损耗和役夫的口粮。赵国那边,从邯郸到长平虽然只有近五百里路途,但却是山路;秦国这边,从咸阳到长平的路程约三倍于赵人,不过好在秦人有一大段路程可以走水路,稍稍减轻了运输压力。所以我们就以运输距离五百里、日行六十里、一车两人押车计算,运二十五石粮食到目的地,两名役夫来回也得吃三石多粮食,等于所需粮食还要增加大约八分之一,这还没算撒漏等其他损失。如果运输千里,那就更要翻倍了!

战国后期,赵国的疆域和人口都不如秦国,赵国的农业生产更逊于秦、魏、齐等国:一方面是它的产粮区域少且小(主要为今天河北南部和太原盆地两块),另一方面是赵人追逐商业利益而对农耕重视不够[②]。因此赵国粮食很快就告急,一度觍着脸向齐国借粮。当时齐

---

① 《九章算术·均输》:"一车载二十五斛。"一斛等于一石。
② 汉代《盐铁论·通有》称:"(赵人)民淫好末,侈靡而不务本,田畴不修,男女矜饰,家无斗筲,鸣琴在室。"

襄王已死，其子齐王建上台没几年，大权都掌握在太后君王后手中。君王后奉行"谨事秦"（谨慎事奉秦国）的外交政策，同时也始终对"五国伐齐"时积极侵齐的赵国保持警惕之心，巴不得赵、秦两败俱伤。在她的影响下，齐王建拒绝了赵国的借粮请求。

秦国方面虽然实力相对雄厚、疆域更为广大，而且自"商鞅变法"以来就重视"耕战"，又有关中平原、巴蜀盆地等著名的"大粮仓"（当时李冰的水利工程已经基本完成），但是也有难处，那就是补给线太长，运输更为困难，路上无谓的耗损也多。

其实战争的伤害还不仅于此，更体现在对参战国的国内经济的影响上。当时秦、赵各自总人口数史书上没有明确记载，笔者估计战国后期秦国应有约七百万人，赵国应有约四百万人。上面的数字去掉一半女性，秦、赵各有男性三百多万名、二百万名，这里面还包括近半的老弱病残。这样算下来，秦、赵各出动近四十万精壮男性到前线，再出动大批人员（普通男性和壮女）从事后勤运输，等于国内劳力为之一空，只剩下老弱病残在从事生产活动，必然会导致农业和工商业的全面凋零。

这种情况下，综合国力较弱、组织动员能力相对较差的赵国首先顶不住压力，年轻且没经过大事历练的赵孝成王在战争进入僵持阶段后，立即召开廷议商讨下一步对策。他问大臣们道："现在前线作战不利，校尉阵亡多人。寡人准备尽发全国精兵发起攻势，卿等以为如何？"

大臣楼昌首先回答说："恐怕无济于事。臣以为不如派重臣担任使节前往秦国求和。"

那位原先曾担任赵相、一度跟魏齐一起逃亡到魏国的说客虞卿，这时又回到了赵国。他听了楼昌的话表示反对："我们主动去求和，那和与不和，主导权就落在秦人手中了。大王不如先派遣使者携带重宝前往楚国和魏国游说。楚、魏见了宝物，一定会接纳我国使者，秦国得知必然疑心天下诸国将合纵对秦,继而心怀恐惧。到那时,议和之事才能去张罗。"

虞卿也主张议和,但他建议先巧施计谋迷惑、恫吓秦国,待夺得主动权以后再议和,这主张显然要比楼昌的直接求和之策高明得多,只是肯定要多费一些时日和财宝。

但一睁眼就要为每天几万石军粮发愁的赵孝成王不想再多耽搁一天,于是按楼昌所说直接派大臣郑朱入秦求和。

话说赵国那边困难,其实秦国这边也不好过,据《韩非子》一书记载,长平之战期间秦国国内也闹起饥荒,这应该是秦国连年用兵导致的。正当秦昭王君臣勉力维持时,听说赵使郑朱前来叩关求和,不禁心中大喜——原来赵国更撑不住了啊!于是秦昭王安排大张旗鼓地招待郑朱,向天下宣扬赵国求和之事。正如虞卿所料,楚、魏等国得知后,心说既然赵国自己都不打算跟秦国对战到底,那咱们自然没必要出兵去帮它了,否则人家秦、赵握手言和,自己出兵抗秦岂不是"里外不是人"?于是长平之战期间秦国最担心出现的局面——东方诸国合纵抗秦,被赵孝成王自己出的一个昏招给化解了。

秦人让郑朱在咸阳好吃好喝,但对赵国的议和提议一直不置可否。赵孝成王见求和也没结果,沉不住气的他又转而想在战场上迅速取胜,于是他连下命令给前线的廉颇,让他主动出击。作为久经沙场的前线主官,廉颇对赵、秦两军的战力对比再清楚不过,因此他从军事角度出发选择了"将在外,君令有所不受",依旧拒不出战。

这边秦国尽管将计就计破坏了东方诸国合纵的可能,但长久对峙带来的对国家经济的严重破坏也令它深感吃不消。这时秦国相邦应侯范雎脑筋一动想出一条计策,那就是派间谍到邯郸散布谣言,说秦国只怕当年在阏与之战中大破秦军的马服君赵奢的儿子赵括,不怕廉颇,而且廉颇已经有降秦的打算了。

赵孝成王先前就因廉颇接连败退而怀疑他的能力,后来又恼怒他一再违抗自己的出击命令，只是除了廉颇他不知赵国还有何人可用，只能皱眉忍着。如今风闻廉颇要投降秦国，赵孝成王不禁心下一凉，担忧起廉颇的忠诚来——毕竟当时赵国大部分军力都掌握在廉颇手中，一旦他有异志，后果不堪设想！再听到秦人惧怕赵括的传言，赵孝成王不禁大腿一拍，心说当初还真把他给忘了！

原来这赵括作为赵奢之子，自幼就熟读兵书，经常跟父亲辩论用兵之道，却从来没有输过，世人都说他作为将门之后，果然胸中富有韬略。当然除了军事才能外，赵括还有一点最让赵孝成王放心，那就是赵括为赵氏，属于赵国宗室之后，根红苗正、政治可靠，不像廉颇是外人。因此经过一番综合考虑，赵孝成王决定撤掉不听话的廉颇换上赵家人赵括。

赵孝成王换将的想法传出后，一直抱病不出的蔺相如再也躺不住了，强撑着入宫劝谏。他对赵孝成王说："大王因赵奢之名就任用赵括，这就如同把可调节音高的弦柱用胶水固定死再弹琴一样啊。赵括只会死读他父亲留下的兵书，丝毫不知变通，怎能为将？"

赵孝成王一心要尽快结束长平的对峙局面，无论是和是战。他好不容易找到一个既可靠又愿意执行他进攻命令的人，对蔺相如的话自然置之不理，还是下达了以赵括取代廉颇为将的命令。

不过赵括临出征前，又有一个人站出来反对。出乎所有人意料，这人居然是赵括的母亲。

赵母对赵孝成王说："先夫当年为将时，礼贤下士，王室给的赏赐全都分给部下，一旦接受出征命令就再也不问家事。现在我儿赵括刚当上将军就趾高气昂，将士都不敢抬头看他；大王所赐的金帛全藏在家中，整天打听哪里有便宜的田宅可买。大王以为赵括像他父亲，其实他们父子完全两样。当年先夫曾说：'兵凶战危，但赵括谈论起军事却一副轻松口吻，他日国家如果用他为将，他一定会把赵军葬送掉。'希望大王不要派他出征！"

已经到这时,赵孝成王哪里会收回成命,他对赵括母亲说:"老夫人还是别操心了,这事已经定下了!"

赵括母亲见事情无法改变,只得叹了一口气,追问赵孝成王说:"大王如果一定要派赵括为将,如果他有不称职之处,妾身能免受连坐之罪吗?"

赵孝成王不耐烦地答应了。

这时邯郸城里早有秦国细作把赵孝成王中计换将的消息传递到咸阳。秦昭王和应侯范雎听后拍手叫好,为抓住难得机会,确保一举消灭赵军,他们也决定换将——任命秦人的"王牌"武安君白起为上将军,改任王龁为副将;而且为麻痹赵国方面,他们下达严令,任何人泄露秦军换将一事一律杀无赦。随后白起秘密启程,赶赴长平前线,接掌了秦军指挥权。

与此同时,赵括也带着增援人马来到长平赵军大营,向廉颇出示了虎符和诏书。被撤职的廉颇只得仰天长叹,悻悻而去。

自以为是的赵括接掌赵军指挥权后,立即把之前廉颇定下的方略、战术全部改变,又把各级将领统统换成听命自己的人,准备按照赵孝成王的指示改变守势,伺机发动对秦军的进攻,一举结束战争。

须发皆白、老谋深算的白起侦察到赵括的所作所为后,为引诱赵军深入,于八月初"配合性"地发起了一次对赵方的攻势,当然白起对秦军的命令是许败不许胜。

只知坐而论道、毫无战争经验的赵括不知是计,亲率大军出战,顺利"击退"了秦军。眼见秦军败得十分"仓皇",他决定抓住"难得的时机",于是下令赵军渡过丹水全力追击。

赵括带着赵军一直攻打到距离丹水西岸很远的秦军壁垒前,然而秦军据险而守,赵军无法攻破。就在此时,白起早就布置好的两支伏兵迅速行动:一支五千人的骑兵插到赵括身后,切断了他的退路,使赵括这支孤军无法返回丹水东岸与赵军主力会合;又一支二万五千人的部队插到赵军主力后，袭击往前线运送粮草的赵军辎重部队。就这样，长平赵军被一分为两段，而且粮道被断。

前后两部赵军发现联系被阻断后，拼命企图会合，但均被白起击退。赵括向前不得、后退不能，惊骇之下，只得率所部就地修筑营垒，等待后方增援。可很快后面的赵军也得到通往后方的粮道被截断的消息，十分着慌，连忙分兵去疏通，却也无法成功。不过白起明白秦军对赵军并无数量优势，能把两部赵军隔断多久，能截断赵军的粮道多长时间，谁也没有把握，因此他决定向咸阳求援。

秦昭王得报，认识到成败在此一举，亲自从咸阳赶赴被秦人占领不久的河内（南阳）地区。他首先不惜血本讨好当地民众，下令将全体百姓的爵位都提高一级，然后降低征兵标准（秦法本来规定十七岁傅籍、十八岁才服兵役），征发河内所有十五岁以上即六尺（1.386米）以上的男性当兵，紧急派遣他们北上增援白起。秦河内军进入太行陉，经过魏属高都等地来到长平，加入了对赵括军的包围行动，白起的"布口袋"终于升级为"铁桶"。

时间很快到了秦昭王四十七年（公元前260年）的九月。被包围的赵括前军本来就没带辎重，此时已经断粮四十六天，士兵们饿得眼都绿了，"皆内阴相杀食"（《史记·白

秦始皇陵骑兵俑和马俑

骑兵俑平均身高在1.8米以上，体形匀称，手执弓弩，甲衣短小无披膊；马俑身长2.03米，首高1.72米，矫健雄壮。

> 秦军对射击非常重视。睡虎地秦简《除吏律》规定："任命士吏、发弩啬夫不按法律规定，以及发弩射不中目标，县尉要罚交两副铠甲。发弩啬夫射不中目标，要罚交两副铠甲，罢免，由县令另行保举。"士吏指下级军官，发弩啬夫是专门负责士兵弓弩训练的基层军官，射击达不到规定就要受罚。

起列传》）。赵括明白自己已经到了最后关头，他困兽犹斗，下令将部队分为四队，不间断地轮番向外猛冲，但体力严重损耗的他们哪里冲得出秦军增厚的包围圈？赵括急了眼，亲自披挂，选拔精锐带头向外突围，但没冲多远就被秦军强弓硬弩射死。至于长平地区赵方的另一位高级将领——原韩上党郡守冯亭，也在那前后与秦军交战时战死。

丧失主帅后，已经站不起来的前部赵军放下了武器，后边丹水东岸营垒中的赵军也选择投降。至此，历时六个月的长平大战终于结束。

但面对漫山遍野的赵军降卒，秦军将领们却"压力山大"：养是肯定养不起，秦军自己的粮食也是国内饥荒情况下硬抠出来的；退一步，就算能养得起，这些降卒对秦军来说也是一个严重威胁。原来长平之战虽然赵军惨败，但秦军其实也是惨胜，伤亡近半。在冷兵器时代，久战疲惫的秦军看押数十万名俘虏，万一他们闹事，还真不好对付。

因此上将军白起拍板说："之前秦军夺得韩上党，韩上党军民都不愿降秦，跑去投降赵国。赵国的士兵反复无常，如果不全杀了，恐怕会造反作乱！"

接下来《史记》记载，白起"乃挟诈而尽坑杀之"。自古以来，人们都把《史记》中的话理解成白起使诈把赵军降卒都活埋了，但这种解释疑点很多：几十万降卒得找多大的坑去活埋，何况人死前难道不要拼命反抗？

虽然两千多年来当地官吏百姓经常能在长平古战场发现当年战死者的尸骨，但却没有对尸骨进行科学甄别的能力。20世纪90年代，当地人又陆续在今天山西省高平市永录村一带找到了十余个长平之战时留下的赵军尸骨坑遗址，不同的是这次有考古人员首次介入，对其进行了专业勘测。通过观察尸骨的排列形态、检验尸骨上的创伤，学者认定死难的大部分赵军都是因钝器伤、利器伤而死的，没有发现大

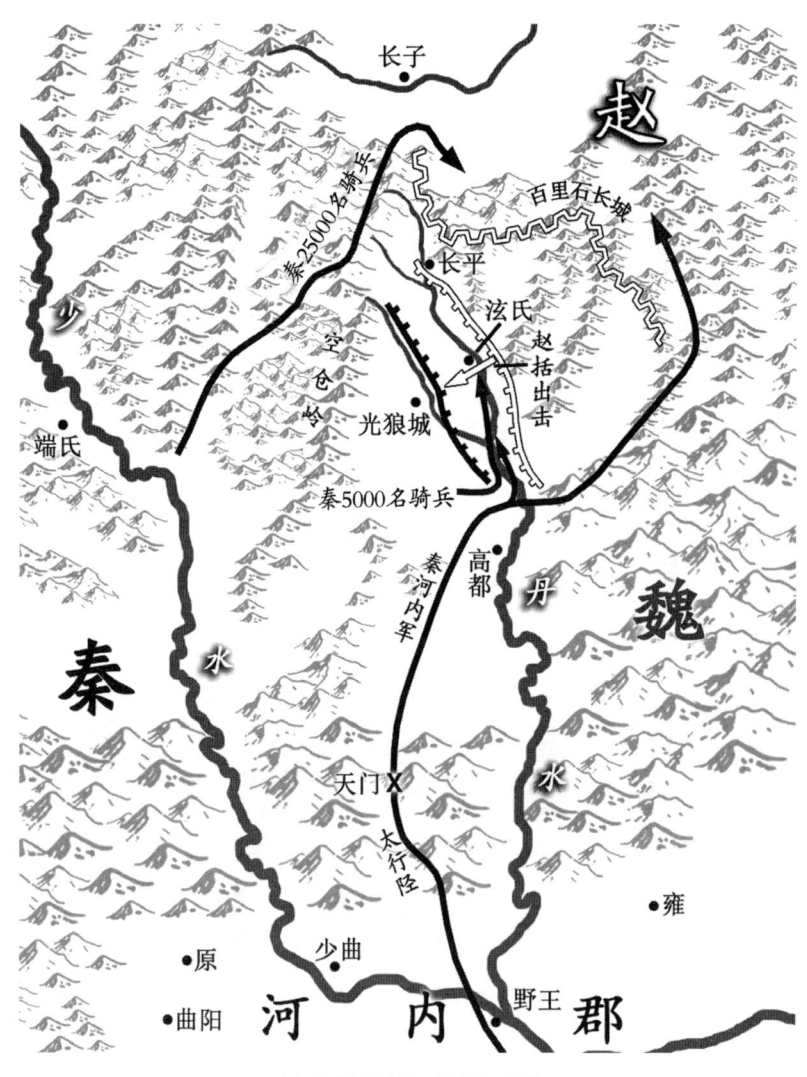

秦赵长平攻防第二阶段示意图

长平之战总体态势示意图

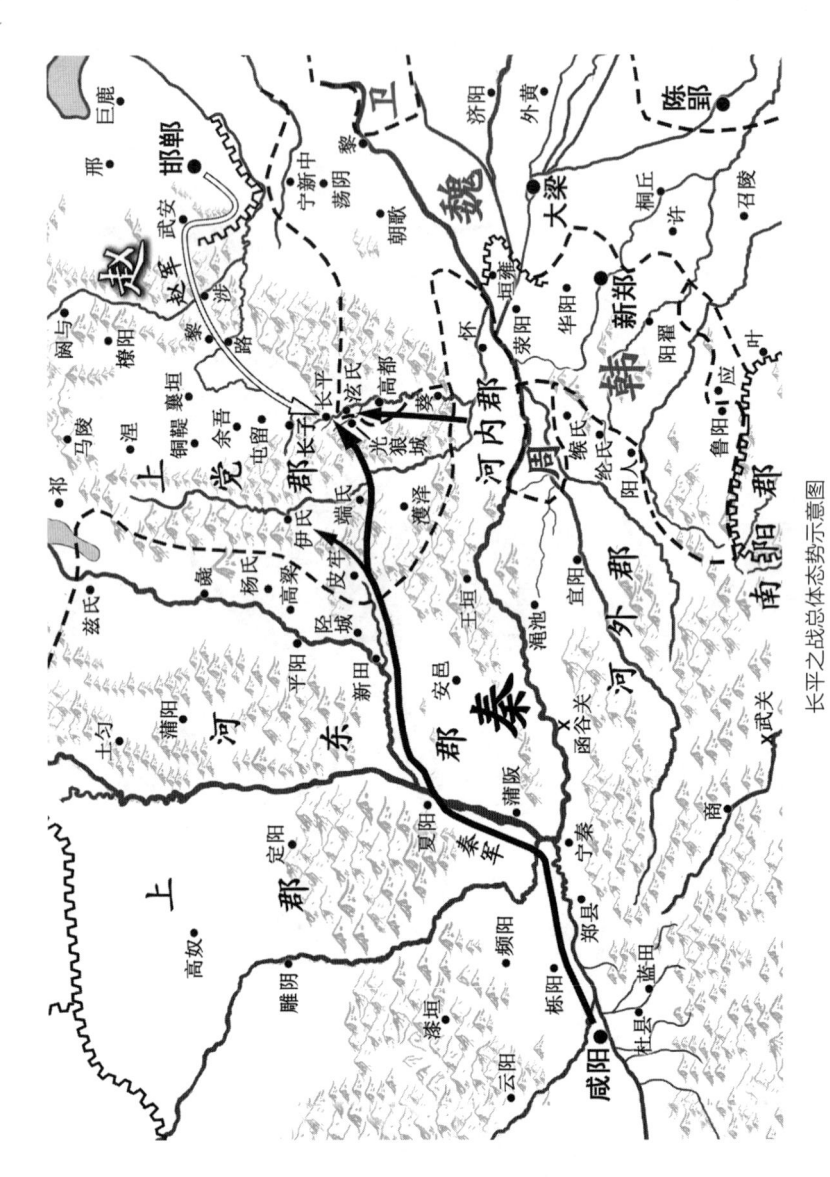

量被活埋的证据。

现在我们应该清楚了，所谓的"白起坑杀赵军"，其实是"白起杀赵军而坑之"，即他命人把数十万赵军降卒引诱到一些沟谷山涧中，然后用箭射、刀砍、戟刺、棒打等血腥残忍方式把他们活活杀死再草草埋葬的。想象一下数十万徒手的赵军降卒被屠杀时的哀嚎挣扎惨状，不由得让人不寒而栗！所以古人形容长平之战"流血成川，沸声若雷"，白起也因制造了这起中国古代史上最大的屠杀战俘事件被冠以"人屠"的称号！尽管白起这样做也有一些客观原因（无粮养、怕暴动），但他大规模屠杀俘虏的罪行是逃不过历史的审判的。他的这种残酷做法也使得之后若干年六国军民同仇敌忾，宁愿战斗到底也不愿向秦军投降。

长平之战的历史影响巨大。据《史记》记载，战后屠杀死亡再加上之前战斗伤亡，整个长平之战赵国共损失达四十五万人（包括冯亭带来的原韩上党郡军民和长平当地赵国居民共近十万人），等于赵国一代青壮年全部报销，原本天下第二强的赵国就此一蹶不振。这样一来，东方六国再也没有一国有单独抗衡秦国的实力，秦国高高凌驾各国之上的局面不可逆转，由它统一天下已经没有悬念。

当然此战秦人付出的代价也非比寻常。在得到河内军增援后，长平秦军总兵力应不下于五六十万，否则无法围歼四十五万赵国军民。白起后来承认自身伤亡过半，所以秦军的伤亡应不低于二十五万人。

最后我们再来说说长平之战的胜负原因。后世都把长平之战赵国战败归咎于赵孝成王换将，尤其是归咎于赵括一人。但看完本节大家应该明白，"纸上谈兵"的赵括只不过是在执行赵孝成王速战速决的命令，而赵孝成王之所以先急于求和又急于速战，实在是因为赵国综合实力弱于秦国，就是继续任用廉颇打持久战，相持的结果也将是赵国粮尽、率先崩溃。赵国在长平之战中避免失败的唯一希望，其实就是执行虞卿的计划，即不吝惜珍宝乃至城池，积极与各国联络合纵——

如果能拉动各国实际出兵攻秦最好,这样赵国也许能取胜;退一步,即便拉不动各国出兵,能吓一吓秦国,赵国也许能以较小的代价议和。但是上述方案被赵孝成王否决了,那么赵国无论以谁为将也改变不了失败的结局了。

邯郸围城与白起之死

话说白起在屠杀数十万赵军时,特地从其中挑出二百四十个儿童兵没杀,还把他们放回国去报丧。这招确实够绝,得知长平战败、四十五万名军民尽遭屠戮的噩耗后,赵国上下震恐、家家服丧。

当然白起要的就是这个效果。秦军稍事休整之后,他再发将令:兵分两路,一路由司马梗统领,北上攻打赵国太原郡(郡治为晋阳),一路由王龁统领,越过太行山攻打邯郸西面的重镇武安。因为赵国青壮已几乎全部丧失在长平之战中,各地兵力空虚,所以两路秦军很快就都传来捷报。

对赵国来说,武安陷落,等于都城邯郸的西部门户洞开,赵国朝廷立即陷入极端恐慌和混乱中。另一边,丢失上党半壁江山的韩国也心惊胆战,不知道残存的新郑周边的领土还能不能保得住。两国既然都无力再抵抗秦军,只能寄希望于其他手段了。赵国于是与韩国合伙请了"名嘴"苏代出马,让他赴秦展开游说活动。

苏代带上厚礼来到咸阳,成功见到了相邦应侯范雎。双方施礼寒暄之后,苏代故意问:"听说武安君把马服君的儿子擒杀了?"

"是啊。"范雎笑着答道。

"秦军即将围困邯郸了吧?"苏代又问。

"对。"范雎得意地点点头。

这时苏代开始进入正题了,他说:"赵国灭亡,秦国就将在全天下称王了,武安君肯定会晋升三公。武安君为秦国东征西讨,得城七十余座,在南方夺取楚国鄢、郢与汉中地,在北方全歼赵括之军四十余万人,就是周朝的周公、召公和太公吕尚的功劳,也赶不上他。到时候您能够甘心屈居武安君之下吗?恐怕就算您不想位列他之下,也没有办法了。当年秦国攻打韩国的陉城、上党等地,当地百姓就是投赵都不愿降秦,天下之民不乐为秦民之日固久矣!如果赵国灭亡,赵国的老百姓也一样不会甘做秦民,到时候赵国的北方会落入燕国手中,东方会落入齐国手中,南方会落入楚国、魏国手中,秦国能得到几分?您不如逼迫赵国割地求和,也算替武安君建立一些功劳!"

听完苏代的话,范雎沉默良久,因为苏代所言触动了他最敏感的神经:他历尽坎坷和磨难,才从一个遭人白眼的穷士人混到"一人之下、万人之上"的秦国相邦位子上,他不能容忍失去现在的地位和权势!于是他上奏秦昭王说:"我军出师经年,疲惫不堪,不能再打了。不如允许赵、韩两国割地求和,也让将士们好好休息一下。"

说实话,尽管范雎有私心,但经过长平大战,秦国的国内状况也确实非常糟糕——国内饥荒,将士损失不下二十万人。当时就算秦军攻下了邯郸,十有八九也会像苏代所说,赵国大部分土地将被其他国家瓜分,秦国反倒得不了多少,因为秦军真的很疲敝了。基于以上考虑,秦昭王同意只要赵、韩两国割地就饶了它们,下令秦军班师。当然范雎对秦昭王的建议传到武安君白起的耳朵里后,他十分愤怒,认为这是不想让自己和将士们建立功勋,因此恨透了范雎。

再说韩、赵与秦国和谈的事情。韩国割让了垣雍给秦国后,秦国果然不再追究,毕竟韩国一向"恭顺"。但对赵国,秦昭王态度苛刻,要求赵孝成王必须亲自来秦国谢罪。赵孝成王虽然十分害怕,但为了江山社稷,也不得不乖乖地到咸阳朝拜赔罪。有道是"人在屋檐下,不得不低头"。在秦期间,急于保命的赵孝成王听从大臣赵郝的主意,承诺将献上六个县给秦国。见赵孝成王也很"识相",秦昭王就先把他放回国了。

赵孝成王回到邯郸,稍一感觉安全,又对割让那么多土地感到心疼和后悔。

这时虞卿问赵孝成王:"秦国这次撤军,同意我方割地求和,是因为军队疲惫无力进军呢,还是仍有余力,但出于爱惜大王考虑呢?"

赵孝成王说:"秦国攻打我国不遗余力,当然应该是因为秦军师老兵疲才撤军的。"

虞卿道:"既然秦军暂时已经无力再进攻,大王却割地,这不是把它武力得不到的东西白送给它吗?如果说这次不割地要得罪秦国,那这次割地之后,明年秦国再来要地怎么办?继续割,赵国总有一天会割完了,等于自杀;不割,秦国还得来打。我们不如把六县之地献给秦国的宿敌齐国,齐国一定答应跟赵国一起进攻秦国,那时赵国送给齐国的土地就能从秦国身上找补回来。这样赵、齐的大仇都可得报,还可以向天下显示大王的声威和能力,魏国、韩国也必然会敬重大王,献宝前来结交。如此赵国一下子就能笼络三国,并摆脱被动局面成为主动者。"

上次长平之战期间,赵孝成王就是因为没有采纳虞卿的联络诸国合纵再议和的计策,才导致了惨重的失败,这次他终于醒悟,决定依虞卿之言而行,开始实施一系列"亡羊补牢"的措施。

在外交上,赵国这次砸下血本,让虞卿等使者分赴齐、楚、魏、燕等各国活动,争取同情、晓以利害,同时献上大批珍宝,并祭出嫁女联姻、城池大奉送等手段,如将灵丘城(在今山东高唐南)许给楚国令尹春申君黄歇,最终取得了看上去较为漂亮的外交成绩。

在内政方面,赵国君臣一改前貌,夙兴夜寐、勤于政事,抚育孤儿幼童,致力农业生产,打造兵器甲仗,修缮城池堡垒。这一系列举动,在短时间内加强了赵国国防力量，凝固了上下人心，激发了赵人同仇敌忾之气。

见赵国不但拖延交付答应给秦国的六县之地，还频繁展开外交行动企图对抗秦国，秦昭王怒火上涌，转而决定继续发兵伐赵，一举攻下邯郸。他有意再让白起担任伐赵统帅，但上次白起打下武安想进兵邯郸却被自己叫停了，他有点不好意思，于是亲自召见白起"咨询"他对伐赵的意见。

不料白起一点不给领导面子，直接表示反对伐赵。

秦昭王有点脸红，问道："长平大战时国内饥荒，君还不恤百姓，要求增兵增粮。现在军民也休养近一年了，粮食又储蓄了很多，君为何反说不可伐赵呢？"

白起答道："秦国的军力增加了一倍不假，但赵国最虚弱的时机已经错过，近期它巩固内政、交友诸侯，成效显著，防守力量比年初刚战败时增强了近十倍，不好进攻了。"

秦昭王很不高兴，以为白起是在使性子，责怪自己不该在年初下令停止进攻邯郸，于是就任命五大夫王陵为将，叫他统率秦军伐赵。白起当时年纪大了，正好身体也有些不适，就请假在家休养，不再过问政事。

秦昭王四十八年（公元前 259 年）年底，王陵率军出滏口陉，将邯郸城包围得水泄不通，惨烈的邯郸之战正式开始。为了防止诸侯援赵，秦国扬言，敢有来救援赵国的，秦军攻下邯郸之后定去打它。

赵国方面到了生死存亡关头，而且秦军在长平的血腥大屠杀让赵人明白投降也不免一死，所以军民上下横下一条心抵抗到底。再加上邯郸城城池坚固高大，秦军攻城几个月都没有丝毫进展，反而付出不小伤亡。

秦昭王不甘心，又向前方增加兵力，可王陵不但没打出胜仗，反而又损失五营人马。这时秦昭王没办法了，再次想起武安君白起，派人去召他，白起却依旧称病。秦昭王恼了，就派范雎去责问白起。

范雎见了白起，说道："想当年，君以数万人的兵力破楚拔郢，以十余万人的兵力于伊阙斩魏、韩首级二十四万颗。君能以寡击众，取胜如神，现在赵军兵力大部分丧于长平，怎么反而不敢以多打少了呢？"

白起答道："当年伐楚能赢，是因为楚王昏庸，贤臣遭贬斥，百姓离心，城池不修；伊阙之战取胜，是因为韩、魏两军不和，互不协助，才给我用计各个击破的机会。这都是人谋、形势所致，哪有什么取胜如神？前段时间我们虽然在长平大胜，但自身也伤亡过半，尤其是没有抓住时机一举灭赵，而是给了其喘息之机。"

说到这，白起顿了一下。范雎知道他是指责自己一年前反对进兵邯郸以致贻误战机，不由得脸上发热。

白起接着说："现在赵国内部上下一心，坚壁清野，据城坚守，我们已经难以攻取；待我师老兵疲，诸侯一定趁机援助赵国，我们就危险了。臣看不到继续攻赵有何胜算，何况臣有病在身，确实无力再披战袍。"

范雎也不再问，回宫后把白起的话添油加醋全学给秦昭王听。秦昭王更加来气，拍案咆哮道："没白起，寡人难道灭不了赵国？！"接下来他下令继续向邯郸增兵，并派遣王龁接替了屡战不利的王陵。这时范雎又趁机举荐自己的同乡好友郑安平为将增援前线，秦昭王答应了。

王龁到任，指挥秦军更加猛烈地攻打城池。虽然赵军损失惨重，尤其是邯郸城内的军民缺吃少穿，但他们都丝毫不屈服，兵器打坏了把木棍削尖了当长矛也要跟秦军拼到底。秦军又围城八九个月，仍无法踏入城中；而且赵国君臣在防御的同时，还命令各地赵军寻机袭击秦军的后方和粮道，秦军伤亡与日俱增。

前线不利的消息传回咸阳，武安君白起摇头叹息："不听臣之言，现今如何？"

早有暗探把白起的话报给秦昭王，这回气急败坏的秦昭王亲自跑到白府，恶狠狠地对强撑着从病榻上爬起的白起说："君即使有病，躺在担架上也要为寡人挂帅。如能成功，那是寡人所愿，必有厚赏。如果不答应挂帅，寡人一定深恨于君！"

秦昭王把话说到这地步，白起却依旧硬气地坚持自己的看法。他下拜说："臣知道只要出征，无论成败都不会获罪；如果抗命，不免一死。然臣仍愿大王能够听臣愚计，放弃伐赵，休养百姓，静观诸侯之变。大王安抚弱小，讨伐无道，自然能号令诸侯，平定天下，何必执着于伐赵？臣听说，明主爱护国家，忠臣顾惜名声。臣宁愿俯身就死，也不愿担任败军之将。愿大王三思！"

白起让秦昭王放弃继续伐赵的建议无疑是正确的。但秦昭王见白起宁肯死也拒绝领兵伐赵，脸色铁青，一言不发拂袖而去。回到王宫他就下诏，把白起从大良造降为普通一兵，并将其流放三百里，发配到西北方的阴密（在今甘肃灵台县西南）去。只不过当时白起确实病重，所以无法启程。三个月后，邯郸方面又传来败报，无处撒气的秦昭王派人到白府，强行驱赶白起上路，白起不得不拖着病体离开咸阳。

白起刚出咸阳西门十里，来到杜邮那地方，仍不解气的秦昭王又以白起不服气、有怨言为由，派使者送来宝剑，命令他自裁。

白起横剑颈上，满怀悲愤地说道："我何罪于天，竟有今日下场？"他仰望苍天半晌，突然自言自语说，"我本来就该死。长平之战，我使诈屠杀赵军降卒数十万，十足该死！"随后他在脖子上用力划过，一腔热血喷洒而出，旷世名将就此凋零。这时候，是秦昭王五十年（公元前257年）的年初。

白起死后，秦人都认为他冤枉可怜，无论城乡百姓均自发祭祀他。

回过头来看看白起的一生，他自秦昭王十三年（公元前294年）攻打韩国新城走上历史舞台，到秦昭王五十年（公元前257年）自杀，前后叱咤天下三十七年，其间屡建奇功。史书记载他攻取城池共百余座，几乎战必胜、攻必取，先后削弱韩、魏，打残楚、赵，使六国的有生力量消耗殆尽。可以说没有白起，秦国统一天下的步伐一定会迟缓很多年。如果再把视野放得更宽广些，白起的战功不但在战国时期名列第一，就是在中国几千年军事史上也罕有人能比得上，《中国历代战争史话》一书甚至说"古今中外各大名战略家，诚无出其右者"，显然认为白起在世界军事家中都首屈一指。所以白起又有"战神"的无上称号。

白起之所以能有那么大成就，是因为他用兵"料敌合变，出奇无穷"（太史公语），翻译成白话就是"预料敌情、随机应变，想出的奇谋妙计无穷无尽"。他充分演绎了什么叫"兵无常势，水无常形"，面对不同的敌人和战场环境，各个击破、长途奔袭、以水代兵、诱敌深入，各种计策他信手拈来，总有一招轻松要你命，以至于六国将领听到他的威名就两腿打颤。白起就像诗歌界的李白、音乐界的贝多芬，是一位军事天才，仿佛是天生为战争而生的。

当然白起也不是完人。首先在作战中他冷酷无情、狡诈无信，淹死鄢城楚国军民数十万，屠杀长平赵国军民数十万，被后世斥为"不仁"；其次在政治上他也比较低能，斗不过范雎，在秦昭王面前也只会强谏、硬扛，不懂迂回，所以他有后来的下场也不意外了。

白起死后，也有以他名字命名的兵法流传于世。如唐懿宗曾经下诏让武将学习白起、王翦的兵法，《宋史·艺文志》中还存有《白起阵书》《白起神妙行军法》两种书目。这些书是白起所写，还是后人托名，现在已经无从知晓了，因为它们后来也都失传了，但这表明白起的军事思想一直为后人所重视。千载之下，正史野史中都记载了很多白起的故事，至今提起他，历史爱好者和军事爱好者仍津津乐道，可见他的影响之大。

平原君使楚搬兵　　信陵君窃符救赵

秦、赵在邯郸相持不下，那当时诸侯到底是什么态度呢？不得不说，虽然赵国之前下了血本联络各路诸侯，各路诸侯拿了好处也纷纷口头表示愿与赵国一起抗暴，但秦军真的包围邯郸后，吆喝了一嗓子"谁敢帮赵国我回头就揍他"，多数国家就都当了缩头乌龟，甚至还有国家想趁机跟在秦国后面捡点肉吃。真正出兵援助赵国的当然也有，但只有一个，那就是魏国。

魏国之前一直慑于秦军的淫威讨好秦昭王，这时怎么胆肥了呢？这还要从一个女人说起，那就是赵国平原君赵胜的老婆魏氏。

魏氏的身份可不简单，她是魏国的公主，具体说是魏昭王之女、魏国公子信陵君魏无忌的亲姐姐，也是魏安釐王的异母姐姐。有道是"既嫁从夫"，邯郸被围后，魏氏眼看赵国即将灭亡、夫家也必不能幸免，不由得心急如焚，不停地派人送信给魏无忌和魏安釐王求救。魏安釐王禁不住姐姐苦苦哀求，也意识到一旦赵国完蛋魏国处境会更为艰难，所以任命晋鄙为大将，领兵十万北上增援赵国。

那边秦昭王听说魏国居然胆敢出兵援赵，立即派使者恐吓魏王，并派将领张唐出兵伐魏，以示警告。骨子里畏秦的魏安釐王心里"咯噔"一下，赶紧又指示晋鄙，让他不要再往前走，就地扎营，先观察哪边风大再说。晋鄙心领神会，就在魏赵边境线魏国一侧的荡阴（今河南汤阴）停下脚步。那里距离邯郸其实只有一百八十里，即使慢慢晃悠也只要几天时间就到了。

这时魏安釐王也知道不好给姐姐交代，就想出撮合秦、赵议和这招，如能成功，自己就不用在强秦和亲人之间左右为难了，也能保住赵国。

不久，魏国客卿辛垣衍从小路进入邯郸城，通过平原君赵胜的引荐觐见了赵孝成王。辛垣衍劝赵孝成王君臣满足秦昭王贪名的心理，派使者入秦尊奉秦昭王为帝，说到时候秦昭王一高兴，一定会停止攻赵。

赵孝成王和赵胜听后，一时犹豫不决。当时恰好有齐人鲁仲连到邯郸游历，被秦军困在城中。他听说有魏国使者劝赵国尊奉秦王为帝，怒气难平，于是拜见赵胜，表示要与辛垣衍辩论一番。赵胜答应了。

两人相见，施礼完毕，辛垣衍首先阴阳怪气地问："现在仍留在邯郸城里的士人，都是有求于平原君的。先生是高士，看起来不像有求于平原君的样子，怎么还不离开呢？"

鲁仲连笑辛垣衍以己度人，于是答道："二百年前，周朝隐士鲍焦投水而死，世人都说他没有度量，只为自己而自杀，那是大家都不理解他。他是因世事浑浊，为警醒众人而死。"紧接着他的语气变得慷慨激昂，"那秦国，是一个抛弃礼义而崇尚武力的国家，一贯玩弄欺诈士人，像奴隶一般驱使百姓。如果让秦王肆无忌惮地称了帝，甚至于统治了天下，我鲁仲连宁可蹈东海而死，也不愿做他的臣民！臣留在这里见将军，是为了帮助赵国，不让那秦国野心得逞！"

六国本来就骂秦国为"虎狼之国"，白起策划的长平大屠杀让六国士人百姓对秦国更加痛恨。所以从形象塑造来讲，当时的秦国无疑是极为失败的。

听到这儿辛垣衍有点惭愧，但仍问道："那先生准备怎么帮助赵国呢？"

鲁仲连说："我将让魏国、燕国支援赵国，齐国和楚国本来也愿意帮赵国。"

辛垣衍不怀好意地一笑："我相信先生能说动燕国，但是在下就是魏王派来的，先生准备怎么说服魏王帮助赵国呢？"

鲁仲连说："那是因为魏国不明白让秦国称帝的恶果。自古称帝做天子的，没有不蛮横刻薄的。商末纣王把鬼侯剁成肉酱，把鄂侯腌成肉干，周文王只叹息了一声，就被关在羑里城中，差点送命。如果魏王拥戴秦王做天子，自己称臣，秦王还不是想剁魏王就剁魏王，想腌魏王就腌魏王？大家都是称王的，凭什么人为刀俎，我为鱼肉？当年五国伐齐，自称东帝的齐闵王逃出临淄还摆谱，但即便是鲁国和邹国这样的小国也不买账，拒绝让齐闵王入境。魏国和秦国都是万乘之国，看秦国打一次胜仗就低头尊奉秦王为帝，那三晋大臣的见识岂不是连邹、鲁的臣仆都不如了！而且秦王一旦称帝，一定会重新安排诸侯国的大臣，罢黜他讨厌的、认为无能的大臣，换为他喜欢的、以为贤能的人，还会把秦国女子嫁给各国诸侯。到那时，魏王能清净一天吗？将军您还能受宠吗？"

辛垣衍被说得无言以对，只得拜了两拜说："我开始以为先生是庸才，现在才知道先生确实是天下高士！"

这次辩论后，以尊奉秦王为帝来换取秦国撤兵的方案当然没有人再提了。不过秦国依然围攻邯郸不止，赵国形势更加严峻，赵人还必须得另想办法打破包围。迫于无奈，赵孝成王决定请叔父平原君亲赴楚国求取援兵，赵胜没有一丝犹豫就答应了。

因为这次赴楚事关赵国存亡，所以赵胜决定挑选二十位文武双全的随从一同前往。他对门客们说："如果能用'文'的方法让楚王答应出兵，那当然再好不过了。如果不行，就算使用武力，也必须让楚王跟我们歃血为盟。无论如何，只有求得楚军我们才能回国。现在情况紧急，也不用到外面找人，就在大家中间挑选吧！"不过赵胜挑来挑去，只挑出十九位文武兼备的门客，剩下的门客要么文有余武不足，要么武有余文不足，都不符合条件。

正当赵胜皱眉时，一个叫毛遂的门客主动站出来，说希望由自己来凑足二十之数。

赵胜问："先生在我门下多久了？"

"三年了。"

平原君一听，婉拒道："胜听说，贤能之士立身于世，就像锥子被放进布袋子，锥子尖立马就露出来了。先生在我们门下三年我也没有听过大名，恐怕是先生没有什么过人之处吧。先生还是留在家里吧。"

毛遂不服气地说："臣今天就自请钻到布袋子里。如果臣能早进袋子，肯定'脱颖而出'，连锥子头都一起出来，哪里会只露一个尖儿？"

赵胜听他语气不凡，想想反正也少了一人，就同意带上他。那最初挑出来的十九个门客你瞧瞧我，我瞧瞧他，都偷着笑，但也没人出来阻拦。

没错，以上就是成语"毛遂自荐"和"脱颖而出"的来历。

平原君一行人准备停当，从小路潜出邯郸，然后快马加鞭赶赴八百多里外的楚都陈郢。一路上门客们免不了闲聊几句，大家惊奇地发现毛遂确实谈吐不俗、见解不凡，开始对他另眼相看。

到达陈郢后的第二天，平原君一行人一大早就被宣入楚国王宫里。赵胜作为贵宾在大殿里和楚国君臣商谈救赵事宜，门客们则被安排在殿下等候。

这时的楚王，已经是楚顷襄王的儿子楚考烈王熊元。说起来他跟秦人也有一段恩怨情仇。

秦国大败魏、赵的华阳之战后，一度有攻打楚国的打算，为此楚顷襄王赶紧向秦国求和，把当时还是太子的熊元送到了咸阳当人质。那一年是秦昭王三十五年（公元前272年）。自那时起，熊元和负责照顾他的叔父黄歇一直在秦国待了整十年。人质的日子当然是不好过的，好在最后几年范雎上台任相，熊元和黄歇跟范雎的关系处得还算不错。

武安君白起攻打韩国南阳、切断上党与新郑联系那年（公元前263年），在位三十六年的楚顷襄王得了重病，卧床不起。消息传到咸阳，熊元心急如焚。这很好理解，如果他不能及时赶回陈郢，一旦国内贵族拥立其他王子登基，他这个太子就歇菜了。

黄歇作为熊元的守护人，立即跑到应侯范雎那儿活动，说熊元在咸阳多年，亲近秦人，如果不能及时回国继位，一旦楚国方面立了其他王子，肯定不会亲秦。

范雎禀报秦昭王后，秦昭王仍不愿放熊元回国，说先让熊元派人回去看看他父王的病情再说。黄歇怕夜长梦多，让熊元打扮成仆人模样混在回楚国的使团中，等到他估摸熊元已经进入楚境，才告知秦昭王实情。秦昭王大怒，想杀黄歇，范雎急忙劝阻，说熊元已经走了，杀黄歇也于事无补，不如好人做到底，把黄歇也放回去，日后他们君臣在楚国掌权，一定会感激秦国。就这样，黄歇保住性命顺利回国。

熊元回到陈郢不久，楚顷襄王病逝。熊元一登上楚王宝座，随即任命叔父黄歇为令尹，赐号春申君，封以淮北十二县之地，并把国政委托给他。

从以上故事可以看出，楚考烈王熊元和令尹春申君黄歇与秦国方面的关系很复杂，既受过气，也得过恩惠。尤其是他们在秦国多年，对秦人的实力是非常清楚的。因此虽然春申君黄歇得到赵人许诺的灵丘城，有意出兵助赵，但楚考烈王本人却不敢跟秦军正面交锋。所以平原君赵胜与楚王君臣会面后，费尽唇舌陈述利害，也无法说动楚考烈王出兵救赵。

眼见自家主君从太阳刚升起就进殿，到太阳照头顶也没商谈出个结果来，殿下的门客们都急了，他们一致推举毛遂上去帮忙。

毛遂当仁不让，他手按腰间宝剑从容登上台阶进入殿中，问平原君说："合纵的利害显而易见，两句话就可以见分晓，怎么谈了这么久？"

楚考烈王问平原君来的是什么人，平原君回答说是自己的门客。

楚考烈王听了一脸嫌弃，不停地挥手驱赶毛遂："寡人和你家主人说话，你怎么擅自上来了？赶紧下去！"

毛遂却巍然不动，握住剑把高声说："大王之所以这样呵斥臣，是仗着楚国兵多将广而已。但是现在我与大王在十步之内，楚国兵将再多也无济于事。毛遂的主人在此，大王怎能如此对臣？何况毛遂听说，商汤以七十里之地而称王天下，周文王以百里之地而臣服诸侯，难道是因为兵多将广吗？实在是因为他们能够掌握时机，显示自己的威力。如今楚国有地方五千里，执戟的勇士达百万之众，这是能称霸天下的资本。可白起那竖子才带几万人马，就一战而攻克楚都鄢、郢，再战而焚烧夷陵，三战而羞辱大王先人，这是百世不解的深仇大恨啊，连赵人都替楚人感到羞辱，难道大王没有感觉吗？所以合纵抗秦，不是为赵国，实际是为了楚国！"

楚考烈王满脸通红，连忙说："好好，先生所言极是，楚国愿参加合纵对抗秦国。"

毛遂趁热打铁，赶紧让人拿来牲血，双方当场歃血为盟，定下共抗强秦一事。

胜利完成搬救兵的任务后，平原君赵胜感叹说："赵胜以前相过面的人数以千计，自以为不会漏过人才，但现在却在毛先生这里栽了跟头。毛先生三寸之舌，抵得过雄兵百万，一下子就让赵国在楚国的分量比九鼎还重。我以后不敢说自己会相面了！"

楚国虽然同意发兵，但是兴师动众得做不少准备工作，所以心中焦急的平原君和门客们就先行回国。

就在平原君使楚搬兵的同时，魏国那边也有了重大变故。这还要从"战国四公子"的另一公子信陵君魏无忌说起。

话说魏安釐王自打赵国君臣不用他的尊秦为帝的主意后，心中老大不高兴，就不管赵国被围的事儿了。赵国方面没办法，知道只能寄希望于信陵君魏无忌，平原君家的信使不停地求救信到信陵君府上，信中还责备信陵君空负扶危济困的盛名，更不怜惜自己的亲姐姐。

先前赵胜被秦国囚禁宁死也不交出魏相魏齐，而魏无忌却不敢接纳魏齐导致他自杀，魏无忌本就心中有愧，现在他受到姐夫的指责更无地自容，不但自己一而再、再而三地去劝说哥哥，还派各色人等到王宫里去游说。但是魏安釐王惧怕秦国，说什么也不肯命令晋鄙前进一步。魏无忌知道无法让哥哥改变，心中十分悲愤，于是凑起百余辆战车，带上门客、家丁数百人，准备奔赴邯郸与秦军拼命，跟赵国共存亡。

魏无忌一行出大梁东门夷门时，正碰上守门的七旬老翁侯嬴。

这守门人侯嬴其实颇有才能，不过一直无人赏识，所以大隐隐于都市。前些年信陵君魏无忌听说了他的故事，曾亲自驾着车马到夷门去拜访他。侯嬴想看看魏无忌是否真的如传说那般礼贤下士，就大刺刺地坐上车，途中还故意让魏无忌绕到菜市场，然后他下车跟自己的朋友屠夫朱亥聊天闲扯，暗中观察在一旁等待的魏无忌的神色。可魏无忌在闹市众目睽睽之下，丝毫没有不悦的表现，反而十分有耐心。侯嬴认定魏无忌的所作所为不是装出来的，十分佩服感激，也投入他门下成了座上宾。

魏无忌见了侯嬴后，就把自己准备赴赵拼命的打算告诉了他。侯嬴的态度却有些冷淡，只是说："公子勉之，臣老了，无法一同前往了。"

魏无忌走出几里地后，越想越不痛快，认为自己对侯嬴极为礼遇，他不该那副样子，于是就回头去追问侯嬴。

侯嬴像早有预料一般，笑着说："我就知道公子得回来。公子礼贤下士，天下闻名。但现在带了这么点人马就想去跟秦军拼命，不过是像把肉投给饿虎一样，能起什么作用呢？何况公子养那么多士，不是白养了么？"

魏无忌知道侯嬴定有主意，赶紧又拜了两拜，向他请教。

侯嬴将魏无忌拉到一旁，小声说："臣听说魏国的虎符在大王卧室内，只有最受大王宠爱的如姬能把它偷出来。当年如姬父亲被仇家所杀，如姬想为父报仇，但大王都没能找到那人，是公子您派门客手刃了凶手,把首级献给了如姬。如果您能够去求如姬,她一定会报恩,把虎符偷出来。到那时您拿了虎符控制晋鄙所率之军,北上救援赵国击退强秦,这是'五霸'的功业啊!"

魏无忌大喜,赶紧按侯嬴所说去求如姬。如姬感念大恩,果真不顾生死把魏国虎符偷了出来,交到恩人手上。

魏无忌拿到虎符后,心思缜密的侯嬴又叮嘱他说:"将在外君命有所不受。公子即便拿了虎符去晋鄙军中,他也未必会交出兵权。您可以带上我朋友朱亥一起去,他是大力士,晋鄙听命当然更好,如不听命,就只能把他杀了。"

魏无忌听后不禁啜泣起来。侯嬴很不解,连忙询问。魏无忌说:"晋鄙是我国功臣宿将,恐怕不会见了虎符就交权,那只有杀了他,我实在感觉对不起他。"

接下来魏无忌接上了屠夫朱亥,准备上路。临别时侯嬴又对他说:"臣本来该跟您一起去的,但是年纪实在大了。不过我会计算公子的行程时间,等您到了晋鄙军中,我将北向自刎,以送公子!"后来他果真信守诺言,自杀而死。

数天后,魏无忌带着朱亥等人进入荡阴的魏军大营,把虎符递给晋鄙,假传王命让他把兵权交给自己。

晋鄙勘验虎符,没有发现任何问题,但凭经验觉得事有蹊跷,就问信陵君魏无忌说:"我拥兵十万,屯于边境,责任重大。公子带着一辆马车就想来取代在下,这算怎么回事?"

见晋鄙已经生疑,朱亥悄悄绕到他背后,用衣袖里藏着的四十斤(合今10公斤)铁锤猛击他的后脑,晋鄙当场身亡。其他将领虽然惊讶诧异,但谁也不敢跟王弟信陵君对抗。

杀死晋鄙后,信陵君魏无忌夺取了军队指挥权。他明白兵不在多而在于精,下令整编军队:父子同在军中的,放父亲回家;兄弟同在军中的,放哥哥回家;独子无兄弟的,回家奉养父母。

这样一来，十万魏军最后挑出八万精兵，无论是归家的还是在营的士兵都感念信陵君的恩德，军队士气更加振奋。

魏无忌带领他们拔营向北进发，很快就与魏赵边境附近负责阻拦各国援军的那部分秦军遭遇，双方展开激战。胶着之间，楚国春申君黄歇派遣的大将景阳率兵赶到。打援的秦军挡不住魏、楚两国的生力军，溃散而去。

1982年以来，考古工作者陆续在今天河南汤阴县西部的五里岗发现数千座战国后期军人墓地，其中埋葬的死者都是青壮年，很多尸骨上都能看出刀剑伤，甚至还带着箭镞。研究人员普遍认为，这就是击破秦军防线时阵亡的魏、楚将士的墓地。由此可见秦军打援部队阻击的顽强，魏、楚援军为增援赵国付出了多大的代价。

再说邯郸城内，当时城中百姓已经开始析骨而炊、易子而食，魏楚联军却还没有等到。这时平原君明白到了最后关头，于是听取小吏李谈的建议，散发全部家财犒军，又把自家的妻妾奴婢都编入军中服劳役，城中士气为之一振。

一天晚上，平原君组织起三千人的敢死队，由李谈统领趁夜杀出城去。围城的秦军料不到这时邯郸人还能发起反击，黑暗中又不知赵军兵力多少，一时陷入混乱。正巧这时信陵君魏无忌和楚将景阳率领魏楚联军杀到，三方一起夹击围城秦军。

秦军围城一年半，表面看起来气势汹汹，实际上久无进展、伤亡较大、士气低迷，也已经到了强弩之末，自然抵挡不住三方的联合猛攻，很快大败崩溃。秦军败退时，主将王齕侥幸突出重围，范雎的好友郑安平所率的两万人马却被联军死死咬住不放。眼见大势已去、无法脱身，郑安平被迫率部投降。一次这么多人投降，在秦国历史上是罕见的。不过在最后的战斗中，赵国"敢死队长"李谈也战死沙场。

至此，邯郸的包围被解除，赵孝成王赵丹和平原君赵胜亲自出城迎接信陵君魏无忌等人。进城时赵胜自比臣仆，背着箭袋在前面开道，以示对信陵君的尊重，信陵君的威名至此如日中天。不过因为他矫诏并杀死晋鄙夺军，不敢再回魏国，就此定居赵国。

周朝的灭亡与应侯之死

之前秦军进攻邯郸时，一直以河东郡汾水流域的汾城（在今山西临汾）为重要的前进基地，在那里集结了大批军队，屯集了很多粮草物资。所以王龁从邯郸逃出后，即率大部分残军退回太行山以西，向汾城方向撤退。同时，还有部分秦国残军向南逃窜，与之前南下攻魏的秦军张唐部会合。

合纵同盟这次在邯郸城下大破秦军，是几十年罕有的事情，因此联军军心振奋，当然是紧追穷寇，扩大战果：刚缓口气的赵军西进收复了上党地区北部和太原郡等失地，势头正盛的魏楚联军更一直打进今天临汾盆地，把落在后面的两万秦军败兵赶进汾河淹死，并一鼓作气渡河攻克了汾城。

当时秦河东郡守是范雎的引路人王稽，秦国的惨重损失让他对能否守住本郡失去信心。因此他一度与魏楚联军暗通款曲，有意投降，结果遭手下告发，被押回咸阳，囚进大牢之中。

俗话说"墙倒众人推"。眼见秦国一败再败，威风不再，这时候就连之前一直匍匐在秦国脚下的韩国也一跃而起，趁机发兵北上收复了河内和上党郡等失地，甚至还南下把秦相应侯范雎的封地应邑（在今河南鲁山县东）都给夺了去，让范雎这个应侯变成徒有虚名。

至此，不但范雎任相后秦国新得的所有土地几乎全部丢失，秦国还倒贴了河东郡、河内地区和汝水流域很多早已占有的地盘。

秦国这时的窘境，仿佛让秦昭王回到了四十年前——秦昭王九年（公元前298年）时，孟尝君田文组织第二次"五国伐秦"，联军攻秦三年，击破天险函谷关，一直打到河东盐氏，最后秦昭王被迫割地求和，又恰逢魏、韩君主都死了，孟尝君才退兵。他没想到自己努力了几十年，老了后竟再次遭遇这样的耻辱！但这一次秦昭王自恃本钱比当时更雄厚，不准备再屈服，他向各地秦军下令：反攻、反攻、再反攻！

河东汾河西岸的王龁所部首先出动，渡河向东偷袭魏军，取得小胜，斩得首级六千颗。另一边，张唐收拢从邯郸向南败退的秦军，一举占领了赵魏边境魏国一侧的宁新中（在今河南安阳），并更名为安阳。这个举动，对停留在太行山以西的联军威胁甚大。为此魏军、楚军回军猛攻宁新中，韩国也出兵助战。经过恶战，张唐所部寡不敌众，最终败逃。

宁新中大战之际，秦昭王集中国内兵力痛击韩国，一来惩罚韩人的"卑鄙背叛"，二来牵制联军的注意力。虽然秦国连年战争国内疲敝，又新遭大败，但瘦死的骆驼仍比马大，打起韩国来还是不费多大力气的，秦国将军摎（jiū）先后攻取阳城、负黍等地（均在今河南登封附近），斩韩军首级四万。

秦军攻韩的举动让一个小国深感恐慌，那就是西周国。西周国一直跟秦国关系不睦，阳城、负黍都在西周国的东南方，秦军夺占上述地区等于把这个小国给包围起来了。

放在以前如果受到某大国威胁，西周公要么躲在寝宫内以酒解忧，要么采取外交手段，通过游说其他大国来借力打力，让对手有所顾忌、知难而退。这一次西周公可能是看秦军近两年流年不利，想好好出一出几十年匍匐在秦人脚下的窝囊气，居然选择动武，组织起合纵联军南出伊阙关攻打秦国，企图切断阳城秦军与后方的联系。但西周公的判断显然严重失误，他大大低估了当时秦军的力量，联军出关不久就被秦将摎杀得大败。

这一下原本头脑发热的西周公心一下子凉到底，联军可以逃走，他和西周国能往哪里躲？清醒过来的他只得立马切换回一贯的怂样，亲自带上登记户口、土地的版籍跑到咸阳叩头谢罪，说只要能免死情愿献上西周国全部的三十六座城邑和三万人口。

说起来，西周国已经不是第一次向秦国谢罪求饶。之前第一次伊阙之战后就干过，那次西周公也是和韩、魏一伙对抗秦国，结果三国联军大败。这次西周公献上版籍，说不定也是想做做样子，以为秦昭王会看在寄居在河南城的天子周赧王的面子上，出于避免成为天下众矢之的想法，放自己一马。令他没想到的是，这次秦昭王却把他献上的版籍给笑纳了！那一刻，恐怕西周公一定深深悔恨自己合纵攻秦的冒失举动。

随后，秦军跟随西周公进入西周国并接管了城邑和人口，包括挂名天子周赧王。这一年是秦昭王五十一年、周赧王五十九年，公元前256年。不久，西周公和天子周赧王都去世了，死因不明，有可能是精神受打击抑郁而死，甚至不排除遭了秦人的毒手，否则不可能那么赶巧。

虽然自周显王开始周天子就寄居于东周国或西周国，无地无人也无钱（传说周赧王靠借债度日），形同高级收容所的收容人员，但他是一个时代的象征——周天子在，东周王朝就算还在。现在天子周赧王死了，西周国也完了，没人再立新周王，历时近八百年的周朝就此灭亡，所以历史课本上把周朝结束的时间标注为公元前256年。

秦昭王这次为啥要灭掉西周国，埋葬周王朝呢？我们要记得，秦昭王是十九岁登基，到五十一年时已经七十岁了，他可能觉得自己所剩的时间不多了，想尽早实现"天子"梦吧！正是秦昭王弃用代表火德的周历，改用代表水德的颛顼历，说明他早就动了取周而代之的野心。这时周朝已经衰落到无人在意的地步了，既然西周公要献版籍那就收着吧,正好拿周王室的重宝来证明秦人获得天命。至于成为"众矢之的",各国本来已经在合纵战秦,又有什么好怕的?

据《史记·周本纪》记载,周赧王死后,西周国的百姓不愿做秦民,大批向东方逃亡,秦军则将传国九鼎运回了咸阳。但在《史记·封禅书》中太史公又提了另一种说法,即九鼎已经落入彭城(今江苏徐州市)的泗水中,《史记·秦始皇本纪》也提到后来秦始皇命人在泗水中打捞周鼎的故事,该故事题材在汉画像石中非常常见。所以综合来看,秦昭王得到的周王室重宝中其实并没有九鼎,这传说中的"传国至宝"就此消失得无影无踪。

秦昭王灭亡周朝和西周国的同时,又反攻赵国抢占一些土地,而魏国则趁机把秦国在东方的飞地、以富庶著称的陶郡(原穰侯魏冉的封地)给吞并了。

此后,秦国和反秦合纵联盟都有些筋疲力尽,或需要休养生息,或需要巩固新得的地盘,双方大规模的战争基本结束。总体来说,邯郸之战及之后的河东之战等一系列挫折,让秦国实力受到一定损失,对六国的压力大大减轻。

其实在秦军反攻合纵联盟时,秦国政坛发生了重大变故。这变故还要从郑安平在邯郸城下带两万秦军投降赵国讲起。

按照秦法规定,一个人举荐他人为官,这个被举荐的人如果不称职、犯了法,那么举荐人也要连坐受罚。郑安平做将军并到邯郸助战,是范雎推荐的,他降敌了范雎当然逃脱不了干系。好在那时秦昭王还非常顾念范雎帮自己夺回大权的好,所以命令国中不得讨论郑安平投降一事,为安抚范雎还进一步提高了对他的待遇。

但祸不单行,前面说过,没多久合纵联军打到秦河东郡时,郡守王稽又意志动摇私下跟联军联络,被人告发下了大狱。举荐的两个人都犯了叛国重罪,秦昭王能免自己一次罪,还能免两次、三次吗?范雎心中也开始惶恐起来。

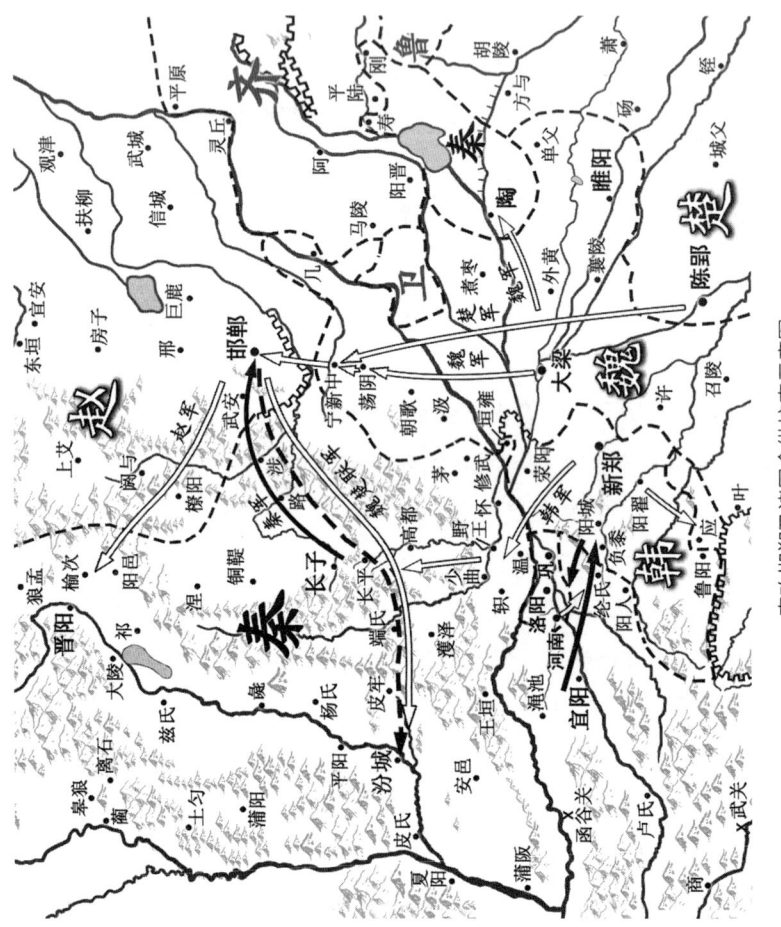

秦攻邯郸及诸国合纵抗秦示意图

有一天上朝时，秦昭王不停地长叹。敏感的范雎见了赶紧跪倒请罪："臣听说'主忧臣辱，主辱臣死'。今大王忧愁，请治臣之罪！"

秦昭王意味深长说："我听说楚国的铁剑十分锋利，而楚国的倡优十分笨拙。铁剑锋利，将士必然信心倍增，作战就会更加勇猛；倡优笨拙，观众就不会沉迷歌舞戏剧，因而让人思虑深远。如果让思虑深远的楚国君臣指挥拥有锋利铁剑的勇士，我恐怕他们会图谋秦国啊！现在武安君死了，郑安平等人又叛国，国家内无良将、外多敌国，所以我才发愁。"

秦昭王这番话，可能是想激励范雎做好相邦工作、举荐贤人能将，让秦国迅速从挫折中恢复，变得更加强大。范雎却以为秦昭王是在责备自己失职，匍匐在地上不知如何回答。

不久，一个东方说客来到秦国，放言自己见识超群、辩术无人能敌，并想拜会秦昭王，取代范雎为相。这个人就是燕人蔡泽。

范雎听说后当然大怒，立即就派人把蔡泽找来质问。您猜得没错，其实这正是蔡泽的激将之计。

蔡泽见了范雎，不行大礼，只是简单作揖，范雎很不高兴。坐下后，蔡泽的姿态也很倨傲。范雎忍不住了，厉声问："是你宣称要取我而代之的吗？"

"是啊。"蔡泽若无其事地回答。

"那让我听听你有什么高论吧！"范雎强压怒火。

"相君的见识怎么这么迟钝呢？春生、夏长、秋收、冬藏，前一环节成功了，就要让位给下一环节。何况人能活着，身体健康，耳聪目明，不是大家都希望的吗？"

"嗯，是。"范雎点点头。

"那相君觉得秦国商鞅、楚国吴起、吴国文种三人，他们的结局是您所希望的吗？"

范雎当然知道三人的故事，明白蔡泽想说三人功成名就却不隐退，终遭杀身之祸，就硬着脖子故意回答："他们三人都实现了富国强兵的宏图霸业，为此不避灾祸。牺牲生命换来千古美名，有什么不可以？"

蔡泽笑道："人们称颂他们，是因为他们的功业，不是因为他们的牺牲。如果能建功立业，又能保全性命，不是更好么？商鞅、吴起、文种他们，比起侍奉周文王的闳夭、侍奉周成王的周公，哪个更让人羡慕呢？"

"那，那是比不上。"闳夭、周公都既有功业又得善终，范雎不得不承认。

"再请问，相君的君王，在慈祥仁爱、选贤任能、善待故人等方面，跟秦孝公、楚悼王、越王勾践比起来怎么样？"

"这个……我不知道。"范雎还没老糊涂，当然不敢在生人面前贸然评价当朝的秦国大王秦昭王了。

"那相君觉得自己的功业与商鞅他们比，谁大？"蔡泽又问。

"我自愧不如。"范雎倒很谦虚，也有自知之明。

蔡泽终于要收网了，他说："相君的君王在善待故人等方面不如秦孝公他们，相君的功业又不如商鞅他们，可相君现在所拥有的富贵却大大超过前人，您想想如果不及时隐退，会有怎样的祸患呢？"

听到这儿，细密的冷汗开始从范雎头上冒了出来。

蔡泽趁热打铁道："俗话说'日中则移，月满则亏'。其实除了上述三位，还有武安君白起。想那武安君立下多大战功，却被秦王赐死在杜邮，这是相君亲眼所见啊！而对比一下，范蠡多懂进退，帮着勾践灭吴以后，就弃官经商，成为赫赫有名的'陶朱公'。所以您不如向秦王归还相邦的印绶，把相位让给贤能之士，这样您必然会像伯夷、叔齐那样享有谦让的美名，还能世世代代保住应侯的爵位。"

最初暴怒、倨傲的范雎终于被说服，恭敬地回答："有幸得先生指教，范雎一定从命。"这次谈话后，他就将蔡泽引为上宾。

几天后范雎上奏秦昭王，说得到一名比自己强得多的智能之士，可以将国家大政委托给他。

范雎为什么这么捧蔡泽呢？他的算盘就是蔡泽在秦国毫无根基，自己主动推荐他为接班人，他若发达一定感念自己的好，以后会保护下了台的自己。

秦昭王听说后，下令召见蔡泽。通过一番交谈，秦昭王对蔡泽很满意，立即封他为客卿。这时范雎自称有病，提出辞去相邦职务。开始秦昭王不准，范雎佯装病重起不了床，秦昭王最终只得答应。

范雎下台后，秦昭王果真任命蔡泽为相邦。吞并西周国、灭亡东周朝的方略，其实主要就是蔡泽制定的。

不过蔡泽才做了几个月相邦，就有人在秦昭王面前诋毁他。这也很好理解，蔡泽毕竟是外来户，一来秦国就当上一人之下、万人之上的相邦，秦国朝臣谁不嫉恨？人家范雎当年好歹还是做了几年的客卿，并在帮助秦昭王夺回大权一事上立了大功才当上相邦的。蔡泽既然劝范雎懂得进退、保命要紧，他对官职当然看得开，于是也称病辞掉了相邦的职务。秦昭王为了补偿他，给了他一个"纲成君"的封号。因此蔡泽也没有离开秦国，而是留下继续效力。

回过头来说范雎，退隐之后他最终是什么结局呢？这个传世史书上没有记载，好在1975年出土的睡虎地秦简《编年记》中有如下内容：

（秦昭王）五十二年，王稽、张禄死。

王稽，《史记》中记载他最终因叛国罪在秦昭王五十二年被"弃市"，也就是在闹市被斩首并曝尸示众。张禄，大家都知道那是范雎的化名，原来历史上范雎在辞掉相邦职务的第二年也死了。因为《编年记》太简略，范雎的死因还是谜团，想来也许有两种可能：当时蔡泽已经下台（他只当了几个月相邦），王稽被杀时，没有相邦保护的范雎遭连坐而被杀，或者是虽未遭连坐，但受惊吓忧惧而死。如果秦昭王没那么绝情的话，应该是后者可能性大点吧。

作为战国时期又一个从底层逆袭的典范，范雎的一生确实具有传奇色彩，但他的功绩实在不宜高估。

范雎大概在秦昭王三十七年到三十八年（公元前270年—公元前269年）之间来到秦国，靠"帮助"秦昭王对付母亲宣太后和舅舅穰侯魏冉而获得信任，但其实当时宣太后和魏冉都已经风烛残年，有没有他给秦昭王出主意，秦昭王拿回所有大权也就是几年内的事情。范雎那样做，不过是为了自己出头罢了。至于著名的"远交近攻"政策也并没有什么神奇之处，自古哪个部族、国家扩张，不主要是从周边开始？这是形势的必然。尤其是之前魏冉多数时间也是"远交近攻"，只不过魏冉没有提炼出这个词，而且晚年一度有点偏离罢了。自秦昭王四十二年起，范雎接替魏冉担任秦国相邦一职，并在那个位子上坐了九年时光。范雎当然也有目光敏锐的地方，那就是他任相后在具体执行"远交近攻"时，把打击韩国、夺取上党郡作为矢志不移的目标，不间断地采取军事行动，最终引发长平之战，重创了东方最后一个可以抗衡秦国的强国赵国，改变了天下的格局。但又是因为范雎性格狭隘、嫉贤妒能（如排挤白起），任用私党、所托非人（如起用王稽、郑安平），致使秦国在邯郸及河东大败，让秦国的事业受到极大挫折，多年的扩张成果付之东流。所以事实上范雎的功绩和私德远比不上被他贬损的魏冉。

秦昭王五十三年（公元前254年），秦昭王以灭周朝、获宝物的名义举办庆典，并借此观察天下诸国对秦的态度。

大战结束后，夺回了上党等地的韩桓惠王首先意识到自己的危机，毕竟韩国距离秦国太近，因此他立即入秦朝贺，以示恭顺。秦昭王很满意，当然一时也不再"追究"韩国的背叛行为了。

魏安釐王因夺取了秦国陶郡，后来又实际控制了卫国，占领了同样以富庶著称的濮阳（今河南濮阳西南），所以一时有些得意忘形，没去秦国朝贺。秦昭王立即小施惩戒，派兵攻打河东的魏地吴地（在今山西平陆北），魏安釐王也醒悟过来，派人到秦国捧场。

韩、魏来朝，满足了年迈的秦昭王的虚荣心。第二年，他在旧都雍城的郊外祭祀上帝。注意他不是像以往的秦君那样进行畤祭，了解点古代礼仪的人都会知道郊祭是天子之礼。秦昭王知道自己行将就木，已经无法实现统一天下的宏愿，只能在礼仪上自我安慰了。

又过了两年，到秦昭王五十六年（公元前251年）年末闰九月，秦昭王病逝于咸阳，终年七十五岁。

秦昭王享国五十六年，是秦国（包括秦朝）历史上在位最久的君主，比在位时间第二长的秦文公还多六年。他在位的前大半段，在母亲宣太后和舅舅穰侯魏冉的辅佐下，先利用各国矛盾挑起"五国伐齐"，让齐国差点亡国，复国后也患上严重"自闭症"；后起用白起伐楚，拔其都城，收取楚国半壁江山。他在位的后小半段，在范雎的辅佐下，通过长平之战放干了东方最后一个强国赵国的鲜血，不过也因其意气用事、刚愎自用造成了邯郸、河东大败的恶果。总的来说，虽然有最后的挫折，但秦昭王时代秦国削弱了所有的强劲对手，又灭掉了名义上的"天下共主"东周王朝，秦国统一天下已经是时间问题了。